근대전환기
문화들의
조우와
메타모포시스

메타모포시스 인문학총서 9

근대전환기 문화들의 조우와 메타모포시스

윤영실 외 지음

보고사
BOGOSA

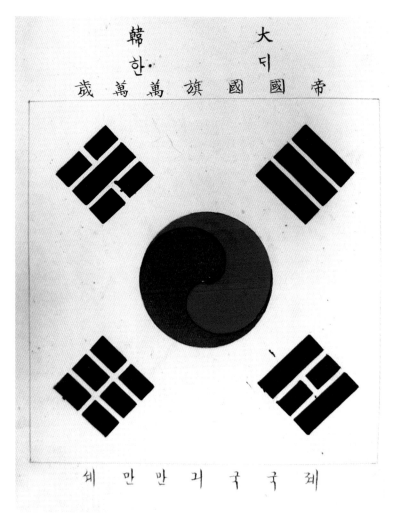

한국학중앙연구원 장서각에 소장된 『각국기도』 첫 장의 대한제국 국기,
본서 175쪽 〈그림 3〉

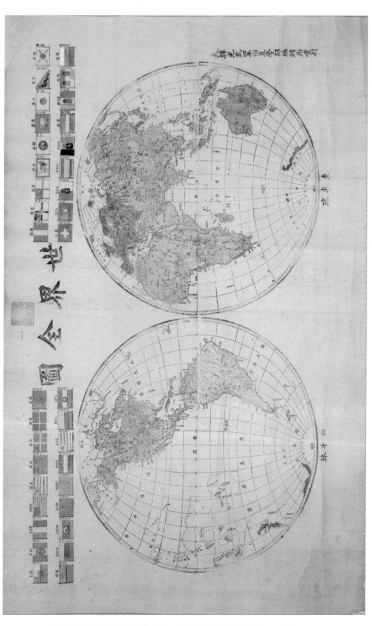

학부에서 간행한 〈세계전도〉, 1900년, 목판에 채색, 153x93cm.
규장각 한국학연구원 소장(古軸 4909-44). 본서 188쪽 〈그림 8〉

간행사

숭실대학교 한국기독교문화연구원은 1967년 설립된 한국기독교문화연구소를 모태로 하고 1986년 설립된 〈기독교사회연구소〉와 통합하여 확대 개편함으로써 명실공히 숭실대학교를 대표하는 인문학 연구원으로 발전하여 오늘에 이르렀다. 반세기가 넘는 역사 동안 다양한 학술행사 개최, 학술지『기독문화연구』와 '불휘총서' 발간, 한국기독교박물관 소장 자료의 연구에 주력하면서, 인문학 연구원으로서의 내실을 다져왔다. 2018년 한국연구재단의 인문한국플러스(HK+) 사업 수행기관으로 선정되며 또 다른 도약의 발판을 마련하였다.

본 HK+사업단은 "근대전환공간의 인문학-문화의 메타모포시스"라는 아젠다로 문·사·철을 아우르는 다양한 연구자들이 학제간 연구를 진행하고 있다. 개항 이래 식민화와 분단이라는 역사적 격변 속에서 한국의 근대(성)가 형성되어온 과정을 문화의 층위에서 살펴보는 것이 본 사업단의 목표다. '문화의 메타모포시스'란 한국의 근대(성)가 외래문화의 일방적 수용으로도, 순수한 고유문화의 내재적 발현으로도 환원되지 않는, 이문화들의 접촉과 충돌, 융합과 절합, 굴절과 변용의 역동적 상호작용을 통해 형성되었음을 강조하려는 연구 시각이다.

본 HK+사업단은 아젠다 연구 성과를 집적하고 대외적 확산과 소통을 도모하기 위해 총 네 분야의 기획 총서를 발간하고 있다. 〈메타모포시스 인문학총서〉는 아젠다와 관련된 연구 성과를 종합한 저서나 단독 저서로 이뤄진다. 〈메타모포시스 번역총서〉는 아젠다와 관련하여 자료적 가치를 지닌 외국어 문헌이나 이론서들을 번역하여 소개한다. 〈메타모포시스 자료총서〉는 숭실대 한국기독교박물관에 소장된 한국 근대 관련 귀중 자료들을 영인하고, 해제나 현대어 번역을 덧붙여 출간한다. 〈메타모포시스 대중총서〉는 아젠다 연구 성과의 대중적 확산을 위해 기획한 것으로 대중 독자들을 위한 인문학 교양서이다.

동양과 서양, 전통과 근대, 아카데미즘 안팎의 장벽을 횡단하는 다채로운 자료와 연구 성과들을 집약한 메타모포시스 총서가 인문학의 지평을 넓히고 사유의 폭을 확장하는 데 기여할 수 있기를 바란다.

2020년 11월
숭실대학교 한국기독교문화연구원 HK+사업단장
장경남

머리말

1.

1990년대 후반 한국 인문학은 이른바 '문화로의 전환'(cultural turn)을 맞이했다. 시야를 넓혀 보면 서구에서 문화주의(culturalism)가 세계와 역사를 설명하는 패러다임으로 부상한 것은 1960년대까지 거슬러 올라간다. 인문학 전반에서 문화의 부각은 세계사적 현상이지만, 왜 문화에 주목하는가에 대해서는 여러 갈래의 답변이 존재한다. 소비 자본주의와 대중문화가 번성하면서 팝음악, 영화, 패션, 스포츠, 게임 등 다양한 문화적 산물이 국경을 넘어 유통되고 소비되는 현상이 자연스럽게 연구자들의 이목을 집중시켰다. 전쟁, 혁명, 계급투쟁 같은 굵직한 역사적 사건들 아래에서 장구한 흐름으로 지속되는 일상문화의 견고함이 새삼 관심을 끌기도 했다.

좀 더 심층적으로는 자연과 인간, 실재(the Real)와 인식을 매개하는 상징 형식들 전체로서의 문화가 넓은 의미에서의 철학적 탐구 대상이 되어왔다. 칸트가 감성적 직관형식이라고 불렀던 시간과 공간의식, 푸코가 에피스테메로 분석했던 지식과 담론의 체계들, 찰스 테일러가 주목한 '사회적 삶의 상상적 구성' 형식들, 넓게는 대문자 역사(History)부터 작게는 개개인의 정체성(identity)까지 인간이 세계를 인식하고 구성하는 매개로서의 서사(narrative) 형식들. 이처럼 문화가 아우르는 층위는 넓고도 깊다. 문화는 서구중심주의와 식민주의 극복을 위한 모색에서도 중요한 키워드가 되었는데, 에드워드 사이드의 연구가 선도적으로 보여주었듯, 근대세계의 식민지적 통치 질서는 정치·경제적 지배만이 아니라 문화 제국주의를 통해 작동해왔기 때문이다.

『근대전환기 문화들의 조우와 메타모포시스』는 이처럼 폭넓은 문화연구의 갈래들 중에서도 '근대전환기'라는 특정한 시간성에 초점을 맞추었다. '근대'를 정태적인 이념형이나 완성형, 중세 및 근세와 말끔하게 분절되는 역사적 시기구분(periodization)이 아니라, 서로 다른 속도와 리듬을 지닌 이질적 시간성들이 충돌하고 융합하는 역동적 변화 과정으로 분석하기 위함이다. 수록 논문들의 비중이 보여주듯, 본서의 기획에는 한국이라는 장소성 또한 암묵적으로 전제되어 있다. 그러나 한국이라는 장소는 고립되고 자기완결적인 정체성이나 '순수한'(authentic) 문화의 저장소가 아니라, 세계 내 다른 장소들과의 내재적 관계 속에서 다양한 문화의 파동들이 끊임없이 밀려들고 흘러가는 열린 장소일 뿐이다. 동시대의 동아시아나 '서양' 등 세계의 다른 장소들이 근대전환기 한국의 문화적 메타모포시스를 탐색하기 위한 맥락이자 참조점으로 부단히 소환되는 이유가 여기에 있다.

문화는 유동성과 부단한 변화를 속성으로 삼지만, 근대전환기 동아시아 문화의 지각변동은 유례없이 격렬하고 광범위했다. 19세기 중후반 중화적 제국 질서가 서구 중심의 만국공법 체제로 전환되는 과정은 세계사의 패권을 둘러싼 '제국들의 충돌'(clash of empires)이자 각각의 제국 질서에 고유한 상징체계(문화)들의 폭력적인 조우(encounter)였다. 한중일 동아시아 3국은 서양 열강들에 의한 정치적 식민화를 모면

하면서 내부적으로 제국–식민지의 위계질서를 재생산했지만, 근대전
환기 동아시아가 겪었던 문화적 전환은 서구의 '나머지'(the rest) 지역
이 경험했던 문화의 '식민지적 변형'(colonial transformation)과 근본적으
로 다르지 않았다. 문화적 패러다임의 폭력적 변형은 근대전환기 동아
시아에서 '문화들의 조우와 메타모포시스'를 다룬 본서의 논문들이 문
화 연구 일반보다 한층 심각하게 전통과 근대, 문화적 정체성이나 주
체성, 문화의 연속성과 불연속성 같은 문제들을 제기하도록 만든다.

2.

〈1부. 근대전환기 문화의 메타모포시스: 이론과 관점〉에는 연구
시각을 모색하는 총론적인 글들을 수록했다. 일반적으로 변형, 변태
를 뜻하는 메타모포시스는 문화의 유동성과 혼종성, 항상적인 변화
뿐 아니라 근대전환기 특유의 문화적 패러다임 전환까지 포괄하는,
강한 의미의 변화를 지칭하기 위해 선택된 비유적 개념이다. 숭실대
한국기독교문화연구원 HK+사업단의 연구 아젠다이기도 한 '문화의
메타모포시스'는 어원적, 생물학적, 문학적 용법과 풍부한 함의들로
인해 근대 문화의 변형을 다각적으로 사고하는 데 유용한 통찰을 제
공한다. 1부의 글들은 각기 한국, 서양, 동아시아라는 장소들에 기초
해서 문화의 메타모포시스 개념을 정립해보려는 시도들이다.

윤영실의 「근대전환기 문화(고유문화/외래문화)의 메타모포시스와
식민지 근대」는 임화의 문화론과 오비드와 카프카의 변신담을 둘러싼
메타모포시스 이론을 교차시킴으로써 근대전환기 '한국문화'의 연속

과 불연속, 정체성의 해체와 구성, 식민지 근대와 탈근대적 상상이라는 문제들을 논하고 있다. 임화는 과도기 한국 문화의 식민지적 변형을 인정하면서도, 고유문화와 외래문화의 창조적 절합(문화의 메타모포시스)을 통해 피식민자의 주체적 역량을 증대시킬 수 있는 길을 추구했다. 근대로의 전환은 문화적 패러다임의 구조적 단절과 전통적 요소들의 공존이라는 이중의 차원에서 각기 불연속성과 연속성을 띤다. 일제말의 시점에서 임화의 문학사 쓰기는 근대전환기의 불연속으로 조각난 조선문화의 정체성을 수행적으로 재구성하려는 실천인 동시에, 일제말 '전형기(轉形期)'의 탈근대적/탈식민적 욕망을 근대초 '과도기'의 시간에 투영함으로써 아직 오지 않은 미래의 새로운 사회적 상상을 모색하고 있었다.

　김지영의 「근대전환기 헝가리와 주변국의 문화적 메타모포시스의 한 양상－세기말(Fin-de-Siècle)의 건축을 중심으로」는 19세기 말 오스트리아－헝가리 제국의 세체씨오 양식 건축물들에 주목했다. 오스트리아－헝가리 제국의 두 번째 수도로 탄생한 부다페스트에는 오스만 제국의 이슬람적 유산과 기독교 전통이 뒤섞인 독특한 문화가 형성되었는데, 이를 잘 보여주는 것이 19세기 말의 세체씨오 건축 양식이다. 저자는 세체씨오 양식의 건축물들을 사례로 문화의 수용과 접변을 통한 탈바꿈(메타모포시스)의 양상을 구체적으로 살피는 한편, 카시러, 바부르크, 프로이트를 통해 문화적 메타모포시스의 이론적 전거들을 마련하고자 시도한다. 오스트리아－헝가리 제국의 사례는 비슷한 시기 일본 제국과 조선의 경우와 여러 모로 비교할 만하며, 한국 문화의 메타모포시스를 세계사적 차원에서 조망하는 데도 많은 시사점을 준다.

　앞의 논문들이 각기 한국과 유럽(헝가리)의 장소성을 기반으로 문화적 메타모포시스 개념의 이론적 확장을 시도했다면, 심의용의 논문은 좀 더 거시적, 추상적인 차원에서 동서양 철학의 '변통'과 '메타모포시스' 개념을 비교한다. 그에 따르면, 그리스적인 질료형상론(hylemorphism)은 질료(hyle)에 형상(morhe, eidos)이 구현되어 실체를 이루며 실체의 본질과 존재는 형상을 통해 이루어진다는 존재론적 형이상학을 전제한다. 반면 변통(變通)은 내재적 리(理)가 기(氣)의 형세(形勢)와 흐름 속에서 '변형'되고 '조절'되고 '활성화'되고 '소통'되는 과정으로서 '생성론적 메타모포시스'라고 볼 수 있다. 변통 개념은 근대 초기 동아시아에서 서양문화 수용에 관한 여러 논쟁의 중심에 놓여 있기도 했지만, 전통의 혁신과 재창조를 통해 새로운 문화 창달을 도모하는 현대사회에도 중요한 통찰을 줄 수 있을 것이다.

〈2부. 이문화들의 접경: 문화횡단과 타자의 시선/응시〉에 실린 논문들은 19세기 말에서 20세기 초에 걸친 구한말의 시대적 상황에서 동서양의 이문화들이 조우하고 충돌하며 타자의(타자에 의한/타자에 대한) 시선과 응시가 교차하는 양상을 다루고 있다. 메리 루이스 프랫(Mary Louise Pratt)이 제안한 문화들의 접경(contact zone)이라는 개념은 이문화들이 조우하고 충돌하고 상호 길항하는 사회적 공간을 일컫는다. 문화적 접경은 흔히 불균형한 권력 관계로 위계화된 공간이지만, 문화들의 식민지적 조우(colonial encounter)가 그러하듯 지배 문화가 일방적으로 관철되는 텅 빈 공간은 아니다. 권력관계에서 종속되고 주변화된 문화적 주체들은 지배 문화에 일방적으로 '동화'(acculturation)되기보다는 자신들의 문화적 유산 위에서 지배 문화를 전유하고, 외래문화와 고유문화를 독특한 방식으로 절합하는 문화횡단(transculturation)

을 수행한다. 이러한 문화횡단의 양상은 우리가 문화의 '메타모포시스'
라고 부르는 바와도 상통하는데, 구한말의 다양한 장면 속에서 그 구
체적 모습을 살필 수 있다.

2부의 첫 두 편의 논문은 구한말 서구와의 조우를 통해 문화의 가장
심층적 형식들인 시간과 공간에 대한 인식이 어떻게 바뀌어갔는가를
조명한다. 신승엽의 「횡단과 여행, 그리고 자기-식민화: 19세기 말
조선 외교 사절단과 지식인들이 경험한 근대적 시간」은 19세기 말
조선 외교관과 유학생들의 해외 체류기를 중심으로 기계적 시계 시간
과 태양력이라는 새로운 시간관념이 도입되던 양상을 다루었다. 논문
은 근대적 시간관념이 처음 도입되고 전통적 시간관념과 길항하던
당대의 풍경을 생생하게 복원함으로써 근대 자체를 낯설게 하는 효과
를 발휘한다. 필자는 새로운 시간관의 도입이 식민권력에 의한 강제적
이식이 아니라 조선인들의 주체적 선택이었음을 강조하면서도, 이러
한 선택이 결국 문명들의 우열관계를 수긍하고 서양(근대)이라는 목적
지를 향해가는 맹목적 행진으로 이어진 것은 아닌지 비판적으로 성찰
하고 있다.

목수현의 「세계를 만나는 창-『각국기도(各國旗圖)』와 〈세계전도〉의
국기 그림들」은 개항 이래 '세계'에 대한 공간 표상의 변화를 『각국기도
(各國旗圖)』라는 책자를 통해 살피고 있다. 대한제국 국기를 비롯한 38
개국 국기와 군함기(軍艦旗), 육군기(陸軍旗), 상선기(商船旗) 등 총 63점
의 깃발 그림이 수록되어 있는 『각국기도』는 이제 막 중화질서를 벗어
나 '세계'의 일원이 되어가던 대한제국기의 세계 인식을 국기라는 도상
들을 통해 가시적으로 보여준다. 이 책에 선별된 깃발들은 수교 및
통상국의 국기 식별이라는 실용적 목적을 넘어, 근대전환기의 확장된

세계 인식과 근대적 지리 지식을 담아낸다는 의미를 띠고 있었다. 『각국기도』의 깃발 그림은 이후 〈세계전도〉에도 수록되어 학교 교육에 활용됨으로써 당대인들이 세계를 인식하는 시각적 창이 되었다.

다음에 이어지는 세 편의 논문들은 구한말 '종교' 영역에서 일어난 이문화들의 접촉과 타자의, 타자에 대한 시선/응시가 교차하는 양상에 초점을 맞추고 있다. 방원일의 「페티시즘 개념을 통해서 본 기독교와 무속의 만남」은 19세기 말 개신교 선교사들이 무속과 만나는 과정에서 '페티시'라는 개념이 어떤 역할을 했는지 분석했다. 16, 7세기에 서아프리카의 이문화와 조우한 서양인들에게서 싹튼 페티시 개념은 이후 종교학, 경제학, 심리학 등 다양한 분야에서 활용되었다. 구한말 선교사들은 무속의 물질적 가치 및 우상 숭배를 페티시로 일컬었으며, 무당의 무구 같은 페티쉬의 소각은 기독교 개종 내러티브에서 가장 극적인 장면들을 이루었다. 구한말 선교사들에게 페티쉬는 타자의 상징체계에 대한 몰이해와 공격을 의미하는 부정의 언어였지만, 필자는 최근 종교학의 페티시즘 재평가가 무속과 종교 자체의 물질성, 기독교적 기복 신앙에 대한 새로운 해석을 열어줄 것이라는 기대를 내비친다.

이영진의 「제국의 시선들 사이에서─구한말 조선의 문명담론과 근대성 문제」는 서구인들이 조선을 바라보는 '시선'과 이를 모방하고 전유하는 토착적 '응시'를 교차시킴으로써 문화횡단이 이뤄지는 역동적 시공간을 재구성한다. 비서구 문화들을 '비문명', '원시성', '전근대'로 정형화하는 오리엔탈리즘은 제국의 시선으로 구한말의 조선사회를 기록했던 선교사들의 글에서도 반복된다. 한편 구한말 신문 매체와 신소설의 보건위생과 미신타파 담론은 조선인들이 서구 문명론을 어떻게 내면화하거나 전유하고 있는지를 보여준다. 필자는 조선의 계몽지식인들이 서양 선교사의 문명론을 전유함으로써 '기독교'와 '문명'을 분리(기독교≠문명)시키는 등의 미세한 차이를 만들어내기도 했지만, 근대 문명 자체에 대한 비판적 응시로까지 나아가지 못했다고 평가한다.

근대전환기 한국 사상에서 서구 문명에 대한 비판적 응시를 좀 더 폭넓게 발굴하고 분석하는 것은 현세대 연구자들의 몫일 것이다. 성주현의 「서구문명의 유입과 한국사회의 갈등-동학을 중심으로」는 서구 문명에 대한 비판을 가장 선명하게 보여주는 사례로서 동학에 주목한다. 수운 최제우는 서학이든 동학이든 사회적으로 추구해야할 궁극의 도(道)는 다르지 않다고 인정하면서도, 서구 열강의 침략 행위에 대한 비판과 대타의식을 바탕으로 '동학'을 창시했다. 2대 교주인 해월 최시형 역시 무력을 앞세우는 서구 문명의 한계를 지적하면서, 인의예지(仁義禮智)라는 도덕적 무기로 이에 맞설 것을 주장했다. 동학농민혁명이 전개되는 과정에서 동학교도들은 서학을 침략세력의 첨병으로 간주하면서 기독교 신자들에게 배교를 강요하는 등의 폭력적 저항으로 나아가기도 했다. 그러나 동학의 반서구문명주의가 1905년 이후 천도교의 문명주의로 전환했다는 점은 동서양 문화의 이항대립과 충돌을 넘어선 문화횡단의 사례로서 좀 더 심층적인 고찰을 필요로 할 것이다.

2부의 글들이 서양과 동양이라는 공간적 거리를 넘어 이문화들이 조우하고 충돌하고 변용되는 양상에 초점을 맞추었다면, 〈3부. 시간성들의 중첩: 전통과 근대의 상호침투〉는 동아시아 근대에서 과거의 문화들이 현재와 교섭하며 변용되고 재창조되는 방식에 주목했다. 근대의 외발론과 내발론, 근대의 이식과 전통의 계승을 둘러싼 오랜 논쟁들을 거쳐, 최근에는 단선적 시간관이나 안팎의 이분법을 넘기 위한 설명 모델이 꾸준히 모색되고 있다. 이러한 모색은 시간성에 대한 우리의 통념에 도전하면서, 과거, 현재, 미래가 겹쳐지고 공존하며 상호변용되는, 이질적 시간성들의 중첩에 대한 상상을 열어놓았다. 동아시아 근대는 '서양의 충격'을 배제한 채, 순수한 문화의 내재적이며 자연스러운(spontaneous) 발아와 성숙 과정으로 환원될 수 없다. 동시에 서구적 근대의 제도, 담론, 문화가 동아시아에 '이식'되었던 과정은 깔끔한 백지 위에 새로 쓰는 것이 아니라, 켜켜이 쌓인 과거의 지층들 위에서, 현재와 병존하는 과거의 흔적들 위에서, 현재로 돌입하는 잠재적 과거 전체와의 관계 속에서 이뤄진 겹쳐쓰기의 과정이다. 이런 맥락에서 '전통'이란 자기완결적인 과거의 문화가 현재로 '계승'되는 것도, (통속화된 '전통의 창조'론이 주장하듯) 과거에 존재하지 않았던 것을 현재에 '날조'하는 것도 아니다. 오로지 과거와 현재라는 이질적 시간성들의 중첩과 상호침투(interpenetration) 속에서 과거의 문화가 변용되고 전통으로 재창조되며 현재 자체를 재구성한다. 따라서 물음은 전통과 근대의 이분법을 넘어 과거와 현재가 관계 맺는 특정한 방식들에 대한 문제로 제기되어야 한다. 3부에 실린 4편의 글들은 서로 다른 방식으로 이런 물음에 답하고 있다.

　김태진의 「몸으로서의 국가—신체관의 메타모포시스와 근대 일본에서 국가—신체의 전환」은 과거와 현재, 동아시아 전통과 서구의 번역이 맞물려 제3의 독특성을 창출하는 과정을 구체적이며 설득력 있게 그려낸다. 로렌츠 폰 슈타인(Lorenz von Stein)의 유기체적 국가론과 가이에다 노부요시(海江田信義)의 번역 사이의 거리는 두 사람이 각기 국가조직을 몸에 비유한 '인체배당도'의 미묘한 차이 속에 각인되어 있다. 필자는 이러한 차이를 서구의 '오역'이나 '결여'로 해석하는 기존의 관점을 거부하면서, 동아시아의 전통적 신체관과 치국(治國)/양생(養生)론이 원수와 인민의 통합을 추구한 메이지 일본의 국가 기획과 맞물려 빚어낸 독특한 변용으로 파악한다. 논문은 전통과 근대가 교착(交錯)하며 빚어내는 독특성을 선험적인 이론과 당위로 설파하는 것이 아니라, 구체적 대상의 변용(메타모포시스)을 통해 세밀하게 들여다본다는 점에서 이상적이다.

천진의 「근대 중국 신문화장의 고전의 변용」은 1910~1920년대 중국의 고전 부흥과 '국학' 기획을 둘러싼 다양한 양상을 입체적으로 조명한다. 이 시기 근대의 선구자인 량치차오나 후스는 청년들의 고전 읽기를 새삼 강조하고, 베이징대는 국고(國故) 정리를 통해 중국의 과거 문화를 엄밀한 과학적 연구 대상으로 소환했으며, 칭화국학연구원은 '중서회통(中西會通)'을 통한 문화의 상호 융합을 추구했다. 이들의 고전 부흥과 '국학' 기획을 관통하는 열망은 결국 중국의 각성과 부흥에 다름 아니었던 반면, 루쉰은 당대에 팽배했던 국학 연구의 열정에 거리를 둔 채 홀로 '적막 속에서' 고전을 읽는다. 루쉰의 태도에는 고전 읽기가 '실제의 삶'과 어떻게 만나는가, 위안스카이나 장제스가 유교 전통을 통치에 활용하고, 출판자본이 고전을 골동품처럼 소비하는 방식과는 다른, 고전의 '윤리적' 활용이 어떻게 가능한가에 대한 비판적 성찰이 깔려 있었다. 루쉰의 질문은 서구 중심주의 극복을 위해 동아시아 전통을 새롭게 소환하는 오늘날에도 여전히 유효하다.

노관범의 「20세기 역사 지식 '실학'의 지식사」는 현채의 『동국사략』(1906)부터 이기백의 『국사신론』(1961)에 이르기까지 30종의 한국 통사를 검토함으로써, '실학'이 역사지식으로 구성되었던 과정을 재구성한 역작이다. '실학'이라는 역사지식은 조선후기 영정조 시대의 문화 융성과 유교의 폐해에 대비되는 문화 발달이라는 관념 위에서 구축되었다. 그러나 '실학'이라는 역사지식은 논자나 시기에 따라 조선학, 서학이나 청학, 유교의 일부로 상이하게 설명되었으며, 다양한 개념적 키워드들이 난립하면서 내적 정합성이 취약해졌다는 것이 필자의 평가다. 실학의 지식사는 실학이 하나의 지식 대상으로 구성되었던 원초적 장면들에 주목한다는 점에서, 실학을 (과거의) 자명한 대상으로 전제한 실학의 학설사와 구분될 뿐 아니라, 실학을 근대(현재)에 발명된 허구로 비판하는 최근의 논의들과도 결을 달리하는 듯하다. 실학이라는 지식 대상의 구성과 내용의 변천은 오로지 과거와 현재의 교섭을 통해서 늘 새롭게 반복되는 것이기 때문이다.

최아름의 「군산과 목포의 장소성 기반 '근대역사문화공간 재생 활성화 사업'에 대한 고찰」은 군산과 목포의 근대 문화유산을 관광자원으로 개발하기 위한 전략을 문화컨텐츠의 관점에서 분석한 글이다. 식민지 개발 도시라는 군산과 목포의 장소성이 관광자원으로서 적극적으로 재고되기 시작한 것은 문화재청이 2018년부터 실시한 '근대역사문화공간 재생 활성화 사업'을 통해서였다. 논문은 이들 도시가 근대 개항도시로서 변화해 온 과정과 결과, 장소적 의미를 살펴보고, 각각의 등록문화재들을 어떻게 맥락화해야 하는지 논함으로써 이러한 정부시책에 시사점을 제공하고자 한다. 역사의 기억과 흔적들을 간직한 두 도시의 장소성을 환기하고 맥락화하는 과정에서 우리는 다시 한 번 루쉰의 질문을 떠올려볼 필요가 있을 것 같다. 과거의 소환이 관광자원으로서의 '소비'를 넘어서 '실제의 삶'과 어떻게 만날 수 있는가라는 '윤리적' 질문말이다.

3.

〈근대전환기 인문학, 문화의 메타모포시스〉는 숭실대 한국기독교 문화연구원 HK+ 사업단의 아젠다로서 사업단 안팎의 관련 연구자들이 여러 해에 걸쳐 그 내용을 채우고 심화시켜야 할 연구 과제이기도 하다. 한국학, 일본학, 중국학, 인류학, 역사학, 종교학, 철학 등 다양한 학문 분과에 걸쳐 있는 논문들은 연구의 시각도 글쓰기의 방식도 균질하지 않다. 본서에서는 그 차이들을 조정하고 삭제하기보다 그대로 노출시킴으로써, 앞으로의 소통과 토론을 위한 단초로 삼고자 했다. 바쁜 일정 중에도 귀한 옥고를 다듬어 보내주신 필자들께 깊은 감사의 말씀을 전한다. 이 책이 앞으로 더 확장되고 심화된 연구를 이어가기 위한 작은 디딤돌이 될 수 있기를 기대한다.

2020년 12월

필자들을 대표하여 윤영실 씀

차례

제1부
근대전환기 문화의 메타모포시스: 이론과 관점

근대전환기 문화(고유문화/외래문화)의 메타모포시스와 식민지 근대
임화의 『개설신문학사』를 중심으로 _ 윤영실

제2부
이문화들의 접경: 문화횡단과 타자의 시선/응시

제국의 시선들 사이에서

구한말 조선의 문명 담론과 근대성 문제_ 이영진

서구 문명의 유입과 한국사회의 갈등

동학을 중심으로_ 성주현

제3부
시간성들의 중첩: 전통과 근대의 상호침투

몸으로서의 국가

신체관의 메타모포시스와 근대 일본에서 국가-신체의 전환_ 김태진

근대전환기 문화(고유문화/외래문화)의 메타모포시스와 식민지 근대

임화의『개설신문학사』를 중심으로

윤영실

1. 한국 근대성 연구의 학술장과 근대전환기 문화의 메타모포시스 연구

이 글은 문화의 '메타모포시스'라는 연구 관점을 통해 근대전환기 한국의 문화 변동을 규명하기 위한 시론적 성격을 띤다. 메타모포시스라는 낯선 용어의 함의들이 근대전환기 한국의 문화 변동을 이해하는 데 어떤 시사점을 줄 수 있는지를 특히 임화의『개설신문학사』를 중심으로 살펴보고자 한다.

먼저 '근대전환기'와 '문화'의 의미를 한정함으로써, 학술장 안에서 이 연구의 위치를 가늠해보는 것이 좋을 듯하다. '근대전환기'라는 시간성에는 '한국(의)'이라는 장소적 한정이 전제되어 있다. 물론 이러한 장소적 한정이 트랜스내셔널한 연구 경향을 거슬러 민족주의적 국학 연구로 되돌아가기 위함은 아니다. 본론에서 상술하겠지만 문화의 메타모포시스 연구란 민족과 국가를 넘는 문화의 혼류와 절합에 초점을 맞춘다는 점에서 문화의 고유성과 내재적 본질을 강조하는 민족주의적 관점과는 결을 달리한다. 시공간적 한정은 아젠다의 대상 범위가 인류 역사에 편재한 문화 현상 전체가 아니라, 근대전환기 한국이라는 특정한 시공간에서 전개된 구체적 역사 경험에 있음을 밝히기 위함이다. 그러나 근대전환기 한국은 다른 시공간들에서 깔끔하게 분절될 수 있는 고립된 실체가 아니다. 통념상 '전통'과 '근대'라고 불리는 이질적 시간성들이 혼재하고, 다양한 세계 문화의 파동들이 끊임없이 밀려들고 흘러가는 열린 시공간일 뿐이다. 따라서 근대전환기 한국 문화의 메타모포시스 연구는 근대 '이전'과 '이후'의 시간성들 및 세계 내의 다른 장소들과의 관련성을 끊임없이 고려하고 참조하지 않을 수 없다.

그렇다면 한국의 근대전환기란 정확하게 어떤 시간대를 지칭하는 것일까. 이런 질문은 불가피하게 한국의 근대성에 대한 수다한 논쟁들을 불러들인다. 내재적 발전론에 따르면 한국의 근대전환기는 조선 중후반까지 거슬러 올라가야 할 것이고, 근대의 외발성을 강조하는 쪽에서라면 개항이나 갑오개혁을 기점으로 삼을 터다. 근대전환기의 하한선을 어디로 볼 것인가도 논쟁적이다. 좁은 의미에서의 근대전환기는 19세기 말에서 20세기 초의 몇 십 년간을 지칭하지만, 국민국가 수립이나 자본주의적 산업화의 성립 시기를 따져보면 1960, 70년대를 하한선으로 잡을 수도 있고, '미완의' 근대라는 관점에서는 현재 역시 근대전환기의 시간대에 포함된다. 한국 역사학계를 중심으로 진행된 내재적 발전론과 식민지 근대화 논쟁[1]을 넘어, 동아시아

---

1   내재적 발전론이나 식민지 근대화 논쟁에 관한 문헌은 수십 년간 상당한 양이 축적되

를 매개로 한 세계사 차원에서의 근대 논쟁에서도 근대의 기점은 제
각각이다. 한편에서는 중층근대성(multiple modernities), 대안적 근대
성, 유교적 근대성을 내세워 동아시아 전통에서 근대성의 기원을 찾
으려는 논의들이 있다.[2] 다른 한편에서는 식민지 근대(성)론의 다양한
갈래들이 경합하면서도,[3] 대개 개항 이래의 식민화 과정을 근대의 기

──

어 왔기에, 비교적 최근의 대표적 성과와 논쟁의 경과를 정리한 몇 개의 논문들만
열거하도록 한다. 김낙년 편, 『한국의 경제성장: 1910-1945』, 서울대학교 출판부, 2006;
유타카 도리우미, 『일본 학자가 본 식민지 근대화론』, 지식산업사, 2019; 허수열, 『개
발 없는 개발: 일제하 조선경제 개발의 현상과 본질』, 은행나무, 2011; 강원봉 외, 『가
지무라 히데키의 내재적 발전론을 다시 읽는다』, 아연출판부, 2014; 논쟁 경과의 정리
로는 송규진, 「식민지 통치에 관한 다른 평가-식민지 수탈론과 식민지 근대화론을
중심으로」, 『역사 속의 한일관계』, 동북아역사재단 편, 동북아역사재단, 2009; 조석곤,
「식민지근대를 둘러싼 논쟁의 경과와 그 함의-경제사학계의 논의를 중심으로」, 『역
사문화연구』 53, 한국외국어대학교 역사문화연구소, 2015; 황정아, 「한국의 근대성 연
구와 '근대주의'」, 『사회와 철학』 31, 한국사회와철학연구회, 2016; 김두진, 「한국 '식민
지 근대화' 논쟁과 '근대성' 인식의 재검토」, 『아세아연구』 62:4), 고려대 아세아문제연
구소, 2019 등.

2 아이젠스타트, 임현진 외 옮김, 『다중적 근대성의 탐구: 비교문명적 관점』, 나남, 2009;
김상준, 『맹자의 땀 성왕의 피: 중층근대와 동아시아 유교문명』, 아카넷, 2011; 알렉산
더 우드사이드, 민병희 옮김, 『잃어버린 근대성들』, 너머북스, 2012; 권내현 외, 『동아시
아는 몇 시인가? 동아시아사의 새로운 이해를 찾아서』, 너머북스, 2015; 박상환 외,
『동아시아 근대성에 관한 물음들: 형식의 과잉』, 도서출판 상, 2011; 장은주, 『유교적
근대성의 미래』, 한국학술정보, 2014 등.

3 식민지근대론과 식민지근대성론은 대개 한국의 근대성을 식민성과 결부시켜 이해한
다는 점에서 일치하지만 세부적인 내용 면에서는 많은 차이가 있는데, 그 대략은 황정
아의 논문에 잘 정리되어 있다. 중층근대성론이나 식민지 근대(성)론에 대한 필자 나름
의 정리와 평가는 별고를 통해 논하고, 여기서는 중요 논저들만 열거하고자 한다.
신기욱·마이클 로빈슨 외, 도면회 옮김, 『한국의 식민지 근대성: 내재적 발전론과 식민
지 근대화론을 넘어서』, 삼인, 2006; 조형근, 「근대성의 내재하는 외부로서 식민지성/
식민지적 차이와 변이의 문제」, 『사회와 역사』 73, 한국사회사학회, 2007; 정태헌, 『한
국의 식민지적 근대 성찰: 근대주의 비판과 평화공존의 역사학 모색』, 선인, 2007;
정연태, 『한국 근대와 식민지 근대화 논쟁: 장기근대사론을 제기하며』, 푸른역사, 2011;
윤해동, 『식민지의 회색지대: 한국의 근대성과 식민주의 비판』, 역사비평사, 2003; 한편

점으로 삼고 있다.

한국의 근대성에 대한 논쟁이 여전히 진행 중이기에, 근대전환기라는 다소 모호한 용어는 특정한 입장을 전제하지 않고 근대 문화의 역사적 형성을 다룰 수 있는 융통성을 허락한다. 근대를 어떤 정태적인 이념형이나 역사적 시기구분(periodization)이 아니라, 서로 다른 속도와 리듬을 지닌 이질적 시간성들이 충돌하고 융합하는 역동적인 변화 과정으로 분석하려면 근대보다 '근대전환기'라는 용어가 좀더 부합하는 측면도 있다. 한편, 근대전환기를 근대 이전에서 근대로의 전환이 아니라 근대 너머로의 전환으로 읽는다면, 문화의 탈근대적 이행역시 시야 안에 들어온다. 물론 연구의 1차적 관심은 근대로의 전환에 대한 역사적 탐구이지만, 근대성에 대한 이러저러한 평가와 분석은 은연중 근대 너머라는 미래의 방향 모색과 맞닿을 수밖에 없다.

그런데 문화 개념의 광대한 의미는 애써 좁혀 놓은 연구 범위를 다시 무한정 확대하는 듯하다. 문화 개념의 다양한 결들을 하나하나 펼치는 것은 선행연구들[4]의 몫으로 돌리고, 대강의 윤곽만을 제시해 보자. 문화란 좁은 의미에서 문학, 미술, 음악, 건축 등 미적 생산물을 가리키며, 넓은 의미에서는 의식주와 관습, 풍속, 대중문화 같은 일상

한국의 근대성 연구에서는 별로 거론되지 않았지만, 식민지근대성론을 급진적, 탈식민적 근대 비판으로 발전시켜가기 위한 중요한 참조점으로 월터 미뇰로, 이성훈 옮김, 『로컬 히스토리 글로벌 디자인』, 에코리브르, 2013; 월터 미뇰로, 김영주 외 옮김, 『서구 근대성의 어두운 이면』, 현암사, 2018; 아리프 딜릭, 장세룡 옮김, 『글로벌 모더니티: 전지구적 자본주의 시대의 근대성』, 에코리브르, 2016 등을 들 수 있다.

4 '문화(文化, culture)'의 개념사를 폭넓게 조망한 가장 최근의 연구로는 김현주, 『문화: 한국개념사총서 13』, 소화, 2019의 Part 1 참조. 그 밖의 유용한 참조점들로 야나부 아키라, 박양신 옮김, 『한 단어 사전, 문화』, 푸른역사, 2013; 라인하르트 코젤렉 외 편, 안삼환 옮김, 『코젤렉의 개념사 사선 1: 문명과 문화』, 푸른역사, 2010 등.

적 삶의 양식 전체를 포괄한다. 가장 근본적인 차원에서 문화란 자연
과 대비되는 인류의 지적 산물의 총체이자 인간이 세계를 인식/구성
하는 매개체로서의 상징적 형식 전체를 의미할 수도 있다. 칸트가
감성적 직관형식이라고 불렀던 시공간 의식이나 푸코가 주목했던 지
식과 담론의 체계들, 헤겔의 대문자 역사(History)를 비롯해 역사를 인
식/구성하는 서사형식들[5], 찰스 테일러가 '사회적 삶의 상상적 구성'
형식[6]들이라고 지칭했던 바가 모두 여기에 포함된다.

　그러나 본 연구는 이렇게 폭넓은 문화 현상을 대상으로 삼되 그
'메타모포시스'의 양상을 다룬다는 점에서 일반적인 문화연구와 차별
화된다. 특히 문화의 메타모포시스 연구가 근대전환기 한국이라는
시공간을 대상으로 삼을 때, 내재적 발전론과 식민지 근대화론으로
대별되는 이분법 극복을 논의의 출발점으로 삼게 된다. 한 가지 사례
로 근대문학(소설) '기원' 논쟁에 메타모포시스 관점이 어떻게 개입할
수 있는지 살펴보자. 주지하듯 한국 근대소설의 성립을 둘러싸고 이
식문학론 대 내재적 발전론, 전통의 단절 대 계승이라는 논쟁 구도가
오랫동안 지속되어 왔다. 그러나 한편으로는 전, 야담, 설화 등 전통
서사 양식들의 계승에 대한 연구들[7]이, 다른 한편으로는 동아시아를

5　헤이든 화이트의 『메타역사』는 근대의 역사기술들에 내재하는 몇 가지 유형의 서사형
　식들을 분석한다. 역사적 실재를 서사적 픽션으로 환원하는 포스트모던 역사학의 경
　향은 경계해야겠지만, 역사기술(historiography)들이 특정한 서사형식들을 매개로 삼
　는다는 점은 충분히 숙고할 만한 명제라고 생각된다. 헤이든 화이트, 천형균 옮김,
　『메타역사: 19세기 유럽의 역사적 상상력』, 문학과 지성사, 1991.

6　찰스 테일러는 '사회적 상상'을 "동시대인들이 스스로 살면서 유지하는 사회를 상상하
　는 방식"으로 규정하면서, 서구 근대의 사회적 상상을 경제, 공론장, 인민주권을 축으
　로 한 도덕질서의 측면에서 분석한다. 찰스 테일러, 이상길 옮김, 『근대의 사회적 상상:
　경제, 공론장, 인민주권』, 이음, 2016.

매개로 한 근대전환기 번역 연구들[8]이 꾸준히 축적되면서, 더 이상 어느 쪽도 일방적인 우위를 주장할 수 없는 단계에 이르렀다. 그 결과 기존의 양자택일적 설명을 넘기 위한 노력들이 다각도로 이뤄지고 있는데, 이들은 공통적으로 '전통'과 '근대'의 이질성들이 결합되는 방식과 관계에 주목하는 경향이 있다.

예컨대, 서영채는 민족문학이 견지해온 내재적 발전론의 신화를 비판하면서, 근대소설의 발생을 '역카세트 효과'로 설명하자고 제안한다. '카세트 효과'란 원래 야나부 아키라가 일본의 번역어 성립 과정을 분석하면서 제안한 개념이다. 카세트는 작은 '보석상자'를 뜻하는 말로 그 안에 무엇이 들어있는지 모르기 때문에 더 신비로운 매력을 띠며 사람들의 상상력을 촉발시킨다. 야나부는 근대 초기에 society를 '사회'라는 낯선 신조어로 번역했을 때, 사람들이 그 원래의 뜻을 정확히 이해하지 못한 채로 저마다 여러 함의들을 덧붙여 말의 의미와 가치를 증식해온 과정을 카세트 효과로 지칭했다.[9] 그런데 근대어의 번역 과정에는 카세트 효과만이 아니라 '역카세트 효과'도 있었다는 것이 서영채의 주장이다. 'novel'이 동아시아에서 오랜 전통을 지닌 '小說'이라는 말로 번역되는 순간, '小說'이 지니고 있던 기존의 의미를

7　고전문학과 현대문학의 단절적 인식 극복을 문제의식으로 삼은 대표적 성과들로는 조동일, 『한국문학통사』 1~4, 지식산업사, 1989; 한기형, 『한국 근대소설의 시각』, 소명출판, 1999; 김찬기, 『한국 근대소설의 형성과 전』, 소명출판, 2004; 김영민, 『한국근대소설의 형성과정』, 소명출판, 2005 등.

8　한국 근대문학을 번역의 관점에서 조명한 최근 연구들의 문제의식은 다음 책들에 잘 드러난다. 조재룡, 『번역하는 문장들』, 문학과 지성사, 2015; 김용규·이상현 외, 『번역과 횡단: 한국 번역문학의 형성과 주체』, 현암사, 2017; 박진영, 『번역가의 탄생과 동아시아 세계문학』, 소명출판, 2019; 손성준, 『중역한 영웅』(근간) 등.

9　야나부 아키라, 김옥희 옮김, 『번역어의 성립』, 마음산책, 2011.

끌어안아 novel도 小說도 아닌 제3의 무엇으로서의 '소설'이 되었다는 것이다.[10] 바로 이러한 역카세트 효과로 인해, 루쉰은 novel과 小說 개념을 절합하여 고대부터 청말에 이르는 방대한 『중국소설사』를 쓸 수 있었고,[11] 김태준 역시 설화시대부터 프로문학기까지 총괄하는 『조선소설사』[12]를 기술할 수 있었다.

방민호는 반대로 이식문학론에 대한 비판에서 시작하지만, 그의 제안 역시 "내재적인 것과 외삽적인 것이 관계 맺는" 방식의 새로운 모델이다. 그는 근대문학의 발생에 이 두 가지 요소가 절합되는 방식을 설명하기 위해 '이식(transplantation)'이 아닌 '접붙이기(engraftation)'라는 비유를 제안한다.[13] '접붙이기'는 '이식'이라는 용어가 은연중 상기시키는 식민주의적 함의들을 경계하면서, "한 문화 또는 문학의 내적 형질을 무시하지 않으면서도 외래의 문화 또는 문학이 그것과 접합되는 양상을 설명할 수 있는 있는 이점"을 지니고 있기 때문이다. 그에 따르면 이광수의 '정(情)'의 문학 안에 전통과 외래적 요소들이 함께 작동하고 있듯이, 한국 근대문학이 형성되어온 과정은 "본래의 것에 이질적인 것을 접붙여서 새로운 것을 만들어 나간 과정"[14]으로 이해될 수 있다.

이상의 논의들은 고유한 것과 외래적인 것의 **관계**를 문제 삼는 공통

---

10 서영채, 「국학 이후의 한국문학 연구」, 『문학사를 다시 생각한다』, 소명출판, 2018.
11 루쉰, 조관희 역주, 『중국소설사』, 소명출판, 2004.
12 김태준, 이주영 교주, 『조선소설사』, 필맥, 2017.
13 방민호, 「「문학이란 하오」와 『무정』, 그 논리구조와 한국 문학의 근대 이행」, 『춘원연구학보』 5, 춘원연구학회, 2012, 205~253쪽.
14 위의 논문, 208쪽.

의 결론에 도달하고 있는데, 본고의 논의는 이 결론을 출발점으로 삼는
다. 선행 연구들이 밝혀온 바대로, 한국의 '근대화'로 지칭되는 변화란
단순히 새로운 것이 옛 것을 대체하는 일직선적 과정이 아니라, 옛
것과 새 것, 내부에서 전승된 요소들과 외부로부터 밀려들어온 요소들
이 뒤섞이고 착종하고 충돌하고 경합하는 복합적 과정이었다. 그런데
이처럼 고유문화와 외래문화가 절합되어 제3의 새로운 문화를 창출하
는 과정이란 문화 일반의 속성이라고도 할 수 있다. 문제는 한국과
같은 비서구 세계의 근대화 과정이 제국주의적 폭력을 수반한 외래문
화의 압도적 영향력 아래에서 '식민지적 변형(colonial transformation)'을
겪었다는 점이다. 그 변화는 기존의 문화적 체계(system)가 외래 요소들
을 효과적으로 통합(incorporation), 동화(assimilation)하거나 외래 요소들
의 영향을 봉쇄(encapsulation)하는 방식이 아니라, 기존의 체계 전체가
동요하고 와해되는 총체적 과정이었다. 이런 점에서 근대전환기 한국
의 문화변동은 문화 일반의 변화보다 일층 심각하게, 문화적 식민성/주
체성, 연속성/불연속성의 문제들을 제기하도록 만든다.

그런데 어떤 용어를 쓸 것인가는 차치하고라도, 임화의 '이식문학론'
에는 이미 이런 문제의식이 내재해 있었다. 그는 이식문화와 고유문화
의 '교섭'을 "고유의 문화가 이식된 문화를 섭취"하는 동시에, 이식문화
의 섭취를 통해 고유문화 또한 "자기의 구래의 자태를 변화"[15]시켜가는
'상호변형'의 과정으로 이해했다. 동시에 '과도기의 신문학', '신문화'가
외래문화의 보다 압도적인 영향 아래에서 '이식문화 일변도로 흐른'

---

15 임화, 「신문학사의 방법」, 신두원 외 편, 『임화문학예술전집 3: 문학의 논리』, 소명출
판, 2009, 657쪽.

것에 대한 문제의식을 강하게 드러내기도 했다. 그러나 임화의 '이식문화'론이 '조선문화'의 내재적 역량이나 주체성을 총체적으로 부정한 것은 아니었다. 그는 오히려 문화 일반의 혼종성과 근대초기 이식문화의 압도적 영향력을 인정하면서도, 식민지적 조건에서 조선문화의 주체성과 역량을 어떻게 복원하고 증대시킬 것인가를 모색했다.

본고에서는 문화적 '메타모포시스'의 다층적 함의들을 통해 임화의 『개설신문학사』가 담고 있는 이와 같은 문제의식들을 좀더 입체적으로 조명해보고자 한다. 우선 2장에서는 식민지기 민족주의 및 사회주의 계열의 대표적 논자였던 최남선과 임화의 문화론을 중심으로, 항상 변화하는 문화의 메타모포시스적 속성들을 보편성, 혼종성, 독특성의 결합으로 규명할 것이다. 나아가 이러한 문화의 일반적 속성들 속에서 '민족문화'라는 단위를 상정하는 것이 어떤 의의를 지닐 수 있는지 모색해본다. 3장에서는 식민지적 조건에 고유한 문화적 메타모포시스의 함의들을 분석적으로 확장해감으로써, 임화의 문제의식들을 좀 더 다각적으로 분석할 것이다. 이를 통해 문화의 식민지적 변형(이식)과 주체성의 문제, 연속성과 불연속성의 문제, 일제 말기에 '과도기의 신문학'을 쓰는 실천을 통해 임화가 추구했던 식민지 민족의 수행적 주체화와 탈근대/탈식민적 세계에 대한 희구를 차례로 살펴본다.

2. 문화의 메타모포시스적 속성들과 '민족문화'라는 단위
: 최남선과 임화의 문화론에 나타난 보편성(universality), 혼종성(hybridity), 독특성(singularity)

일반적으로 새로운 개념의 사용은 어떤 사태가 그 개념을 통해서만 더 뚜렷하게 설명될 수 있을 때 비로소 정당성을 띠게 된다. 물론 그 정당성은 단번에 획득되지 않는다. 어떤 개념이 막 생성될 때, 그 개념을 둘러싸고 있는 것은 밝은 빛이 아니라 오히려 어두움이다. 기존의 익숙한 개념들이 사태를 충분히 설명하지 못한 채 공전(空轉)을 되풀이할 때, 이 난국을 타개하기 위해 새로운 개념들이 제안되고, 시험되고, 정당성을 검증받는 과정을 거쳐 널리 채택되거나 기각된다. 그런데 새로운 개념의 도입에는 '카세트효과'라고 할 만한 과정도 수반된다. 새로운 개념이란 새로운 사유의 정수(精髓)로서 도출되기도 하지만, 거꾸로 아직 충분히 정련되지 않은 낯선 용어가 열린 상상과 새로운 사유들을 촉구/촉발하기도 한다. 오늘날 '메타모포시스'의 개념적 지위란 후자 쪽에 가까운 것 같다.

한국에 『위험사회론』으로 잘 알려진 독일의 사회학자 울리히 벡(Ulrich Beck)이 2015년에 타개한 후, 동료 학자들이 그의 유고를 모아 『세계의 메타모포시스』[16]라는 저서를 출간했다. 이 책에서 울리히는

---

16 Ulrich Beck, *The Metamorphosis of the World*, Cambridge: Polity Press, 2016, pp.50~59. 이 책에서 울리히는 위험사회로서의 근대가 초래한 일종의 부대효과(side-effects)로서 근대의 패러다임 전체가 변화하는 조짐을 지시하기 위해 '메타모포시스'라는 용어를 사용한다. 그런데 그는 메타모포시스를 탈근대적 이행을 지시하는 개념으로 특화하기 위해, 이를 칼 야스퍼스(Karl Jaspers)의 '축의 시대(Axial age)'나 혁명(revolution), 혹은 비서구 세계가 제국주의의 침탈로 인해 폭력적으로 겪었던 '식민지적 변형

기후 변화가 초래한 세계 질서의 근본적 전환을 예견/촉구하면서, 일
반적인 사회 변화(change)나 변형(transformation)보다 강한 의미의 세계
사적 전환을 지칭하는 용어로 'metamorphosis'라는 개념을 채택했다.
야나부 아키라가 말했던, 낯선 용어의 '카세트효과'를 의도했던 것일
터다. 확실히 메타모포시스라는 낯선 용어에는 사회나 문화의 항상적
인 변화를 뛰어넘는 단절, 격변, 패러다임의 전환 같은 함의들이 포함
된다. 그러나 나는 메타모포시스라는 용어를 울리히처럼 굳이 탈근대
로의 이행이라는 사태에 한정하기보다는, 문화 변동의 다양한 심급들
과 층위들을 포괄하는 개념으로 사용하고자 한다. 항상적인 변화 과정
속에 있는 문화의 가장 일반적인 속성부터 근대 혹은 탈근대로의 이행
같은 세계사적 전환까지, 그리고 그 사이에 놓인 다양한 층위의 문화
변동까지, 가능한 입체적으로 고찰할 수 있는 개념적 도구로서 메타모
포시스의 함의를 풍부하게 확장해볼 수 있다.

한편 『메타모포시스: 문화적 변동의 구조들(Metamorphosis: Structures
of Cultural Transformations)』의 책임편집자인 위르겐 슐리거(Jürgen Schlaeger)
는 문화 연구 일반이 당면한 위기의식의 근원을 항상적인 변화 과정에
있는 문화의 유동성에서 찾는다. 인문·사회과학의 개념적 도구들이
대상의 정태적 구조를 설명하는 데 초점을 맞춰온 반면, "문화적 변화
는 동시에 그러나 서로 다른 속도로 일어나는 항상적인 흐름, 운동,
변형들, 서로 다른 침투력과 문화적 생산성을 지닌 변화의 양상들"이
기에, 변화 자체를 설명할 수 있는 시각과 용어들이 필요하다는 것이

(colonial transformation)'과 구분한다. 그러나 정작 왜 탈근대적 변형만이 메타모포시
스로 지칭되어야 하는지에 대한 설득력 있는 해명은 보이지 않는다.

다.[17] 그런데 변화의 표면적 사실들을 단순히 기술(description)하는 데 그치지 않기 위해서는 '변화'의 양상 자체를 '구조적'으로 파악할 필요가 있다. 이를 위해 위르겐 슐리거 등이 공동 연구 프로젝트로 제안한 개념이 바로 메타모포시스(metamorphosis)였다.

이들의 메타모포시스론은 충분히 정련된 개념은 아니지만, 기존의 문화연구가 부딪친 한계지점을 드러냄으로써 새로운 사유를 촉발한다는 점에서 의의가 있다. 개별문화들의 자기동일적 정체성을 손쉽게 전제했던 고전적 문화이론의 파국 이후, 문화 연구는 미시적인 수준에서 문화적 차이들과 변형들을 기술하는 것 이상의 구조적 분석으로 나아갈 수 있는가? 항상적인 변화와 차이들에 개방되어 있는 문화를 어떤 '한 문화(a culture)'로 분절하여 다루는 것이 과연 가능하고 필요한가? 모든 문화들이 항상적으로 변화할 뿐 아니라, 보편적으로 연결되어 있으며(보편성), 뒤섞여 있다면(혼종성), 어떻게 '한 문화(그 단위가 지역이든, 민족이든)'의 '독특성'에 대해 말할 수 있는가?

메타모포시스라는 용어를 내세우지는 않지만 오늘날 인문학의 다양한 분야에서 진행되고 있는 문화 접변과 상호변형에 대한 탐구들, 예컨대 cross-cultures, transmodernity, transnational, transcultural 등 'trans'를 접두어로 붙인 수많은 연구들, 무엇보다 언어횡단적(translinguistic) 실천으로서의 '번역' 연구들 역시 비슷한 질문들에 봉착해 있다.[18] 자기

---

17 Jürgen Schlaeger et als., *Metamorphosis: Structures of Cultural Transformations*, Tübingen: Gunter Narr Verlag, 2005, pp.1~9.
18 메타모포시스가 이러한 인접 개념들/이론들과의 교섭과 대결 속에서 하나의 독자적 분석 개념으로서 존속가능할지는 여전히 불투명하다. 다만 3장에서 설명할 것처럼, '메타모포시스'의 어원적 함의와 생물학적(곤충의 변태), 문학적 용법들(오비디우스와 카프카의 변신 이야기)이 지닌 풍부한 시사점들은 그것이 적어도 독특한 비유적 개념

동일적 정체성의 해체와 무한히 미분되고 교차하는 혼종적, 중층적 차이들을 기술하는 데 초점을 맞춰온 연구가 역설적으로 현세계의 '차별적' 구조들을 비가시화하고, 저항의 주체마저 소거시켜버리는 경향에 대한 반성적 사유들이 제기되고 있는 것이다. 그 결과 새삼 근대(성)의 물질적, 제도적 구조에 대한 천착, 예속화를 넘어선 '주체화'의 모색, 비동일적 정체성의 '구성'이 중요한 의제로 대두하고 있다. 자본주의나 국민국가에 대한 재이론화, 언어횡단적 실천(번역)에서 "주인언어와 손님언어의 환원불가능한 차이"[19] 간의 대결과 의미의 창조에 주목하는 논의들, 주체의 수행적 구성을 강조하는 논의들이 모두 이런 맥락 안에 놓여 있다.

이상의 논의들이 제기하는 수많은 문제들을 염두에 두면서, 이 글에서는 다만 문화의 메타모포시스론이 제기하는 한 가지 질문, 즉 문화의 보편성, 혼종성과 아울러 하나의 문화적 '단위(unity)'를 설정하고 그 '독특성'을 설명/주장하고자 하는 시도의 의의를 살펴보고자 한다. 아마도 이 질문과 맞닿은 가장 첨예한 이슈는 '민족문화'라는 단위일 것이다. 프래신짓트 두아라는 네이션-만들기(nation-building)의 수행자들이 주권과 '국민(네이션)'의 국제적 승인이라는 외적 원천을 태고 이래의 순수한 민족이라는 내재적 기원으로 바꿔치기 했던 메커니즘을 비판적으로 분석한 바 있다. 그에 따르면 인류는 근대의 단선적 시간과 변화 속도로 인한 불안감을 해소하기 위해 두 가지 해결책을 추구해왔다. 하나는 직선적 시간을 유토피아적 미래를 향해가는 목

으로 기능할 수 있음을 보여준다.

19 리디아 리우, 민정기 옮김, 『언어횡단적 실천』, 소명출판, 2005, 70쪽.

적론적 역사로 서사화한 것이고, 다른 하나는 이 역사의 주체인 네이션을 '순수성(authenticity)의 상징체계'로 구축함으로써 변화 속의 통일성(unity)을 보장하려 한 것이다. 민족의 신성한 기원, 타자성의 틈입 없는 고유한 민족문화, 혈통적 계보에 대한 주장들은 이러한 순수성의 상징체계를 뒷받침하는 요소들이다.[20]

두아라의 분석은 내셔널리즘을 주권적 국민국가 체제 안에서 살피고, '민족문화'가 제도, 담론, 개념, 규범들의 '세계(문화)'적 순환 속에서 형성되었음을 부각시킨다는 점에서, 고전적 내셔널리즘 이론가들의 정상(서구)/비정상(비서구) 내셔널리즘의 이분법보다 한결 진전된 관점을 보여준다. 그러나 두아라의 분석이 만주국이나 중국 내셔널리즘의 특정 사례들에 대한 분석을 넘어 '민족(네이션)'의 일반이론으로 나아갈 때, '민족들'의 다양한 역사적 경험은 삭제되는 경향이 있는 것 같다. 그런데 두아라의 또 다른 저서 제목이 명시하는 "민족으로부터 역사를 구출하기"[21] 못지않게 중요한 과제는, '민족들을 역사적으로 이해'하는 것이다. '민족'의 획일화된 정체성을 비판해온 탈민족주의가 역설적으로 "'민족'이라는 기표에 결부되었던 다양한 역사적 경험과 복수적 주체성, 이질적 의미망들을, 오로지 비판을 위해 재구성된 단일한 정체성과 자명한 소여, 민족 표상들의 상동성으로 환원해버리는 경향"[22]을 띠기 때문이다.

---

20 프래신짓트 두아라, 한석정 옮김, 『주권과 순수성: 만주국과 동아시아적 근대』, 나남, 2008, 70~89쪽.

21 프래신짓트 두아라, 문명기·손승희 옮김, 『민족으로부터 역사를 구출하기』, 삼인, 2006 참조.

22 졸고, 「자치와 난민」, 『한국문화』 78, 서울대 규장각, 2017.6, 89~90쪽.

이와는 달리 한국 근대사상에서 이끌어낸 두 가지 사례들이 문화의
보편성과 혼종성을 전제하면서도 '민족문화'의 독특성을 어떻게 자리
매김하고 있는지 살펴보도록 하자. 하나는 육당 최남선의 다층적 문화
론과 '민족'에 대한 실천적 요청이다. 주지하듯 최남선은 조선의 민족
주의와 민족문화 정립에 크게 기여한 인물이다. 그러나 그의 문화
개념은 단순히 통념적인 '민족문화'로 환원되지 않는 다층성을 지닌다.
3·1 운동으로 수감되었다가 출옥한 후, 그가 제일 먼저 천명한 것이
'시간상의 광복'으로서의 '조선학' 수립이었다. 조선인의 손으로 조선
민족에 대해 규명함으로써, 정신과 사상, 학술상의 독립을 이루자는
것이다.[23] 최남선이 과거의 문화적 유산을 발굴하여 '전통'으로 수립하
고, 시조부흥운동에 앞장서고, 조선문화의 연원을 밝혀줄 핵심 대상으
로 단군 연구에 몰두한 것이 모두 이런 이유 때문이다. 그러나 단군
연구는 그가 조선 민족문화를 넘어 '불함문화'라는 동북아시아 공통의
문화적 유산에 주목하도록 이끌었다. 조선문화가 태고의 어느 시점에
하늘에서 뚝 떨어졌다는 맹목적 신화에 머물지 않기 위해서는 조선문
화의 '연원'과 '계통'을 탐색해야 했고, 이로부터 시베리아, 몽고, 만주,
한반도, 일본으로 이어지는 고대인들의 '이주'와 문화의 '이동', 그 사이
에 폭넓게 존재하는 문화의 공통성을 발견하게 된 것이다.

그런데 이처럼 문화의 이동과 공통적 원류를 찾아 소급해가다 보
면, 문화권의 경계마저 희미해지고 세계문화의 어떤 보편적 공통성에
까지 이르게 된다. 실제로 최남선은 조선문화의 고유한 특질인 줄
알았던 태양숭배가 동서양을 막론한 인류 문화에 폭넓게 나타난다든

---

23 최남선, 「조선역사통속강화문제」, 『동명』, 1922.9.3.

가, 조선적 특색을 가장 잘 나타낸다고 생각했던 콩쥐팥쥐나 토끼 설화가 세계 곳곳에서 비슷한 모티프로 반복되고 있음을 발견한다. 그는 특히 세계 곳곳에 산포된 민담들의 공통성에 기반하여, 본래부터 "세계를 일가(一家)"로 삼는 문화의 보편성에 대한 인식에 도달했다. "사람끼리는 겨레라는 담을 쌓고 나라끼리는 경계라는 간을 질러서, 네 것 내 것 하고 쪽쪽이 가르기를 좋아하지만" "문화라는 벌판에서는 네니 내니, 네 것 내 것이 당초부터 있어 보지를 아니하였다"[24]라는 것이다. 이러한 "문화의 공통상에는 정치의 강약도 없었으며, 문명의 고하도 없"[25]다.

최남선에게 문화의 세계적 보편성이 곧 세계문화의 단일성이나 획일성을 뜻하는 것은 아니다. 민담들의 존재상은 보편성, 혼종성, 독특성이라는 문화의 세 가지 속성들이 어떻게 모순 없이 공존하는가를 잘 보여준다. 토끼설화의 전세계적 분포가 보여주듯, 민담은 원본과 복사본의 위계도, 중심과 주변의 구분도 없이, 보편적으로 편재한다(보편성). 동시에 민담은 각각의 장소들에서 문화의 다른 요소들과 뒤섞여(혼종성), 서로 비슷하지만 똑같지는 않은 독특한 이본들로서 존재한다(독특성). 마찬가지로 '한 문화'가 문화의 세계적 보편성 안에서 타문화들과의 혼종을 통해 형성되면서도 그 나름의 독특성을 띨 수 있는 것은, 바로 이문화적 요소들이 절합되는 고유한 방식 때문이다. 물론 '한 문화'의 단위가 반드시 민족이나 국가의 경계와 일치하는 것은

---

24 최남선, 「외국으로서 귀화한 조선고담」, 『육당최남선전집』 5권, 현암사, 1973, 46쪽.
25 최남선, 「토끼타령 – 전설의 광포상으로 보는 인류문화의 원시세계성」, 『동아일보』, 1927.2.4. (『육당최남선전집』 5권, 현암사, 1973, 94쪽.)

아니다. 세계적으로 분포한 토끼설화가 국내에만 70여 종의 이본이 있는 것처럼, '한 문화'의 단위란 지방적(local), 민족적, 지역적(regional)으로 중층화될 수 있으며, 한 사회 안에서도 다양한 집단들에 독특한 문화들이 중층적으로 존재하기도 한다.

이처럼 중층적이며 항상적으로 변화하는 문화들 가운데 유독 '민족/국민문화'가 특권화 되었던 것이야말로 근대의 특성 중 하나다. 많은 이들이 비판해왔듯, 초역사적 본질로 신화화되고, 내적 순수성으로 오인되며, 모든 차이들을 억압하고 배제하는 특권적 정체성으로서의 '민족문화'는 경계해야 마땅하다. 그러나 다른 한편, 모든 문화들이 보편적 혼종성 가운데서도 어떤 역사적 독특성을 띠고 있듯, 역사적으로 구성되어온 '민족문화'의 독특성을 마냥 부정하고 비판해야 하는 것은 아니다. 무엇보다 민족문화라는 단위는 국민국가들로 분절된 세계의 제도적 질서에 상응하는 '사회적 상상'이기에, 이러한 제도적 기반을 무시한 채 '민족' 내지 '민족문화'의 허구성만을 비판하는 것은 한계가 있다.

특히 피식민자들이 정치적 이념으로서의 민족주의나 사회주의 진영을 넘어, 대개 민족이라는 문화적 정체성 주장을 바탕으로 정치적 자결을 주장했던 것은, 단순한 우연의 일치도 제3세계 민족주의의 맹목적 오류 때문도 아니다. 세계를 국민-국가들로 분할하고, 정치적, 사회적 권리들을 국민(네이션)에 배타적으로 귀속시킨 근대세계의 시스템이야말로, 피식민자의 민족(네이션) 형성과 민족적 저항을 촉진한 조건이었다. 평생 식민지의 민족사상에 천착해왔던 최남선은 이 점을 잘 알고 있었다. 그는 문화의 세계성이나 지역적 공통성(문화권)을 인지하고, 때로 전략적 대일 협력의 길로 나아가면서도, '민족'이라는 단위를 끝내 포기하지 않았는데, 그가 말년에 병석에서 구술한 「진실 정신」에 그 이유가 잘 나타나 있다.

> 소련의 침략에만 두려워할 게 아니오, 미국의 원조에만 고마워할 게 아니오, 우리 동포 전체가 스스로 자각하여 자립 통일의 진실한 길을 개척 하여야 할 것이다. …(중략)… 나의 생각으로는 '민족'은 본질적으로 필요 한 것도 아니며 당연히 있어도 안 될 것이요, 다만 '대립' 의식으로만 성립 된 것이라고 보게 되었다. 이것은 나의 일종의 자가변(自家辯)이기도 하 다. 도대체 '민족'이라는 것이 인간 사회에서 나타난 것은 그리 오래지 않다. 문자의 세계라는 동양의 한문 가운데는 자고로 '민족'이라는 말이 없었다. 서양에서도 중세기 이후 즉 시민 생활이 발생된 이후에 길어도 400년 전에야 '민족'이라는 말이 생겼다. 그래서 나는 '민족'은 하나의 '대 립의식'이라고 생각하였다. 상대의 민족적인 집단체가 있을 때에 '민족의 식'은 생긴다는 것이다. 이것은 전 인류의 평등한 평화생활을 위하여는 있어야 할 당연성은 없다고도 말할 수 있다. 「민족」은 「대립」에서 생기므 로 현세계가 아직 사회주의나 허무주의나 코스모폴리탄이 아닌 이상 역 시 민족적, 국민적 통일이 있어야 생존 발전할 수 있다. 그러나 한국에는 현재 통일이 없다.[26]

최남선은 '민족'이 "본질적으로 필요한 것도 아니며 당연히 있어도 안"되며 다만 국제적 '대립' 관계 속에서 싹튼 것임을 인정한다. 그러나 현세계가 이러한 국민국가적 '대립' 관계로 이뤄져 있는 한, 즉 현세계 가 사회주의나 허무주의(아나키즘)나 코스모폴리턴(범세계주의)이 아닌 한, '민족의식'은 실천적으로 요청된다. '민족'이란 국민국가들이 상호

---

26 최남선, 「진실정신」, 『새벽』 창간호, 1954.9; 『육당최남선전집』 9권, 현암사, 1974, 541쪽.

대립하는 세계 속에서 '생존', '발전'하기 위해 불가피한, 정치·문화적 공동체의 형식이기 때문이다. 물론 이러한 소극적인 현실주의는 '현실' 자체를 넘어설 대안적 전망을 줄 수 없는 것도 사실이다. "전 인류의 평등한 평화생활"을 위해서는 민족적 대립을 넘어서야 하지만, 민족적 대립이 유지되는 현재 세계에서 우리 또한 민족 단위로 결집할 수밖에 없다는, 논리의 폐쇄적 순환만이 있을 뿐이다. 그럼에도 불구하고 최남선의 사상 역정과 발화 맥락을 이해한다면, 오늘날의 우리 역시 이 논리적 순환을 쉽게 벗어날 수 없음을 깨닫게 된다. 조선 민족주의의 주창자로 「기미독립선언서」를 기초하고, 민족문화 발양에 누구보다 많은 공을 남겼던 그는, 1930년대 후반 민족주의 노선(조선민족의 정치적 독립)을 이탈하여 만주국의 오족협화 속에서 조선민족의 생존과 발전을 구하기도 했다. 그러나 식민지 조선과 만주국, 그리고 세계 어디에서도 국민으로서의 자격을 온전히 누리지 못했던 조선인의 생존 방도는, 결국 조선인의 민족적 결집과 통일이라는 것이 그가 도달한 '진실'이었다. 한국전쟁이 휴전협정으로 마무리되고, 분단체제가 통일의 기약 없이 공고화되던 1954년, 이 글의 궁극적 메시지는 "소련의 침략에만 두려워할 게 아니오, 미국의 원조에만 고마워할 게 아니오, 우리 동포 전체가 스스로 자각하여 자립 통일의 진실한 길을 개척"하자는 데 있었다.

임화의 문화론 역시 '민족문화'의 정립이 반드시 문화적 '순수성(authenticity)'에 대한 주장으로 이어지지 않음을 보여주는 유력한 사례다. 앞절에서 언급했듯 임화는 이식문화와 고유문화의 교섭을 "고유의 문화가 이식된 문화를 섭취"하는 동시에, 이식문화의 섭취를 통해 고유문화 또한 "자기의 구래의 자태를 변화"시켜가는 상호변형 과정으로 이해했다. 그런데 여기서 '이식문화'나 '고유문화'란 시기에 따라 상대적인 개념항일 뿐이다. 임화는 "한번 수립된 문화란 것이 얼마나 혈액적으로 순수"한지를 따지는 것이 무의미할 만큼, 모든 문화는 본래부터 혼종적임을 주장한다. 삼국시대의 '고유문화'란 단군 계통의 원시문화에 기자 계통의 대륙문화를 '이접'한 결과이며, 고려 문화도 삼국에서 계승한 '고유문화'에 당, 송, 원, 인도 등의 외래문화가 '이접'한 결과다. 이처럼 부단히 반복되는 문화들의 이접(혼종)과 재구축에서, 자기동일적 순수성만을 간직한 채 전승된 고유문화도, 끝내 외부적인 것으로 남아있는 외래문화도 없다.

그런데 임화는 이처럼 문화들의 보편적 혼종성을 전제하면서도 문화의 '독자성'을 아울러 강조한다. 그에 따르면 문화의 '독자성'은 "다른 문화들이 서로 접촉"하여 "제3의 새로운 형태를 낳는 데서 다시 형성되고 발전"된다. 한 문화의 독특성은 그 내재적 순수성에 있는 것이 아니라 이문화들과의 접촉을 통해 새로운 '변신(메타모포시스)'을 이루고, 부단히 "자기를 풍요히 해나가는" 역량에 달려있다. 그가 문화론을 설파한 1930년대 후반은 일제의 동화정책으로 조선의 '민족문화'가 말살될 위기에 처했던 때였다. 카프의 대표적 문인이던 그가 학예사 〈조선문고〉 기획을 통해 조선과 세계의 고전을 아울러 소개하고[27], 김태준의 『조선소설사』를 재출간하여 小說 전통과 novel 번역을 절합한 조선소설의 역사를 부각시킨 것은, 당면한 위기에 맞서 '조선문화'

---

27 방민호, 「임화와 학예사」, 『상허학보』 26, 상허학회, 2009, 263~306쪽; 장문석, 「출판기획자 임화와 학예사라는 문제틀」, 『민족문학사연구』 41, 민족문학사학회, 2009, 380~412쪽.

를 재정립하고자 하는 의지의 표현이었다. 임화의『개설신문학사』역
시 신시대와 구시대가 맞부딪쳐 "양자의 승패가 모두 확정적이 아"니
었던 '과도기'로 거슬러 올라가 조선 신문학의 발생을 "일층 포괄적이
고 객관적"으로 기술하겠다는 기획이었다. 임화가 기대한 '조선문화의
건설'은 어떤 태고의 순수성이나 내적 동일성으로 회귀하는 방식이
아니라, 오로지 지금—여기에서 다시 시작되는 고유문화의 외래문화의
창조적 변형에 있기 때문이다.

3. 한국의 식민지 근대와 문화적 메타모포시스의 함의들
  : 임화의『개설신문학사』를 중심으로

2장에서는 최남선과 임화의 문화론을 중심으로 문화의 일반적 속
성이 보편성, 혼종성, 독특성이며, 독특한 문화들의 다양한 층위(단위)
중에서 '민족문화'를 설정하는 것이 어떤 역사적 의의를 지닐 수 있었
는지 살펴보았다. 3장에서는 '메타모포시스'의 어원적 함의와 생물학
적(곤충의 변태), 문학적 용법들(오비디우스와 카프카의 변신 이야기)이 지
닌 풍부한 시사점들을 활용함으로써, 임화의『개설신문학사』에 나타
난 한국의 식민지 근대에 대한 관점과 문화의 창조적 변형을 통한
탈식민적 기획을 좀더 다각적으로 살펴보고자 한다.

1) 문화의 식민지적 변형(이식)과 주체성: 식민권력의 예속화에 의한
  제도의 폭력적 이식과 문화 창조의 주체적 역량

주지하듯 한국을 비롯한 비서구 세계가 근대로 전환되는 과정은

문화의 항상적 변화보다 훨씬 급격하고 근본적인 전환을 수반했다는 점에서 문화변동의 일반론만으로 설명되기 어렵다. 다시 임화의 표현을 빌자면, 외래문화와 고유문화의 절합이란 삼국시대 이래 줄곧 반복되어온 사태이지만, 근대전환기에는 외래문화 쪽의 영향이 압도적이어서 "일방적인 이식과 모방의 과정"처럼 보인다는 것이 문제다. 임화가 이런 사태를 가감 없이 인정하고 있다는 점은 그의 이식문학론이 전통단절론, 서구중심주의, 식민화된 무의식('현해탄 콤플렉스')으로 거듭 비판되어온 원인이 되었다.

그런데 시야를 넓혀보면 '일방적인 이식과 모방'처럼 보이는 문화의 변형은 한국만이 아니라 서구의 식민주의적 폭력으로 급격하게 근대세계로 이끌려 들어갔던 비서구 문화들이 공통적으로 경험한 식민지적 변형(colonial transformation)의 양상이다. 이 폭력적 변형의 해석을 둘러싸고 세계사적 차원에서도 다양한 근대성론들이 여전히 경합하고 있다. 식민지적 변형을 비서구의 '문명화'나 근대화를 위한 필요악 정도로 해석하는 것이 식민주의나 식민지 근대화론의 관점이라면, 다양한 판본의 대안적, 다중적 근대성론은 이식과 모방이 아닌 비서구 문화 전통의 주체적 역량을 새삼 부각시킨다. 그러나 어느 쪽이든 문화의 '식민지적 변형'이라는 폭력적인 역사 경험을 삭제하고 있는 것은 아닐까. 전자가 식민화의 폭력을 문명화와 근대화의 '미담'으로 포장한다는 점은 재삼 거론할 필요도 없지만, 대안적, 다중적 근대성론들 역시 비서구 문화들의 주체적 역량을 강조하기 위해 역설적으로 외부(제국)로부터의 폭력과 패배의 경험을 애써 밀쳐놓는 경향이 있기 때문이다. 물론 이런 비판은 좀 더 섬세한 분석들로 뒷받침되어야겠지만, 여기서는 다만 임화가 취했던 제3의 길을 따라가 볼 것이다.

갑오 이후에 전개되는 개화의 과정은 구문화의 개조와 유산의 정리 위에
새 문화를 섭취하는 과정이라기보다 오로지 구미문화의 일방적인 이식과
모방의 과정이 되는 것이다. …(중략)… 우리가 가장 주목해 둘 점 하나는
이러한 일방적인 신문화의 이식과 모방에서도 고유문화는 전통이 되어
새 문화 형성에 무형으로 작용함은 사실인데, 우리에게 있어 전통은 새
문화의 순수한 수입과 건설을 저해하였으면 할지언정 그것을 배양하고
그것이 창조될 토양이 되지는 못했다는 점이다. 이 불행은 어디서 왔느냐
하면 그것은 결코 우리 문화 전통이나 유산이 저질의 것이기 때문이 아니
다. 단지 근대문화의 성립에 있어 그것으로 새 문화 형성에 도움이 되도록
개조하고 변혁해 놓지 못했기 때문이다. 그것은 우리의 자주정신이 미약
하고 철저하지 못했기 때문이다.[28]

인용문은 임화의 『개설신문학사』에서 악명 높은 '이식문화/문학
론'이 전개되는 부분이다. 인용 부분 앞에는 신문학 발생의 "물질적
배경"과 "정신적 준비" 과정이 꽤 길게 서술되어 있다. 물질적 배경을
설명하면서 임화는 조선의 "자주적 근대화 조건의 결여"를 '아세아적
정체성'과 근대 발전의 '비전형성'에서 찾고 있다. 이를 두고 임화가
서구 중심적, 진화론적 역사관을 벗어나지 못했다고 비판하는 것은
너무 피상적인데, 진화론적 역사관은 당대의 누구도, 심지어 오늘날
의 우리도 그리 쉽게 벗어날 수 없는 인식론적 조건이기 때문이다.
마르크스까지 소급되는 아시아적 생산양식론은 식민지에서 오히려
이 '차이'를 어떻게 해방을 위해 전유할 것인가를 둘러싼 이론적 고투
의 장이 되기도 했다. 중요한 것은 그 이론적 모색 가운데에서 오늘날

---

28 임화, 「개설신문학사」, 임규찬 외 편, 『임화문학예술전집 2: 문학사』, 소명출판, 2009,
57쪽. 이하의 내용들은 같은 글, 22~58쪽.

우리의 인식 지평을 넓혀줄 어떤 시사점들을 찾을 수 있는가이다.[29]

신문학의 물질적 배경에 대한 임화의 서술을 역사의 필연적 방향에 대한 가치판단보다는 근대 이래 역사의 진행 과정에 대한 사실적 기술로 읽는 것은 그 한 가지 방식이 될 수 있다. 서구의 자본주의적 발전 궤도에서 벗어난 아시아적 차이가 무엇이든, 차이는 그 자체로 좋거나 나쁘거나 우수하거나 열등한 것이 아니다. 그러나 '아시아'가 서구 열강의 제국주의적 침략으로 식민지적 관계에 종속되었다는 역사적 사실에 의해, 비로소 아시아적 차이는 '열등한' 것으로 의미화된다. 그 차이가 적어도 '물질적' 권력관계에서 아시아의 패배와 식민지적 종속을 야기한 원인들의 총체를 지시하는 한에서 그러하다. '물질적' 권력관계에서의 패배란 1차적으로 아편전쟁에서와 같은 군사적 패배를 뜻하지만, 그 결과로서 수반된 서구 제도들의 폭력적 이식 전체를 포괄한다. 자본주의적 교역을 통한 세계체제로의 편입, 서구 열강들의 국민국가 시스템과 국제법에 의한 일방적인 주권 박탈과 제약(치외법권, 불평등조약), 이러한 서구중심적 세계질서를 뒷받침하는 근대의 인간/인종주의적 지식과 담론들을 보편적, 객관적 '과학'으로 수용해야 했던 일련의 과정들이 여기에 포함된다.

그러나 역사의 전개 과정에서 물질적 세력관계는 부단한 변화에 열려 있으며, 변화를 추동하는 힘은 가장 폭넓은 의미의 문화적 역량 축적에서 나온다. 이런 맥락에서 임화의 앞선 인용문은 좀 더 섬세하게 독해될 필요가 있다. 앞 절에서 분석했듯 임화는 모든 문화들의

---

29 이런 관점에서 백남운, 이청원, 임화의 아시아적 생산론을 검토한 연구로는 황호덕, 「이론 디스/카운트, 아시아에서 이론하기」, 『문학과 사회』 30:3, 문학과지성사, 2017.

보편적 혼종성을 전제하면서 한 문화의 독특성을 고유문화와 외래문
화의 창조적 절합과 이를 통한 역량의 증대에서 찾고자 했다. 그러나
조선의 개국 지연으로 '선진적' 외래문화의 섭취가 늦어지고, 조선 후
기 중국, 개항 이전의 서양, 강화도조약 이래 일본을 경유한 외래문화
의 섭취와 자주적 근대화의 세 차례 시도가 잇따라 좌절되었다. 무엇
보다 역사의 결정적 분기점이었던 갑오개혁 당시 "내부적으로는 자주
적 체제의 정비와 대외적으로는 선진 문명의 수입"(55쪽)이라는 시대
적 과제를 이루지 못함으로써, 조선의 근대는 결국 정치와 문화 양
방면에서 '이식' 일변도로 흐르게 되었다는 것이 임화의 진단이었다.
그런데 임화는 이러한 패배가 조선 구래의 "문화 전통이나 유산"이
본질적으로 열등하기 때문이라고 평가하지 않는다. 패배는 식민담론
이 흔히 설파하듯 조선 문화의 열등한 본질에서 기인한 것이 아니라,
역사의 특정한 국면들에서의 특정한 패배들로 상대화된다. 근대전환
기에 고유문화와 외래문화를 창조적으로 결합하여 "새 문화 형성에
도움이 되도록 개조하고 변혁"하는 데 실패한 것, 그것은 무엇보다
그 시점에서 "우리의 자주정신이 미약"했기 때문이었다는 것이다.

　더욱이 임화는 역사의 성패가 일회적으로 결정되고 종결된다고 보
지 않았다. 그렇다고 패배의 순간을 도외시한 채 과거 전통의 우수함
을 복원하고 예찬하는 '복고적' 방향으로 나아가지도 않았다. 앞서 언
급했듯 임화 문화론의 필연적 귀결은 지금-여기에서 새롭게 반복되는
'조선문화 건설'이었으며, 그 방향은 외래문화와 고유문화의 창조적
절합을 통한 식민지 민족의 역량 증대였다. 임화는 문화의 이식과
창조, 식민지의 패배와 저항의 변증법을 다음과 같이 인상적으로 표현
한다. "동양 제국과 서양의 문화 교섭은 일견 그것이 순연한 이식문화

사를 형성함으로 종결하는 것 같으나, 내재적으로는 또한 이식문화사 자체를 해체하려는 과정이 진행되는 것이다. 즉 문화 이식이 고도화되면 될수록 반대로 문화 창조가 내부로부터 성숙한다."[30] 이러한 의미에서는 선진 문화의 "이식 그 자체가 벌서 후진국이 선진국에 대한 일투쟁 형태"[31]다. 요컨대, 임화는 식민권력의 예속화에 의한 제도의 폭력적 이식(식민지적 변형)을 인정하면서도, 문화적 전통과 이식의 창조적 절합(문화의 메타모포시스)을 통해 피식민자의 주체적 역량을 증대화시킬 수 있는 길을 모색했던 것이다.

2) 문화의 연속성과 불연속성
: 전통적/외래적 요소들의 절합과 배치의 전환

그런데 문화의 메타모포시스를 임화처럼 문화적 전통과 이식의 창조적 절합으로 규정한다고 해도, 여전히 개념상의 모호함이 남는다. '절합(articulation)'이란 이질적인 요소들이 차이(切)를 간직한 채 결합(合)되어 있는 구조적 인과성을 지시하기 위해 알튀세르가 제안한 개념이다. 메타모포시스의 개념적 명료화를 위해서는 절합이라는 사태에서 요소들과 구조의 층위를 구분할 필요가 있다. 전통 단절과 계승을 이분법적으로 대립시키는 것은 바로 이러한 층위의 혼동에서 비롯되는 경우가 많기 때문이다.

근대전환기에는 서양의 기술, 제도, 개념적 요소들이 물밀 듯이 유

---

30 임화, 「신문학사의 방법」, 『동아일보』, 1940.1.13.~20. (임화, 신두원 외 편, 『임화문학예술전집 3: 문학의 논리』, 소명출판, 2009, 657쪽.)
31 임화, 신두원 외 편, 『임화문학예술선집 4: 평론 1』, 소명출판, 2009, 773~774쪽; 777쪽.

입되었지만, 동시에 구래의 요소들도 그저 사라지거나 대체되었던 것이 아니라 존속하면서 일정한 효과를 발휘했다. 서영채가 제기한 '역카세트 효과'가 한 가지 사례일 것이다. novel을 小說로 번역할 때, 서양 근대 novel로부터 유입된 의미에 동아시아 小說 전통의 의미들이 결합되어 제3의 의미역을 만들어내는 것이다. 야나부가 '카세트 효과'의 사례로 언급한 신조어들 또한 이러한 역카세트 효과에서 자유롭지 않다. right의 번역어로 權과 利를 결합해 '權利'를, nation 혹은 people의 번역어로 民과 族을 결합해 '民族'을 만들어냈을 때, 새로운 신조어들이 불러일으키는 상상은 결합된 한자 각각이 지닌 전통적 의미망을 끌어안는다. literature의 번역어로 성립된 '문학' 역시 텅 빈 공간에서 새롭게 창출된 것이 아니라, 동아시아의 오랜 文의 전통과 결합하여 의미가 굴절된다. 이런 점에서 외래문화의 유입이란 언제나, 백지 위에 새로 쓰는 것이 아니라 켜켜이 누적된 과거의 유산 위에 덧쓰는 (overwriting) 과정이다.

　문화의 변화를 과거의 흔적 위에 덧쓰기의 과정으로 이해하기 위해서는 시간에 대한 우리의 통념을 바꿀 필요가 있다. 과거는 직선적 시간관이 그려내는 것처럼 현재에 의해 지나가고 대체되는 것이 아니라, 현재 안에서 미래와 종합되고, '잠재적 과거' 전체로서 현재와 공존한다. 과거는 현재를 구성하는 모든 물질적 제도와 관념들 안에 구현되어 있을 뿐 아니라, 현재를 특정한 방식으로 규정하거나(ex) 과거 유산의 영향력), 현재 시간 안으로 불쑥 돌입하거나(ex) 비자발적 기억, 억압된 것의 회귀, 데리다적 유령), 현재의 특정한 실천을 위해 의도적으로 소환된다.(ex) 과거 '청산'이나 전통의 '창출') 나아가 잠재적 과거 전체는 매순간의 현재가 반복되면서 늘 변화하며, 전혀 새로운 미래를 향한

현재의 도약을 위해 과거 자체가 '반복'(ex) 혁명 '전통'의 반복)되기도 한다.[32]

그런데 근대전환기의 문화 변동을 이해하기 위해서는 요소들만이 아니라 '구조'의 전환을 함께 고려할 필요가 있다. 요소들의 층위에서만 보면 고유문화와 외래문화가 모두 혼재하고 있다는 것 이상의 논의를 진전시키기 어렵다. 한국 근대소설의 발생과 관련하여 전통적 요소들(전, 야담, 가문소설 등)의 계승도, 외래적 요소들(문학, 소설 개념의 번역뿐 아니라 무수한 번역·번안소설들)의 영향도 명백하기에, 요소들의 층위에서 전통의 계승이냐 단절이냐를 이분법적으로 나누면 논쟁은 무한히 공전된다. 이러한 논리적 공전을 피하려면, 이질적 요소들의 절합과 함께 요소들의 전체적 배치, 곧 구조적 차원을 고려해야 한다.

동아시아 서사 전통에서 '단절'된 '근대문학'의 발생이란 바로 이러한 구조적 차원의 변형을 일컫는다. 가령 이광수가 '문학'을 literature의 역어로 규정하고 이런 의미에서의 '문학'은 과거 조선에는 없었다고 단정지을 때, 무엇이 단절되거나 연속되었는지를 따져보아야 한다. 전술했듯 문학, 소설, 시라는 장르적 명칭의 역카세트 효과는 동아시아 文의 전통을 이끌어 들여 각각의 의미를 굴절시킨다. 또 이광수가 문학을 "정(情)을 포함한 문장"으로 새롭게 정의할 때, '정'이라는 개념에는 서구로부터 유입된 지·정·의의 의미망 뿐 아니라 동아시아 소설 전통에서도 중요했던 '인정(人情)' 개념이 함께 스며든다. 그러나 요소들이 아니라 문(文) 혹은 글쓰기의 전체적 배치라는 차원에서는 근대

---

32 과거의 시간성에 대한 이 단락의 논의들은 질 들뢰즈, 김상환 옮김, 『차이와 반복』, 민음사, 2004의 2장 참조.

전환기에 일종의 도약 혹은 단절이 있었다. 신채호 등의 '역사전기소
설'과 이인직 등의 '신소설'이 경합하던 근대계몽기에서 이광수의 『무
정』에 이르는 시기에 일종의 패러다임 전환이 이뤄진 것이다. 가라타
니 고진이 근대문학의 '기원'을 "기호론적인 틀 구도의 전도"[33]로 설명
하고, 그 '전도' 안에서 비로소 근대적 풍경, 내면, 아동, '근대문학'이
'발견'되었다고 한 것은 이런 의미이다. 새로운 근대 '문학'의 패러다임
안에서도 여전히 과거의 요소들, 예컨대 정(情)이라는 요소가 존속하
지만, 그 요소의 의미는 배치의 전환 속에서 새롭게 규정된다.

　meta-morphosis의 어원적 의미에 담겨 있는 형태, 형상, 형식의 변
화는 이러한 구조의 변화를 함축한다. 문화의 메타모포시스는 문화적
요소들의 유입과 변화라는 양적, 항상적 과정보다 근본적인 질적 전환,
개별 요소들이 아닌 요소들의 총체적 배치(arrangement, constellation)와
문화의 전반적인 형식이 바뀌는 사태를 시사한다. 동아시아의 근대
전환이 단순히 새로운 요소들의 도입이 아니라 일종의 패러다임 전환
이었다는 것은 '중체서용'을 둘러싼 논쟁들에서 잘 나타난다. 체와 용
은 단순히 요소들의 구별이 아니다. 예컨대, 용이 기술, 제도 같은
물질적인 요소이고 체가 문화, 도덕 같은 정신적인 요소라는 식으로는
체용이 엄밀히 구별되지 않는다.[34] 체란 중국의 전통적 세계관으로서
일종의 인식적 패러다임을 일컫는 개념으로 이해될 수 있다. 중국번,

---

33 가라타니 고진, 박유하 옮김, 『일본 근대문학의 기원』, 민음사, 1997, 38쪽.

34 송인재는 장즈둥의 중체서용론이 제도나 문화를 제외한 기술의 근대화론으로 협소하
　게 이해될 수 없으며, 서학 전반에 대한 수용에 열려 있었음을 주장한다. 송인재, 「근대
　중국에서 중학, 서학의 위상변화와 중체서용-장즈둥의 『권학편』을 중심으로」, 『개념
　과 소통』 6, 한림과학원, 2010.

이홍장 등의 양무관료들은 서구적 요소들('用')을 중국적 패러다임('體')
에 통합(incorporation)하여, 체를 강화하는 데 사용하고자 했다. 반면
탄스퉁이 "현실이야말로 본질적인 것이요, 도는 작용에 불과한 것(道用
器體)"이라는 개념적 '전도'를 통해 서체중용론으로 나아간 것은, 변화
하는 현실에 즉해 중국적 세계관의 패러다임 전체를 바꿔야 한다는
주장이었다.[35]

물론 '중체서용'을 실패한 과거의 기획으로만 치부할 것인지는 여전
히 논쟁의 여지가 있다. 최근 중국의 급격한 부상은 한 세기 전에
끝난 듯 보였던 체용(體用) 논쟁을 재점화시켰고, 유교자본주의, 아시
아적 가치, 중국적 사회주의 등을 주창하며 중국적, 아시아적 '體'를
강조하는 논의들이 새삼 성행하고 있다.[36] 이른바 대안적 근대성이나
중층근대성론으로도 이어지는 이런 입장들은 여러 가지 점에서 의문
을 자아내지만, 무엇보다 패러다임의 전환이 곧 중국 혹은 비서구의
주체성 상실이라는 전제를 깔고 있다는 점에서 일면적이다. 탄스퉁
등이 서체중용론으로 전환한 것은 아편전쟁에서 청일전쟁에 이르기
까지 제국주의적 폭력 앞에서 거듭된 패배로 강제된 것이기도 하지만,
궁극적으로는 이러한 '체'의 전환을 통해 '자강(自强)'을 추구하기 위함
이었다. 탄스퉁의 『인학(仁學)』이 잘 보여주듯 서체중용론은 구래의
요소들 전체를 폐기해야 함을 뜻하지 않는다. 오히려 문화적 구조의
전환까지 감수해야 했던 패배를 받아들이면서도, 그 전환된 패러다임

---

35 이명수, 『소통과 평등을 사유한 사상가 담사동』, 성균관대학교 출판부, 2010, 68~76쪽.
36 신동준, 「중국의 근현대화 방략과 체용 논쟁」, 『문화와 정치』 5:1, 한양대학교 평화연구
소, 2018, 75~100쪽.

안에서 다시 외래문화와 고유문화의 창조적 절합을 통해 주체('自')의 역량을 강화('强')하려는 기획이었던 것이다.

한국 근대계몽기의 자강론자들 역시 서구문물의 요소들 뿐 아니라 중화에서 만국공법체제로의 세계관 전환을 통해 '자강'을 추구했다. 문제는 강화되어야 할 '자(自)'의 단위가 무엇인가였다. 신채호 등이 본격적으로 '민족적 아(我)'의 정립을 내세우기 시작한 것은 1907년 고종 퇴위를 전후해서였다. 반면 이인직 등의 문명개화론자들은 '자(自)'를 민족적 단위가 아닌 정치적 당파(수구파에 대한 개화파), 계급 내지 계층(문벌양반에 대한 신흥자산가), 혹은 일본(서양에 대한 동양)과 동일시했으며, 그 결과 병합의 주역으로 복무하기도 했다.[37] 근대전환기에 고유문화와 외래문화를 창조적으로 결합하여 "새 문화 형성에 도움이 되도록 개조하고 변혁"하는 데 실패한 것은 "우리의 자주정신이 미약"했기 때문이라는 임화의 진단은 바로 이러한 역사적 국면을 상기시킨다. 문제는 외래문화적 요소들의 도입도, 문화의 패러다임 전환도 아닌, 그것을 민족적 '자강'으로 이어가지 못했던 '자주정신'의 결여였다는 것이다.

3) 문화적 창조의 반복과 식민지 민족의 수행적 주체화

전술했듯 임화의 문화론에서 승패는 단번에 결정되지 않는다. 고유문화와 외래문화의 절합은 매순간 새롭게 반복된다. 단군의 원시문화와 대륙문화를 절합한 삼국시대에, 삼국문화와 당, 송, 원의 외래문화

---

37 이인직이 자강론에서 '친일'로 나아가게 되는 사상적 맥락에 대해서는 졸고, 「〈은세계〉의 정치사상과 인민의 '대표/재현'이라는 문제」, 『구보학보』 24, 구보학회, 2020 참조.

를 절합한 고려시대에, 고려 문화와 명청의 외래문화를 절합한 조선시
대에, 그리고 조선문화와 서구의 외래문화를 창조적으로 절합하는 데
실패했던 과도기까지 문화들의 절합과 창조는 늘 새롭게 반복되며,
매번의 수행적 실천 속에서 성패가 가늠될 뿐이다. 일제말에 『개설신
문학사』를 쓰는 임화의 실천 역시 그렇게 무수히 반복되는 시도들
중 하나로 자리매김 될 수 있다.[38]

임화의 '신문학사'는 김태준이 『조선소설사』를 통해 小說과 novel
의 이질성을 '조선소설'의 연속적 역사로 통합하고자 했던 시도와 맥
락을 같이 한다. 김태준이 小說과 novel의 불연속을 느슨한 연대기적
시간 위에 배열하는 데 그쳤다면, 임화는 그 불연속이 가장 첨예하게
드러났던 '과도기'의 신문학 속에서 양자를 절합하려는 한층 어려운
시도를 하고 있었다. 그것은 과도기의 신문학이 자주정신의 결여로
인해 이식문학 위주로 흘러왔음을 냉정하게 평가하면서도, 동시에 그
러한 신문학의 역사를 기술하는 실천을 통해 조선문학의 연속성을
수행적으로 구성하려는 역설적 기획이었다. 그러나 신문학의 역사를
기술하는 실천이 어떻게 조선문화의 불연속성(이식과 단절)과 연속성
을 아우를 수 있는가.

생물학과 문학에서 메타모포시스의 용례들은 급격한 변화에 직면
한 문화적 정체성(identity)의 연속성과 불연속성을 아울러 사유하는
데 풍부한 시사점을 준다. 형체의 완전한 변모에도 불구하고 개체성을

---

38 임화의 『개설신문학사』 서술이 지닌 문화의 창조적 절합의 의미에 대해서는 졸고,
「세계문학, 한국문학, 정치소설의 번역(불)가능성」, 『한국현대문학연구』 60, 한국현대
문학회, 2020에서 일부 다룬 바 있다.

유지하는 생물의 변태(變態, metamorphosis)는 만물이 변화하는 세계 속에서 차이와 동일성의 문제를 고심했던 인류의 상상을 촉발해왔다. 신화와 전설에서 근대문학과 문화까지 반복적으로 회귀하는 변신담들은 바로 이러한 인류적 상상의 보고다. 크리스토프 보드(Christoph Bode)는 오비디우스의 『변신이야기(Metamorphoses)』[39]를 실마리 삼아, 변신의 형태적 불연속성에도 불구하고 그 정체성을 보장해주는 것은 서사 그 자체일 뿐이라고 결론짓는다.[40] '이리로 둔갑한 뤼카온', '월계수가 된 다프네', '말이 된 오퀴로에' 등등 수많은 변신담에서 각 인물의 정체성을 보장해주는 것은, A는 바로 B의 변신임을 서술해주는 서사 자체밖에 없다. 크리스토프 보드의 해석은 폴 리쾨르(Paul Ricoeur)의 시간과 서사, 서술적 정체성(narrative identity)에 대한 사유들과 맞닿아 있다. 리쾨르는 시간의 흐름 속에 흩어진 차이들을 조직하여 의미를 구성하고, 부단한 변화와 타자의 틈입들로 조각난 동일성을 차이와 타자의 흔적들을 간직한 '공유적 정체성'으로 구축하는 서사(narrative)의 기능을 강조했다. 그에 따르면 개인이나 집단의 정체성은 자명하게 주어진 소여(the given)가 아니라 오로지 서술(narration) 행위를 통해 수행적으로 구성될 수 있을 뿐이다.[41]

---

39 그리스·로마신화부터 로마 건국신화까지 이어지는 변신담들을 모아놓은 오비디우스(Publius Ovidius Naso)의 서사시. 번역 제목은 민음사판 번역본을 따랐다. 오비드, 이윤기 옮김, 『변신이야기』, 민음사, 1998.

40 Christoph Bode, "Plus ça change: Cultural Continuity and Discontinuity and the Negotiation of Alterity", *Metamorphosis Structures of Cultural Transformations*, ed. Jürgen Schlaeger, Tübingen: Gunter Narr Verlag, 2005, pp.27~38.

41 폴 리쾨르, 김한식 옮김, 『시간과 이야기』 1~3, 문학과 지성사, 1999~2004; 폴 리쾨르, 김웅권 옮김, 『타자로서의 자기 자신』, 동문선, 2006 참조.

우리가 잡다한 차이들의 집적물이자 끊임없이 변화하는 현상적 흐름을 포괄하여 '하나의 문화(a culture)'로 지칭하거나 인지하는 것 역시 이러한 수행적 자기-구성을 통해서다. 보드는 하나의 문화란 "영속적으로 차이들을 자양분으로 삼아 그것들을 협상의 장소로 유지하는, 한 사회의 담론적으로 구조화된 내성(內省, self-observation)"이라고 정의한다. 이런 의미에서 일제의 동화정책으로 조선민족의 정체성이 가장 큰 위기에 처했던 일제말의 시간대에서, 조선문화의 정체성이 가장 크게 동요하고 격변했던 '과도기'(근대계몽기)의 신문학사를 쓰는 임화의 행위는, 바로 그 서술 행위를 통해 조선민족의 정체성을 수행적으로 (재)구성하는 실천이었던 셈이다.

4) '-되기'로서의 메타모포시스와 탈근대/탈식민적 세계의 상상

그런데 우리는 카프카의 『변신(The Metamorphosis)』에서 메타모포시스에 대한 또 다른 방향의 사유를 길어 올릴 수 있다. 인과의 연결 없이 불쑥 솟아오르는 사건(잠자의 돌연한 변신), 어떤 궁극적인 해석에도 저항하는 의미의 모호성, 그레고리 잠자의 이질적인 정체성들(인간-벌레), 심지어 정체성에 대한 상이한 관점들을 어떤 종합/봉합도 없이 나열하는 소설의 파편적 구성과 테마들.[42] 『변신』의 이런 특징들은 서술을 통한 의미와 정체성의 구성이라는, 조화롭지만 환각적인 (illusory) 해결책을 정면으로 거부하고, 모든 것을 다시 혼돈과 심연

---

42   카프카의 『변신』에서 이질적인 정체성론의 경합에 대해서는 Kevin W. Sweeney, "Competing Theories of Identity in Kafka's The Metamorphosis", *Franz Kafka's The Metamorphosis*(new edition), ed. Herold Bloom, N.Y.: Infobase Publishing, 2008, pp.63~76.

속으로 되돌려 보내는 듯하다. 벤야민은 카프카의 소설들에서 독자의 해석 노력을 좌절시키고 수수께끼 같은 질문 앞에 멈춰 서게 만드는 '불명료한 지점들(cloudy spots)'이야말로 핵심적이라고 주장한 바 있다.[43]

마이클 레빈(Michael G. Levine)은 벤야민의 관점을 계승하면서, 카프카의 『변신』이 오비드의 『변신이야기』, 나아가 메타모포시스의 통념에 대한 '변형적 전치(metamorphic dislocation)'라고 분석한다. 오비드의 『변신이야기』는 그리스와 로마의 수많은 변신 서사들을 교직하여 궁극적으로는 로마 제국의 탄생(로물루스와 레무스 신화)과 줄리어스 시저의 신성화라는 결말을 정당화했다. 모든 서사적 요소들이 결국 조선왕조의 탄생을 정당화하는 방식으로 조직되었던 『용비어천가』처럼, 『변신이야기』에서는 우연적이며 서로 무관해 보였던 작은 이야기들이 국가의 탄생과 왕권의 신적 유래를 뒷받침하는 큰 이야기 속으로 녹아든다. 반면, 카프카의 소설들은 의미의 모호성에 따른 분분한 해석에도 불구하고 대개 '아버지의 법'을 겨냥(그 방식이 공포든 비판이든 해체든 탈주든)하고 있다고 평가된다.

한편 오비드의 『변신이야기』는 그리스의 창조 신화→트로이 전쟁→트로이의 유민들을 이끈 아이네이아스의 모험→그 자손인 로물루스와 레무스의 로마 건국으로 이어지는 서사적 인과를 통해 그리스의 문화적 요소들을 로마 문화로 통합(incorporation)하는 탁월한 효과를

---

43 Walter Benjamin, "Franz Kafka: On the Tenth Anniversary of His Death", "On the Some Reflections on Kafka", *Illuminations*, trans. Harry Zohn, N.Y.: Schocken Books, 1969, pp.131~138.

발휘한다. 이에 비해 카프카 소설들의 또 다른 테마는 유대적/민족적 전통과 독일적/근대적 문명 사이에서 결코 통합되지 않는 정체성의 찢김, 분열과 머뭇거림, 무정향(disorientation), '변신 중에 상실된(lost in metamorphosis)' 자아 같은 것들이다.[44]

이런 점에서 카프카의 『변신』에는 메타모포시스의 가장 심층적인 의미가 놓여 있다. 'meta'의 어원은 '후에(after)', '위에(beyond)', '옆에(beside)' 같은 함축들을 갖는데, 이런 어원적 의미에 충실할 경우 meta-morphosis는 '형태(morphosis)'를 '벗어나(out of joint)' 있는 사태와 관련된다. 즉 메타모포시스는 단순히 A라는 안정적인 형태에서 B라는 안정적 형태로의 단절적 이행도, A와 B를 뒤섞어 곧바로 C라는 형태를 창출하는 것도 아니다. A와 B, 혹은 A, B와 C 사이에는, 형식 자체를 결여한, 무정형의(amorphous), 형태를 알아볼 수 없는, 괴물스러운, '그무엇'이 있다. 변화의 속도와 압력이 증대해 현실을 구성하는 문화의 형식들이 균열을 넘어 파열될 때, 그러나 아직 이를 대체할 만한 새로운 형식 내지 패러다임이 정립되지 않았을 때, 현실은 삶과 세계에 질서를 부여하는 어떤 형식적 틀(framework)이나 규준(norm), 법(nomos)도 결여한 '아노미(anomie)'로 경험된다. 토마스 쿤의 통찰을 빌자면, 아노미란 이례들(anomalies)의 폭증으로 기존의 패러다임이 더 이상 유효하게 작동하지 않지만 이들을 통합할 새로운 패러다임은 아직 뚜렷이 형성되지 못했을 때의 위기상황이다.

---

44 Michael G. Levine, "The Sense of an Unding: Kafka, Ovid, and the Misfits of Metamorphosis", *Franz Kafka's The Metamorphosis*(new edition), ed. Herold Bloom, N.Y.: Infobase Publishing, 2008, pp.117~144.

임화가『개설신문학사』를 썼던 때는 일본과 한국 문학사에서 '전형기(轉形期)'라고 일컬어지는데, '전형(轉形)'이라는 생소한 용어는 메타모포시스의 이러한 함의들과 맞닿아 있다. 1930년대 초까지 사상계를 양분했던 민족주의나 사회주의가 퇴조하고, '근대' 자체의 '초극'이 시대적 과제로 떠올랐던 때였다. 그러나 파시즘이라는 사이비 근대초극론에 쉽게 동의할 수 없었던 이들에게 양차대전 사이의 시기는 '사실의 세기(폴 발레리)'로 명명되었다. 우연적이고 파편적인 사실들을 응시하며 삶과 세계의 새로운 형식들을 찾아가던 전형기의 모색은 유례없는 서사적 욕망들의 분출로 이어지기도 했다. 한편 임화가 신문학을 '과도기의 문학'이라고 지칭할 때, '과도기' 역시 이런 의미에서의 '전형기'였다.

> 과도기란 항용 어느 하나의 시대가 몰락하고 다른 하나의 시대가 발흥하는 중간의 시기를 가리켜 일컫는 말이다. 그런 만큼 과도기라는 시기는 이미 몰락하면서 있는 구시대나 혹은 벌써 발흥하면서 있는 신시대와 같이 확연한 내용과 독자의 형식에 의하여 통일된 개성 있는 한 시대라 일컫기는 자못 곤란하다. 그 시기에 있어 두 시대는 다만 교체됨에 지나지 아니하므로 신시대가 구시대를 완전히 대신하기까지 신구의 두 시대는 서로 교착되고 혼효되어 도저히 개성적일 수는 없다. …(중략)… 과도기의 진정한 내용은 신시대의 탄생이나 구시대의 사멸이 모두 가능적이었을 때가 아닌가 한다. 즉 양자의 승패가 모두 확정적이 아닌 때이다.[45]

---

45 임화,「개설신문학사」, 임규찬 외 편,『임화문학예술전집 2: 문학사』, 소명출판, 2009, 132~133쪽.

임화는 일본문학사의 '개화기'라는 용어와 중국문학사의 '문학혁명의 시대'라는 표현을 제쳐두고 의식적으로 '과도기'라는 용어를 사용했다. '개화기'라는 말이 "구시대를 몽매기"로 전제하고 "문명개화"에 "서구 외래문화"의 역할을 중시한 반면, '문학혁명'이라는 명명은 '구문학'을 개혁하고 '신문학'을 수립한 중국의 주체성만을 강조하여 "서구 외래문화의 큰 역할을 몰각"한 때문이다. 즉 외래문화만을 강조하여 고유문화를 몽매함으로 치부하는 입장도, 혹은 주체성만을 강조하여 외래문화의 역할을 무시하는 입장도 따르지 않겠다는 것이다. 이에 비해 '과도기'라는 평범하지만 한층 중립적인 용어는 "신시대의 탄생이나 구시대의 사멸이 모두 가능적"이었을 때를 지칭한다. 이런 맥락에서 '근대'와 '근대-이후' 사이의 '전형기'에 '근대-이전'과 '근대' 사이의 '과도기'를 회고하는 임화의 문학사 쓰기에는, 조선민족 정체성의 수행적 구성 그 이상의 욕망이 투영되어 있었던 것은 아닐까. 식민성이라는 어두운 이면을 수반한 근대성[46]이 아닌, 근대 '이전'이나 '이후'의 다양한 가능성들을 탐색하고, 탈식민/탈근대를 향한 다른 세계들을 상상하려는 욕망 말이다.

이러한 상황 하(2차대전의 참화와 페시미즘의 팽배-인용자)에 서구 각국에서는 오래 전부터 문화의 위기가 절규되고 사상의 불안이 탄식되고 정신의 장래가 염려되었다. …(중략)… 그것(문화옹호를 위한 3차의 국제회의-인용자)은 오직 문화의 위기가 하나의 세계적 과제라는 사실을 확인

---

46 식민성을 어두운 이면으로 동반한 근대성에 대한 분석은 월터 D. 미뇰로, 김영주 외 옮김, 『서구 근대성의 어두운 이면: 전지구적 미래들과 탈식민적 선택들』, 현암사, 2018 참조.

하는 데 불과하였다. 뿐만 아니라 이러한 제 노력은 문화의 위기라는 것이 실상은 세계의 위기의 한 반영이라는 다른 한 가지의 중대 사실을 보여주었다. 그러면 문화의 위기가 문화, 영·독의 노력만으로 구원되지 아니할 것은 명약관화하다. 먼저 세계의 위기가 구해져야 한다. …(중략)… 여태까지의 서구문화를 형성했던 기초인 인간적 합일의 양식이 시민적 양식에 불과하였다면, 그 대신에 전쟁의 결과 인간적 합일의 다른 양식이 발견된다면 문화는 다시 구출될 수도 있지 않을까? 허나 그것이 어떠한 양식일지? 그것은 오늘 논하기에 상조(尙早)한 문제가 아닐까 한다.[47]

2차 세계대전의 참화 속에서 서구 '시민문화의 종언'과 그 이후를 가늠하는 임화의 글에서 바로 그와 같은 욕망을 읽어낼 수 있다. 문화의 위기란 곧 세계 자체의 위기를 반영하며, 그런 점에서 유럽 지식인들의 문화 옹호를 위한 국제회의란 한갓 피상적인 시도에 지나지 않는다. 근본 문제는 세계의 질서 자체를 어떻게 변화시킬 것인가에 놓여 있다. 인용의 생략 부분에서 임화는 발레리의 파시즘 비판을 언급한다. 발레리에 따르면 서구에는 두 가지 인간이 있으니 '한 사람은 구라파인이요 한 사람은 민족인'이다. "민족인이 주관적이요 분리적"인 반면, "구라파인"이야말로 "거대한 서구문명을 창조"한 문화와 문명의 담지자였다. 발레리는 독일, 이탈리아의 파시즘적 민족주의에 맞서 객관적, 보편적인 문화와 문명을 옹호하고자 했으나, 그가 염두에 두고 있는 문화, 문명이란 지극히 서구중심적인 것에 불과하다.

임화는 바로 이 점을 예리하게 간파하면서, 파시즘적 전체주의나

---

47 임화, 「시민문화의 종언」, 하정일 외 편, 『임화문학예술전집 5: 평론 2』, 소명출판, 2009, 199~200쪽.

서구중심적 문화옹호론을 둘 다 넘어선 제 3의 길을 모색한다. 근대의 우세종인 서구문화가 표방한 "인간적 합일의 양식"이 한갓 서구중심적, '시민적 양식'에 불과했다면, 전쟁의 폐허 뒤에 인류는 "인간적 합일의 다른 양식"을 찾아낼 수도 있지 않을까. 그러나 임화는 서구적 시민문화를 대체할 새로운 양식이 파시즘적 전체주의일 수는 없음을 전제하면서, "그것이 어떤 양식일지"를 아직 알 수 없는 '미(未)-래(來)'를 향해 열어 놓는다. 알 수 없는 미래가, 채 형체를 갖추지 못한 '괴물스러운 그 무엇'이, 문화의 meta-morphosis, 형식(양식) 너머의 어떤 형식(양식)을 찾아가는 암중모색 속에, 'meta'와 'morphosis'를 잇는 하이픈(-) 안에, 조용히 부풀어 오르기를 기대하면서.

4. 결론

본고에서는 메타모포시스라는 낯선 용어의 함의들이 근대전환기 한국의 문화 변동을 이해하는 데 어떤 시사점을 줄 수 있는지를 임화의 『개설신문학사』를 중심으로 살펴보았다. 한국 근대소설의 성립을 둘러싸고 오랫동안 대립해온 이식문학론 대 내재적 발전론의 논쟁 구도는 최근 고유문화와 외래문화가 절합되는 독특한 방식에 대한 탐구로 수렴되는 듯하다. 문화의 메타모포시스 연구는 바로 이러한 결론을 출발점으로 삼아 근대전환기 한국의 문화변동을 분석하고자 하는 관점이다.

2장에서는 문화의 메타모포시스에 관한 몇 가지 이론적 자원들을 검토하면서, 최남선과 임화의 문화론에 나타난 문화의 속성들을 보편성, 혼종성, 독특성의 총체로 분석했다. 나아가 이러한 문화의 일반적 속성들에 근거해 '민족문화'를 실체화하지 않으면서도 식민지 역사에서 민족적 정체성 주장이 어떤 의의를 지닐 수 있는지 살펴보았다. 3장에서는 메타모포시스의 다층적 함의들을 통해 임화의 『개설신문학사』의 문제의식을 좀 더 입체적으로 드러내고자 했다. 임화는 식민권력의 예속화에 의한 제도의 폭력적 이식(식민지적 변형)을 인정하면서도, 외래문화와 고유문화의 창조적 절합(문화의 메타모포시스)을 통해 피식민자의 주체적 역량을 증대시킬 수 있다고 보았다. 전통 계승을 둘러싼 연속과 불연속의 문제는 요소들과 구조의 층위로 구별해 볼 수 있다. 요소들의 차원에서는 고유문화와 외래문화의 이질적인 요소들을 절합하여 제 3의 독특한 문화를 창출하는 과정이 늘 새롭게 반복되며, 이런 점에서 과거는 늘 현재와 공존한다(연속성). 동시에 '근대'로의 전환은 세계를 인식/구성하는 패러다임의 전환이라는 측면에서 일종의 '단절'을 수반했다(불연속성). 임화는 이러한 구조적 전환(단절, 이식)을 인정하면서도, 새로운 구조 안에도 온존하는 전통과 외래문화적 요소들의 창조적 절합이 조선민족의 역량 증대와 탈식민화로 이어지는 길을 모색했다. 일제말의 시점에서 임화의 문학사 쓰기는 근대전환기 문화의 폭력적, 식민지적 변형으로 조각난 정체성을 수행적으로 재구성하려는 실천인 동시에, 일제말 '전형기(轉形期)'의 탈근대/탈식민적 욕망을 근대초 '과도기'의 시간에 투영함으로써 아직−오지 않은 미래를 상상하고 있었다.

근대전환기 헝가리와
주변국의 문화적 메타모포시스의 한 양상

세기말(Fin-de-siècle)의 건축을 중심으로

김지영

1. 문화적 메타모포시스의 개념
: 서양, 오스트리아-헝가리 제국

문화적 메타모포시스(Metamorphosis)란 한 유형의 문화가 다른 유형의 문화와 접변하여 새롭게 탄생한 문화적 현상을 의미한다. 따라서 이러한 접변의 과정에서 나타나는 충돌과 갈등, 대립, 분열, 혼란의 양상은 필연적인 것이며, 이러한 필연적인 현상이 나타나는 것은 문화적 메타모포시스의 특징이자 본질이다. 문화는 변화하는 것이라는 고전적인 정의를 굳이 언급하지 않더라도, 변형 혹은 변모 즉, 탈바꿈 현상을 수반하지 않는 문화란 존재하지 않는다. 메타모포시스는 어원적으로는 형태의 변화를 의미하지만, 형태의 변화를 통하여 본질적 속성까지도 변하는 총체적 현상으로 이해할 수 있다. 원래 생물학이나 의학용어로 사용되던 메타모포시스라는 개념은 인간의 신체, 혹은 동물의 형태가 변화하는 것을 의미한다. 그러나 이 개념을 보다 확장하여 인문학의 영역으로 인입하면 다중다기한 인문학의 변화무쌍한 양상을 설명하는데 유효한 개념이 된다.

서양의 문화이론을 연구하는 데에는 카시러와 바부르크, 프로이트가 정의한 문화에 대한 개념이 유효하다. 카시러는 문화를 상징형식들의 유기체로 보았고, 이 유기체적 활동의 주체가 되는 인간을 '상징적 동물'이라고 칭하였다. 또한 문화의 대상에는 물리적, 역사적, 심리적 요소들이 포함되어 있다고 보았기 때문에 문화연구는 이러한 물리적 조건, 역사적 경험, 심리적 관점이 반영되어야 한다고 생각하였다.

바부르크는 문화에 시간의 개념을 접목하여 '문화적 기억' 즉, 문화사의 개념을 제시한다. 바부르크는 역사적 기억의 흐름 속에서 변화하는 상징형식의 역할을 중요하게 생각하였다. 그는 역사적 시기별로 동일한 대상에 대한 상징의 형식이 변화한다는 사실을 포착하여, 각각의 형식이 '문화적 기억'에 해당한다고 보았다. 즉, 동일한 형식이라도 시간적 흐름에 따라 다르게 인식됨으로 이것이 총체적 의미에서 '문화적 기억'이 된다는 것이다. 이는 세계사를 시간과 조응하는 문화적 단위로 본다는 점에서 참신하고 독창적이다.

프로이드는 임상과정에서 경험한 지식을 토대로 정신분석적 방법을 통해서 문화에 접근했다. 프로이트의 연구는 문화, 사회, 심리, 예술에도 큰 변화를 가져왔다. 그는 인류의 문화가 자연력의 지배와 인간의 충동 억제라는 두 개의 버팀목에 의존해있다고 보았다. 프로이드는 문화를 인간의 심리적 본성으로부터 설명해 내려는 의욕을 가지고 있었기 때문에 인간의 본능적 욕구와 문화는 대립적 관계라고 주장하였던 것이다.

이와 같은 개념을 염두에 두면 '문화적 메타모포시스'는 접변과 수용이라는 매개를 통하여 내면적·질적 변화를 수반하는 변화에 초점을 맞춘다고 정의할 수 있겠다. 즉, '문화적 메타모포시스'라는 개념을 방법론적으로 적용하면 '이미 있던 문화'와 '새로 들어온 문화'가 동등한 위계에서 융합되어 새로운 문화가 창조되는 과정을 파악할 수 있게 되는 것이다. 따라서 현존하는 세계의 문화는 상이한 문화가 상호 접변하여 새로운 문화가 탄생되는 일련의 과정을 통하여 형성되어왔으며, 이러한 경로는 모두 메타모포시스의 과정을 거쳤다고 말할 수 있게 된다. 따라서 '문화적 메타모포시스'는 원인이자 결과이며 과정이자 종착지이기도 하다는 논리가 성립하게 된다. 이 과정이 순환적으로 연속되어 끊임없이 이어지며 문화를 창조하는 인류의 역사가 지속되어 온 것이다. 따라서 문화적 메타모포시스는 새로운 문화를 창조하는 '동력'이자, 동시에 그 창조과정의 '결과물'이라는 양가적 특성을 갖는다.

문화적 메타모포시스는 인류가 존재하는 시간 공간속에서 늘 일어나는 일상적 현상이다. 문화는 자연적으로 존재하는 사물이나 사태, 환경을 지칭하는 것이 아니고 인간이 지적활동을 통하여 창조된 인위적인 것의 총체이다. 따라서 문화는 창조하는 주체, 즉 인간의 의지를 투영, 투사, 반영하게 됨으로서 인간의 의지의 발현이며, 그 발현이 수반하는 과정은 문화창조의 과정이 된다. 문화는 상시적이지만 변화무쌍하며, 변화된 '그' 문화는 다시 변화를 맞이한다. 문화는 인간이 처한 환경에 따라 탈바꿈하기 때문에 문화적 메타모포시스의 의미는 인간이 존재하는 모든 양식은 탈바꿈한다는 뜻이 된다.

에드워드 버넷 테일러(Edward B. Tylor)는 문화란(혹은 문명) 민족지

학적인 의미에서 "지식, 신앙, 예술, 도덕, 법, 관습 그리고 사회 구성원
으로서 인간에 의해 얻어지는 또 다른 능력과 습관들을 포함하는 복잡
한 통합"이라고 정의 한다. 즉, 주어진 동물적 생활에 만족하지 않고
각종 도구를 사용하여 자연을 변형하고 개량하여 만들어진 인간적
세계가 '문화'인 것이다. 문화연구는 하나의 개별적 사실을 연구하는
좁은 의미의 연구 행위를 의미하는 것이 아니기 때문에, 오히려 '문화
학'은 하나의 방법론적 성격을 갖는다고 할 수 있으며, 이러한 특성으
로 인하여 각 분과학문에서 발견된 연구 방법론의 교차적, 융합적 활
용이 '문화' 연구에 있어 최선의 방법이 될 수 있는 것이다. 이런 의미
에서 문화적 메타모포시스를 연구하는 것은 인간존재의 다양한 현존
방식을 연구한다는 뜻이기도 하다. 이러한 '인간의 현존 방식'에 대한
연구가 시간적 흐름에 따라 이루어지면 그것이 '문화의 역사 혹은 문
화사'에 대한 연구가 될 것이고, 특정한 공간적 범위에서 이루어지면
'문화의 사회 혹은 사회 문화' 연구가 될 것이다. 이 흐름들은 거대한
구조 속에서 하나의 체계를 이루고, 그 체계를 추동하는 동력이 '문화
적 메타모포시스'인 것이다. 그럼으로 문화는 변화하고, 변화된 문화
그 자체가 하나의 새로운 출발점이 되어 새로운 문화로 변화되는 변증
법적인 과정을 통해 문화는 끊임없이 메타모포시스의 양상을 보인다
고 정의할 수 있는 것이다. 따라서 변화, 탈바꿈은 문화의 본성 혹은
본질적 특성이라고 말할 수 있는 것이고, 당연하게도 이러한 사태의
주체는 인간이기 때문에 인간의 행동이 끊임없이 변하고 시대에 적합
하도록 바뀌는 것은 자연스러운 현상이다. 그럼으로 인간의 의지에
행위로써 기존의 것에 대한 반동, 즉 기존의 것을 거부하고 새로운
것을 찾으려는 혁명적인 행위는 본질적으로 정당하다.

서양사의 관점에서 보면 역사시대 이후 문화적 메타모포시스는 완만하지만 지속적으로 이루어져왔다. 고대, 중세, 근대, 현대에 이르러 지역에 따라 차이는 있지만, 약간의 시차(역사적으로 보면 1, 2백년은 약간의 시차에 해당한다)를 두고 연속적으로 서로 영향을 주고 받으며 이루어졌다. 이러한 문화적 메타모포시스의 양상은 언제나 당대에서는 '혁명적'이라는 수식어를 동반하였다. 기존의 틀을 거부한다는 측면에서 모든 문화의 변화는 혁명적이기 마련이다'라고 한 롬시취(Romsics)의 견해는 타당하다.[1] 물론 이러한 개념이 동아시아에서도 유사하게 나타나는지는 좀더 검토해 보아야할 문제이다. 시기적으로 문화적 메타모포시스는 근대이후로 접어들면서 빠르고 혁명적으로 진행되었다. 서구, 특히 유럽에서의 과학기술의 발전이 이를 견인하였다. 산업혁명, 과학기술의 혁명으로 불려지던 이 시대는 '혁명'이라는 용어에 걸맞게 그 속도와 규모에 있어서 유럽인이 경험하지 못한 미증유의 시대였다. 보다 세밀하게 구분하자면 과학의 혁명이 급격하고 과격하게 진행되었던 17세기부터 20세기 초까지가 이 시기이며, 이때 유럽은 인류 역사상 가장 분주한 시기를 보냈다고 해도 과언이 아니다. 흔히 유럽의 근대는 중세이후 즉, 16세기 이후의 르네상스 시기부터 프랑스 대혁명까지의 시기를 지칭하며, 현대는 대략 프랑스대혁명 이후 현재까지의 시기를 통칭한다. 그러나 필자는 현대의 기점을 20세기 초 혹은 1차 세계대전 전후의 시기로 정의하고자 한다. 특히 산업혁명과 과학혁명의 혜택을 받으며 눈부신 속도로 물질적 성장을 이뤄낸 20세

---

1 Romsics Ignác, *Magyarország történelme a XX. században,* Budapest: Osiris, 2005, pp.168~169.

기 초의 시기를 현대의 기점이라고 규정한다. 그 이유는 20세기 초를 전후로 하여 삶의 양식이 확연히 구분되기 때문이다.

서양사를 구분하는 전통적인 시대구분인 고대, 중세, 근대, 현대의 구분은 그 분기점이 모호하기도 하거니와 시대에 대한 고정적 관념 때문에 오히려 그 시대상을 정확히 이해하는데 장애가 되기도 한다. 예를 들어 근대전환기라는 시기는 경우에 따라 중세에서 근대로 혹은 근대에서 현대로 이행되는 의미를 동시에 나타낼 수 있다. 따라서 시대 구분은 기존의 방식과 더불어 세기 혹은 왕조의 명칭을 부기하는 방식으로 세분화할 필요가 있다. 이러한 세기 혹은 왕조를 부기하는 시대구분법이 가장 유효한 경우가 '근·현대'라는 거대담론 속에 포함되어 그 독특성이 잘 포착되지 않는 '오스트리아-헝가리 제국의 문화'와 같은 연구 대상이다. 특히 전술한 '메타모포시스'의 개념을 적용하여 문화현상을 분석하는 경우에는 더욱 그러하다. '메타모포시스'의 주기는 경우에 따라 수세기에 걸쳐 일어나기도 하지만 수십 년의 비교적 짧은 기간 동안 일어나기도 한다. 특히 '문화적 메타모포시스'는 경우에 따라 아주 단기간 동안 유행했다 사라지는 경우도 있어 그 시종을 포착하는 것이 용이하지 않은 경우도 있다.

공간적 관점에서 보면 문화적 메타모포시스는 특정지역의 특정한 환경 속에서 두드러지게 드러나는 현상을 보인다. 소위 대륙적, 국가적 범주의 공간보다는 도시적, 지역적 양상을 보이는 경우가 현저하다. 일상적인 삶의 진행속도가 느슨하고 정태적인 농촌이나 시골지역보다는 역동적인 도시 지역에서 그 양상을 발견하기가 쉽고, 창조적 작업을 주로 하는 문인과 예술가 집단에서 메타모포시스적 현상이 더욱 자주, 그리고 분명히 목격된다. 물론 그러한 현상이 세계적인 조류를 타게 되면 소위 '세계사 규모의 문화적 메타모포시스'가 일어난다.

　오스트리아-헝가리 제국은 이런 측면에서 공간적으로 '문화적 메타모포시스'가 일어나기 용이한 조건을 갖추고 있었다. 오스트리아-헝가리 제국이 존속했던 1867년부터 1918년 사이의 기간은 다소간의 이견이 있음에도 불구하고 독특한 문화적 메타모포시스가 실험되던 공간이라고 규정되기도 한다. 오스트리아-헝가리 제국 시대가 '행복한 평화의 시기'이자 '평화의 황금시대'라는 근대주의자들의 주장도 있고, 이에 반하는 민족주의적 시각도 존재한다. 오스트리아-헝가리 제국시대에 대한 근대주의자들의 이러한 표현은 헝가리 민족주의자, 지식인들에게는 다소 부정적으로 받아들여지나, 헝가리인들은 일반적으로 이에 동의한다. 오스트리아-헝가리 제국시기는 정치적 안정되어 있었고, 사회적, 경제적으로 헝가리의 근대화가 급격히 이루진 시기이며, 문화적으로도 활발한 활동이 이루어졌다. 오스트리아-헝가리 제국의 문화적 메타모포시스는 위에서 언급한 몇 가지의 특수한 카테고리가 적용되는 경우이다.

　"오스트리아-헝가리 제국의 지식인, 예술가들은 독특한 의식의 소유자들이며, 가장 전통적이며 가장 혁명적"이라는 무질(Musil)의 언급은 적절하다. 오스트리아-헝가리 제국의 지식인, 예술가들에게는 끊임없이 자유를 추구하려는 의지와 그와 반대로 제국에 협력하여 제국의 후광을 누리고자 하는 의지도 공존하였다. 오스트리아-헝가리 제국의 지식인, 예술가들에게는 전통과 현대, 보수와 진보, 안정과 변화라는 상반된 이데올로기가 중층적으로 공존했던 것이다.[2] 이러한 상황

2　오스트리아-헝가리 제국의 역사는 한때 유럽의 주류 역사, 그중에서도 가장 중심에

은 빈과 부다페스트의 예술가들 특히 미술, 조형예술가들에게 끊임없
이 기회와 도전의 장을 제공하였다. 오스트리아-헝가리 제국의 예술
가들은 세기말적인 부다페스트와 빈의 분위기 속에서 기존의 전통을
거부하는 독특한 형식의 예술작품들을 창조하였다. 특히 헝가리의 건
축예술가들은 분리파(secesszió) 형식을 적용한 독특한 양식의 기념비
적인 건물들을 건축하였다. 여기에서 헝가리 건축가들이 활용한 분리
파 양식을 '문화적 메타모포시스'의 전형적인 사례라고 할 수 있다.
이들은 동양의 문화에서 영감을 얻은 모티브들을 사용하여 새로운
양식의 건축물을 창조했는데, 이러한 분리파 양식의 건축물들이 헝가
리 건축의 특징으로 내재화 되어 현재까지도 헝가리의 대표적인 볼거
리가 되고 있다.

<hr />

있었던 합스부르크 제국의 역사와 동일선상에 있다. 특히 오스트리아는 19~20세기
초까지 합스부르크 제국, 오스트리아-헝가리 제국의 중심으로서, 유럽사, 세계사의
흐름을 주도했던 위치에서 유럽의 변방이라는 불명예를 감수해야하는 위치로 내려앉
고 말았다. 오스트리아와 헝가리가 주축이 되어 주변의 소수민족으로 구성된 지역과
자치주들을 병합하여 구성된 오스트리아-헝가리 제국은 다민족 제국의 본질적(구성
적) 모순으로 인하여 제국이 해체 되었고, 그 결과 민족을 중심으로 하는 새로운 국가들
이 유럽에 자리하게 되었다. 그동안 오스트리아-헝가리 제국을 구성하는 '신민', '(오스
트리아와 헝가리인에 비하여)소수 민족'으로 간주되던 보헤미아, 모라비아, 슬로바키
아, 남슬라브의 민족들이 독립국가를 건설하였고, 헝가리의 주요 곡창지대이자 문화의
보고인 트랜실바니아 지역은 루마니아의 영토가 되었다. 오스트리아-헝가리 제국이
1차 세계대전에서 패배한 이러한 상황은 패배자인 오스트리아와 헝가리 사회에 다대
한 충격을 주었고, 이 지역에서 종말론, 회의주의, 실지회복주의, 나찌즘(히틀러는 오
스트리아 사람이다) 등이 출몰하게 되는 원인이 되었다. Romsics Ignác, *Magyarország
történelme a XX. században*, Budapest: Osiris, 2005, pp.28~31.

2. 헝가리의 분리파 건축가와 건축물

오스트리아-헝가리 제국의 두 번째 수도이자, 빈의 쌍둥이 도시라
고 불렸던 부다페스트는 런던, 빈, 파리 등 유럽의 대도시들의 건축사
례를 연구하여 도시 건설에 활용한 것으로 알려져 있다. 부다페스트는
1872년에 부다, 페스트, 오부다라는 세 개의 도시가 합쳐져 이루어진
도시이다. 따라서 철저한 계획아래 도시가 건설되었는데, 건축 과정에
서 세 개의 도시가 가진 고유성과 역사성을 잘 보존하면서 유럽의 대도
시들이 가졌던 장점을 수용한 도시로 설계되었다. 이후 19세기 말에
이르러 세기말적(Fin-de-siècle)문화의 경향을 도시 건축에 수용하여 다
른 유럽의 도시에서 잘 찾아볼 수 없는 독특한 경관을 갖추게 되었다.

헝가리의 예술가들은 19세기 후반부터 시작된 세기말적 문화양식
의 전형인 세체씨오의 이론을 벨기에나 영국, 오스트리아로부터 배웠
지만, 그 내용에 있어서는 헝가리 전통 소재들을 적극적으로 활용하고
변용하여 헝가리적인 세체씨오양식을 창조하였다. 애당초 부다페스
트는 근대성의 정신에 걸맞은 제반 요소를 갖추면서도, '헝가리 민족
의 수도'라는 메타포에 부합하는 '헝가리 민족의 특성'을 표현하는 도
시로 계획되었다. 따라서 이러한 계획의도를 구현하기 위해 부다페스
트의 건축가들은 건축개념을 헝가리적 모티프에서 찾으려 했다. 따라
서 방법론적으로 헝가리적 모티프를 헝가리의 역사 속에서 끌어오는
형식을 채택하였다.[3] 여기에 더하여 당시 유럽의 강대국이었던 오스트

---

3 헝가리의 역사는 아시아로부터의 이주, 기독교의 수용을 통한 유럽화(化), 150년간
   오스만 제국의 지배, 다시 유럽세계로의 복귀로 이어지는 복잡다난한 역사로 구성되어
   있다. 이중 오스만 제국의 지배시기에 동양풍의 문화가 적극적으로 수용되었다.

리아로부터 수용한 선진과학기술의 방법론들을 적극적으로 수용하여
'전통과 현대'의 조합이라는 결과물을 창출 하였던 것이다. 헝가리의
예술가들이 150년 간 오스만 제국의 지배를 받으며 헝가리에 수용된
동양적 기풍의 유산과 흔적을 현재적으로 재해석하고 반영하여 19세
기 말, 20세기 초의 건축과 예술에 적용하였던 점은 '문화적 메타모르
포시스'의 전형적인 모습이라고 볼 수 있을 것이다. 이러한 헝가리
예술가들의 활동은 문화의 상호 접변을 통한 '새로운 문화의 창조'라는
측면에서 의미가 큰 활동이었다고 할 수 있다.

1) 헝가리의 분리파 건축 예술가 그룹과 외된 레히네르

오스트리아─헝가리 제국이 성립되고 난후 19세기 말부터 20세기
초에 이르는 시기에 헝가리에서의 분리파(세체씨오) 스타일의 문화예
술은 전성기를 맞이한다. 특히 동양(터키, 일본 등)의 모티프에서 영감
을 받은 건축분야에서 발전은 괄목할 만한 것이었다. 19세기 말에서
20세기로 넘어오는 세기적 전환기에서 서양인에게 소개된 동양(일본)
의 예술은 자못 충격적이었다. 고흐, 드가를 비롯한 수많은 예술가들
이 일본의 예술에 심취하였고, 유럽의 상류층, 귀족이나 지식인들까지
도 일본 예술(우끼요에)의 마니아가 되었다. 따라서 이 시기 일본 문화
특히 일본 목판화의 영향은 아르누보와 일반적인 세기전환기의 유럽
의 예술적 상상력의 토대가 되며, 그 영향력은 여러 방면에서 다양하
게 표출되었다.[4] 동양으로부터 수용된 예술적 모티브를 적용하여 유럽
의 전통적인 예술형식과의 조화를 통해 독특한 문화 예술품들을 창조

---

4 Gabriela Fahr-Becker, *Szecesszió*, Budapest: Vince Kiadó, 2004, p.9.

하던 것이 이 시기 유럽예술의 한 특징이며, 세체씨오 양식은 그중 하나라고 할 수 있다. 이 당시 헝가리의 건축가들과 예술가들은 세체 씨오 예술의 정신을 받아들여, 여기에 헝가리 고유의 문화적 특징을 창조적으로 수용하여 독특한 헝가리적인 세체씨오 문화를 발전시켰다. 특히 1890년대에 들어서면서 부다페스트와 지방의 주요 도시들, 소도시에서 조차 헝가리적 모티브가 강하게 적용된 독특한 형식의 세체씨오 스타일의 건물들이 건축되기 시작하였다. 헝가리의 세체씨오 양식의 건축경향은 제1차 세계대전 종전시기까지 유지되다가, 그 이후부터 차차로 사라지기 시작하였다. 헝가리 세체씨오의 대표적인 건축가는 외된 레흐네르(Lechner Ödön)이다. 헝가리의 세체씨오는 외된과 그의 제자들에 의해 창조되어 이 시기 헝가리의 예술적 경향을 대표하는 상징적인 형식이 되었다. 물론 헝가리의 세체씨오도 프랑스, 벨기에, 독일의 유겐트 스틸, 비엔나, 스칸디나비아 국가들로부터 영향을 받은 점은 사실이 분명하다. 그러나 헝가리의 세체씨오는 그 발전 방향에 있어 헝가리의 전통적인 소재를 적극적으로 활용하였다는 점에서 독특하다고 할 수 있다. 특히 러이떠 빌러(Lajta Béla), 꼬쉬 까로이(Koós Károly) 같은 외된의 제자 또는 후계자 그룹들은 개인적 혹은 집단적 작업을 통해 헝가리만의 독창적인 세체씨오 양식을 발전시켰다. 따라서 헝가리의 세체씨오 문화양식은 유럽의 문화적, 사회적 영향과 동양에 기반한 헝가리의 전통문화가 접변하여 헝가리의 특징을 나타내 주는 예술형식으로 창조된 것이라고 정의할 수 있다. 헝가리의 예술가나 건축가들은 예술학교를 졸업한 후에 창작활동이나 실무에서의 경력을 쌓이기 위해 외국, 특히 오스트리아나 독일 건축가, 예술가의 작업실, 아틀리로 진출하여 실무 경험을 쌓았다. 이들은 이

〈그림 1〉 외된 레흐네르

곳에서 경험과 안목을 습득하여 헝가리로 돌아와 헝가리 예술계의 주요 인물로 성장하였다. 이 예술가 중의 대표적인 인물이 헝가리 국회의사당을 건축한 이블 미클로시(Ybl Miklos)이다. 이블 미클로시는 오스트리아만이 아니라, 영국의 건축예술의 경향을 도입하여 헝가리 건축에 적용하였다. 이런 점에서 이블 미클로시는 일반적인 헝가리 예술가보다도 더 국제적인 영향을 받았다고 할 수 있다. 그러나 외된 같은 건축가는 비엔나의 영향을 받으면서도 의도적으로 헝가리의 색채가 강한 세체씨오 양식을 창조하려고 노력했다. 또한 외된에게 수학한 헝가리의 예술가들은 가능한 한 비엔나의 영향이 최소화된 헝가리적 양식의 창조에 심혈을 기울였다. 이러한 점은 빈과 부다페스트가 거리상 근접해 있음에도 불구하고 클림트를 주축으로 하는 비엔나의 분리파적 예술의 양식이 헝가리의 그것과 사뭇 다른 유형으로 나타나는 원인이 되기도 한다. 물론 헝가리의 세체씨오 예술가들은 비엔나 분리파의 예술적 경향에 대해 깊은 이해를 가지고 있었지만, 의도적으로 헝가리식의 세체씨오 예술작품을 창조하려 했던 것이다. 이와 같은 점이 전형적인 문화, 예술의 메타모포시스로서 헝가리 문화, 특히 건축예술에서의 독창성은 헝가리적 정체성을 구현하려는 예술가들의 노력의 산물이라고 할 수 있다.[5] 따라서 하나의 문화적 경향이 민족적 정서와 연결될 때 민족적 정서를 대변한다는 베레시 다니엘(Veress Dániel)의 지적은 매우 온당하다.[6] 베레시는 헝가리 민족과 같이 규모가 작은 민족들에게서 이러한 경향이 강하게 들어난다고 주장하며, 소규모 민족의 강력한 자기주체성의 표현이 문화적 메타모르포시를 구현하는 추동력이 된다고도 밝히고 있다. 이러한 자기주체성에 대한 각성은 곧 자신들을 있게 한 역사에 대한 연구와 역사적 사실에 대한 고려를 필수적으로 동반하기 때문에, 역사적인 경향을 보일 수밖에 없다는 것이다. 이러한 이유 때문에 유럽 국가들과 상이하게 오스만 제국의 지배를 받은 역사를 갖고 있는 헝가리의 세체씨오 문화가 특별하다는 것이다.[7]

헝가리 세체씨오 예술의 외형은 오스트리아나 벨기에, 프랑스의 그것과는 여러 부분에서 차이점을 드러낸다. 헝가리 세체씨오 양식은 헝가리 농민의 삶이나 그들이 향유하던 민속 예술, 혹은 공예에서 다양한 패턴을 가져와 사용했다. 이러한 경향은 주로 외된의 작품에서 보여 진다. 외된은 주로 헝가리의 전통적인 민예품이나 농부들이 집에서 사용하던 자수제품들에서 나타나는 '꽃무늬 문양'을 건축물에 도입하여 사용하였는데, 이에 반해 코시 카로이(Koós Károly)는 자신의 고향인 트랜실바니아의 특이한 건축물의 양식을 차용하여 헝가리의 건축물에 적용하고자 하였다. 코시는 트랜실바니아가 헝가리 전통문화의 고향이고 가장 헝가리적인 지역이라고 생각하며 이 지역의 문화에 대한 자부심이 아주 강했던 예술가이다. 이런 연유에서 코시가 설계하

---

5 Éri Gyöngyi·Jobbágyi Zsuzsa, *Magyar századforduló, 1896~1914,* Budapest: Corvina, 1997, p.38.

6 Veress Dániel, "Az építészet mint nemzetépítés. Nemzeti stílustörekvések a magyar, lengyel, cseh és osztrák építészetben 1925 előtt", *Korall* 68, 2017, p.155.

7 ibid., pp.157~161.

고 건축한 건축물에는 트랜실바니아적 양식과 특성이 잘 반영되어
있다.[8] 이 시기부터 부다페스트 이외의 지역에서도 세체씨오 양식의
건물들이 건축되기 시작하였다. 부다페스트로부터 남쪽으로 200km 정
도의 거리에 있는 세게드(Szeged)에서도 1890년대 외된과 프리제시
슈피겔에 의해 첫 번째 세체씨오 양식의 건물이 건축되었다. 이 작품
에서 외된과 프리제시는 역사적으로 발전된 고전양식과 현대적 경향
을 잘 반영하여 건축예술에서의 새로운 방향성을 정립하고자 하였다.
특히 프리제시는 일상적인 삶의 공간도 이와 같은 철학이 반영되어야
한다는 소신을 가지고 있었다. 따라서 그가 설계하고 건축한 부다페스
트의 다층 아파트 건물에도 그의 철학이 반영되어 전통적인 건축 양식
의 기본 틀을 보존하되, 세체씨오 건축물의 영향을 반영하도록 하였
다. 외된은 여기에서 한발 더 나아가, 르네상스 시기의 건축양식과
중동 및 인도 건축의 특징을 수용하고, 여기에 헝가리의 민속 장식
모티브를 결합하여 여태까지 보지 못하였던 양식을 창조하였다. 이러
한 외된의 작품들은 이후 수 십 년간 헝가리 건축계에 압도적인 영향
력을 행사하였다.

부다페스트 응용예술박물관(그림 2-1, 2-2)이 건축 된 이후부터 이
러한 경향은 더욱 강해져 주요 건축물이 역사주의적 양식에서 탈피하
여 헝가리의 민속모티브를 적용하는 방식으로 탈바꿈 되었다.

---

8   Kos Karoly, *Nemzeti müveszet. Magyar Iparmüveszet*, 13:4, 1910, pp.141~142.

〈그림 2-1〉 응용예술박물관 외관

〈그림 2-2〉 응용예술박물관 전실의 복층 오페이온

외된의 건축양식은 20세기 초반 헝가리 건축계의 가장 논란이 많았지만 가장 각광을 받기도 하였다. 외된의 건축양식은 1차 세계대전이 발발하던 1914년까지 황금기를 이루며 유지되었다. 헝가리 건축사에 있어 외된은 특별한 존재이다. 외된은 헝가리의 응용예술박물관 및 응용예술대학을 창설하여 건축교육에 있어서도 획기적인 업적을 남겼다. 외된은 응용예술대학을 창립한 후 이론과 실습이 현장에서 이루어지는 교육 방식을 택하였다. 이러한 교육 방식으로 헝가리 건축교육의 수준이 몇 단계 상승할 수 있었다. 이곳에서 헝가리의 세체씨오를 견인해 갔던 수많은 거장들이 배출되었다. 외된의 설계로 건축된 응용예술박물관은 건축 기술사적인 측면에서도 큰 의미를 가지고 있다. 외된은 응용예술박물관을 지으면서 이 건물의 트레이드마크인 금속지붕의 제작에 '조립식 방법'을 채택하여 신속하고 안전하게 공사를 진행할 수 있도록 했다.

이와 더불어 외된의 예술이론을 습득하고, 코시의 '트랜실바니아 민속예술 문화론'에 경도되기는 하였지만, 당시 현대적인 양상을 보이던 스칸디나비아와 영국 건축방식의 영향을 받은 일단의 청년 건축가들이 중심이 되어 새로운 경향의 세체씨오 양의 건축이 시도되었다.[9]

이후 헝가리의 세체씨오 양식은 다수의 젊은 작가들에 의해 헝가리 전역으로 퍼져 나갔다. 이들은 주로 중앙정부, 지방정부의 발주에 의해 정부 건물이나 공공건축물을 건축하는데 경쟁 입찰 등의 방식으로 참

---

9 비간드 토로츠커이 에데(Wigand Toroczkai Ede), 디네시 죄르지(Dénes Györgyi), 즈루메츠키 데죄(Zrumeczky Dezső), 멘데 벌리르(Mende Valér), 얀스키 빌러(Jánszky Béla), 씨베시 티보르(Szivessy Tibor), 코즈머 러요시(Kozma Lajos) 등이 그들이다. Éri Gyöngyi·Jobbágyi Zsuzsa, op.cit., pp.103~105.

여하여 상당한 성공을 거두었다.[10] 이와 같은 활동에 의하여 헝가리의 지역중심도시나 역사적 도시들에도 세체씨오 양식의 건축물들이 많이 자리하게 되었다. 헝가리가 오스트리아와 대타협을 통해 정치적 안정을 확보한 이후, 경제적으로도 상황이 좋아졌고, 이러한 상황에서 헝가리의 독특한 건축 양식을 적용한 공공 건축물이 활발하게 건설 되었다는 점은 중요한 시사점을 준다. 그러나 이러한 현상이 목적성을 띄게 될 때 예술이 선전의 도구가 되는 경향이 나타남에도 주목할 필요가 있다.[11] 작게는 자기가 살고 있는 도시의 정체성을 확보하는 차원에서 예술이 활용되는 사례에서 크게는 국가, 민족, 애국과 같은 서사와 결합하여 민속 문화에 기반 한 예술이 국가주의 선전의 도구로 활용되는 사례가 종종 있어 왔다는 것은 주지의 사실이다. 근자에 발표된 홉킨의 연구는 이러한 현상을 잘 설명해 주고 있다.[12] 헝가리 건축에서도 이러한 경향이 나타났던 점을 부정할 수는 없다. 이러한 경향은 제1차 세계대전에서 헝가리가 패전국의 위치가 되고, 헝가리의 영토가 전전 영토의 1/3로 축소된 상황에서 종말을 고하게 된다. 이런 관점에서 제1차 세계대전은 세계사적 차원에서는 구시대의 종말과 더불어 새시대의

---

10 이 외에도 Géza Maróti, Gyula Fodor, Zoltán Bálint, Lajos Jámbor, Sámuel Révész, József Kollár, Dávid Jónás, Zsigmond Jónás, Ármin Hegedűs, Henrik Bohm, Flóris Korb, Kálmán Giergl, Löffler Sándor and Löffler Béla, Ernő Román, Miklós Román, László Vágó, Sándor Baumgarten, Zsigmond Herczegh 등을 들 수 있다. Éri Gyöngyi · Jobbágyi Zsuzsa, op.cit., pp.107~109.

11 Lajtai L. Laszlo, "Trendek es elmeletek a nemzet- es nacionalizmus kutatasban. Vazlatos kutatastorteneti attekintes", *Pro Minoritate*, 24:3, 2005, pp.115~147.

12 David Hopkin, "Folklore Beyond Nationalism: Identity Politics and Scientific Cultures in a New Discipline", *Folklore and Nationalism in Europe During the Long Nineteenth Century*, eds. Timothy Baycroft · David Hopkin, Leiden: Brill, 2012, pp.371~401.

시작을 알리는 문명사적 전쟁이었지만, 헝가리에게는 찬란한 과거의 영광을 접고 참담한 현재로 들어가는 불운한 전쟁이었다. 제1차 세계 대전에서 패전과 더불어 헝가리의 세체씨오 문화도 종말을 고하게 되었다. 헝가리의 세체씨오 예술가들은 대부분 세기의 전환기에 비엔나, 뮌헨, 파리, 취리히 등으로 여행하면 세계적 안목과 예술과 건축에 대한 실질적인 지식을 습득했다. 이들은 귀국하여 자신의 직무를 수행하며 자본이 많고 경험이 풍부한 헝가리의 전문가 그룹들과 함께 공동 작업을 하는 경우가 많았는데, 이러한 점도 헝가리에서 세체씨오 예술 양식이 대중적으로 성공하게 된 이유 중의 하나이다.

헝가리의 세체씨오 양식은 짧은 기간 동안 이기는 했지만, 서양의 건축사, 예술사에 중요한 의미를 남겼다. 세계사적으로 19세기 후반부는 농업과 무역의 발전으로 인하여 경제적으로 괄목할 만한 성장을 이룩한 시대였다. 이 시기의 경제적 활황으로 헝가리의 부다페스트를 비롯한 주요 도시들이 건축 사업에 박차를 가 할 수 있게 되었던 것이다. 이 시대에 지어진 건축물 중 특히 정부나 지방 정부의 행정 기관에 의해 건축된 건물이 다수를 차지하는 양상을 보이는 것은 이러한 시대적 추세를 반영하는 것이었다. 바로 이러한 점에서 부다페스트는 근대 자본주의의 혜택을 가장 적절하게 누린 도시들 중의 하나라고 말 할 수 있다. 이러한 경제적 부흥과 외된과 같은 천재적 건축가 결합하여 헝가리의 세체씨오가 성장했던 것이다.

2) 헝가리의 주요 세체씨오 양식의 건축물

헝가리 세체씨오 건축물의 주요 분포지는 부다페스트, 세게드, 데브레첸, 과거 헝가리였지만 지금은 세르비아의 영토가 된 서버드커가

〈그림 3-1〉 국립맹인연구소

유명하다. 부다페스트에 있는 세체씨오 작품들은 주로 외된이 건축하
였다. 가장 중요한 전물은 앞서 소개한 부다페스트 응용미술박물관이
다. 다음으로는 국립맹인연구소 건물(그림 3-1, 3-2)이 있는데, 오스트
리아 황실을 상징하는 황금색으로 건물이 도색된 점이 특징적이다.
그레샴 궁전(그림 4)은 전형적인 분리파 양식임과 동시에 트랜실바니
아적인 디자인을 보여준다. 분리파 양식의 건축물 중 상당수는 트랜실
바니아 지역의 건축물에서 기본적인 모티브를 가져오는 경우가 많았
는데, 그레샴궁전은 그 중에서도 전형적인 형태를 보여준다. 부다페스
트 리스트 페렌츠 음악아카데미(그림 5)도 교육기관 건물 중에서 헝가
리 세체씨오를 대표하는 아름다운 건축물이다. 일견 고전주의 양식을
답습한 것으로 보여 지지만, 이 건물이야 말로 역사주의 건축 양식과
세체씨오 건축양식이 조화를 이룬다는 평가를 받는다, 내부의 장식
또한 세체씨오 양식이 너무 드러나지 않도록 절제의 미를 갖추었다는

〈그림 3-2〉 국립맹인연구소

평가를 받았다. 또한 사용된 자재와 부속물의 생산 방식에서 산업과
예술의 조화를 보여준다는 평가를 받기도 한다.[13] 이와 더불어 19세기
말의 세기말적 분위기와 교통수단의 발달로 인하여 부다페스트를 찾
는 관광객의 수가 급격히 늘어남에 따라 새로운 호텔을 세워야 하는
필요성이 지속적으로 제기 되었다. 이에 따라 다뉴브 강변과 부다페스
트 중심부를 관통하는 라코치대로에 새로운 호텔들이 대거 세워졌다.
1914년 히키시 레죄(Hikisch Rezső)와 아고스톤 에밀(Ágoston Emil)이
세운 145실 규모의 어스토리아 호텔(Astoria Hotel)은 세체씨오의 세밀
한 특징을 보여주는 우아한 건물이다. 이 외에도 팰리스 호스텔, 파크

---

13 Gerle János·Kovács Attila·Makovecz Imre, *A Századforduló magyar építészete*,
Budapest: Szépirodalmi Könyvkiadó-Bonex, 1990, pp.67~70; Éri Gyöngyi·Jobbágyi
Zsuzsa, op.cit., p.72.

〈그림 4〉 그레샴 궁전

호스텔 등이 세체씨오 형식으로 유명하다. 이러한 호텔들 중 가장 유명
한 세체씨오 양식의 호텔은 부다페스트 겔레르트 호텔이다. 겔레르트
호텔(그림 6-1, 6-2)은 호텔 내부에 온천을 겸비하고 있는 특이한 형태
의 호텔이다. 외형과 내관 모두 철저히 세체씨오 양식을 준수하여
건축된 호텔로서 부다페스트의 상징과도 같은 호텔이다.[14]

과거 헝가리의 영토였지만 지금은 세르비아에 속해있는 서버드커
(Subotica)시청사(그림 7)는 역시 마르첼 꼬모르(Marcell Komor)와 여깝
데죄(Jakab Dezső)가 세웠는데, 비엔나의 바로크 식 스타일로 건설된
옛 건물을 아르누보 양식으로 보수하였다. 키슈쿤펠레지하저(Kiskun-
félegyháza) 시청의 외관(그림 8)은 졸너이 회사의 도자기로 장식되었
는데 외된의 영향이 강하게 남아있는 건물이다.

---

14 Gerle János et als., op.cit., pp.70~72; Éri Gyöngyi et als., op.cit., p.74.

〈그림 5〉 부다페스트 리스트 페렌츠 음악아카데미

19세기 말과 20세기 초에 이르러 헝가리에서는 상당한 인구 증가로 인하여 많은 수의 학교가 건축되었다. 당시 헝가리의 학교를 가장 많이 설계하고 건축하였던 건축가들의 대부분 세체씨오 경향의 예술가들이었다. 따라서 1909~1912년 사이에 지어진 369개의 학교 건물은 대부분 세체씨오 양식으로 건축되었다. 헝가리의 중소규모 도시를 버방문해 보면 학교나 관청 건물 몇 개쯤이 세체씨오 양식을 띄고 있는 것은 이와 같은 이유 때문이다. 당시의 개혁적이고 현대적인 교육을 추구하던 교육 방침과 세체씨오의 현대적, 개혁적, 민족적 경향이 부합하여 이러한 세체씨오 건축물이 탄생하였던 것이다.[15] 위에서 알 수 있듯이 부다페스트의 건축가들은 공개경쟁을 통해 부다페

---

15 Gerle János et als., op.cit., pp.86~90.

〈그림 6-1〉 부다페스트 겔레르트 호텔

〈그림 6-2〉 부다페스트 겔레르트 호텔

스트 이외의 도시에서도 큰 건설 프로젝트들을 수주했다. 이러한 공공 건축물 이외에도 일상의 생활에 필요한 건물도 세체씨오 양식으로 지어졌다.

〈그림 7〉 서버드커(Subotica) 시청사

　　헝가리의 건축 예술 중 가장 역사주의 형식에 부합하는 것이 교회
의 건축 양식일 것이다. 역사주의적 건물과 비교해 볼 때 주거용 건축
물에서는 세체씨오 양식의 건물이 두드러지지 않는다. 그러나 헝가리
에서 세체씨오 양식이 큰 반향을 얻게 되면서 세체씨오 건축 양식을
수용한 교회도 나타나게 되었다. 먼저 1881년 외된이 직접 설계한 것으
로 알려진 부다페스트 꾀바녀 지구의 성라슬로 교회를 들 수 있다.[16]
이 교회 건물의 특징은 고딕 양식의 건물 기초에 졸너이 공장에서
제작된 도자기 벽돌을 사용함으로서 진정한 세체씨오의 정신을 보여주
고 있다는 점이다. 또한 1908년부터 1909년 사이 제베게니(Zebegény)
설립된 '축복받은 성모 마리아 성당'은 헝가리 세체씨오 교회 건축의
가장 유명하고 뛰어난 사례 중 하나로 간주된다.[17] 이 성당은 당대

---

16 Gerle János et als., op.cit., pp.95~96.

17 ibid., p.103; Éri Gyöngyi et als., op.cit., p.191.

〈그림 8〉 키슈쿤펠레지하저(Kiskunfélegyháza) 시청

세체씨오 예술가들의 협업으로 건축된 것으로 유명한데, 꼬시 카로이, 얀스키 빌러, 그리고 청년 그룹의 여러 작가들이 참여하여 각 부분별로 나눠서 작업을 실시함으로써 노장 건축가들의 경험과 소장 건축가들의 도전정신이 성공적으로 결합된 형태의 성당이 되었다. 또한 이 시기 외된의 설계로 지어진 슬로바키아의 브라티슬라바(포조니)의 '푸른교회(그림 9-1, 9-2)' 건물은 헝가리 세체씨오 양식의 모던함과 자유로움을 보여주는 또 하나의 걸작으로 평가 받는다.

〈그림 9-1〉 브라티슬라바(포조니)의 '푸른교회'

〈그림 9-2〉 브라티슬라바(포조니)의 '푸른교회'

3. 결론

이 글에서는 근대전환기 유럽에서 나타난 문화적 메타모포시스의 예를 헝가리의 경우를 사례로 하여 검토해 보았다. 서론에서 언급했듯 이 문화적 메타모포시스는 지속적으로 끊임없이 인간에 의해 일어나는 연속적인 현상으로서 하나의 문화가 수용과 접변을 통해 새로운 문화로 탈바꿈하고, 그것이 토대가 되어 또 다른 문화로 탈바꿈하는 현상이다. 이러한 개념하에 이 글에서는 문화적 메타모포시스의 한 형태로서 19세기 말 오스트리아-헝가리 제국에서 나타났던 분리파 양식의 건축물을 대상으로 하여 그 양상을 살펴 보았다. 특히 헝가리 주요도시의 세체씨오 양식을 건축물을 중심으로 외래문화의 접변과 수용, 이의 변용과 활용을 통한 자기화의 내용을 메타모포시스적 관점에서 검토하였다.

수도 부다페스트는 세체씨오 양식의 건축물과 예술형식이 번성했던 도시로서 1871년 오스트리아-헝가리 제국의 두 번째 수도로 탄생하였다. 이후 19세기 말에 이르러 세기말적(Fin-de-siècle) 문화의 경향을 수용하여 다른 유럽의 도시에서 잘 찾아볼 수 없는 독특한 경관을 갖추게 되었다. 부다페스트는 '헝가리 민족의 수도'라는 메타포에 부합하는 '헝가리 민족의 특성'을 표현하는 도시로 기획되어 헝가리적 모티프를 사용한 건축물이 많이 건축되었다. 특히 오스만 제국의 지배 시기에 정착된 동양적 문화를 수용하여 자신들의 기독교 문화와 결합하여 독특한 자기문화로 변용했다는 점에서 의미가 있다. 따라서 헝가리의 분리파 양식 건축물은 헝가리 역사속의 경험을 적극적으로 재해석하여 현대적으로 반영한 경우라고 할 수 있겠다.

헝가리의 분리파 예술은 그 발전 방향에 있어 헝가리의 전통적인 민속 소재를 바탕으로 헝가리의 문화를 녹여낸 독특한 형식이라고 할 수 있다. 헝가리의 세체씨오 예술가들은 비엔나 분리파의 예술적 경향에 대해 깊은 이해를 가지고 있었지만, 의도적으로 헝가리식의 세체씨오 예술작품을 창조하려 했다. 이와 같은 점이 전형적인 문화, 예술의 메타모포시스라고 할 수 있다.

헝가리 문화, 특히 건축예술에서의 독창성은 헝가리적 정체성을 구현하려는 예술가들의 노력의 산물이라고 할 수 있는 것이다.

헝가리 문화의 이해를 위해서는 '세체씨오'에 대한 이해가 매우 중요하다. 헝가리의 세체씨오는 짧은 기간 동안 번성했지만, 서양의 건축사, 예술사에 중요한 의미를 남겼다. 특히 헝가리 세체씨오 양식의 특징은 역사적인 요소와 외래적 요소가 조화롭게 섞여있다는 점이다. 초기 세대의 헝가리 세체씨오 예술가들은 역사주의 양식과 세체씨오 양식을 배합하여 사용하는 것을 선호했는데, 젊은 세대에 속한 세체씨오 예술가들은 오히려 헝가리의 전통적 문양과 특성, 특히 민속문화적 특성이 반영된 강조된 건축방식을 선호하는 경향이 강했다는 점도 헝가리 세체씨오의 특징이라고 할 수 있을 것이다.

변통과 메타모포시스

심의용

1. 정책의 개혁으로서 변통

메타모포시스(metamorphosis)는 생물학에서 주로 쓰는 용어로서 흔히 변태 혹은 탈바꿈으로 번역된다. 변화를 의미한다. 동물의 성장 과정에서 짧은 기간 동안에 크게 형태를 바꾸는 것이다. 올챙이가 개구리가 되거나 애벌레가 나비가 되는 것이다. 올챙이와 개구리 혹은 애벌레와 나비는 같은 종일까 다른 종일까. 유전적 동일성은 유지되기 때문에 동일체지만 형태가 변했다는 점에서 다른 생명체이다.

변통(變通)이라는 말이 있다. 변화를 의미한다. 이 변통이라는 말은 일상생활에서 흔히 쓰인다. 돈이 궁할 때 다른 곳에서 구해서 쓸 때에도 변통했다고 하고 원칙을 고집하기보다는 융통성 있게 일을 처리할 때도 변통했다고 한다. 이는 상황과 조건이 변하였을 때 그것에 맞추어 일을 처리하는 것을 뜻한다.

변통이라는 말은 전통 사회에서 경장(更張)이나 개혁(改革)의 의미로 사용되었다. 전통 지식인들은 각종 제도나 정책을 고치자고 주장할 때 변통이라는 말을 사용했다. 변통론은 전통 위정자들에게 사회 정치 개혁을 위한 이론적 근거이다. 구한말 개혁적 유학자들도 대부분 변통을 주장했다. 이는『주역』의 변통론에 근거한다.

대부분 전환기 혹은 격변기에 각종 제도나 정책을 고치자고 주장할 때 경장과 개혁보다는 주로 변통이라는 용어를 사용하였다. 이러한 용어는 기존의 사회 체제를 변혁하기 위해 권력을 탈취하는 권력 교체의 형식인 혁명과는 다르다.

어떤 제도와 법이든 오래되면 폐해가 생긴다. 상황과 조건이 달라져서 본래 목적에 맞게 기능하지 못할 때 고칠 수밖에 없는 것이다. 조선 시대 개혁적 지식인들은 사회적 조건과 상황의 변화를 인식하고 새로운 제도를 시행할 필요성을 느낀 사람들은 대부분 변통을 중시했다.

변통의 개념을 본격적으로 논의한 연구는 많지 않다. 변통은 시중(時中)과 관련되어 중용(中庸), 권도(權道) 그리고 의리(義理)와 관련된다. 기존의 연구는 변통 개념만을 다루고 있지 권도나 의리와 관련해서 연구하지는 못했다.

변통이 시중(時中)과 관련된다는 점에서 서양에서 말하는 메타모포시스와는 다른 결을 가지고 있다. 서양의 메타모포시스를 존재론적 메타모포시스라고 부를 수 있다면 변통은 생성론적 메타모포시스라고 칭할 수 있다. 이러한 맥락은 서양의 질료형상론과 메타모포시스가 관련된다는 점에 있다. 변통은 오히려 시중(時中)과 관련된다. 조선조 지식인들에게 변통은 전통의 혁신과 변화와 더불어 계승의 논리였다는 점에서 현대에서도 시사하는 바가 있다.

2. 전통 유학자들이 바라본 변통

역(易)은 변화이다. 변통이란 시세(時勢)와 형세(形勢)와 조건을 변화시켜 세를 형성하고, 그것을 통하여 소통의 구조를 만들어내는 것이다. 변통이라는 말은 『주역』에 다양한 방식으로 표현되고 있다. 변통은 궁극적으로 이로움의 극대화에 있다.

"변하고 통하여 이로움을 극대화한다(變而通之以盡利)"[1]는 말에서 이로움(利)은 단순한 공리(功利)적 차원의 이익이나 사익이 아니다. 『주역』에서 이(利)는 원형이정(元亨利貞)의 이(利)로 의로움(義)에 조화된 이로움을 말한다.[2]

> 한 번 닫고 한 번 여는 것을 변(變)이라 이르고, 왕래하여 막힘이 없는 것을 통(通)이라 한다.(是故闔戶, 謂之坤, 闢戶, 謂之乾, 一闔一闢, 謂之變, 往來不窮, 謂之通.)[3]

역(易), 즉 변화는 음양(陰陽)의 작용으로 음양의 변화가 막힘없이 진행되는 것을 말한다. 음과 양이 서로 작용하는 것을 "한번 닫고 한번 여는 것"으로 표현했다는 점에서 공간적인 변화를 변이라 할 수 있고 음양의 변화 작용이 끊임없이 연결되어 영향을 미치는 것을 "왕래하여 막힘이 없다"고 표현했다는 점에서 시간적인 변화를 통이라 할 수 있다. 이를 통하여 천하의 백성의 삶을 정의롭고 마땅하게 만들

---

1 「繫辭傳」 上12, 『周易』.
2 「文言傳」, 『周易』 乾卦.
3 「繫辭傳」 上11, 『周易』.

어 가는 정치적 사업이라 할 수 있다.

> 신농씨(神農氏)가 죽자, 황제(黃帝)와 요(堯)·순(舜)이 나와 그 변(變)
> 을 통(通)하여 백성으로 하여금 게으르지 않게 하며 신묘하게 교화하여
> 백성의 삶을 마땅하게 하였으니, 역(易)은 궁(窮)하면 변(變)하고 변(變)
> 하면 통(通)하고 통(通)하면 오래 지속된다(久).(神農氏沒, 黃帝堯舜氏作,
> 通其變, 使民不倦, 神而化之, 使民宜之, 易, 窮則變, 變則通, 通則久.)[4]

주목할 말은 궁극, 궁지, 곤궁으로 번역될 수 있는 궁(窮)과 변화,
변양 등으로 번역될 수 있는 변(變)과 소통, 통달 등으로 번역될 수
있는 통(通)과 항구성, 지속성 등으로 번역될 수 있는 구(久)이다. 결
국 역(易)은 궁극의 상황이나 궁지에 몰린 곤궁한 때에 변화하고 변양
해서 통달하고 소통을 이루어 항구적으로 지속할 수 있는 결과를 이
루는 것을 의미한다.

변통은 자연에서 일어나는 변화의 양태를 설명하는 말로 비유되어
사계절에 빗대어 설명하기도 한다. 결국 자연은 변통을 통하여 오래
도록 지속할 수 있는 것이다. 변통을 통해 지속가능한 도(道)를 끊임
없이 창출해내어 자연의 질서를 유지한다. 「계사전」에서 주목할 말
은 바로 이것이다.

> 변통은 때에 맞추는 것이다.(變通者, 趣時者也.)[5]

4　「繫辭傳」下2, 『周易』.
5　「繫辭傳」下2, 『周易』.

변통은 시(時), 즉 때와 관련된다. 정이천은 역(易)은 '변역(變易)'이라고 하면서 "때에 따라서 변역하여 도를 따르는 것(隨時變易以從道)"이라고 했다. 변통은 여러 가능성들을 때에 맞게 실현하는 것이다. 이를 권변(權變) 혹은 권도(權道)라고도 한다. 시대와 상황의 조건에 적합하게 변통하는 것을 의미한다.

시대와 상황의 조건에 적합하게 변통하는 것은 현실과의 타협은 아니다. 현실적 이익을 취하는 것이 목적이 아니라 현실에 마땅한 정의를 실현하는 것이고 변화하는 시대와 역사적 현실 속에서 인륜 강상을 지속시키는 일이다.[6]

율곡(栗谷) 이이(李珥)는 오래 지속될 수 있는 인륜 질서를 강조했다. 율곡은 변통과 경장을 강조하면서도 "기존의 법규를 바꾸어 오래 지속될 수 있는 도리를 세워야 한다(稍變前規, 以立常久之道.)"고 말한다. 변통에서 가장 중요한 것은 때에 마땅하게 변통하는 일이다. 율곡도 변통을 때에 마땅함을 뜻하는 시의(時宜)와 관련해서 말하고 있다.

시의(時宜)라는 것은 때에 따라서 변통하는 것으로 법을 세워 백성을 구제하는 하는 것을 말합니다. 정자가 역을 논하면서 '때를 알고 형세를 아는 것은 역을 배우는 큰 도이다'라고 하고, 또 '때를 따라 변역함이 곧 상도이다'라 하였습니다.(夫所謂時宜者, 隨時變通, 設法救民之謂也. 程子論易曰, 知時識勢, 學易之大方也, 又曰, 隨時變易, 乃常道也.)[7]

---

6   이선경, 「『주역』의 변통론과 율곡의 개혁사상」, 『사회사상과 문화』 29, 동양사회사상학회, 2014, 87쪽.

7   이이, 「萬言封事」, 『栗谷全書』 권5.

그래서 변통은 때의 마땅함인 시의(時宜)가 가장 중요하다. 이것은 시중(時中) 혹은 중도(中道)라고도 한다. 변통이란 기존의 법과 제도를 바꾸는 것이기 때문에 보편적 원칙과 현실적 이득이 갈등할 수밖에 없다. 한편으로 시대의 변화를 고려하지 못하고 보편적 원칙을 강고하게 고집할 수도 있고 시대의 변화에 휘둘려서 보편적 원칙을 훼손할 수도 있다. 보편적 원칙을 훼손하지 않으면서도 변화한 것에 알맞게 변통하는 것이 마땅함이다.

때[時]를 따라 알맞음[中]을 얻는 것을 권(權)이라 하고, 일을 처리함에 마땅함[宜]에 합하는 것을 의(義)라고 합니다. 권(權)으로써 변화에 대응하고, 의(義)로써 일을 처리한다면 나라를 다스리는데 무슨 어려움이 있겠습니까?(愚聞隨時得中之謂權, 處事合宜之謂義. 權以應變, 義以制事, 則於爲國乎何有.)[8]

율곡에게서 마땅함으로서 의(義)와 현실적 유용성이라는 리(利)는 대립적이지 않다. 오히려 이를 종합 지양하는 중도합의(中道合宜)에 있다. 율곡의 개혁안은 단지 다수의 세를 쫓는 현실추수적인 타협안이 아니다. 그의 개혁안은 그 당시 기득권들에 의해 윤리강상에 어긋난다는 반대에 부딪혔다. 종모법(從母法)이나 서얼에게 벼슬길을 열어주는 법이 모두 반대에 부딪혔던 것이다.[9]

16세기 말에 국가가 쇠락기에 접어들어 개혁하지 않으면 안 된다는 위기의식이 율곡 등 선각적 지식인들에게 있었다. 그러나 개혁은

---

8   이이, 「時弊七條策」, 『栗谷全書』 권5.
9   이선경, 앞의 글, 2014, 87쪽.

이루어지지 않았고 왜란(倭亂)과 호란(胡亂)으로 국가가 무너진 것과 같은 상황이었다. 17세기는 이러한 시대적 위기 속에서 통치 질서를 재정립하고 윤리기강을 재건하며 전쟁으로 인한 민족적 자존과 자주 의식의 상처를 치유하려는 개혁적 분위기가 형성되었다.

흔히 조선 중후기에 형성되었다고 하는 실학(實學)은 실용적인 정책을 통해 국가 체제의 문제를 개혁하려고 했던 사상이라고 할 수 있다. 특히 성호 이익(李瀷)은 18세기 전반 혼란의 시기에서 사회를 안정시킬 여러 방안을 모색했다. 토지개혁론을 주장하고 법 체제를 바꾸고 신분제를 개혁하려고 했다.

이러한 현실 개혁은 리(理)나 도(道)라는 추상적 원칙이 현실의 사물에서 드러나기 때문에 현실 속의 사물에서 행해져야 한다. 이익이 법 체제의 현실적 개혁에서 중시한 것은 현실적 시세를 중시했기 때문이다. 현실적인 시세가 어떻게 변화하는가를 파악하는 것이 중요하고 그에 맞게 '시중(時中)'의 방법을 사용해야 한다는 것이다. 이익이 생각하는 '시중'이란 현실적 시세에 맞게 유연하게 대처하는 것이지만 올바른 정도(正道)을 잃는 것은 아니다.

> 일에는 실로 중(中)을 이루었지만 정(正)하지 못한 것도 있고, 정(正)하기는 하지만 중(中)을 이루지 못한 것도 있으니 '만약 중을 이루었다면 반드시 정(正)하다'고 한다면 어찌 반드시 중정(中正)이라 말하였겠는가? …(중략)… 그러므로 자막(子莫)의 집중(執中)은 반드시 정(正)을 이루었다고 할 수 없다. 그러므로 중(中)을 이루고 정(正)한 뒤에야 시중(時中)이 된다.(事固有中而不正, 正而不中者, 若曰中則必正, 何必曰中正. …(중략)… 然子莫之執一, 未必得其正, 故既中且正, 然後方爲時中也.)[10]

이익에게서 개혁으로서 변통은 시중(時中)을 이루는 것이지만 그렇다고 해서 현실적 시세에 휘둘리거나 잘못된 판단을 내려 정도(正道)를 훼손해서는 안 된다는 점을 강조한 것이다. 바꿀 수 없는 정도와 현실적 시세에 따라 바꿀 수 있는 영역을 구별한 것이다.

변통이 현실적 시세와 관련되지만 현실적 시세의 이해득실보다 마땅함이라는 정도(正道)를 지켜야 한다는 점이 강조되고 있다. 이것은 최한기(崔漢綺)에게서도 확인될 수 있다. 최한기의 저작 가운데『신기통(神氣通)』은 바로 우주, 사회, 개인의 차원에서의 변통의 문제를 다루고 있다. 최한기는 변통을 이렇게 정의한다.

시세를 따라 타고 기회를 보아 유리하게 인도하며 막힘이 없고 순리대로 나아가고 덜어낼 것은 덜어내고 덧붙일 것은 덧붙이고 나아가고 물러나며 힘과 마음을 다하여 권도에 통달하고 마땅함을 제어하면 변하여 통하지 않는 것이 없다. 변통은 인간의 일이니 천도(天道)를 근거로 순리대로 해 나가는 자는 남이 변통한 것을 사용할 필요가 없다.(因其時乘其勢, 觀機利導, 俾無梗塞, 要歸順迪, 損之益之, 進之退之, 借力協心, 達權制宜, 莫非變而通之也. 變通乃人之事也, 因天道而順就者, 不必費人之變通.)[11]

최한기는 변통을 과거가 아니라 현재 상황에 적합해야 되고 타인의 변통을 신경쓰지 않고 자신의 상황에 적합한 변통을 천도에 근거해 순리대로 해나가야 됨을 강조한다.

---

10 이익, 「經史門・臨容執敬別」, 『星湖僿說』 권26.
11 최한기, 「變通・變通條目」, 『神氣通』 권3.

먼저 시세(時勢)의 같지 않음을 살피고 다음으로 사물의 마땅한 바를 살펴서 조처하되, 옛사람들과 같거나 다른 것에 구애되지 말고 오직 현재의 인정과 사물의 이치에 적합하게 하는 것이 진정한 변통이다.(先察時勢之不同, 次及事物之攸宜. 不必拘於前人之同異, 惟適宜於當今之人情物理, 是眞變通也.)[12]

그러나 율곡과 이익이 변치 않는 것으로서 정도(正道)를 강조했듯이 최한기도 단지 현실적 적합성과 유용성만이 변통이 아니라는 점을 강조하고 있다.

대개 변통의 도(道)에는 선을 따르고 악을 따르는 구별이 있으니, 선을 따른 변통은 곧 권도(權道)로 정(正)에서 벗어나지 않고, 악을 따르는 변통은 교사(巧邪)함이 많다.(蓋變通之道, 有從善從惡之別, 善之變通, 卽是權也, 不離於正, 惡事變通, 多巧邪.)[13]

구별해야할 것은 좋은 변통과 나쁜 변통이다. 어떤 변통은 정(正)상을 유지하지만 어떤 변통은 사(邪)악하다. 기존의 제도에서 부패되었던 것은 단절되었지만 정도를 잃지 않고 지속되었다면 정(正)상의 변통이지만 정도를 잃은 변통은 사(邪)특한 변통일 수 있다.

이런 변통론은 조선 후기를 거쳐 구한말까지도 이어진다. 구한말 개혁적 유교 지식인들이 주장하는 개혁 사상은 『주역』의 변통론에 근거하고 있다. 흔히 말하는 자강론(自强論) 또한 『주역』에 나온 '자강불식(自强不息)'이라는 말과 관련이 있는 말이다. 이들은 주로 실학(實

12 최한기,「變通·變通在初及公私之分」,『神氣通』권3.
13 최한기,「變通·變通條目」,『神氣通』권3.

學)을 복원한다는 입장에서 유교를 현실에 맞게 재해석하여 내부 단결과 근대화를 동시에 추진했다.[14]

흔히 위정척사, 개화파 그리고 온건개화파로서 동도서기파로 구분한다. 또한 김옥균, 박영효 등 개화파를 변법(變法) 개화론이라고 분류하기도 한다. 김도형은 이러한 구분법과는 다른 입장을 주장한다. 변법 개화론은 개화와 문명에 대한 생각이 달랐다는 점을 강조하면서 개신유학자들이 변법(變法)을 '개화'로 규정하고 근대 개혁을 주장했다는 점에서 변법개혁론(變法改革論)으로 규정한다.

이 변법개혁론은 문명 개화론과는 달리 전통과 역사, 특히 실학적 전통에서 유교를 비판적으로 계승하면서 개혁을 주장하고 서양 문명을 수용하려고 했다. 이 변법개혁론은 1905년 이후 자강주의와 애국계몽주의의 기반이 되었다는 것이다. 이들은 유교적 변통론(變通論)에 근거하여 서양문명을 절충적으로 받아들였고 오래된 폐단이 생긴 법과 제도를 바꾸려고 했다는 점에서 변법개혁론이다.[15] 김도형도 변법개혁론으로 실학자들의 유산을 이은 박은식, 장지연, 이기(李沂)와 황성신문을 대표적으로 꼽고 있다.

역사적으로 시대적 전환기나 격변기에 부패한 제도나 정책을 고치려고 할 때 경장(更張)이나 개혁(改革)이라는 말과 함께 변통이라는 말을 사용하였다. 변통은 『주역』에 근거한 말로 전통 유학자들이 자신의 개혁 정책을 주장할 때 쓴 말이다. 변통이라는 개념을 현대에서

---

14 김현우, 「구한말 개혁적 유교지식인들의 변통론적 근대인식」, 『인문학연구』 24, 경희대학교 인문학연구소, 2013, 100쪽.

15 김도형, 『근대한국의 문명전환과 개혁론: 유교비판과 변통』, 지식산업사, 2014.

어떻게 이해할 수 있는지를 정이천의 입장에서 고찰해 보도록 한다.

3. 질료형상론(hylemorphism)과 메타모포시스

나비는 애벌레를 거쳐 비로소 하늘을 난다. 이런 변화를 거쳐 생물학적 변화를 가져오는 것을 생물학적으로 변태 즉 메타모포시스(metamorphosis)라고 한다. 생물학적으로 메타모포시스는 유전적 동일성을 유지하면서 다른 개체로 변화되는 과정을 말한다. 유전적 동일성이 유지된다는 점에서 본다면 동일체이지만 외적인 형태(shape)가 변했다는 점에서 다른 생명체이다.

생물학적 의미에서 메타모포시스는 유전적 동일성을 유지하면서 환경에 적응해 외적 형태를 바꿔 다른 개체로 변화되는 과정을 의미한다. 이런 과정은 자연의 변화 과정이다. 모르페(morphe)는 외적인 형태만이 아니라 형상으로서의 이데아의 의미도 있다.

메타모포시스의 의미가 자연의 변화이고 외적인 형태의 변화이면서 형상으로서의 이데아의 변화라는 점에서 변통(變通)의 개념과 유사하게 비교될 수 있다. 변통 또한 음양(陰陽)의 변화이면서 동시에 리(理)의 생성과도 연결되기 때문이다. 변통을 메타모포시스와 비교하여 논의함으로써 변통의 의미를 좀더 부각해서 드러낼 수 있을 것이다.

메타모포시스는 탈바꿈 혹은 변태라고 말할 수 있다. 이는 모르페(morphe)가 변했다는 의미이다. 희랍어 모르페는 단지 외적인 형태(shape)의 의미만을 가지고 있지는 않다. 형태를 의미하기도 하지만 형상(form, eidos)을 의미하기도 한다. 모르페(morphe)는 원래 눈에 보이는 것으로서 형상(形狀), 즉 형태의 의미이다. 그것이 규정성 (determination), 즉 사물의 본질을 규정해주는 의미로 변하면서 형상 (形相, eidos)의 의미로 바뀐 것이다.[16]

희랍의 존재론, 특히 아리스토텔레스의 존재론에서 질료와 형상은 한 사물을 이루는 두 요소이다. 아리스토텔레스에 의하면 한 개체에서 질료(hyle)와 형상(morphe, eidos)은 분리되어 존재할 수 없다. 구체적인 존재자는 질료형상의 복합체이다. 이런 맥락에서 질료형상론(hylemorphism)이라는 사유체계가 성립한다. 이 질료형상론은 고대 희랍시대를 거쳐 중세 시기까지 서양 존재론의 핵심적 문제였다.

예들 들어보자. 호메로스의 조각상이라는 개별적 실체에서 호메로스의 형태를 제거한다면 무형의 청동만 남는다. 이것이 질료이다. 질료는 가능성일 뿐이다. 질료는 자기를 형성함으로써 자기를 실현한다는 점에서 잠재적이다. 따라서 질료는 그 자체로 실재를 가지지 않는다.[17]

이 질료는 조각상이 될 수 있다는 측면에서 가능적인 실체이지만 현실적인 실체는 아니다. 무형의 덩어리와 더불어 그것에 부가되는 특정한 형상이 있어야 한다. 질료에 형상이 부여될 때 호메로스의 조각상이라는 개별적 실체가 있고 형상은 이 개별적 실체를 존재하게 하는 존재 원인(aition tou einai)이다.[18]

이런 논의는 생성의 문제와 관련된다. 모든 생성은 운동인에 의해

---

16 이정우, 『개념-뿌리들』, 철학아카데미, 2004, 형상 조목 참조.

17 훌리안 마리아스(Julian Marias), 강유원 옮김, 『철학으로서 철학사』, 유유, 2016.

18 조대호, 「아리스토텔레스 실체론의 지형도」, 『화이트헤드연구』 14, 한국화이트헤드학회, 2007, 75~76쪽.

야기되고 주어진 어떤 질료에 운동이 일어나 형상이 구현되어 실체
가 생겨나는 것이다. 이때 형상은 운동에 의해 생성되는 것이 아니라
이미 보편적으로 존재하는 것으로 질료에 구현되어 실체를 형성한다.
실체의 정의는 다른 것과는 관련이 없는 독립성과 자립성에 있다.

　이런 아리스토텔레스의 질료형상론에 근거하여 생물학적 메타모
포시스를 이해할 때 애벌레와 나비가 동일성을 유지하고 있되 형태를
탈바꿈한 것이라면 동일성을 유지하는 형상 즉 동일한 유전자가 애벌
레에게도 구현된 것이고 나비에게도 구현된 것이다. 애벌레와 나비는
형태는 다르지만 동일성을 유지하는 이유는 바로 유전자가 그 실체의
존재 원인이기 때문이다.

　이런 질료형상론의 논리는 예술의 창조에도 동일하게 적용될 수
있다. 동서비교철학의 세계적 권위자인 프랑수아 줄리앙은 『불가능
한 누드』에서 서양에서 유독 발달한 누드와 중국의 그림을 비교하고
있다. 프랑수아 줄리앙은 서양에서 누드가 발달한 이유를 바로 질료
형상론에 근거하여 설명하고 있다.

　프랑수아 줄리앙은 서양의 누드화가 인체를 그 형태와 볼륨 속에
고립시키는 반면에 중국의 그림이 주변 세계와의 친밀한 관계 속에서
인물을 묘사한다고 전제한다. 즉 누드화에는 인간의 이상적인 본질이
구현되었기 때문에 아름답다고 느낀다. 반면 중국의 그림은 밖과 연결
시켜주고 안으로 활력을 주는, 눈에 보이지 않는 기운의 소통이다.[19]

　예를 들면 아르테미시온(Artimision)의 제우스(포세이돈) 상은 이데
아 형상이 구현되어 있어 가시적인 형상(형상, morphe)인 조형적 형상

19 프랑수아 줄리앙(Francois Julien), 박석 옮김, 『불가능한 누드』, 들녘, 2019.

아래에서 우리는 부단히 모형적 형상, 형태를 부여하는 형상, 존재론
적 형상(morphe, eidos)을 찾으려 한다. 누드는 인간의 본질이 구현된
전형적인 형상이면서 본질적인 형상이다.[20]

이는 그리스의 파르테논 신전을 보아도 알 수 있다. 파르테논 신전
에는 황금비(Golden ratio)가 구현되어 있다. 이 황금비를 통해 이상적
인 균형미를 느낄 수 있는 것이다. 이 황금비가 바로 파르테논 신전을
파르테논 신전으로 존재하게 만드는 형상 즉 이데아인 것이다. 이는
서구 건축의 모델이자 원형이라고 말할 수 있다. 동아시아 건축물에
는 이런 원형으로서의 형상이 구현되지 않는다.

기독교에서 메타모포시스는 바로 신의 형상에 따라 변신하는 것을
의미했다. 바울은 메타모포우스타이(metamorphousthai)나 메타세마티
체스타이(metaschematizdesthai)로 변신을 설명하는 데 전자는 "달라지
다"이고 후자는 "신체적으로 변화하다"는 뜻이라고 한다. 신약성경에
서도 예수의 변모와 신자의 변화를 메타모포우스타이로 표현한다.
이 말은 단순히 신체적 변화 뿐 아니라, 마음을 새롭게 하는 변화도
의미한다.[21]

메타모포우스타이에서 모르페(morphe)는 외형이라는 본래 의미를
상실하고 '실존 전체의 본성'을 나타내고 이는 그리스도의 뜻으로 '하
나님의 형상'이다. 즉 '신의 형상'이다. 이 신의 형상으로 신자들이 변
신하는 것이다. 변화된 '새 사람'은 '새로운 피조물(kaine ktisis)'이며,

---

20 위의 책, 같은 쪽.
21 문우일, 「변신(變身)에 대한 바울의 이해-낮은 몸에서 영광의 몸으로」, 『신학과사회』
    29:2, 21세기기독교사회문화아카데미, 2015, 13~14쪽.

'하나님의 자녀(tekna theou)'이다. 신의 형상을 몸에 구현하여 새로운 피조물로 변신하는 것이다.

바울이 살았던 당시에 지중해 연안에는 신화와 철학과 종교 의식들에서 유래한 다양한 변신들(metamorphoses)과 신격화(apotheosis; divinization; deification)가 유행했었는데 바울은 이런 변신론과는 다른 예수의 부활과 하나님의 형상에 기초한 독특한 변신 사상을 전개했다.[22]

프랑수아 줄리앙은 형태학(形態學, morphology)에 대해 중국인과 희랍인이 다르게 이해하고 있다고 설명한다. 희랍인들은 형태학에서 형상(eidos)이 지배적이었다. 플로티노스도 "형상은 모든 사물에게 그 존재의 원인이 된다"고 하였고 아우구스티누스도 인간의 정신 속에 '포르마 데이(Forma Dei)', 즉 신의 형상이 있는데 이것이 하나님의 '말씀'이고 피조물들의 형상이라고 한다.

형상에 대한 사유는 희랍을 거쳐 중세 기독교 신학에까지 이어져 왔다. 결국 서양의 존재론은 끊임없이 가시적인 형태인 조형적 형상 아래에서 모범적인 형상, 형태를 부여하는 형상, 이상적인 형상, 존재의 근거로서 존재론적인 형상을 추구했다.

그렇다면 중국인은 형태에 대해서 어떻게 이해했을까. 그들의 그림은 어떤 형태를 묘사했을까. 프랑수아 줄리앙에 따르면 서양의 누드화는 그 형태와 볼륨 속에 고립시키는 반면 중국의 그림은 주변 세계와의 친밀한 관계 속에서 인물을 묘사한다.[23]

---

22 문우일, 앞의 논문, 16쪽.
23 프랑수아 줄리앙, 앞의 책.

중국인들은 희랍인들이 생각하는 형상, 즉 본질적 존재인 불변의 형상을 생각한 적이 없다. 중국인은 실재를 '존재'라는 용어가 아니라 '과정'이라는 용어로 받아들인다. 실재는 고정된 본질이 아니라 흐름이고 형성되는 과정이다. 그래서 중국 예술가들은 질료의 저항에도 불구하고 하나의 형상을 다른 질료 속에 구현하는 데 성공하는 것이 아니라, 형상으로부터 더 나아가 그 속에 담겨 있는 정신을 전달하여 그것을 흘러가도록 만드는 능력을 갖는다.

희랍인들이 질료와 형상을 말하듯이 중국인들에게는 유사한 개념으로 이(理)와 기(氣)가 있다. 유사한 듯 하지만 조금 다르다. 희랍인들의 이데아 형상은 질료와는 다른 차원에서 질료에게 존재 본질로서 외부로부터 구현된다. 중국인의 이(理)는 내적 정합성의 의미로서 그것이 구성하는 대상으로서 기(氣)와 분리할 수 없고 조율을 통해서 항상성을 유지시키고 실현 가능한 방법을 통해 질서를 형성한다. 이러한 대비는 주로 예술 창작 과정과 예술품을 설명하는 내용이지만 이러한 논리를 사회와 문화의 변통과 관련하여 이해할 수 있을 것이다.

4. 시중(時中)과 관련된 변통(變通)

변통(變通)은 변(變)과 통(通)으로 이루어졌다. 변(變)이라는 변화와 통(通)이라는 소통으로 연결된 단어다. 변(變)은 변형(transformation), 조절(arrangement), 배치(connection)이고 통(通)은 활성화(activation), 소통(communication)에 가깝다. 막힌 곳, 고착된 것을 뚫고 연결시키고 변화시켜서 이치를 연결시켜 활성화시키고 서로 소통하게 만드는 일이다. 핵심은 시(時)이다. 때를 파악하는 것. 시대적 변화와 상황을 아는 것이다.

정이천은 "오직 변통을 능숙하게 잘한다면 곧 성인이다(惟善變通, 便是聖人.)"라고 했다. 성인이 성인인 이유는 변통에 능숙하기 때문이다. 정이천은 『주역』을 이 변통의 논리로 이해하고 있다. 시대와 상황의 조건이 변화함에 따라 어떻게 적응하고 조율하여 정도(正道)를 실현할 수 있을까?

그것이 곧 정이천에게서 중도(中道)이고 시중(時中)이다. 정이천은 『역전』서문에서 "역은 변역(變易)이니 때에 따라 변역하여 도를 따르는 것이다(易, 變易也, 隨時變易以從道也)"라고 했다. 정이천에게서 '시중(時中)'은 중용(中庸), 권도(權道) 그리고 의리(義理)와 관련된다. 중용(中庸)에서 '중(中)'을 과함도 미치지 못함도 없는 것(無過不及)이라 해석하고 '용(庸)'을 평상의 도리라 해석하지만 현실적으로 이해하기 어려운 개념이다.

서양 사람들은 '중용'을 '평균(mean)'으로 번역하거나 아리스토텔레스의 중용(the golden mean, mesotes)와 비교하거나 '중'과 '용'을 분리하여 '중심성과 공통성(Centrality and commonality)'으로 번역하거나 '일상적인 것에 집중하기(Focusing on the familiar)'라고 번역하여 '중'의 의미를 집중하거나 적중한다는 의미로 해석한다.

그런 의미에서 중용은 시중(時中)의 개념과 통한다. 단순히 공간적인 차원의 중간을 의미하지 않는다. 때에 맞는 중도(中道)는 이것과 저것 사이의 중간이 아니다. 이것도 아니고 저것도 아닌 중립도 아니다. 중을 과함도 없고 미치지 못함도 없는 것이라고 했지만 어떤 경우 과도함이 곧 중도가 될 수도 있고 미치지 못함이 중도가 될 수도 있다.

이것은 어떤 역동적인 균형성이라고 할 수 있다. 중도는 결코 중립일
수 없다. 중도는 상황의 조건인 때(時)에 적절한 균형점이다.

그런 의미에서 중도는 권도(權道)와 통한다. 권(權)의 기본적인 의
미는 저울추이다. 중도가 단지 중간이 아니라 상황적 적실성과 관련
되는 것은 맹자의 말에 잘 표현되었다. 맹자는 단순히 중간을 선택하
는 것을 비판한다. 그것은 저울질함(權)이 없이 고정된 하나를 잡는
것과 같기 때문이다. 이는 하나를 고집하여 백 가지의 가능성을 포기
하는 것이다. 이에 대해 정이천은 이렇게 말한다.

> 중간만 잡고 저울질함이 없으면 하나의 고정된 중간에 집착하여 변통
> 을 모르는 것이니 이는 또한 고정된 하나를 잡는 것일 뿐이다.(執中而無
> 權, 則膠於一定之中, 而不知變, 是亦執一而已矣.)[24]

저울질을 뜻하는 권(權)은 이것과 저것의 중간을 취하는 타협이나
절충은 아니다. 권도나 중도는 상황적 변화에 대처하는 역동성과 균
형성이 있기 때문이다. 주변 세계의 변화와 관계의 흐름 속에서 이루
어지기 때문에 단순한 산술적인 균형이나 불변의 형상을 구현하는
것도 아니다. 변화의 흐름이 막히거나 정체되지 않도록 오래 지속될
수 있는 내적 정합성과 항상성을 유지시킬 수 있는 변통이다. 변통의
핵심은 시중(時中), 즉 상황적 적합성이다.

> 천하의 일은 고정된 리(理)가 없다. 나아가지 않으면 후퇴하고, 후퇴하

---

24 「盡心上」, 『孟子』.

지 않으면 나아간다. 때(時)가 궁극에 이르러 방도(道)가 통하지 않는 궁지에 몰리면 리(理)도 반드시 변해야한다. 오직 성인만이 변통(變)에 통달하여 궁지에 이르지 않으니 극단에 이르지 않게 한다. 요임금, 순임금은 때(時)에 적합하게 한 사람이다.(天下之事, 無一定之理, 不進則退, 不退則進. 時極道窮, 理當必變, 惟聖人爲能 通其變於未窮, 使其不至於極. 堯舜, 時也.)[25]

권도는 때에 합당하고 마땅한 변통이다. 적시성(適時性)이라 할 수 있다. 고정된 불변의 리를 고집하지 않는다. 정이천이 그 당시 혼례의 의례를 사위가 처가로 가서 인사드리는 예법으로 바꾸려고 하자 그 이유를 묻는 제자에게 이렇게 답했다.

그래야만 때(時)에 부합한다. 지금 만일 고대의 솥이나 쟁반을 사용한다면 오늘날의 인정(人情)에 맞지 않을 뿐 아니라, 세상의 풍속에도 합당하지 않을 것이다. 예(禮)란 '때에 맞는 것'이 중요하므로, 손익(損益)을 거쳐야한다. …(중략)… 고대에 옷과 모자를 입었던 사람은 몸집도 크고 질박하여 기상이 달랐다. 만약 지금 사람에게 고대의 의관을 입게 한다면 오늘날 사람의 성정(性情)에 맞지 않을 것이다.(如此乃是與時稱. 今將一古鼎古敦用之, 自是人情不稱, 兼亦與天地風氣不宜. 禮, 時爲大, 須當損益. …(중략)… 古之被衣冠者, 魁偉質厚, 氣象自別. 若使今人衣古冠冕, 情性自不相稱.)[26]

문화적 제도나 예법은 고정된 형식과 형태가 있는 것이 아니다. 시대적 상황의 흐름과 사회적 조건이나 인간의 성정의 변화에 맞게

25 程伊川, 『二程粹言』.
26 程伊川, 『二程遺書』.

변통할 수 있는 것이다. 정치적 제도 또한 마찬가지다. 외적인 형식
을 따르는 것도 아니고 가장 이상적으로 완벽한 이데아(idea)와 같은
정치 제도가 있는 것도 아니다.

> 반드시 정전제이어야 하고, 반드시 봉건제이어야 하며, 반드시 육형(肉
> 刑)이어야 한다고 고집하는 것은 성인의 법도가 아니다. 훌륭한 정치란
> 정전제를 버리고 정치를 행해도 백성들이 병들지 않고, 봉건제를 버리고
> 백성을 부려도 백성이 힘들어 하지 않으며, 육형을 버리고 다른 형벌을
> 사용해도 백성들이 원망하지 않는다. 그러므로 훌륭한 학문이란 성인의
> 뜻(意)을 체득하는 것이지, '형식(迹)'을 취하는 것이 아니다. 형식이란 성
> 인이 그 때의 유리함에 따라서 제정한 것이다.(必井田, 必封建, 必肉刑,
> 非聖人之道也. 善治者, 放井田而行之而民不病, 放封建而使之而民不勞, 放
> 肉刑而用之而民不怨. 故善學者, 得聖人之意而不取其迹也. 迹也者, 聖人因
> 其一時之利而制之也.)[27]

시대적 상황의 흐름에 따른다고 해서 이것이 세상의 유행을 쫓는
다거나 시대추수적인 태도이거나 시대적 조건과 타협하고 굴종한다
는 것이 아니다. 단순한 상황윤리가 아니라는 말이다. 정이천이 변화
를 '수시이종도(隨時以從道)', 즉 "때를 따라서 정도를 행한다"는 의미
라고 했을 때 변통은 시대적 조건에 타협하는 굴종이나 타협 혹은
절충은 아니다.

단순히 세상의 유행을 쫓는 것이 '때에 따르는 것(隨時)'이 아니다. 올바

---

27 程伊川, 『二程遺書』.

르게 할 수 있는 일을 알고서 엄격하고 의연하게 독립적인 자세를 취하는
것이 바로 '때에 따르는 것'이다.(徇流俗非隨時, 知事可正, 嚴毅獨立, 乃是
隨時也.)[28]

이러한 문제는 중국 사상사에서 '경(經)'과 '권(權)'이나 '상(常)'과 '변
(變)'의 문제와 함께 논의되었다.[29] '경'과 '상'은 원칙과 규범이라면 '권'
과 '변'은 융통성 혹은 재량권이다. 이런 대립의 문제는 현실을 무시
하거나 소홀히 하면서 원칙과 규범을 강조하려는 근본주의자들과 현
실의 유용성과 복잡함을 강조하며 원칙과 규범을 망각하려는 현실주
의자들의 대립이다.

이런 대립들 가운데 중국 사상사에서 '권'을 '경'과는 다른 예외 상
황으로 보는 입장이 있다. '경'에 반하는 것을 '권'으로 본다. 복잡한
현실에서는 원칙에 어긋나는 예외적 조항이 있을 수 있다고 유용성
과 이득을 취해야 한다는 입장이다.

정이천은 이런 입장에 대해 단호하게 거부한다. 단지 현실적 유용
성과 이득만을 취하려는 권(權)의 의미는 권모술수(權謀術數)의 사기
술에 불과할 뿐이다. 정도(正道)를 잃어버린 권모술수는 중도(中道)의
변통이 아니라 사기술일 뿐이다.

세상의 학자들은 권(權)의 의미를 알지 못한다. 이치에서 합당하지 않
은데도 권(權)이라고 말하지만 이러한 권은 사기술에 불과할 뿐이다. 어

28 程伊川, 『二程遺書』.
29 박성규, 「『논어』의 '권(權)'개념 - 「자한편」 '미가여권(未可與權)'장을 중심으로」, 『철학
사상』 61, 서울대학교 철학사상연구소, 2016, 136~140쪽.

떤 일에 임했을 때 현실의 경중(輕重)을 헤아려 보고 그 일에 대처하여
의(義)에 부합하면 이것을 권(權)이라고 한다(世之學者, 未嘗知權之義. 於
理所不可, 則曰姑從權, 是以權爲變詐之術而已也. 夫臨事之際, 稱輕重而
處之以合於義, 是之謂權.)[30]

정이천에게서 권(權)이란 경(經)과는 다른 것이 아니다. 경이라는
원칙이 현실에서 제대로 통하지 못할 때 현실 상황 조건의 경중을
치밀하게 헤아려서 의(義)에 부합하게 만드는 것이 바로 권(權)이다.
상황의 합당함과 때의 마땅함을 잃지 않는 것이 중도(中道)이다. 오히
려 경의 원칙과 규범만을 고집하여 상황과 때에 적절하게 변통하지
않으면 중도를 잃을 뿐이다.

정도는 그 때의 마땅함을 잃지 않아야 한다(不失時宜之謂正).[31] 그래
서 중도(中道)는 정도가 상황과 때에 적절하고 합당하게 발현된 것이
다. 그래서 '시중(時中)'이다. '때를 따른다'는 것은 단순히 시대적 흐름
이나 대세를 따르는 것을 의미하지는 않는다. 올바르지 않은 시대적
가치나 흐름을 거부하거나 거역하는 것이 중도이고 시중일 수 있다.

정이천은 그래서 의(義)에 부합해야한다고 했던 것이다. 정이천은
의리(義理)를 따르는 것을 변통의 가장 중요한 요소로 생각한다. 의리
(義理)는 리(理)와 관련된다. 흔히 리(理)는 서양 철학에서 말하는 실체
를 규정하는 어떤 것의 존재론적 본질로 이해한다. 이런 관점은 서양
철학에서 논의하는 독립적이고 실체론적 존재와 본질의 문제를 개입
시키고 있는 것이다.

---

30 程伊川, 『二程粹言』.
31 程伊川, 『易傳』.

리(理)는 단순히 사물의 원리(principle)이나 자연 법칙(natural law)만
은 아니다. 서양 학자는 이런 난제를 해결하기 위해 리(理)를 '체계적
인 패턴(system pattern)'으로 번역하고 의(義)는 '요소 원리(component
principle)'로 번역한다.[32] 단순히 객관 원리가 아니라 내재적인 규범적
패턴(normative pattern)이기도 하다. 각각의 위치와 상황 조건에 따라
행위하는 것이 바로 의리이다.

의리(義理)라는 개념은 전체의 구조와 관계망 속에서 일어나는 사
건 속에서, 즉 외적인 것과 내적인 것이 만나는 접점에서 발생하는
이치이다. 그리고 전체적인 현실 상황과 부분적인 요소들의 현실 사
이의 접점은 다양한 차이가 있을 수밖에 없다. 이 전체적인 관계망
속에서 자신에게 합당하고 마땅한 리(理)를 따라 행위해야 한다. 이러
한 접촉과 관계에 의해서 타자를 올바로 처리하고 현실을 올바로 해
결해 내려는 방향이 의리(義理)이다.

상황과 때는 일정치 않다. 그 상황의 합당함과 때의 마땅함을 잃지
않는 것이 중도(中道)이다. 그러나 중도는 결코 정도를 잃지 않는 것
이다. 오히려 정도를 고집하여 상황과 때에 적절하게 변통하지 않으
면 중도를 잃을 뿐이다. 정이천은 중도를 더욱 강조한다.

중도를 이루었다면 그것이 정도이지만 정도를 고집한다고 해서 반드시
중도인 것만은 아니다.(中則正矣, 正不必中也.)[33]

---

32 Kidder Smith, *Sung Dynasty Uses of the I Ching*, Princeton, NJ: Princeton University
Press, 1990.
33 程伊川, 『易傳』.

무엇보다도 정도(正道)를 지키는 것이 중요하다. 그러나 상황과 때는 일정치 않다. 그 상황의 합당함과 때의 마땅함을 잃지 않는 것이 중도(中道)이다. 그러므로 중도는 정도만을 고집하는 것이 아니라 변화하는 현실에서 정도를 지키며 정도를 실현할 수 있는 잠재적 가능성을 '창조'할 수 있는 세(勢)를 만들어가는 변통이다. 정도를 버리고 형세와 시세를 따르는 것은 비겁한 기회주의적 태도이거나 현실 추수적인 태도일 뿐이다.

정이천에게서 변통은 '적시성의 권도론'으로서 단지 시대를 따르거나 적응하는 것을 넘어서 소통되지 않는 부패한 문명을 전환하거나 혼란한 사회를 혁신하고 역사를 진보시키는 논리로 이해할 수 있다.[34] 그것은 문명의 창조이고 전통의 혁신과 변화와 더불어 계승의 논리이기도 하다. 때문에 정이천의 변통론은 변화하는 시대적 적응 전략이면서 동시에 새로운 문화를 창달하는 방도이기도 하다.

5. 더 나은 보편의 활성화로서의 변통

우주와 사물은 끊임없이 운동하고 변화한다. 이 운동과 변화를 설명하는 데에 희랍적 의미의 질료형상론(hylemorphism)은 질료(hyle)와 형상(morphe, eidos)이라는 형이상학적 개념을 전제하고 있다면 중국의 변통론은 리(理)와 기(氣)라는 개념을 전제하고 있다.

---

34 정종모, 「정이천의 권도(權道) 개념과 유학의 시대 적응」, 『유학연구』 43, 충남대학교 유학연구소, 2018, 160~161쪽.

질료와 형상은 사물의 실체를 구성하는 두 요소이다. 질료에 형상이 구현되어 실체를 이루며 실체의 본질과 존재는 형상을 통해 이루어진다. 즉 질료에 초월적 형상을 구현하여 실체의 본질을 형성한다. 이를 '존재론적 메타모포시스'라고 칭할 수 있다. 반면 변통은 내재적 리(理)가 기(氣)의 형세(形勢)와 흐름 속에서 '변형'되고 '조절'되고 '배치'되어 '활성화'되고 '소통'되는 과정 자체이다. 이를 '생성론적 메타모포시스'이라고 칭할 수 있다.

이를 문화적 창조의 차원에서 설명할 수 있다면 이미 전제되어 고정된 초월적 형상(form, eidos), 즉 완전한 이상(idea)가 있어서 그 형상이 구현되어 타자와 독립적인 문화가 이루어진다고 보는 것을 '존재론적 메타모포시스'라고 칭할 수 있다. 반면 '생성론적 메타모포시스'는 타자의 만남을 통해 새로운 경험의 혼돈을 거치면서 어떤 의미(義理)가 형성되고 소통하고 활성화된다고 할 수 있다. 결국 존재론적 메타모포시스는 초월적 형상이 현실을 만든다. 반면 생성론적 메타모포시스는 변화하는 현실이 내재적 리(理)를 정합적으로 활성화시켜 드러낸다.

문화는 전제된 고정된 형상이 있어서 그것이 구현되는 것에 의해 완성되는 것이 아니라 새로운 차이의 경험을 통해 변형되어가는 것이다. 생성론적 메타모포시스는 '내적인 정합성'(理)을 유지하는 어떤 것이 궁극에 이르러 통하지 못하는 한계에 도달하여 시대와 조건, 즉 환경이 변화하여 타자와 접촉했을 때 타자와 상호 융합하면서 오래 지속할 수 있는 새로운 '내적인 정합성'을 창조해 나가는 과정을 자체를 의미한다. 이런 과정을 통해 더 나은 보편(理)은 형성되고 활성화되고 소통된다. 변통은 더 깊은 보편(理)을 통(通)하게 하는 과정 자체이다.

전통 지식인들에게 변통은 사회 개혁과 제도 변혁을 의미했다. 이러한 변통의 개념은 현대 사회에서 보자면 문명의 창조이고 전통의 혁신과 변화와 더불어 계승의 논리이기도 하다. 문화를 창달하는 방도이기도 하다. 현대 사회에서 문화 변화와 문화 창조를 바라보는 데에 중요한 시각을 줄 수 있는 개념이기도 하다.

제2부

이문화들의 접경
: 문화횡단과 타자의 시선/응시

횡단과 여행, 그리고 자기-식민화

19세기 말 조선 외교 사절단과 지식인들이 경험한 근대적 시간

신승엽

1. 들어가며

냉전 시기 미국을 중심으로 한 서구 학계에서 근대 중국과 동아시아를 바라보는 지배적인 인식의 틀로 자리 잡았던 존 페어뱅크의 "충격-반응" 모델은 이미 그 위세를 상실한 지 오래지만, 전-지구적 근대성의 기원과 발전, 유통의 문제를 둘러싼 오랜 논쟁에 있어서 뿌리 깊은 유럽 중심주의는 여전히 영향력을 발휘하고 있다. 산업혁명 이후 폭발적으로 생산된 여러 기술적 발명품에서부터 계몽, 자유, 민주주의와 같은 정치-사회적 개념에 이르기까지 세계의 현실을 규정하는 문명의 기반이 어떻게 다져졌고, 이를 어떤 자세로 이해해야 하는지를 돌아볼 때, 과연 우리의 현재가 온전히 탈-식민화되었다고 말할 수 있을지 의문이다. "근대"를 하나의 역사적 필연이자 거쳐야 할 단계로 여기는 상황에서 크게 벗어나지 않는 한, 조선은 디페쉬 차크라바티가 말했던 "역사의 상상적 대기실"에서 자본주의와 민족-국가의 체제 아래 국제적 질서로의 편입을 기다리는 피동적 존재로 남아있게 된다.[1]

우리가 흔히 "근대성"이라 일컫는 전례 없던 현상은 1870~80년대 조선이 개항하고 일본 및 서구와 조약을 체결한 뒤 이어진 수십 년간 다양한 발생적 형태로 혼재하며 등장했다. 수 세기 동안 유지되었던 왕조는 내외부로부터 심각한 위기에 노출되었으며, 조선인들은 자신들을 둘러싼 삶의 환경이 점차 재구성되는 것을 경험했다. 외국 문물과 새로운 건축물이 가져온 도시의 물리적 외관의 변형뿐 아니라, 세습적 신분 제도의 와해 및 이를 지탱하던 성리학적 이념의 점진적 붕괴는 앞으로의 사회를 향한 열린 가능성을 상징했다. 농민을 비롯한 피지배계층은 평등한 인간관계에 대한 열망을 표출했고, 일부는 통일된 민족 공동체로서 한국의 지위를 자각하기도 했다. 이러한 변화들 내지 새로운 지식의 생산과 전통적인 가치들이 빚은 갈등을 현재의 관점에서 소급하여, 조선이 "근대적" 국가로 나아가려던 당당한 발걸음의 한 지점으로 포착하거나 혹은 이를 실패한 경우로 해석하는 것은 과거를 앞서 말한 대기실이 상정해 놓은 단선론적/선형적 연속선상에 올려놓는 일에 불과하다.

이러한 점에서 19세기 말 조선 정부가 파견한 외교 사절단과 지식인들의 해외여행을 살펴보는 것은 두 가지 차원에서 의미를 갖는다. 우선, 이는 근대성을 서구에서 비-서구로, 제국에서 식민지로 퍼져나간 것으로 받아들이는 기존의 역사 서술을, 적어도 그 주체와 방향성에서나마, 비틀 수 있다. 본 연구는 "시간"이라는 주제에 집중하여 조선의 관료 및 유학생들이 기계적 시계 시간과 태양력을 중화주의

---

1 Dipesh Chakrabarty, *Provincializing Europe: Postcolonial Thought and Historical Difference*, Princeton: Princeton University Press, 2009, p.8.

질서 밖의 더 넓은 세계에서 만나고 체득한 (혹은 거부한) 과정을 살핌
으로써 조선인들이 새로운 시간적 체계의 확산을 단순히 기다리기보
다 이를 스스로 사용하고 수용했음을 규명한다.[2] 혹자는 청일전쟁 전
까지 조선에서의 중국이 가진 종주권을 강조한 나머지 "어떠한 사상도
인물도 중화주의적 장막을 뚫어낼 수 없었다"고 판단했으나, 이 글은
규율과 끊임없는 확장성이 녹아든 근대의 핵심 규범으로서 시간이
서양인이나 일본인들에 의해 전달되거나 이식된 산물이 아님을 보여
줄 것이다.[3] 이로써 나는 근대성에 관한 파급주의적 관점에서 탈피하
여 비서구/피식민국민이 서구/식민국을 찾아가 그들의 문화와 접촉함
으로써 인식과 실천에 있어서 겪은 여러 변화들을 조명하는 하나의
역사적 사례로서 여행을 제시하고자 한다.[4]

---

2 기계적 시계 시간이란 해, 물시계와 같이 자연의 현상적 변화를 추적해 시간을 따지는
   것이 아니라 태엽이나 전지를 이용해 동력을 얻는 기계로 측정된 시간을 가리키며, 이에
   따른 시계 장치는 하루를 24시간으로 분할하여, 시간을 계절의 반복적인 주기나 별의
   성쇠와 같은 자연의 구체적인 양상과 분리했다. 또한, 여기서 말하는 태양력이란 1582년
   교황 그레고리 13세가 이전의 율리우스력을 개정한 것으로 1년의 길이를 365.2425일로
   계산하고 400년에서 세 번의 윤년을 제외 (율리우스력의 윤년 중 100으로 나눠떨어지는
   해 중 400으로도 나눠떨어지는 해가 윤년)하는 역법이다. 반면, 당시 조선의 전통적인
   시간 측정 방식은 17세기 중반 청에서 들여온 시헌력으로, 이는 태양의 공전에 따라
   1년을 24절기로 나누고, 달의 차고 기움에 맞춰 월의 길이를 잰 태음태양력이었다. 시헌
   력은 정부와 관공서에서 각종 공문서를 작성하는 데 쓰였을 뿐 아니라, 왕실의 의례와
   민간에서 관혼상제의 길일을 택할 때 이용될 정도로 보편적인 시간의 체계였다. 더 자세
   한 내용은 외르크 뤼프케, 김용현 옮김, 『시간과 권력의 역사』, 알마, 2012 참조.
3 Young Ick Lew, "Yüan Shih-k'ai's Residency and the Korean Enlightenment Movement
   (1885-94)", *Journal of Korean Studies* 5, 1984, p.91.
4 19세기 말의 시간과 역법에 관한 선행 연구들은 정기적으로 발행되었던 신문이나 잡지
   를 통해 개항 이후에 새로운 시간의 관념들이 전파되었고, 그것들이 대중의 일상생활
   을 재조직하는 데 결정적인 역할을 했음을 고찰했다. 몇몇 연구자들은 철도 및 우편
   서비스, 서양 선교사들이 설립한 교육과 의료 시설들이 어떻게 분절된 단위이자 행위
   의 표준으로서 시간의 개념을 퍼뜨리는 체가 되었는가를 탐구했다. 이들 중에는 증기

그러나, 더욱 중요한 점은 조선 지식인들의 여행 및 체류가 개인적이고 일회성의 사건이 아닌, 당대의 정치-경제 현실과 깊이 결부되었으며, 그들은 근대적 시간을 체험하고 학습하던 과정 가운데 "문명-개화"의 이념을 어떻게 바라보는가에 따라 이 새로운 체제에 "자기-식민화"되기도 했다는 것이다. 특히, 미국과 일본을 방문하여 그 이면에 감춰진 허상을 철저히 비판하고 다른 길을 모색하기보다 물질문명의 외적 풍요를 갈망했던 몇몇에겐 그 사회가 빚어낸 시간의 개념과 작동 방식은 철저히 따르고 적용해야 할 대상이 되었다. 본 연구는, 비록 조선 외교관과 유학생들의 귀국 후 구체적인 활동까지 다루진 않으나, 이들이 곧 한말 정부의 양력 선포와 개력(改曆), 나아가 서구적 시간의 조선 내 보급에 일정 부분 기여했음을 시사한다. 이로써 나는 근대의 문턱에서 분출된, 차크라바티의 표현대로, "가지각색의 인간 존재 양식" 특히 시간을 둘러싼 삶의 영역들이 곧 서구 주도의 문명 위계 하에 차츰 포섭되어 갔음을 간접적으로 보여줄 것이다.[5]

선이나 천주교도들의 삶의 주기를 실증적으로 분석해 "일주일"이 조선에 도입된 역사를 보여준 글도 있다. 대표적인 논문들은 다음과 같다. 이창익, 「근대적 시간과 일상의 표준화」, 『역사비평』 59, 역사비평사, 2002, 405~420쪽; 박태호, 「『독립신문』과 시간-기계-『독립신문』에서 근대적 시간-기계의 작동 양상」, 『사회와역사』 64, 한국사회사학회, 2003, 166~199쪽; 정근식, 「한국의 근대적 시간 체제의 형성과 일상 생활의 변화 I-대한제국기를 중심으로」, 『사회와역사』 58, 한국사회사학회, 2000, 161~197쪽; 조현범, 「일요일의 종교사-근대 한국 종교 문화의 형성과 시간의 재구획」, 『종교연구』 32, 한국종교학회, 2003, 211~239쪽; 정상우, 「일주일의 도입 고찰을 위한 시론」, 『문화과학』 44, 문화과학사, 2005, 325~338쪽; 정성희, 「대한제국기 태양력의 시행과 역서의 변화」, 『국사관논총』 103, 국사편찬위원회, 2003, 29~53쪽.

5 Chakrabarty, op.cit., p.21.

2. 여행 기록의 변화: 시간 중심의 서술

19세기 말 조선 정부가 외국에 사절단을 파견했던 외교적 전략의 기원은 조선 초 중국에 대한 정책으로 거슬러 올라간다. 명목상의 주권에 근거를 둔 국제법 체제로 들어서기 이전, 조선은 중국에 사대를 표명하고 교역을 활성화하는 수단으로써 사행사를 이용했다. 근대의 해외 사절단이 법적으로 평등한 국가 간의 교류를 표방했다면, 전근대의 사행사는 동아시아 문명 내에서 주종 관계를 했다. 조선은 건국 직후에 명으로부터 요동 및 여진과 연합해 대륙의 본토를 공격할 수 있다는 의심을 받아 황실과 갈등을 빚었다. 조선의 태종은 명에 여러 차례 사신을 보내 충성을 맹세했고 국왕으로서 승인을 받아 중국과 조공-책봉 관계를 수립했다.[6] 조선은 명의 의례적 종주권을 인정하고 사행의 파송을 정례화함으로써 내치와 외교에 관한 안정된 지배력을 확보할 수 있었다.[7] 조선은 조공을 바치면 더 많은 양의 하사품을 받았고, 사행사를 뒤따르던 상인들은 북경의 시장에서 상거래로 큰 이윤을 남길 수 있었다.[8] 이러한 경제적 이득 때문에 조선은 3년에 한 번씩 조회하라는 명의 제안과 달리 1년에 세 번 황제를 알현했다. 1531년(중종 26)부터 동지사가 추가되어 조선은 1년에 4차례 명에 대표단을 보냈다. 청이 명을 대신해 새로운 왕조로 들어선 뒤에도

6   민경준, 「명청 교체기와 한중 관계」, 『한중 외교 관계와 조공 책봉』, 고구려연구재단, 2005, 170~173쪽.
7   이재석, 「한청통상조약 연구」, 『대한정치학회보』 19, 대한정치학회, 2011, 185~186쪽.
8   Hamashita Takeshi, "The Tribute Trade System and Modern Asia", *Japanese Industrialization and the Asian Economy*, eds. Kawakatsu Heita and John Katham, London & New York: Routledge, 1994, pp.91~107.

이 정치적 관행은 지속되었다. 다만, 사행의 공식 명칭은 "조천(朝天)"에서 "연행(燕行)"으로 바뀌었다.[9] 조선의 관료들은 한반도와 중국 사이의 바다를 건너지 않고 주로 한양에서 북경까지의 육로를 택했다. 이것은 북방의 경계를 넘어 약 두 달 가까이 걸어가야 하는 위험하고 힘든 노선이었다.

연행과 같은 장거리 여정에 있어서 시간은 여행자가 겪는 장소의 변화를 가리키는 지침으로 큰 비중을 차지하지 않았다. 조선의 사신들은 여행 중 자신들이 시간의 경과에 따라 어디를 지나쳐 가는지 또는 언제 무엇을 했는지 등에 세심한 관심을 기울이지 않았다. 그들이 한양과 북경을 오가던 길에 방문했던 여러 도시와 활동의 내용을 기록하기 위해 삼은 기준은 "시간"이 아닌 "거리"였다. 경과된 시간보다 이동한 (혹은 남은) 거리를 상대적으로 꼼꼼하게 기술하는 글쓰기의 형식은 연행사가 남긴 기행문에서 꽤 선명하게 나타난다. 물론, 현재까지 알려진 연행록의 종류가 300권을 넘는 상황에서 모든 책이 동일한 서술 방식을 채택했다고 보기는 무리이다. 그러나, 육로를 이용할 경우 도보나 말 이외의 특별한 교통수단이 없던 시대에 어느 지역을 몇 시에 떠났고, 다음 목적지까지 얼마만큼의 시간이 소요되었는가 등에 대한 세부적인 묘사를 전근대의 문헌상 두드러진 점이라고 말하기는 어렵다.[10] 우리는 다음 인용문에서 이러한 점을 확인

---

9 Jung Jae-hoon, "Meeting the World through Eighteenth century Yŏnhaeng", *Seoul Journal of Korean Studies* 23:1, 2010, pp.54~55.

10 전근대 기행문의 이러한 특징은 연행록에만 한정된 것은 아니다. 조선의 관리들 (특히, 암행어사나 새로운 근무지로 발령을 받아 떠나는 경우)의 일기에서도 공통으로 시간보다 거리가 이동에 있어서 주요한 기록의 척도로 쓰였다. 참고할 만한 문헌은 다음과 같다. 조경, 권오영 옮김, 『용주 전집: 용주일기(龍洲日記)』, 용주연구회, 2014; 박래겸,

할 수 있다.

　(1) 새벽에 출발해 양장하(羊腸河)를 지나 30리 더 가서 중안보(中安堡)에 도착하였다. 몽고인 왕수리(王守里)의 집에서 조반을 들고 35리 더 가서 신광녕(新廣寧)의 찰원(察院)에 도착하여 머물러 잠을 잤다.[11]

　(2) 새벽에 삼행이 출발하여 장진보(壯鎭堡)를 지나 10리 더 가서 여양역(閭陽驛)에 도착하였다. 20리를 더 가서 유씨(劉氏) 성의 사람 집에서 조반을 들고, 다시 40리 가서 십삼산(十三山)에 이르렀다. 한인(漢人) 장문욱(張文郁)의 집에 머물러 잠을 잤다.[12]

윗글은 1699년(숙종 25) 동지사 부사로 청나라에 다녀온 강선(1645~1710)이 쓴 연행록의 일부로서, 그가 한양을 떠난 지 40여 일 만에 요동과 심양을 거쳐 신광녕을 지나던 12월 11일과 12일의 상황이다. 강선과 그의 일행은 12월 말 북경에 도착할 때까지 약 두 달간 매일 평균 70리를 걷고 유숙하는 강행군을 반복했다. 이 구절에서 드러나듯, 저자는 여정 가운데 자신이 하루 동안 얼마를 이동했는가의 거리와 그에 따른 장소의 변환에 대해 상세히 적었다. 이러한 기술의 흐름에서 시간의 표현은 출발 시의 새벽 혹은 도착 시의 밤 정도에 그칠

조남권, 박동욱 옮김, 『북막일기(北幕日記): 북평사 박래겸이 남긴 254일간의 기록』, 글항아리, 2016. 다만, 배를 타고 일본을 다녀온 통신사들의 보고서에서는 육로를 통한 국내 혹은 중국으로의 여행보다는 시간에 대한 다소 민감한 감각과 서술을 발견할 수 있다. 이 점에 관해서는 조명채, 『봉사일본시견문록(奉使日本時閒見錄)』; 김세렴, 『해사록(海槎錄)』, 조엄, 『해사일기(海槎日記)』 등을 통해 확인할 수 있다.

11　강선, 이종묵 옮김, 『국역 연행록』(국립중앙도서관 한국고전적국역총서 5), 국립중앙도서관, 2009, 10쪽.

12　위의 책, 11쪽.

뿐, 분과 초로 세밀하게 분절되어 나타나지 않는다. 시간에 관한 기록
이 부재했던 이유는 당시엔 표준 시간의 개념이 존재하지 않아 같은
나라 안에서도 지역마다 시간이 달랐기 때문이다. 더군다나, 근대에
발명된 시계 장치와 달리 앙부일구나 자격루와 같은 전통적인 물, 해
시계들은 휴대성이 떨어져 (그것들은 가지고 다닐 수 있을 만큼 작은 크기
로 만들어지기도 했으나 자연적 제약을 심하게 받았다) 여행자가 가지고 다
니면서 정확한 시간을 측정하는 데 큰 도움이 되진 못했다. 외교적
임무를 수행하려는 관료들에게 추후의 보고와 일정의 구분을 위해서
시간을 제대로 아는 일은 중요했지만, 그들의 이동의 서사는 대체로
거리의 개념을 바탕으로 이뤄졌다.

거리를 중심으로 하는 서술 체계는 조선의 외교 사절단이 강화도조
약 이후 일본을 방문하기 위해 증기선을 타고 바다를 건넜던 기록에서
부터 조금씩 달라졌다. 조선의 관료들은 해로를 이용하는 여정에서
하루 동안 오직 얼마나 멀리 왔는가에만 관심을 두지 않았다. 걷거나
말을 타고 육로로 이동하는 것과 달리, 해상 여행에서는 시간이 여행
자가 겪는 위치의 변화를 나타내는 또 하나의 변수로 등장했다. 물론,
전근대 한국인들에게도 배는 유용한 교통수단 중 하나였다. 그것은
조선과 일본 간 무역뿐 아니라 사절단의 교환에서도 없어서는 안 될
운송의 도구였다. 조선은 개국 초부터 막부 장군의 취임이나 생일,
그 밖의 공식 행사에 참석할 통신사를 여러 차례 보냈다. 이 관례는
임진왜란 이후 일시적으로 중지되었으나 1607년에 막부의 요청으로
재개되어 19세기 초까지 이어졌다. 조선의 대표단은 한반도와 열도
사이를 배로 오고 갔다. 이 시기의 목선은 순전히 바람과 같은 자연적
동력과 인부의 노동력에 의존했기 때문에 느리고 이동에 소요되는

시간은 대체로 불규칙했다. 선원들에게 공통으로 준수해야 할 국제적 표준 시간은 존재하지 않았다. 통신사가 남긴 많은 글에서도 배를 타고 가는 도중에 시간을 측정하거나 시간의 흐름에 맞춰 일정을 기록한 흔적은 특별히 발견되지 않는다. 반면에, 증기선은 석탄 연료를 공급받은 기계 장치가 제공하는 힘으로 속도를 조절하는 것이 가능했다. 1876년에 수신사로 일본을 방문했던 김기수(1832~?)가 감탄한 바와 같이, 그것은 "한 번 움직이면 천릿길을 평온하게 갔다가 빠르게 돌아올 수 있었다."[13] 심지어 증기선은 일정한 시간표를 지키며 운행했기 때문에 승객들은 자신들이 언제 출발지를 떠나서 어느 곳을 몇 시에 지나쳐 목적지에 도착하는지 알 수 있었다. 김기수의 기행문에서 시간은 새벽이나 저녁과 같은 불확정적인 용어가 아니라 사건의 구체적인 순간으로서 묘사되었다.

병자년 4월 29일에 부산포에서 배를 [탔다]. 5월 1일 아침, 장문주(長門州)에 도착하니 한나절 하룻밤이 걸렸다 …(중략)… 부산에서 이 곳까지는 8백 리나 된다. 2일 다시 배를 타고 미시(未時, 오후 2시경)에 앞으로 나아갔다. 배 안에서 이틀 밤을 잤다. 4일 새벽에 신호항(神戸港)에 정박하니, 적관(赤關)에서 이 곳까지는 1천 7백 리이다. 아침에 배에서 내려 시중에 있는 …(중략)… 누각에서 쉬었다. 오찬을 먹고 신시(申時, 오후 4시경)에 다시 배에 올라 배 안에서 잤다. 5일 진시(辰時, 오전 8시경)에 배가 출발하였다. 배 안에서 이틀 밤을 잤다. 7일 아침에 횡빈(横浜)에 정박하니, 신호에서 이 곳까지는 2천 4백 리이다. 여기서 강호(江戸)까지는 1백 10리인데 육로이다. [배가] 오시(午時, 오후 12시경)에 출발, 신시(申時, 오후

---

13 김기수, 『일동기유』, 제1권, 상략 6칙.

4시경)에 강호의 연료관(延遼館)에 도착했다.[14]

위의 글은 김기수가 일본으로의 사행이 끝나고 귀국한 이듬해 정리한 기행문인 『일동기유』의 일부이다. 그는 이 수필에 자신이 수행했던 외교적 임무, 만났던 사람들, 그리고 메이지 유신 이후 일본의 사회적 상황에 대해 상세히 적어놓았다. 김기수는 1876년 4월 말 부산에서 일본 선박인 고류마루(黃龍丸)를 타고 도쿄로 향했다. 그는 증기선을 이용해 먼 바닷길을 건너간 조선 후기 최초의 관료 중 하나였다. 고류마루는 불과 며칠 만에 김기수를 비롯해 약 80여 명에 달하는 사절단을 요코하마항까지 데려다주었다. 일본의 수도로 가는 중간에 배는 여러 도시에 정박했다. 그들은 4월 29일부터 다음 달 7일까지 거의 매일 각각 다른 지역의 항구에서 내려 휴식을 취하고 이튿날 다시 배에 올랐다. 우리가 여기서 주목할 점은, 발췌된 단락에서 드러나듯이, 김기수가 배에 오를 때마다 자신이 언제 출발했는지, 또한 몇 시에 어느 곳에 도착했는가를 정확히 기록했다는 것이다. 연행사의 일원이었던 강선이 자신의 여정을 걸어온 거리에 비추어 기술했던 것처럼, 김기수도 여전히 한 장소에서 다음 장소까지 배가 움직인 거리를 재는 일을 잊지 않았다. 동시에, 그는 배의 나아감과 멈춤, 곧, 반복적으로 달라지는 자신의 이동 상태를 특정한 순간에 포착하여 시간의 단위로 설명했다. 이처럼 19세기 말의 기행문에서 거리와 시간은 서술의 지시적 표준으로 함께 사용되기 시작했다.

---

14 위의 책, 혈숙 18칙.

3. 여행에서 일상으로
: 철도가 가져온 선형적이고 분절된 시간 개념

기선이 가져온 인식론적 충격 이상으로 조선의 사절단에게 철도는 여행 중에 시간의 중요성을 지각하고 그것에 따라 일정을 기록하도록 도운 물리적 장치였다. 1899년 서울과 인천 사이에 철도가 개통되기 20여 년 전부터 조선의 외교관들은 일본과 미국, 유럽 등을 방문했을 때 처음 기차를 탔다. 특히, 그들은 미국의 서부에서 대륙을 횡단하여 주요 행정부가 위치한 동부로 가기 위해 열차를 오랜 날 이용했다. 철도는 조선 여행자들에게 엄청난 놀라움과 전율을 일으켰다. 그것은 변덕스러운 기후나 어둠과 같은 외부 환경에 제한받지 않고 달렸다. 기차는 거대한 위용을 자랑하는 문명의 이기로서 사람들에게 자연의 한계를 초월할 수 있다는 상상을 고취했다. 김기수는 기차의 빠른 속도에 대해 흥분을 감추지 못했다. 그는 열차가 "천둥 번개처럼 달리고 비바람처럼 날뛰어 한 시간에 3~4백 리를 달린다고 하는데도 차체는 안온하여 조금도 요동하지 않는다"고 말했다.[15] 1883년 보빙사로 미국 땅을 처음 밟았던 유길준(1856~1914)은 『서유견문』에서, 기차의 "신기하고도 경이로운 규모와 신속하고도 간편한 방도가 세상 사람들의 이목을 넉넉히 놀라게 하였으며 마음을 뛰게 했다"고 경탄했다.[16] 1896년 니콜라이 황제 2세의 대관식 참석을 위해 러시아를 방문했던 역관 김득련(1852~1930)도 자신의 기행을 한시로 엮은 『환구음초』에

---

15 위의 책, 제2권, 완상 22칙.
16 유길준, 허경진 옮김, 『서유견문』, 서해문집, 2010, 495쪽.

서 "철로 위를 나는 듯 빠르게 가는" 열차가 세상의 "이치를 꿰뚫어 만든" "신의 기계"라며 찬사를 보냈다.[17]

기차의 빠른 속도는 사람들의 거리에 관한 오래된 사고를 흔들어놓기에 충분했다. 연행록에서 보이는 "걸어서 30리", "하루에 50리"의 표현은, 어느 장소에서 다음 장소를 직선에 가깝게 이어 최단으로 달리는 기차에 의해, 러시아 사절단의 특명전권공사였던 민영환(1861~1905)의 고백에서 발견되듯, "며칠간 지나온 들의 길이와 넓이가 4~5천 리"로 그 차원이 달라졌다.[18] 이제 여행은 하루에 개인이 최대한 도달할 수 있는 고정된 범위를 넘어 날마다 멈추지 않고 달려 수천 리 이상을 갈 수 있는 경험으로 바뀌었다. 우리의 이목을 끄는 점은 철도가 초래한 이동 가능한 공간의 확장뿐 아니라, 거리 자체가 움직이는 주체의 속력에 따라 마치 유기체처럼 멀게도 혹은 가깝게도 느껴질 수 있는 개념으로 재조정되었다는 것이다. 1893년 미국 시카고에서 개최된 세계박람회에 출품 대원으로 참석했던 정경원(1841~1898)은 기차가 "한 시간에 260리를 갈 수 있고", 때에 따라서 "최대 400리도 갈 수 있다"고 소개했다.[19] 전근대의 여행에서는 인간이 하루에 도보로 갈 수 있는 범위가 한정되어 시간적 개념이 개입될 필요가 없이 최소와 최대 거리의 차이가 미미했던 반면, 철도는 그것을 확대했을 뿐더러 속도에 의해 조절될 수 있는 대상으로 바꿔놓았다.

철도 여행은 조선의 외교관들에게 시간이 세세하게 분절될 수 있음

---

17 김득련, 허경진 옮김, 『환구음초』, 평민사, 2011, 35쪽.

18 민영환, 조재곤 옮김, 『해천추범』, 책과함께, 2007, 45쪽.

19 이민식, 『근대사의 한 장면: 콜럼비아 세계박람회와 한국』, 백산자료원, 2006, 241쪽.

과 동시에 중단 없이 연속적으로 이어진다는 관념을 품도록 이끈 기회
였다. 만일 한 개인이 머무는 장소의 변동을 그에게 발생하는 존재론
적 사건으로 볼 수 있다면, 마이클 프리먼의 표현대로, 철도는 "시간의
제조자"로서 조선인들이 이동을 거리의 관점에서만이 아닌 시간의 "진
전"이라는 측면에서 생각하도록 이끌었다.[20] 이 새로운 인식의 형성은
철도가 시계 시간이 보편화된 역사 가운데 맡았던 중추적인 역할과
절대 무관하지 않았다. 하루 24시간의 시계 시간의 보급은 18세기
중엽 이후, 영국을 비롯한 유럽 국가들의 산업 자본주의의 급속한 성
장과 발맞춰 이뤄졌다.[21] 서구 열강들은 서로 간 그리고 식민지와의
증대되는 경제적 교역을 위해서 지역마다 기능과 용법이 다른 전통적
인 시계들에 의존할 수 없었다. 환경 조건이나 지리의 차이에 구애받
지 않는 시간의 개념과 장치에 대한 수요가 솟구쳤다. 철도는 설립
초기부터 기계적 시계 시간을 도입했고, 그것은 철도망이 국경 너머까
지 연결되면서 함께 퍼져나갔다. 이 과정에서 시간표는 19세기 말에
개별적인 시간을 고수하던 각 도시를 표준 시간 아래로 통합시키는
기폭제가 되었다. 기차 시간표는 시간에 관한 여러 가지 해석의 가능
성을 배제하고 그것이 구획될 수 있으며 순차적인 연속의 경로를 따라
흘러간다는 믿음을 창조해냈다.[22] 1880~90년대에 조선 외교관들이

20 Michael J. Freeman, "Time and Space under Modernism: The Railway in D. H.
Lawrence's Sons and Lovers" *The Railway and Modernity: Time, Space, and the
Machine Ensemble,* Bern: Peter Lang AG, 2007, pp.85~100.

21 Edward P. Thompson, "Time, Work-Discipline, and Industrial Capitalism", *Past and
Present* 38, 1967, pp.56~97.

22 Wolfgang Schivelbusch, *The Railway Journey: The Industrialization of Time and
Space in the Nineteenth Century*, Berkeley: University of California Press, 1987,

미국과 유럽에 갔을 당시는 각 나라가 이미 시계 시간에 근거한 표준 시간을, 적어도, 철도 서비스의 분야에서 사용하고 있었다. 현지인들과 마찬가지로 조선인 여행자들에게 시계 시간은 낯선 체계였다. 이들이 서구에서 체류를 시작한 지 불과 몇 주 만에 시계 시간의 언어와 숫자를 완전히 수용하는 것은 무리였다. 그러나 열차는 조선에서 온 지식인들이 여행 중의 공간적 움직임을 선형적인 시간의 경과에 따라 이해하도록 도왔다. 시간은 전근대 기행문에서 서사의 기준으로서 거리가 갖던 지위를 약화시켰다. 1887년 초대 주미 조선 공사로서 워싱턴을 방문했던 박정양(1841~1904)이 남긴 『미행일기』를 통해 우리는 희미하게나마 이러한 인식의 전환을 발견할 수 있다.

> 온종일 기차가 갔다. 사초(巳初, 오전 9시)에 타내얼령(陀乃闍嶺)을 넘고, 오정(午正, 낮 12시)에 알투나산(鷄透羅山)을 지나서 신정(申正, 오후 4시)에 수스케한나(詩錫古解內)에 당도하였다. [이 곳은 워싱턴과 뉴욕의 분기점이다.] 이로 인하여 기차를 바꿔 타고 술초(戌初, 오후 7시)에 눈을 무릅쓰고 샌프란시스코에서 10,050리 떨어진 워싱턴에 당도하여 기차에서 내렸다.[23]

박정양은 9월 29일 미 군함 오마하호를 타고 인천항을 떠나 일본 나가사키와 홍콩을 거쳐 11월 14일 미 서부 샌프란시스코에 당도했다. 그는 일행과 함께 대륙횡단 열차인 센트럴 퍼시픽 유니언(Central Pacific

---

pp.42~44; Gerhard Dohrn-van Rossum, *History of the Hour: Clocks and Modern Temporal Orders*, trans. Thomas Dunlap, Chicago & London: University of Chicago Press, 1996, pp.343~350.

23 박정양, 한철호 옮김, 『미행일기』, 푸른역사, 2015, 56~57쪽.

Union)을 이용하여 워싱턴으로 향했다. 동일한 시간에 과거의 교통수
단이 움직이는 거리의 몇 배를 단숨에 극복할 수 있는 철도의 힘,
소위, "공간의 축소"는 승객에게 어느 장소에 정확히 언제 도착하는지
를 중요한 문제로 부각시켰다.[24] 그 이유는 경험해 본 적 없는 철도
여행에서 그가 잠시 한눈을 팔기라도 하면 기차는 자신이 내리려던
정거장을 빠르게 지나쳐버리기 일쑤였기 때문이다. 이방인인 박정양
이 난생처음 가본 미국에서 안전하게 이동하고 위치의 지속적인 변화
를 알 수 있는 효과적인 방법은 바로 시간을 확인하는 일이었다. 위
인용문에서 드러나듯, 그는 열차가 가는 경로를 그대로 따라서 새로운
지역에 들어설 때마다 성실하게 시간을 기록했다. 마치 선로 위에
나란히 놓이듯, 박정양의 글에서 시간은 기차가 통과하는 장소의 차례
에 맞춰 순차적으로 배열되었다. 그의 예민한 시간적 감각은 "시간에
대한 무심함"이 지배적이었던 강선의 『연행록』과는 분명히 다른 특징
으로 보인다. 시간이 여행의 일정을 설명하는 중심축이 된 글쓰기는
박정양이 국왕 고종의 명을 받고 사행을 떠나기 전까지 준비하는 약
3개월의 과정에선 좀처럼 찾아볼 수 없다. 박정양은 여전히 특정한
시각을 가리키는 조선의 관습적인 용어들을 썼지만, 그는 하루 동안에
발생하는 일련의 사건들, 곧, 자신의 계속된 위치의 변동을 선형적,
축적적 시간의 연속이라는 인식론적 틀 내에서 파악했다. 위에서 제시
했던 몇몇 조선 관료들이 기차를 보고 받았던 인상에서 알 수 있듯이,
철도는 서구의 물질문명과 과학 기술에 대한 그들의 동경심을 자극했
다. 그 이상으로, 열차는 시간이 매일 나선처럼 반복되면서도 결국은

---

24 Schivelbusch, op.cit., p.33.

하나의 목적지를 향해 "앞으로" 달려간다는 상상을 가능하게 했다. 그런데, 여기서 우리가 주목할 사항은 시간이 이동의 서사와 결합한 것뿐 아니라, 박정양이 그것을 공사관에서의 외교 업무 및 일상의 묘사를 위한 긴요한 준거로 활용했다는 점이다.

(1) 오초(午初, 오전 11시)에 참찬관 이완용으로 하여금 국서를 받들고 가도록 하고 …(중략)… 미국인 참찬관 알렌, 뉴욕 영사 프레이저를 대동하고 …(중략)… 마차로 동행하여 대통령 관저 문 앞에서 내렸다. 미초(未初, 오후 1시)에 프레이저가 작별하고 돌아갔다. [그 뒤 나는] 이완용, 이채연, 알렌을 대동하고 미정(未正, 오후 2시)에 …(중략)… 각국 공사를 방문했다.[25]

(2) 아침에 맑다가 유각(酉刻, 오후 7시)쯤 거센 바람이 불고 천둥소리와 함께 비가 내려 …(중략)… 천지가 깜깜해졌다 …(중략)… [최근 사망한 미 장군의 장례식에 참석하고자] 사각(巳刻, 오전 10시)쯤 교회당에 갔더니 육군 장관 이하 각각 군복을 입고 총기를 잡고 문 밖에서 늘어서 있었다 …중략… 오각(午刻, 12시)에 관을 메고 문 밖으로 나가 백마 한 쌍이 모는 수레에 [관을] 실었고, 그 앞에 육군 장졸이 음악을 연주하며 인도했다.[26]

위의 두 인용문이 보여주는 바는 박정양이 자신이 맡은 업무의 일정을 시간의 직선적 흐름에 따라 나열했다는 점이다. 그는 기차 여행 중에 어느 지역을 몇 시에 통과했으며, 언제 다음 도시에 당도해서 무엇을 했는가를 설명할 때와 별반 다르지 않게, 워싱턴 공사관에 도착한 지 2주가 다 되어서도 모든 일과를 순차적인 시간의 움직임에

---

25 박정양, 앞의 책, 61~63쪽.
26 위의 책, 132~133쪽.

기대어 서술했다. 박정양은 1888년 1월 17일(양력) 오전 11시에 그의 수행원 중 하나였던 이완용에게 고종의 국서를 받들어 대통령 관저로 나아갈 것을 명령했다. 이때 사절단의 미국인 통역관이었던 호레이스 알렌(1858~1932)과 뉴욕 영사 에버리트 프레이저가 뒤따랐다. 그들은 미 대통령 그로버 클리블랜드(1837~1908)를 접견하고 국서를 전달했다. 오후 1시에는 프레이저가 박정양과 작별하고 자신의 집무실로 돌아갔다. 끝으로 2시에 박정양은 각국에서 모인 공사들을 방문하고 각 부의 장관들과 인사를 나눴다. 그가 묘사한 하루의 삶 속에선 사건들이 꼬리를 물고 연쇄를 이루듯 시간은 마치 더미를 쌓으며 일정한 방향성을 띠고 전진하는 것처럼 보였다.

　여기서 우리가 생각해 볼 부분은 박정양이 워싱턴에서 했던 이와 같은 일련의 활동들은 그가 임의대로 계획하고 실행할 수 없었다는 것이다. 해외의 외교 현장에서 국가의 대표자들 간의 모임은 미리 주어진 규약 혹은 국제 의례에 따라 이뤄졌다. 특히, 국서의 교환과 같은 공식 행사는 사전에 당국자들끼리 만날 시간을 조율하는 절차가 필수적이었다. 이러한 상황에서 시간은 일종의 사회적 계약이자, 넓은 의미에서, 미셸 푸코가 정의한 "규율 권력의 메커니즘"의 요소를 담고 있었다.[27] 다시 말해, 시간은 박정양을 비롯한 조선의 사절단이 워싱턴의 세계 공동체에 참가하기 위해서 반드시 지켜야 할 원칙이었다. 『미행일기』의 곳곳에서 발견되듯, 조선의 외교관들은 외국의 공사들이 개최하는 회의에 참석하기 전에 서면이나 전신으로 시간을

---

27 Michel Foucault, *Discipline and Punish: The Birth of the Prison*, trans. Alan Sherida, New York: Pantheon, 1977, pp.170~192.

확인하곤 했다. 때론, 환영 만찬이 열리니 언제 어느 곳으로 오라는 통지를 받기도 했다. 시간의 규율은 물리적 폭력과는 거리가 멀지만, 조선인들로선 정해진 때에 약속된 장소에 나타나지 않는다면 신뢰를 잃고 입장을 거부당할 수 있었다. 시간은 이를 어기는 자에게 소속된 집단 내에서 일정한 불이익을 당하게 만듦으로써 "신체의 활동에 대한 면밀한 통제를 가능케"하는 "지속적이고" "비가시적인" 권력의 특수한 기술이 되기도 했다.[28] 대륙횡단열차에 수 차례 오르고, 내리고, 또 갈아타는 동안에 시간을 준수하는 일이 긴박했던 것과 마찬가지로, 조선의 외교관들은 워싱턴에서, 자신들도 모르는 사이에, 그 사회가 규정해 놓은 시간의 질서를 따를 수밖에 없었다. 즉, 그들은 다수에 의해 합의된 시간을 스스로 내면화하도록 요구받았다. 이러한 힘의 작용은 근대적 시간의 법이 작동한 결과이자, 그것의 감독 아래 "순응적 주체"가 생산되는 과정이기도 했다.[29]

박정양은 미국에서 공사로 근무하면서 시계 시간의 체계, 곧, 24시간의 개념, 아라비아 숫자, 시(時)나 초(秒) 등의 어휘들을 완전히 수용하지는 않았다. 예를 들어, 그의 보고서엔 오후 7시와 술시(戌時)라는 같은 때를 가리키는 서로 다른 표현들이 종종 뒤섞여 쓰였다. 그럼에도 시계 시간이 함축한 선형성은 외교적 공무의 영역을 넘어 그가 자신의 평범한 일상을 그려내는 방식에까지 자연스럽게 침투했다. 어느 날, 박정양은 미국 국방성으로부터 당시 육군 대장의 부고 소식을 전해 들었다. 박정양은 자신의 두 서기관과 알렌을 대동하고 그의

---

28 ibid., p.137.
29 ibid., pp.200~204.

장례식에 갔다. 위의 두 번째 인용문에서 박정양은 교회에서 열렸던 의식에 대해 간단히 설명한다. 그는 아침에 맑았던 날씨가 언제 갑자기 나빠져서 비가 내렸는지, 몇 시에 자기가 예배당에 들어갔는지 그리고 언제 관이 건물 밖으로 실려 나왔는지를 차례대로 적었다. 이 모든 사건은 시간의 연속적인 경과와 맞물려 기록되었다. 기차 여행에서와 마찬가지로 박정양은 이날의 다양한 상황들을 시간의 단위로 분절한 뒤 각각 쪼개진 순간들을 그것의 불가역적인 흐름에 따라 배열해 서술했다.

4. 문명에 걸맞는 시간과 시간의 동시성

해외에서 유학했던 조선의 엘리트 중에는 일찍부터 기계적 시계 시간을 받아들여 생활 속에서 이를 적극적으로 따르던 자들도 있었다. 그들은 시헌력에 기반한 1일 12진 96각의 전통적인 시간 체계 대신, 유럽에서 발명된 시계 시간을 실천에 옮겼다. 이러한 선택은 단순히 그들이 학업을 위해 체류하던 사회 내의 지배적인 문화에 자연스럽게 동화된 결과라고만 말하기 어렵다. 시간의 질서에 대한 순응은 때때로 개인의 정치적 성향, 즉 19세기 말 20세기의 경우, 동아시아까지 세력을 확장하던 서구 문명을 어떻게 바라볼 것인가의 문제와 연결되었다. 애국계몽운동을 주도했던 언론인 윤치호(1865~1945)는 서양과 그 문물을 뜨겁게 선망한 인물 중 하나였다. 1881년, 그는 조사시찰단의 일원으로 일본에 건너가 영어를 배웠다. 거기서 윤치호는 계몽사상가 후쿠자와 유키치(1835~1901)를 만나 그의 문하에서 공부하며 지대한 영향을 받았다. 그는 후쿠자와의 주장대로 조선이 속히 서양과 일본을 본받아 오래된 야만의 상태에서 벗어나야 한다고 믿었다. 윤치호는 일본에서 거주하던 1883년 1월부터 1943년 10월까지 약 60년 동안 거의 매일 일기를 썼다. 초기엔 한문과 한글로 일기를 작성했으나, 1889년 이후로는 오직 영어로만 썼다. 우리는 윤치호가 쓴 일기의 한 부분에서 조선에 근대적 시계 장치가 거의 보급되지 않았던 때인 1880년대 초, 그가 일본에서 이미 이를 접하고 시계 시간의 개념을 바탕으로 자신의 하루를 서술했다는 것을 확인할 수 있다.

(1) [오늘은 나가미군의 생일이다. 손님들이 자리에 가득 차 있다. 오후 1시경부터 마시기 시작하다. 2시경에 민·윤 양군은 먼저 돌아가고 나는 석양 때까지 남아있었다. 여러 손님과 헤어질 때 내가 잘못하여 시계를 잃어버렸다고 하며 사방으로 찾았으나 찾지 못하였다. 여러 손님이 모두 불안스럽게 생각하였다. 필경 자세히 찾아보니 내 양복 적삼 위의 작은 호주머니에 있었다. 이에 모두에게 알리어 안심하게 하였다. 그러나 홀로 나만은 여간 미안하지가 않았다. 밤새 생각하니 오늘 저녁 경솔한 일로 여러 사람을 놀라게 한 것이 스스로 한탄스럽고, 내가 능히 침착하지 못한 폐단이 스스로 유감스럽기 한이 없다.[30]

(2) 아침 10시 기차로 고우(古愚), 각치공(覺治公)을 모시고 요코하마로 네덜란드 서기를 방문했으나 만나지 못했고, 벨기에 공사를 방문했으나 만나지 못했다. [오후] 2시에 기차 편으로 시나가와로 돌아와 고우장과 함께 후쿠자와 유키치를 만났다 …(중략)… 6시경까지 담화를 나누다가

---

30 윤치호, 『윤치호일기 제1권(국역 윤치호 영문 일기 1)』, 한국사료총서, 국사편찬위원회, 1968, 1885.8.15.

숙소로 돌아왔다. 7시 반경에 고구스 가족의 저녁 모임에 참석했다 …(중략)… 일본인 남녀가 15명인데 그 중 여자는 3인이었다. 모두 영어에 능통하여 부러웠다. [새벽] 2시경에 [집에] 돌아와 잠을 잤다.[31]

일본은 윤치호가 동경에서 공부를 시작하기 10여 년 전 이미 역법과 시간의 개혁을 시행했다. 메이지 정부의 관리들은 미국과 유럽이 만들어 낸 국제적 표준 시간에 자국을 동시화하기 위한 각종 법령을 쏟아냈다. 스테판 다나카가 밝힌 대로, 이 개혁은 24시간의 시계를 수입하고, 연도를 계산하는 민간의 관습을 천황의 통치 기년과 일치시키며, 각 지방의 서로 충돌하는 시간의 측정법들을 통합하는 작업이었다.[32] 윤치호는 김기수, 김홍집(1842~1896), 박영효(1861~1939)를 비롯해 동시대에 일본을 다녀온 다른 지도자들보다 일찍 1일 24시간제 서양식 시계 시간과 1주 7일의 주기를 수용했다. 아마도 그는 시계 시간과 요일제가 조선 사회에 보편화되기 전 이 두 제도를, 비록 개인 일기였지만, 텍스트의 형식에서 "전면적"으로 함께 사용한 최초의 지식인이었을 것으로 추측된다. 윤치호는 회중시계를 거의 늘 몸에 지니고 다녔다. 그것은 당시 상당한 고가의 물건이었기에 조선에선 소유한 사람이 극소수였다. 위의 첫 번째 인용문은 그가 이를 얼마나 소중히 생각했는지를 잘 보여주는 예다. 어느 날 윤치호는 시계를 잃어버린 줄로 착각해 어찌할 바를 몰라 모임에 자리했던 주변인들을 당황하게 했다. 윤치호는 어디를 가든지 자신이 휴대한 시계로

31 위의 책, 1883.1.4.
32 Stefan Tanaka, *New Times in Modern Japan,* Princeton: Princeton University Press, 2009, p.4.

시간을 자주 확인하는 습관을 지녔는데, 이는, 앞서 다뤘던 외교 사절단의 공사들과 비교하면, 그가 시간에 꽤 민감했음을 말해준다. 두 번째 글을 통해선, 윤치호가 하루 중에 했던 다양한 활동들을 시간의 경과에 따라 꼼꼼히 기록했다는 사실을 알 수 있다. 그는 1883년 1월 4일 오전 10시부터 다음날 새벽 2시까지 자신이 만났던 사람들, 겪었던 일, 그리고 다녀온 장소 등에 관해 적었다. 그의 일기에서 이른 오전과 늦은 밤사이는 시간의 연속으로 긴밀하게 이어져 있고 동시에 시간은 개별 사건들(기차를 이용한 이동, 저녁 모임, 귀가 및 수면)을 분절하는 데 동원되었다. 여기서, 윤치호가 일본에 이미 자리 잡았던 근대적 시간의 개념과 용어들을 사용했다는 점이 우리의 이목을 끈다. "10시", "2시", "7시 30분" 등의 새로운 시간적 기표들은 각각 이에 해당하는 "사시(巳時)", "미시(未時)", "술시(戌時) 2각"을 대체했다. 그는 10일 단위의 "순(旬)"을 버리고, 월요일부터 일요일까지, 즉, 1주 7일을 단위로 한 요일 주기도 도입했다. 이러한 그의 시간적 실천은 1880~90년대에 조선에 귀국하고 다시 미국에서 유학하던 때에도 달라지지 않았다.

윤치호의 서구 문명에 대한 열망은 우리에게 그가 왜 근대적 시간을 별다른 거부감 없이 남들보다 앞서 사용했는지 이해할 수 있는 단서를 제공한다. 그는, 일기에서 자주 털어놓았던 대로, 문명화 된 서구가 아직 미개발된 동양을 계몽의 빛으로 이끌고 개혁을 지도해야 한다고 보았다.[33] 그는 한국과 중국이 "더럽고", "무지하며" 문명을

---

33 김경일, 「문명론과 인종주의, 아시아 연대론－유길준과 윤치호의 비교를 중심으로」, 『사회와역사』 78, 한국사회사학회, 2008, 145~154쪽.

이루기 위해서는 갈 길이 멀었다고 탄식했다.[34] 동양보다 우월하게
묘사된 서양은 그 실체나 역사적 경험과 상관없이 윤치호에겐 조선
의 변화가 지향해야 할 모범이자 그의 욕망의 투사체였다. 그는 미국
밴더빌트와 에모리 대학에서 약 7년 여간 신학을 전공했다. 유학 생
활 중 윤치호가 당했던 인종 차별은 미국에 대해 환멸을 느끼게 했지
만, 서구의 물질적 번영을 향한 그의 동경마저 꺾지는 못했다. 오히려
그는 서구의 힘과 정신에 자발적으로 종속되기를 희망했다.[35] 윤치호
는 조선인들이 계몽을 거부하고 독립만을 추구하여 야만의 상태에
머무르느니 차라리 문명국의 식민 지배를 받는 편이 더 유익하다고
주장했다.[36] 그는 서구에 필적할 만큼의 발전을 이룬 일본을 동아시
아 내 문명국의 전형으로 여겼다. 나아가 자기가 "마음대로 고국을
선택할 수 있다면 축복받은 동방의 낙원인 일본을 선택할 것"이라고
말했다.[37] 윤치호의 이러한 고백은 메이지 유신 이후에 일본이 서구
의 사상과 기술을 수입해 그가 꿈꾸던 사회적 변환을 달성했던 현실
과 무관하지 않았다. 그는 오직 개혁만이 약육강식의 세계에서 일본
을 살아남도록 도왔다고 믿었다. 그 개혁의 기본은 서구의 시계 시간
과 태양력을 도입하고 과거로부터 계승된 시대착오적인 시간 관습을
마땅히 제거하는 것이었다. 그는 조선의 지도자들이, 1873년 메이지

---

34 윤치호, 앞의 책, 1888.9.20.
35 윤영실, 「미국'과 식민지 근대 주체 형성의 한 경로─『윤치호 일기』를 중심으로」, 『우
리 학문 속의 미국: 미국적 학문 패러다임 이식에 대한 비판적 성찰』, 한울아카데미,
2003, 127~132쪽.
36 윤치호, 『국역 윤치호 영문 일기』(한국사료총서 번역서 2), 국사편찬위원회, 2014,
1890.5.18.
37 위의 책, 1893.11.1.

정부의 개력이 의도한 바대로, 조선인들에게 언제나 시간을 인지하고 준수하도록 가르쳐야 한다고 확신했다. 하지만 그의 눈에 비친 양반들은 자기 스스로 시간을 알려고 노력하기는커녕 이를 어기는 것조차 부끄러워하지 않았다. 윤치호는 일부 양반들이 자신들의 체면이 떨어진다는 이유로 시계를 하인에게 대신 가지고 다니도록 한다며 비난했다.[38] 그에게 시계 시간은 문명화 과정의 필수 요소였고, 미개한 사회가 진보를 향해 내딛는 첫걸음을 뜻했다.

윤치호에게 시간이 서구/일본과 조선의 "역사 발전상 격차"를 드러내는 지표 중 하나였다면, 민영환에게 그것은 세계가 하나의 영토 집단으로 묶여있다는 인식을 가능하게 한 매개물이었다. 새로운 국제 질서 내로 호명되어 중화주의 지역 너머의 더 넓은 세계를 방문하며 그는 조선이 다른 도시 및 국가들과 떨어져 홀로 있지 않고 서로 이어져 있다는 것을 발견했다. 이 연결을 만들어낸 시간의 원리, 곧, 시간의 "동시성"은 광활한 지리적 공간을 가로질러 존재하는 "텅 빈, 동질적 시간"이었다. 이는 증기선과 열차와 같은 교통수단의 운행이든 각국 대표들 간의 공식 만남이든 사회적 관계를 중재하는 "비-주관적" 규약으로서 개인과 집단, 도시와 지방 사이에 공통으로 적용되었다. 따라서 시간은 사람이 그 비어있는 공간에 채워 넣는 개별적인 행위들의 상세한 내용이나 감정, 자연의 움직임과는 분리될 수 있었다. 베네딕트 앤더슨이 민족 정체성 형성에 필요한 선제 조건으로 제안한 "텅 빈, 동질적 시간"은, 한 사람이 자기가 국가에 속한다는 믿음을 갖기 이전에, 그가 얼굴을 맞대고 있지 않은 어느 곳의 누구와

---

38 윤치호, 『윤치호 일기(1916-1943)』, 역사비평사, 2007, 1934.4.29.

도 동시에 시간을 공유하고 있다는 감각을 전제로 했다.[39] 그러므로,
시간이 갖는 "동질적" 속성이란 단순히 그것이 매일 24시간으로 똑같
이 나뉘어 질적인 차이를 내포하지 않는다는 뜻일 뿐 아니라, "여기
그리고 지금" "자아"가 갖는 1시간을 눈에 보이지 않는 "타자"도 평등
하게 소유할 수 있다는 상상인 것이다. 1896년 4월, 민영환은 러시아
황제 니콜라이 2세의 대관식에 참석하고자 조선을 떠났다. 그는 여행
중에 세계가 시간적 동시성 내에 통합될 수 있음을 깨닫고 이를 다음
과 같이 기록했다.

(1) 서양 사람의 말을 들으니, 지구는 360도인데 동서가 각각 180도라
고 한다. 낮에 동쪽이 오시(五時)면 밤엔 서쪽이 오시이니 이것은 아시아
와 아메리카가 발꿈치와 발가락이 서로 접하여 낮과 밤이 반대되기 때문
이다. 지구는 서쪽에서 동쪽으로 도는 것이니 가령 두 사람이 각자 시계를
가지고 10일 정오에 동과 나눠 가면, 서로 180도에서 만난다. 즉, 모두
같은 시간에 만나지만 당연히 11일 축시(丑時)가 도로 10일 축시가 된다.
이는 지구가 동쪽은 기울고 서쪽은 높아서 낮과 밤이 서로 반대이고 이틀
같으면서도 실은 하루이다. 이는 땅이 그 시간에 해당하면 어제와 오늘이
합쳐서 하루가 되는 것이라 할 수 있다.[40]

(2) 내가 듣기로 파리의 시내에 큰 시계 종을 하나 걸어놓았는데 조금도
틀리지 않아 이것으로 정오를 표준으로 삼는다고 한다. 파리의 정오는
곧, 우리나라 서울의 오후 8시 15분이요, 영국 런던의 오전 12시 11분이
청나라 북경의 오후 6시 16분이요, 사이공의 오후 6시 55분이며, 마르세유

39 Benedict Anderson, *Imagined Communities: Reflections on the Origin and Spread of Nationalism*, London: Verso, 1983, pp.24~25.
40 민영환, 앞의 책, 40~41쪽.

의 오전 12시 11분이요, 로마의 오전 12시 41분이요, 러시아 상트페테르부
르크의 오후 2시 58분이다.[41]

    민영환은 러시아로 가던 도중, 태평양을 건너는 배에서 어느 서양
사람으로부터 지구의 구형과 자전 운동, 시간의 동서 분할에 관해 듣
게 되었다. 그는 지구 반대편에 놓인 아시아와 아메리카를 사람의
발꿈치와 발가락에 비유하며 지리적 위치에 따라 시간이 낮과 밤으로
달라질 수 있음을 깨달았다. 비록 두 대륙 간에 시간은 반대지만, 그는
이 대비가 "이틀 같으면서도 실은 하루"에 불과하며 동양과 서양이
동일한 시간 내에서 통합되어 연동한다는 사실을 이해했다. 그는 날짜
변경선이 아시아의 동쪽 끝과 아메리카의 서쪽 끝이 만나는 지점으로
시간이 여기로부터의 거리에 비례해 바뀌는 것을 배웠다. 민영환은
배를 타고 나아가며 공간의 이동과 맞물리는 시간의 변동이 전-지구
적 차원에서 정해진 일종의 규칙임을 알 수 있었다. 이처럼 대양을
건너는 여행은 민영환에게 시간이 조선에 국한되지 않고 그 바깥의
공간에까지 동시에 횡단하는 것임을 보여주었다. 그해 8월 말, 민영환
은 특명전권공사로서 사절단의 모든 임무를 완료하고 상트페테르부
르크역을 떠나기 바로 전에 시간에 관한 글을 또 남겼다. 그는 파리의
정오가 곧, 서울의 오후 8시 15분을 가리킨다고 적었다. 뒤이어, 그는
파리의 시간을 기준으로 세계 여러 도시의 현재 시각이 무엇인지를
밝혔다. 민영환이 제시한 국제 시간은 우리가 현대에 사용하는 협정
세계시(360도인 지구를 24시간으로 나누어 15도당 1시간씩의 차이를 영국

---

41 위의 책, 159쪽.

그리니치 천문대를 지나는 선(본초 자오선)을 중심으로 동서 각 지역에 배분함)보다 부정확하고 분의 차이를 반영하고 있다. 그러나, 그는 지구상의 모든 국가가 시계 시간에 근거한 단일한 시간적 제도 내에 포함되어 있음을 보았다. 시차는 단지 "현재"를 공유한 지역들 사이의 물리적 간격을 반영한 것이었다. 이로써, 민영환은 파리의 정오를 즐기는 자가 있다면, 같은 시각, 서울에서 저녁을 보내는 사람이 있음을 상상하게 되었다.

5. 음력과 양력 사이에서
: 이중의 역법과 "근대"로의 자기-식민화

고종은 조선 개국 504년 11월 17일(1895)을 505년 1월 1일, 즉, 1896년의 첫날로 조정하며 태양력을 조선의 새로운 달력으로 공포했다. 이 정책은 갑오개혁의 일환으로서 태양력이 공무를 위한 제1의 역법이 되었음을 선언했다. 조선은 수백 년 동안 중국으로부터 들여온 역법들을 한반도의 지리, 환경적 실정에 맞게 개량하여 사용해왔다. 그것들은 나름의 독립적이고 과학적인 시간의 질서를 구축했다. 그 중 시헌력은 17세기 청에서 유입된 이래 200여 년간 외부 세력으로부터 교체에 관한 별다른 압박을 받지 않고 가장 일반적인 역법으로서 지위를 유지했다. 1870년대 말 개항 이후 활발해진 일본과 미국, 유럽 국가들과의 교류는 조선에서 그들이 쓰는 태양력의 확산을 촉발했다. 통리아문과 그 속사, 곧, 대외 관계를 담당하는 부서에 근무했던 관리들은 갑오개혁 이전에 이 나라들과 조약을 체결하거나 업무상 소통하기 위해 태양력을 사용했다.[42] 1880년대 개항장의 외국인이 세운 학교와 병원에서도 일부 거주민들은 태양력과 1주 7일제에 의존했다.[43] 최초의 근대적 관보로 알려진『한성순보』는 조선과 일본을 왕래하는 기선의 운행일과 월을 음력에서 양력으로 환산해 공시했다.[44] 이러한 사례들은 강화도조약 이후 20년 만에 이뤄진 태양력의 시행이 조선인들에게 갑작스러운 사건이 아니라는 점을 나타낸다. 오히려, 그것은 한반도가 수 세기 동안 고수해온 동아시아의 고립된 왕국에서 벗어나 서구적 시간 체계의 초국가적 유통에 더욱 깊숙이 발을 내딛는 계기였다.

1895년 말 태양력의 채택은 조선의 지도부 안팎에서 벌어지는 복잡한 정치적 상황과 분리될 수 없다. 1894년 7월, 청일전쟁의 혼란을 틈타 조선 왕실을 침입하고 개혁을 돕겠다는 구실로 국정에 개입한 일본은 조선 내각에 중도, 급진적 성향의 관리들로 이뤄진 새로운 심의 구성체를 설립하도록 압력을 가했다. 10년 전, 갑신정변의 실패 후 국외로 망명했던 서재필(1864~1951), 서광범(1859~1897), 박영효 등이 일본의 비호 아래 관직에 복귀했다. 그들은 7월 말부터 이듬해 8월에 이르기까지 갑오개혁을 실시해 신분제를 폐지하고, 행정부를 재조직하며, 재정을 일원화했다.[45] 태양력의 시행은 이와 같은 위로부터의 구조적 개편의 맥락에서 이뤄졌다. 일본에 우호적이던 위 관료

---

42 전우용,『서울은 깊다: 서울의 시공간에 대한 인문학적 탐사』, 돌베개, 2008, 231~232쪽.

43 조현범,「한말 태양력과 요일 주기의 도입에 관한 연구」,『종교연구』17, 한국종교학회, 1999, 237~240쪽.

44「일본기선」,『한성순보』, 1884.4.6.

45 왕현종,『한국 근대국가의 형성과 갑오개혁』, 역사비평사, 2003, 15~32쪽.

들은 일찍이 메이지 신정부가 음력을 버리고 양력을 도입했던 사실
을 잘 알고 있었다. 그들은 1870년대 초 일본이 개력을 단행한 이래
열도가 단일한 시간의 체제로 통합되어 간 모습을 보았다. 이들이
보기에 역법의 통일은 일본이 유신 이후 "30년 만에" 급속한 발전을
도모하여 "강국이 되고 청국을 타파할 수 있게 된 것"과 무관하지 않
았다.[46] 이와 달리 조선 정부와 사회는 여전히 청으로부터 들여온 시
헌력을 쓰고 있었다. 위의 개화론자들은 이러한 오래된 관행이 아직
조선이 중국과의 조공-책봉 관계를 청산하지 못한 결과라고 판단했
다. 그들은 자신들이 설립한『독립신문』의 사설에서 시헌력을 포기
함으로 모두가 더는 청 황제의 신하가 되지 말라고 요청했다.[47] 음력
의 폐지는 곧, 조선이 청으로부터 독립하고 과거의 종속적인 역사와
단절하는 것을 의미했다.

　김홍집과 유길준 등 갑오개혁 말미 태양력의 채택에 직간접적으로
관여했던 관료 중 다수는 1870년대 후반부터 사절단으로 해외에 파
견되어 외국에서 이미 이를 접했다. 19세기 말 이래 미국, 일본, 그리
고 다수의 유럽 국가들은 태양력을 사용하고 있었으므로 그들은 외
교적 업무와 일상생활을 위해 이에 잘 적응해야만 했다. 수 세기 동안
시헌력에 익숙해진 조선인들에게 양력은 새롭고 낯선 역법이었다.
시헌력은 국가의 공적 사무 및 왕실 의례뿐 아니라 일반 가정의 이사
와 제사, 결혼의 때를 정하는 일에 빠질 수 없는 행동의 준거였다.
주지하다시피, 시헌력은 본래 17세기 초 베이징에서 활동하던 프랑

---

46 「동서양 형세」,『독립신문』, 1899.1.17.
47 「잡보」,『독립신문』, 1896.6.4.

스 예수회 선교사들에 의해 고안되었다. 이는 태양의 공전에 따라 1년을 24절기로 나누고, 달의 차고 기움에 맞춰 월의 길이를 측정했다. 즉, 시헌력은 태양과 달의 반복적인 주기를 함께 파악해 19년에 7번씩 윤달을 더해 만든 태음태양력이었다. 반면에, 그레고리력은 태양의 운동만으로 시간을 계산하여 1년을 365일로 고정했고, 날짜에 따른 계절의 역전 현상을 없앴으며, 4년에 한 번씩 윤달을 더했다. 해외를 방문하다 태양력을 처음으로 맞닥뜨린 조선의 관료 중 몇몇은 앞으로 그들이 새로운 역법을 써야 한다는 사실에 꽤 당황한 반응을 보였다. 1887년 11월, 워싱턴에 공사관을 개설하고자 배를 타고 떠났던 박정양은 샌프란시스코에 도착하기 전, 조선과 미국 사이에 시차가 있으며, 미국에서는 양력을 써야 한다는 것을 알게 되었다. 그는 『미행일기』에 다음과 같이 말했다.

> 온종일 배가 갔다. 오늘은 마땅히 3일로 써야 하지만, 하룻밤을 묵었더라도 2일이라고 해야 미국에 도착한 뒤 차이가 없게 된다고 어느 서양인이 말해주었다. 이 말을 듣고 나는 몹시 당황했다. 우리나라와 미국 (미국령에 속하는 태평양의 어느 섬)의 시간을 비교하면 [조선이] 4시간 앞선다. 우리나라는 [지금] 오후 2시인데, 이곳은 오전 10시다 …(중략)… [두 나라 사이의 달력도 다르다]. 미국 국경에 들어가면 [나는] 어쩔 수 없이 서력 (태양력)으로써 우리나라의 역(음력)을 참작하고 비교해서 사용해야만 한다. 그러므로, 2일을 두 번 쓰고 간지 역시 이전의 것을 사용하니 어찌 이것이 또한 물정에 어두운 일이 아니겠는가?[48]

---

48 박정양, 앞의 책, 48쪽.

위 인용문은 특명전권공사로 러시아를 방문한 민영환이 여행 중에 겪었던 앞선 장면을 상기시킨다. 박정양은 태평양을 횡단하던 배에서 어느 서양인과 지구의 움직임에 관해 이야기할 기회를 가졌다. 민영환과 유사하게 박정양도 미국을 가던 도중 조선과 미국 사이에 시간과 달력의 차이가 있음을 알게 되었다. 그는 기행문에 당일의 날짜를 11월 3일로 쓰려고 했지만, 미국에 도착한 뒤에 발생할 혼동을 미리 막으려면 하루 늦은 2일로 적어야 한다는 말을 듣고 적잖이 놀랐다. 그는 자신이 지나치던 대양 위의 어느 섬(하와이로 추정됨)이 조선보다 4시간 늦다는 사실도 확인했다. 박정양은 몇 년 전에 일본을 다녀왔으나 시차에 대해선 이번 사행을 통해 처음으로 깨달았다. 이와 더불어 그를 당황하게 만든 것은 미국이 태양력을 사용한다는 점이었다. 그는 일단 미국의 국경에 들어서면 불가피하게 서력과 조선의 음력을 매번 비교해 가며 날짜를 기록해야 한다고 말했다. 양국 간의 역법이 서로 다르므로 그는 같은 월과 일, 그리고 간지(음력에서 각 날짜를 육십갑자의 주기로 번갈아 가며 붙여 칭하는 방식)를 두 번씩 써야 했다. 다시 말해, 동일한 날짜가 약 한두 달의 간격을 두고 반복되는 것이었다. 박정양은 이러한 역법상의 불일치에 대해 "물정에 어둡다", 다시 말해, 자신이 살아온 익숙한 현실에 맞지 않고 불편하다며 불만을 토로했다. 그로선 두 달력 중 어느 하나만을 선택하는 일이 실질적으로 불가능했다. 박정양과 그의 일행은 본국과 연락하거나 귀국 후에 국왕에게 바칠 기행문을 작성할 때 여전히 음력을 사용했다. 동시에 그들이 미국에서 외교적 임무를 수행하고 세계 각국의 대표들과 약속을 잡기 위해서 양력을 잘 알아둬야만 했다. 따라서, 박정양은 음력과 양력, 즉, 이 두 역법이 공존하는 이중 시간의 체제에 적응해가야 했다.

(1) 정해년 12월 15일(정유) 미국 풍속에 다회라는 명칭이 있다. 매년 서력으로 12월 25일 예수 생일에 시작하여 그 다음 해 2월 16일 예수 사망일까지 손님맞이 기간(견객기)이라고 부르는데, 각부 장관이 매년, 이 기간에 다회를 열어 그 나라 관리와 상인 및 각국 공사를 초청하여 약간의 다과, 술과 안주를 마련하고 손님이 마음대로 먹게 한다.[49]

(2) 무자년 1월 11일(계해) 이날은 서력으로 1888년 2월 22일로 워싱턴 의 생일이다. 워싱턴은 미국 평민으로 여러 사람의 추천을 받아 서력 1775 년에 원수가 되어 영국과 전쟁을 벌여서 독립한 1776년에 미합중국 대통 령이 되었다.[50]

(3) 무자년 5월 25일(병자) 오늘은 서력으로 7월 4일이다. 미국이 처음 으로 독립하고 워싱턴이 대통령으로 즉위한 날이다. 매년 이날은 미국인 들이 경축절이라 하여 각 관청과 회사들이 쉬면서 업무를 보지 않고, 온갖 오락과 불꽃놀이를 하면서 즐긴다.[51]

박정양은 자신의 기행문에서 일과 월을 모두 음력으로 기입했다. 간지도 날짜와 함께 매일 쓰였다. 그는 워싱턴의 주미공사관에서 외교 업무를 시작한 이후로도 계속 음력을 고수했다. 박정양의 이러한 고집 은 어쩌면 그가 여행을 통해 차츰 시계 시간을 받아들였던 모습과는 상반된 것으로 보인다. 그러나 그는 미국의 풍속이나 역사에서 중요한 날은 반드시 서력으로 그 날짜를 소개했다. 예를 들어, 위의 첫 번째 인용문에서 알 수 있듯, 박정양은 1888년 1월 27일을 정해년 12월

---

49 민영환, 앞의 책, 67~68쪽.
50 위의 책, 85~86쪽.
51 위의 책, 126쪽.

15일 정유로 기록했다. 이미 자신이 거주하던 미국에서는 새해가 밝은 지 거의 한 달이 지났지만, 그의 기행문에서 시간은 1887년 말에 머물고 있었다. 그럼에도, 서력에 따라서 박정양은 미국 사람들이 "다회"라는 일종의 명절을 성탄절부터 그다음 해 2월 중순까지 지킨다고 이야기했다. 그는 1888년이 되어서도 새해를 음력의 육십갑자 주기에 맞춰 무자년으로 지칭했다. 그에 따르면, 음력 1월 11일은 양력 2월 22일과 같은 날로서 미국의 초대 대통령 조지 워싱턴(1732~1799)의 탄생일이었다. 또한, 음력 5월 25일은 서력으로 7월 4일을 가리켰다. 박정양은 미국인들에게 이날들이 어떠한 의미가 있는지, 그들이 어떻게 이 경축일들을 기념하고 기억하는가에 대해 상세히 설명했다. 그는 미국 생활 가운데 음력을 중심으로 시간의 변화를 파악했지만, 동시에 특정한 날과 절기가 그 사회에서 지켜지는 방식을 꾸준히 서력으로 기록했다. 조선을 떠나며 처음에 태양력에 대해 가졌던 불만과 달리, 1년에 가까운 해외 근무를 해가며 박정양은 자연스럽게 두 역법을 비교하며 쓰는데 익숙해졌다.

역법의 이중적 사용은 미국뿐 아니라 일본에 파견된 조선 관료들에게도 피할 수 없는 일이었다.[52] 1870년대 말 1880년대 초 공사로서

---

52 1870년대 초에 양력을 공식화했던 일본과 달리, 19세기 말 중국은 일부 개항 도시들을 제외하곤 여전히 음력만을 사용했기 때문에 조선의 외교관과 지식인들은 청국에서 양력을 접할 기회를 거의 갖지 못했던 것으로 보인다. 그럼에도 양력에 있어서 조선, 일본, 중국이 보인 서로 다른 수용의 시기와 양상은 동아시아 근대성(혹은 근대적 국가)의 형성에 관한 중요한 일면을 보여준다. 중국에서는 1911년 신해혁명으로 정권을 장악한 쑨원(1866~1925)의 주도로 청나라의 구습을 타파하기 위한 목적 하에 서력 기원이 도입되었다. 1911년 12월 31일 중화민국 호북군정부는 〈내무부중화민국개용양력적통론〉을 발표하여 1월 1일을 춘절의 공식 명칭으로 선포했다. 또한, 쑨원은 〈개력개원통전〉을 통해 양력의 사용을 재차 강조했다. 내무부는 최초로 양력 달력을 인쇄하여

동경을 방문했던 외교관들은 박정양보다도 더 이른 시기에 태양력을
사용할 기회를 맞았다. 박영효는 1882년 8월에 일본을 찾았다. 그는
지난달 서울에서 일어났던 임오군란 도중에 주한 일본 공사관이 습격
을 당했던 사건을 해명하고 배상을 논의하고자 약 3개월간 동경에
머물렀다. 이 기간에 박영효와 그의 종사관들은 일본 외무성의 이노우
에 가오루(1836~1915)로부터 체류를 위한 비용과 숙식을 제공받았다.
그들은 수차례 서신을 주고받으며 모임과 행사에 관한 약속을 잡았다.
이 편지들은 우리에게 당시 서로 다른 역법을 유지했던 두 나라의
대표들이 일정을 정할 때 어떻게 날짜의 혼선을 피할 수 있었는가를
알려주는 좋은 자료다. 양측 간 서신의 왕래는 박영효가 자신의 도착
을 통고하는 것으로 시작되었다.

  (1) 대조선 특명전권대신 겸 수신사 박영효가 조회합니다 …(중략)…
본 대신이 배에서 짐을 풀던 그 날 즉시 가서 만났어야 할 것인데, 풍파에
시달림을 당하여 약간의 병이 발생했으므로 바라만 보고 서 있은 지가
며칠이 되었으니 겸연쩍고 부끄럽습니다. 내일 오후 1시에 귀 성에 달려
가서 방문하려는데, 이에 먼저 서신을 전달하고 회신을 기다립니다. 날로
복 되시기를 빌면서 이만 그칩니다. 임오년 9월 초 4일.[53]

  (2) 간단히 회답합니다. 귀 서신을 받아 읽고, 각하가 귀력(음력) 9월
초 5일 오후 1시에 왕림하여 나에게 방문한다는 것은 잘 알고 있습니다.

각 성에 5000부씩을 교부했다. 보다 자세한 내용은 다음 논문과 책을 참조하라. 한남수,
「廟會에서의 春節 표상화 과정 - 현대 북경 지단 (地壇)과 용담 (龍潭) 공원을 중심으로」,
『동아시아문화연구』 58, 한양대학교 동아시아문화연구소, 2014; 키쿠치 타카하루, 엄
영식 옮김, 『신해혁명과 중국 근대화』, 한벗, 1982.
53 박영효, 『사화기략』, 1882.9.4.

정한 시간에 삼가 외무성에 있겠습니다. 존좌의 병을 타진해 보건대 풍파
에 시달린 고통은 하루가 끝나기 전에 곧 회복되리라 생각합니다. 이내
날로 복 되시기를 빕니다. 명치 15년 10월 16일.[54]

그는 오랜 여행으로 피곤해서 9월 2일에 동경에 온 뒤 이노우에에
게 바로 연락을 취하지 못했다고 말했다. 이어서, 박영효는 내일 오후
에 일본 외무성을 내방하여 그와 인사를 나누고자 한다고 전했다.
박영효는 이노우에의 복을 기원하는 맺음말과 함께 자신이 편지를
쓴 날짜를 끝에 덧붙였다. 여기서 그는, 조선에서 평소에 했던 방식대
로, 연도, 월, 그리고 일을 음력으로 따져 기재했다. 이는 임오년 9월
4일이었다. 이노우에는 박영효의 서신을 받고 답장을 했다. 그는 박
영효가 언제 외무성에 올 것인지 알겠다고 밝힌 다음, 그 때에 맞춰
기다리겠다고 적었다. 이노우에도 박영효가 배를 타고 오며 지친 심
신을 속히 회복하길 바란다는 안부를 남겼다. 이어서 그는 당일의
날짜를 메이지 연호와 태양력에 따라 표기했다. 이렇게 서신의 두
교환자 간에 역법의 차이는 분명해 보인다. 그러나 이노우에의 글에
서 알 수 있는 것처럼, 그는 "귀력(貴曆)"(여기서 "귀"는 "귀하다"를 뜻하는
한자어로 동아시아 문화권에서 상대방을 높일 때 쓰이는 일종의 접두사) 즉,
"당신의 역법"이라는 어휘를 사용했다. 이노우에는 귀력, 곧, 음력으
로 9월 5일이 자신들이 만나기로 약속한 날임을 설명했다. 이러한
그의 표현은 박영효의 관점에서 시간을 계산하여 제시함으로써 그의
방문일을 재확인하려는 의도를 담고 있었다. "귀력"이라는 말은 둘

---

54 위의 책.

사이에 일정을 둘러싼 혼동을 방지하는 데 효과적이었다. 이 용어는 박영효가 조선으로 돌아가기 전까지 그들 사이에 오고 간 여러 통의 편지들에서 자주 발견된다. 그들이 날짜를 지칭해야 하는 모든 상황에서 수신자의 역법을 재차 강조한 것은 아니었다. 흥미로운 사실은 박영효가 일본에 주재하던 타국의 외교관들과 소통할 때도 이와 같은 방법으로 두 달력 사이에 발생하는 시간의 차이에 적응할 수 있었다는 것이다.

(1) 대영국 전권공사 박수(Harry S. Parkes)는 삼가 대조선 특명전권공사 박영효 각하에게 [이 편지를] 드립니다. 1882년 10월 24일 일요일 제7시에 저의 집에서 만찬을 베풀고자 하오니 귀하께서 왕림하시어 자리를 빛내 주시기 바랍니다. 회신을 기다리겠습니다.[55]

(2) 간단히 회답합니다. 귀하의 편지를 받아보니 감하(받은 은혜를 깊이 마음에 느낌)가 실로 많습니다. 귀력(양력) 10월 24일에 영광스럽게 초청하는 일을 삼가 정한 시기에 나아가 만나겠습니다. 이만 그치고 말을 다 하지 못합니다. 개국 491년 9월 11일.[56]

위의 두 발췌문은 그가 영국의 전권공사로 일본에서 일하던 해리 파크스(1828~1885)와 주고받은 서신이다. 박영효가 일본에 온 지 10여 일쯤 지났을 때, 파크스는 자신의 집에서 각국의 대사들에게 식사를 대접하고자 했다. 그는 박영효에게도 초대장을 보냈다. 파크스는 역법에 대해 별다른 고민 없이 그저 1882년 10월 24일에 만찬이 있을

---

55 위의 책, 1882.9.12.
56 위의 책.

예정이라고 알렸다. 그는 이 날짜가 양력과 음력 중 어느 것에 따라 결정된 것인지 밝히지 않았다. 일본과 영국은 모두 태양력을 채택했기 때문에 파크스는 음력에 관한 지식이나 조선에서 온 박정양에게 음력이 더 익숙하다는 점에 별로 관심이 없었을지 모른다. 어쩌면, 19세기 중반 이래 국제적으로 널리 통용되는 역법은 태양력이었으므로 그는 이에 기반해 시간을 결정하는 것이 당연하다고 여겼을 것이다. 박정양은 자신을 초대해준 것에 감사를 표시했다. 그러면서, 얼마 전 마치이노우에가 만날 날을 음력으로 환산해 서로 헷갈리지 않도록 했던 것처럼, 박영효는 "귀력" 즉, 여기서는 파크스가 지키는 방식을 존중하여 양력으로써 행사일이 10월 24일임을 확인했다. "귀력"의 사용은 이날이 굳이 두 역법 중 어떤 것에 의한 것인지 직접 묻기보다 만일의 경우 음력으로 정해진 것이라면 상대방이 그것을 수정해 다시 알려주리라는 기대를 포함했다. 사실, "귀력"은 김기수가 1876년 강화도조약 이후 처음으로 일본에 건너갔을 때 그가 메이지 정부의 당국자들과 나눴던 대화에서부터 등장했다.[57] 그들은 필담으로 이야기할 때 "귀력"으로 중요한 일정을 조율해서 상대측의 오해가 없도록 했다. 이는 애초부터 양국의 대표자들이 역법의 차이를 메우고자 활용했던 교류의 기술이었다. 1880년대 후반부터 조선의 외교관들이 해외에서 태양력을 자주 경험하자 "귀력"은 그들의 편지나 기행문에서 차츰 자취를 감추었다. 심지어 조선에서도 갑오개혁 이전에 이미 외국에 보내는 문서의 월과 일을 모두 양력으로 기재하기 시작했다. 하지만, 그것이 개항 이후 한동안 외교의 현장에서 역법의 이중화를 극복하는 데 조선

---

57 김기수, 앞의 책, 제2권, 문답 9칙.

의 관료들에게 유용했다는 점은 부인하기 어렵다.

해외여행과 체류는 조선의 지식인들에게 태양력을 학습할 전례 없는 무대를 제공했지만, 그 경험들은 유길준, 윤치호와 같이 개화를 옹호했던 자들에겐 단순히 역법의 이중적 체제를 맛보는 것 이상으로, 개력에 관해 훨씬 급진적인 자세를 취하도록 이끈 계기가 되었다. 역법에 관한 조선의 현실과는 무관하게 그들은 양력을 동아시아의 전통적인 시간관념에 대한 대체제로 삼으며, 서구 주도의 시간 질서 안에 스스로를 가두었다. 양력은 음력과 분명히 다른 원리를 갖추었으므로 환경이 바뀌었다고 해서 그들이 하루아침 사이 역법에 대한 사고와 실천을 전환하는 것은 불가능했다. 그러나 양력을 시행하는 사회에 발을 딛고 살며, 이 새로운 시간 양식에 노출되는 기간이 길면 길수록, 또 무게중심이 뒤바뀐 세계 문명의 흐름을 조선이 뒤쫓아야 할 미래로 상정하는 한, 양력은 곧 "근대"의 역법으로 치환되어 그들의 삶 깊숙이 자리 잡을 수 있었다.

미국 보스턴에서 2년간 유학했던 유길준은 1885년에 귀국한 뒤 『서유견문』을 집필했다. 그는 자신의 저서에서 시간적 표기가 필요한 모든 정보를 오직 양력으로 따져 기록했다. 유길준은 서문에서 다음과 같이 말했다. "이 책에서 서력의 연월을 쓴 까닭은 그들의 일을 말하기 때문에 그 나라의 연호를 따다가 쓴 것이다."[58] 서구의 보편적인 역법으로서 양력은 유길준에게 그 지역과 사람들, 그들의 과거와 현재의 변화를 설명하는 데 실질적인 편의를 주었다. 그는 프랑스 혁명, 영국의 국경일, 혹은 미국 위인의 탄생일 등의 연도와 월을 양력으로 표기

---

58 유길준, 앞의 책, 30쪽.

함으로써 이것들을 음력으로 바꾸는 데 소비될 시간과 노력을 아낄 수 있었다. 하지만, 다른 한편으로, 익숙한 음력을 포기하고 낯선 양력에만 철저히 의지해 백과사전식 저술을 창작하는 것이 그에게 쉬운 도전은 아니었을 것이다. 그럼에도 유길준은 서구인들이 사용했던 시간적 체계를 훼손하지 않음으로써 자기 자신과 그의 수많은 조선의 독자들이 위의 역사적 사건들이 위치한 시간, 곧, 태양력을 하나의 권위를 가진 나름의 질서로 인식하는 데 힘을 보탰다.

일본에서 머물던 윤치호는 유길준 이상으로 양력을 받아들이는 데 앞장섰다. 1883년 1월, 그가 일기를 쓰기 시작했던 초기에 양력은 단지 음력의 보조 단위에 불과했다. 월과 일의 변화가 전부 음력을 기준으로 기록되었고, 양력으로 따진 날짜는 그 옆에 요일 및 날씨와 더불어 괄호 안에 묶여서 표기되었다. 그의 이러한 양력의 사용은 시계 시간을 전면적으로 수용했던 모습에 비하면 다소 소극적이었던 것처럼 보인다. 하지만, 윤치호는 같은 해 5월 조선에 돌아온 이후로 10월부터 다시 쓴 일기에서도 여전히 양력일을 음력일과 함께 표기했다. 다시 말해, 양력이 한반도에 공식적으로 도입되지 않았음에도 그는 이것으로 날마다 시간을 계산해 기재하는 일을 잊지 않았던 것이다. 윤치호의 양력 고수는 장소가 달라져도 바뀌지 않았다. 1885년 1월부터 중국 상하이에서 학업을 이어간 그는 거기에서도 두 역법을 병행하는 습관을 버리지 않았다. 주목할 만한 점은 윤치호가 1889년 말 미국으로 건너가 학교에 다니고 영어로 일기를 쓰기 시작하면서 음력과 양력의 위치가 뒤바뀌었다는 사실이다. 이제 음력은 양력에 밀려 시간의 부차적인 기표가 되었다. 심지어, 1891년 9월부터 윤치호는 오직 양력만을 사용했으며, 음력은 겨우 한 해의 처음 혹은 마지막 날에만 덧붙여 쓰였다. 앞서 언급했던 대로, 문명화를 위한 조선의 개혁을 부르짖었던 그에게 양력은 마땅히 따라야 할 세계의 보편 규범 중 하나였다. 윤치호는 그 문명의 이상이 무엇을 가리키는지 명확히 정의 내리지 않았음에도, 적어도, 미국과 유럽, 그리고 일본마저 양력을 채택한 상황에서 조선만이 음력을 고수하는 행위란 스스로가 이 국가들에 비해 뒤처짐을 자인하는 꼴이었다. 이 부진을 메우기 위해서 그로서는 삶의 가장 본질적인 요소, 곧, 시간에 관한 인식과 실천부터 혁신해야 했다. 결과적으로, 유길준과 윤치호는, 그 목적이 지식의 손실 없는 전달을 위해서든 혹은 개화의 실현을 위해서든, 서구적 역법이 또 다른 지방적 개념으로서의 음력을 주변화했던 20세기 전환기의 폭력에 연루될 수밖에 없었다. 그들에게 역법의 이중화란, 하나의 선택지, 곧, 서구의 시간으로 수렴되어야 할 운명에 처해있었다.

6. 나오며

본 연구는 19세기 말 조선의 외교관과 유학생들의 해외 체류 및 여행에 집중하여 이들이 어떻게 기계적 시계 시간과 태양력을 접하고 수용했는지를 규명했다. 지금까지 근대 이행기의 사절단 연구 중 다수는 그들의 외국 방문 행적과 여정, 업무의 성격, 만났던 사람과 시찰한 장소, 주권 국가로서의 대외 선포 등에 주목했지만, 나는 시간이 당시 문명의 정치학과 연관된 특성(시간이 단순히 자연 현상에 따른 변화를 측정하는 차원을 넘어 문명권에 따라 다른 체계를 가지며 이것이 자아와 타자의 위계를 가르는 점)에 초점을 맞춰 조선인들이 중화주의 질서 너머의 세계에 개입한 방식을 밝히고자 했다. 일차적으로 이러한 시도는 오늘날 우리에게 너무나 익숙해진 24시간제, 일주일 주기, 그레고리력이 도입된 한 경로를 추적하고, 이에 근거한 시간적 관념의 형성을 살피는 일이다. 즉, 조선에서 파견된 지식인들은 미국, 유럽, 일본 등에 공사관을 세워 외교 활동을 하거나 현지인의 주선으로 학교에 다니며 시계 시간과 태양력에 노출되었고, 시행착오를 거치면서 이를 일상의 규범으로 받아들이기도 했다. 나는 이 과정에 커다란 영향을 끼친 물리적 요소로 그 전에 없던 증기선과 철도 여행을 꼽았으며, 특히 이 장치들이 만들어낸 단선론적/선형적 시간 인식의 전환을 조명했다.

이러한 내용을 따짐으로써 이 글은 근대 문물의 한 구성물로서 새로운 시간 개념과 그 사용이 서구나 식민주의 세력에 의해서 반드시 이식된 것이 아닌 조선인들 스스로 체험하고 채택한 결과임을 말한다. 이것은 앞서 언급한 24시간제, 일주일 주기, 그레고리력이 19세기 말 조선에 정착해간 이야기를 순전히 조선 관료와 지식인들의 손에 맡김으로써 "근대 문물"을 일종의 역사적 필수재로 보아 이들의 공로를 높이거나, 그 외의 외부 집단을 배제하려는 의도가 전혀 아니다. 그보다 나는, 서유럽과 미국에서만 주로 통용되던 시간적 지식과 실천의 전-지구적 확산과 보급에 조선인들이 맡았던 역할을 분석함으로써 이들이 역사의 상상적 대기실에서 마냥 자신의 순번을 기다리던 존재가 아니었음을 강조하고자 했다. 이러한 접근을 통해 개항 후 식민지에 이르는 약 30여 년의 기간을 근대의 제국에서 피지배국으로의 일방향적 파급이나 "서양의 도전-조선의 대응"이라는 단순 공식으로 파악하는 시각을 비틀고자 했다.

하지만, 이 글이 한 걸음 더 나아가 의미를 두는 바는 조선의 외교관과 유학생들이 추후 개력을 이끌었음을 고려할 때, 그들이 서구의 시간 체제를 수용한 자세, 그리고 그 너머의 (혹은 그와 결부된) 신문명을 바라보던 관점을 재고할 여지가 있다는 점이다. 이들은 영미권, 일본과 발맞춰 근대적 시간의 초국가적 유통에 참여했던 "동시대적 주체"들이었으나, 한편으론 이를 문명의 표본으로 삼아 자신의 품행과 가치관을 기꺼이 재조정했던 "자발적 객체"였다. 1895년 11월(음력) 유길준은 제4차 김홍집 내각에서 태양력 실시를 주도했고, 그와 함께 윤치호는『독립신문』의 필진으로서 양력의 우수성과 시계 시간의 중요성, 이중과세(二重過歲)의 폐해 등을 강력히 피력했다. 보수파의 반대뿐 아니라 일반 백성들의 불만이 이어졌지만, 비판 여론에 맞서 그들은 음력의 폐지에 앞장섰다. 두 역법 중 어느 것이 더 정확하고 편리한가의 문제를 떠나, 이들에게 음력이 지난 수백 년간 조선인의 삶과 문화양식에 깊이 관여해 온 과거는 마땅히 청산되어야 할 구습에 불과했다. 이 현상은 당시 낮아진 청의 지정학적 위상에 따른 것이었지만, 동시에 신문명에 진입하기 위한 첫 단추로서 양력과 시계 시간을 이해한 그들의 의중이 반영된 것이었다. 문명의 서열을 전제하여 그 위계적 관계 내에 국가나 인종의 순위를 매기는 것이 가능하다고 믿었으므로, 이 논리에 의할 때, 역법 사이의 우월을 구별하기란 더더욱 쉬운 일이었다. 따라서 이들에게 근대가 불러온 수많은 가능성이란 곧, 서양이라는 목적지를 향한 단절 없는 행진으로 수렴하며, 양자는 상호 치환 가능한 등가물로 여겨졌다. 그러한 상상이 자명하게 구현된 장소로서 시간이, 혹은 그 어떤 것도, 우리 가운데 남아있진 않은 지 돌아볼 필요가 있다.

세계를 만나는 창

『각국기도(各國旗圖)』와 〈세계전도〉의 국기 그림들

목수현

1. 머리말

1876년의 개항은 현대 사회를 여는 시발점이 되었다는 점에서 상징적인 시간으로 기억된다. 일본과 새로운 통상조약을 맺은 이래, 주로 중국 문헌을 통해서나 표류인들을 통해서 먼 나라의 이야기로 듣던 나라들이었던 미국, 영국, 프랑스, 독일, 러시아 등과 조선은 직간접적으로 교류를 맺게 되었다. 그리고 1905년 을사늑약으로 외교권을 박탈당하기까지, 조선/대한제국은 기존에 인연을 맺었던 중국의 영향권에서 벗어나고, 중국이나 일본의 지배를 받지 않는 독자적인 나라임을 알리려고 나름대로 여러 가지 방책을 도모했음은 최근의 연구들을 통해서 속속 드러나고 있다. 그러면 조선/대한제국은 그처럼 새로운 인연을 맺는 나라들을 어떻게 인식하고 자신의 지식 체계 속에 갈무리했을까? 또한 그 나라들을 시각적으로는 어떻게 인지했을까?

이러한 과정에서 국기는 전통적인 전제국가 또는 봉건국가의 틀에서 벗어나 근대 국민국가의 형성과 더불어 제정하는 근대적인 제도이며, 서구 및 동아시아가 기존의 체제를 벗어나 더 확산된 무역을 통한 교류를 맺는 데에 활용한 제도이다. 19세기 말 선박을 이용한 무역 체계에서 선박에 국기를 달아 국적을 확인하도록 한 것이 가장 먼저 활용된 방식이었기 때문이다. 많은 나라들의 국기를 파악한다는 것은 그만큼 많은 나라들과의 교류를 전제로 각 나라들에 대한 인식을 넓혀 간다는 것을 보여주는 것이기 때문이다.

조선/대한제국은 청과 일본이라는 비교적 한정된 교류 관계를 넘어 많은 나라들과 교류하게 되었으며 조선을 대외적으로 알리는 것뿐 아니라, 많은 다른 나라들에 대한 인식을 확립할 필요도 있었을 것이다. 조선/대한제국도 이러한 세계 변화의 가운데에서 독립적인 국가임을 나타낼 수 있도록 국기를 제정하고 교환했다.[1] 현재 미국, 영국, 프랑스 등의 국립문서 보관소에는 당시 조선이 알렸던 국기의 도식이 보관되어 있다.[2] 또한 다른 여러 나라들의 국기도 자신의 지식 체계 안에 포괄하고자 했다. 그러한 인식의 단면을 보여주는 것이 바로 『각국기도(各國旗圖)』라는 책자이다.[3] 대한제국을 비롯해 38개

---

1 국기의 제정과 확산에 관해서는 필자의 글, 「근대국가의 '국기(國旗)'라는 시각문화-개항과 대한제국기 태극기를 중심으로」, 『미술사학보』 27, 미술사학연구회, 2006, 309~344쪽에 정리한 바 있다.

2 그 한 예로 한철호는 영국 국립문서보관소에 보관된 태극기 도식을 고찰했다. 한철호, 「우리나라 최초의 국기('박영효 태극기' 1882)와 통리교섭통상사무아문 제작 국기(1884)의 원형 발견과 그 역사적 의의」, 『한국독립운동사연구』 31, 한국독립운동사연구소, 2008, 126~127쪽.

3 『각국기도(各國旗圖)』는 필사본으로 서울대학교 규장각 한국학연구원과 한국학중앙연구원 장서각에 각각 1부씩만이 소장되어 있다. 두 기관에 소장되어 있는 책의 크기는 32×22cm로서 동일하며 5줄 선장(線裝)으로 제책되어 있는 점도 같다. 다만 규장각 소장본이 도상과 글씨는 알아볼 수 있으나 보관과정에서 물에 젖었던 듯 색깔이 흐려져 분별하기 어려운 반면 장서각 소장본은 도상과 글씨는 물론 채색도 선명하게

나라의 국기가 그려져 있는 이 책은 대한제국이 세계를 인식해 가는
한 방법을 보여준다고 할 수 있다. 이와 함께 학부(學部)에서 보급한
〈세계전도(世界全圖)〉는 세계에 대한 지리적인 인식을 심어주는 시각
적인 교과서였다고 할 수 있다. 이 두 자료를 통해 대한제국기의 세계
에 대한 시각적 인식 방식을 살펴보고자 한다.

2. 세계의 국기를 모은 『각국기도』

『각국기도』는 대한제국 국기를 비롯한 각 나라의 국기 그림을 채색
필사(彩色筆寫)로 18면에 담은 소책자이다. 『각국기도』에는 표지에 "各
國旗圖"라고 쓰여 있으며 각 장에 국기 및 관련 기 도상이 있고 국명
또는 기명이 한자와 한글로 병기되어 있다.(그림 1, 2)
　책 표지를 열면 첫 장에 나오는 대한제국 국기를 포함하여 18면의
내지에 38개국의 국기와, 나라에 따라 군함기(軍艦旗), 육군기(陸軍旗),
상선기(商船旗) 등이 첨부되어 총 63점의 깃발 그림이 수록되어 있다.
대한제국 국기는 맨 첫 장의 한 면에 한 점만 단독으로 수록되어 있으
나, 다른 나라의 국기나 깃발들은 한 면에 두 점 또는 네 점씩 그려져
있다. 일본의 깃발이 5점으로 가장 많은 종류가 소개되었으며, 영국
이 국기를 포함하여 4점으로 두 번째이고, 미국과 독일(德國) 등 유럽
권 국가들과 섬라(暹羅, 태국)와 파사(波沙, 페르시아) 등 18개국이 국기
를 포함하여 2점씩, 그리고 대한제국과 청국을 포함한 아시아와 아프

───
남아 있는 점이 다르다.

〈그림 1〉 규장각 한국학연구원 소장   〈그림 2〉 한국학중앙연구원 장서각 소장
『各國旗圖』(古 4635) 표지, 32x22cm,   『各國旗圖』(K3 0544) 표지, 32x22cm,
　　　채색필사본.　　　　　　　　　　　　　채색필사본.

리카, 중남미권 국가 18개국의 깃발이 각 1점씩만 제시되어 있다. 국
명과 기명은 한자와 한글 표기가 병행되어 있다. 수록된 순서에 따라
제시된 나라와 기의 이름을 정리하면 다음 표와 같다.

〈표 1〉『각국기도』에 수록된 국명과 기명

면 수	국명	기명	나라별 기의 수효	현재 국명
1	大韓帝國 대한제국	국기	1	한국
2	淸國 청국	국기	1	중국
	日本 일본	국기		
3	日本 일본	군함기 육군기	5	일본
4	日本 일본	측량정기 우선회사기		

5	英國 영국	국기함수기 군함기 상선기적함대기 동인도공파굴이기(동인도회사기)	4	영국
6	美國 미국	함수기요초수선기 국기군함기	2	미국
	德國 덕국	군함기 국기상선기	2	독일
7	法國 법국	국기군함상선기 해군대장기	2	프랑스
	俄國 아국	국기상선기 군함기	2	러시아
8	澳國 오국	국기상선기 군함기	2	오스트리아
	義太利 의틱리	국기상선기 군함기	2	이탈리아
9	白耳義 빅이의	군함상선국기 요초수선기	2	벨기에
	荷蘭 하란	군함상선국기 대장기	2	네덜란드
10	暹羅 섬라	국기 군함기	2	태국
	波斯 파사	국기 군함기	2	이란
11	西班牙 서반아	군함기 국기상선기	2	스페인
	丁抹 정말	국기상선기 군함기	2	덴마크
12	瑞典 서전	국기상선기 군함기	2	스웨덴
	那威 나위	국기상선기 군함기	2	노르웨이
13	墨西哥 묵서가	국기상선기 군함기	2	멕시코
	希臘 희랍	국기상선기 군함기	2	그리스
14	亞然丁 아연정	국기상선기 군함기	2	아르헨티나
	葡陶亞 포도아	군함기 국기군함상선기	2	포르투갈
15	智利 지리	국기	1	칠레
	埃及 애급	국기	1	이집트
	瑞士 스사	국기	1	스위스
	土耳其 토이기	국기	1	터키
16	緬甸 면전	국기	1	버마
	秘魯 비로	국기	1	페루
	巴拉圭 파랍규	국기	1	파라과이
	厄瓜多 익과다	국기	1	에콰도르

17	海提 히졔	국기	1	아이티
	的黎波里 적려파리	국기	1	트리폴리
	烏拉圭 오랍규	국기	1	우루과이
	委內瑞辣 위내셔랄	국기	1	베네쥬엘라
18	拉巴拉 랍파랍	국기	1	라플라타[4]
	摩洛哥 마락가	국기	1	모로코
	波利非亞 파리비아	국기	1	볼리비아
	里牙 리아[5]	국기	1	미상
계	38개국		63	

국가명과 깃발명을 표시하는 방식은 맨 위쪽에 국가명, 그 아래에 깃발명을 쓰고, 아래쪽에 깃발을 그려넣은 방식으로 되어 있다. 국가명은 한자를 위에, 한글 표시를 바로 아래에 달았다. 깃발명은 깃발의 위쪽에는 한자로, 아래쪽에는 한글로 표기하였다.

제1면에는 "大韓 뒤한"이라는 국호 아래에 태극기의 아래 위로 "帝國國旗萬萬歲 제국국긔만만셰"라고 쓰여 있다.(그림 3)

---

4 라플라타(La Plata)는 1516년 스페인 배가 현재의 아르헨티나 라플라타 강 지역을 페루 부왕령으로 귀속시켜 1776년에 라플라타 부왕령이 된 지역이다. 스페인의 식민지에서 벗어나 1816년에 라플라타 합중국으로 독립을 선언하고 1826년 아르헨티나 공화국이 되었다. 이 기는 1816년 라플라타 합중국 당시의 국기이다. 荊安 望,『列强「植民帝国」旗章図鑑』, 東京: 彩流社, 2009, 18쪽.

5 리아(里牙)로 표기된 이 지역은 현재 어디인지 확실하지 않다. 리아 기는 청색 바탕에 황색 십자가 있으며, 그 중심에 문장 형태 안에 칼 두 자루로 보이는 모양이 교차되어 있다. 청색 바탕에 황색 십자 도상은 1906년에 제정된 현재의 스웨덴 국기와 유사성이 많으며, 스웨덴 왕실기는 이에 더해 십자가 교차하는 부분에 왕실의 문장이 더해 있다. 그러나 이미 스웨덴은 '瑞典'으로 수록되어 있으며 이는 유니온 마크가 삽입된 1844~1905년 사이의 국기이다. United States Navy Department, *Flags of Maritime Nations*, 1899, p.61.

제2면에는 "淸國 청국"과 "日本 일
본"의 국기가 소개되어 있으며 3면에
일본의 군함기와 육군기가, 4면에는
측량정기(測量艇旗)와 우선회사기장(郵
船會社旗章)이 수록되어 있다. 5면에는
영국의 국기 함수기, 군함기, 상선기 적
함대기, 동인도회사기(동인도 공파굴이
기) 4점이 수록되어 있는데, 이처럼 한
나라의 여러 기를 소개한 것은 일본과
영국에만 예외적인 것이다. 다른 나라
들은 주로 국기와 군함기, 또는 국기와

〈그림 3〉 규장각본『각국기도』첫 장에
수록된 대한제국 국기

상선기가 결합된 것(공동으로 쓰는 것) 등 대표적인 기가 제시되어 있다.
이 나라들 가운데 현재에 존재하는 나라로 치환하면, 현재의 국명
이나 지역명이 확인되지 않는 리아를 제외하면, 현재의 기준으로 대한
제국을 포함하여 아시아 국가가 6개국, 유럽 국가가 15개국, 아프리카
국가 및 도시가 3개국, 남북 아메리카 국가가 12개국이 수록되어 있다.
대한제국을 제외한 37개국의 각 국기가 속한 나라들의 지역별 분포를
정리해 보면 다음 〈표 2〉와 같다.

〈표 2〉 각국기도에 수록된 나라들의 지역별 분포와 수교 상황

지역별	국명(수교 연도)	계(수교국 수)
아시아	日本(1876) 淸國(1882) 暹羅 波斯 緬甸 土耳其	6개국(2개국)

유럽	英國(1883) 德國(1883) 俄國(1884) 義太利(1884) 法國(1886) 澳國(1892) 白耳義(1901) 丁抹(1902) 荷蘭 西班牙 瑞典 那威 希臘 葡陶亞 瑞士	15개국(8개국)
아프리카	埃及 摩洛哥 的黎波里	3개국
아메리카	美國(1882) 墨西哥 亞然丁 智利 秘魯 巴拉圭 厄瓜多 海提 鳥拉圭 委內瑞辣 波利非亞 拉巴拉	12개국(1개국)
미상	里牙	1개국
계		37개국(11개국)

위 표에서 보듯이 『각국기도』에는 오세아니아주를 제외한 4대주의 여러 나라의 국기가 수록되어 있다. 『각국기도』가 제작된 19세기 말~ 20세기 초에는 오세아니아주는 영국령이었으며, 아시아와 아프리카 의 여러 나라들도 식민지 상태인 곳이 많았다. 따라서 『각국기도』가 당시 존재하던 독립국을 모두 수록했다고는 할 수 없으나 비교적 많은 국가들의 국기 및 관련 기를 수록하고 있었다고 생각된다.

이 나라들 가운데 조선/대한제국과 수교, 곧 통상수호조약을 맺은 나라는 아시아에서 일본과 청국, 유럽에서는 영국과 독일, 러시아, 이탈리아, 프랑스, 오스트리아, 벨기에, 네덜란드가 있었고, 아메리카 에서는 미국이 있다. 37개국 가운데 11개국만이 수교를 맺은 상태였 는데 왜 이처럼 많은 나라들의 국기를 수록한 것일까?

3. 통상수호조약과 국기의 교환

이 『각국기도』에 국기가 실린 나라들은 어떠한 이유로 선택되었으며, 국기 이외의 깃발이 수록된 나라들과 국기만이 실린 나라들은 어떤 차이가 있는 것일까?

먼저 국기 이외의 기가 실린 나라들을 보면, 아시아에서는 일본, 섬라, 파사가 국기 이외에 군함기가 수록되어 있고, 일본은 그 외에도 육군기, 측량정기, 우선회사기를 수록하고 있다. 유럽권의 국가들은 대부분 국기 이외에 군함기 또는 상선기 등을 수록하고 있다. 경우에 따라 국기와 군함기가 동일시되거나, 국기와 상선기가 동일시되어 있기도 하다. 남북 아메리카에서는 미국, 멕시코, 아르헨티나가 국기 이외의 기를 수록하였는데, 미국의 경우 벨기에와 함께 함수기요초수선기가 실려 있다.

국기의 파악과 수교 관계는 매우 중요하다. 서구에서는 수교를 맺으면서 국기를 교환하는 것이 상례로 되어 있었기 때문에 1882년에 조선이 미국과 수호조규를 맺을 때, 미국 대표로 수교에 임했던 해군 제독 슈펠트(R. W. Shufeldt)는 조선과 미국 양국의 국기를 서로 교환할 것을 요청했고, 이때 태극기가 만들어져 게양되었다.[6] 개화사상가 장지연(張志淵)은 이를 1909년에 펴낸 『만국사물기원역사(萬國事物起源歷史)』에서 "근세(近世) 만국(萬國)이 교통(交通)하야 상선전함(商船戰

---

[6] *Shufeldt Papers: Letters,* "The History of the Treaty with Korea, An Incident in the Life of Rear Admiral R.W. Schufeldt, December, 1898." 태극기의 제정과 교환에 관한 슈펠트의 회고담 내용은 김원모, 「조미조약 체결연구」, 『동양학』 22, 동양학연구원, 1992, 59~67쪽에서 재인용.

艦)이 국기(國旗)로써 각 국휘(國徽)를 표하니"라고 하여 그러한 사실
을 뒷받침하고 있으며, "태황제(太皇帝) 13년에 일본과 수호조규를 정
한 후로 국휘를 태극장(太極章)으로 내정하얏더니 동 22년에 북미합
중국과 통상조약을 정하고 사절을 파송할 때에 태극휘장(太極徽章)을
사용하니 이로부터 세계에 통행케 하니라"고 언급하였다.[7] 이때 미국
에 건네진 태극기 도형은 현재 미국 국회도서관에 소장되어 있으며[8],
이 도식은 같은 해에 미국에서 발행한 *Flags of Maritime Nations*(1882)
에 수록되었다. 이 책은 미국 해군성 해양국(U. S. Department of the
Navy, Bureau of Navigation)이 제작하고 배포하여 세관이나 항구에서
상선이나 군함에 달린 국기를 식별할 수 있는 자료로 활용하였던 것
이다.[9] 이와 같은 경우는 영국과 프랑스에도 해당된다. 1882년에 수
교 교섭을 하고 1883년에 조영수호조약을 맺은 영국의 경우, 조선 주
재 영국 총영사 애스턴(William G. Ashton)이 1884년 6월 10일자로 주
청 영국공사 파크스(Parks)에게 보낸 문서 가운데 조선의 통리교섭통
상사무아문에서 제작한 태극기가 포함되어 있으며 이는 현재 영국
국립 문서보관소에 보관되어 있다.[10] 주한 프랑스공사 콜랭 드 플랑
시(Collin de Plency)가 1888년 7월 8일에 본국에 보낸 외교문서 안에도
태극기가 수록되어 있으며, 이는 마찬가지로 프랑스 국립문서보관소

---

7   張志淵 編, 『萬國事物起源歷史』, 1909, 91쪽.
8   「미국서 찾아낸 최초 태극기 도안, 이태진 서울대 명예교수, 워싱턴 국회도서관서 발
    견」, 『조선일보』, 2018.8.14.
9   *Flags of Maritime Nations*에 태극기가 수록된 경위에 대해서는 목수현, 앞의 논문,
    322~323쪽 참조.
10 영국 국립 문서 보관소에 있는 통리교섭통상사무아문 태극기에 관해서는 한철호, 앞
    의 논문, 126~127쪽.

의 플랑시 문서 안에 보관되어 있다.[11] 태극기 견본과 함께 수록된
이 문서에 따르면, 조선의 교섭통상사무아문 독판이 조선 정부가 채
택한 국기의 견본을 콜랭 드 플랑시 공사에게 보내서, 콜랭 드 플랑시
는 그 복사본 3장을 만들어 각 1본씩을 프랑스의 외무부 장관과 해군
부 장관, 극동함대 사령관에게 보냈다.[12] 이처럼 국기는 서로 수교를
맺은 나라들끼리 외교관계나 무역에서 국적을 확인할 때에 필요한
것으로 서로 정보로서 교환하였다.

한편 조선/대한제국에는 외국공관들이 설치되어 있었다. 1880년
일본 공사가 한양에 주재하는 것이 허용되고, 부산과 원산의 개항과
영사관 설치도 이루어졌다.[13] 1882년 조미수호조규를 체결한 미국 공
사관은 1883년에 정동에 개설되었다.[14] 1884년 한독수호통상조약의
체결로 낙동에 독일 영사관이 세워졌으며 1886년에는 전동으로 이전
하였다.[15] 1882년에 조약을 체결한 영국의 경우 공사관 매입에 난항
을 겪다가 1884년에 경운궁 부근 정동 4번지에 마련하였다.[16] 1884년
조러수호통상조약을 맺은 러시아는 전통가옥을 사용하다가 1888년
공사관 부지를 매입하고 건물을 신축하였다.[17] 외교 업무의 중심이
되는 이러한 공사관들에는 각 나라의 국기를 게양하여 국적을 드러

---

11 국사편찬위원회 편, 『프랑스 외무부 문서2(조선 I · 1888)』, 2003, 38~39쪽, 226~228쪽.
12 위의 책, 38~39쪽.
13 하원호, 「개항기 재조선 일본공사관 연구」, 『개항기의 재한 외국공관 연구』, 동북아역
사재단, 2009, 18~19쪽.
14 손정숙, 「한국 주재 미국 공사관의 외교전략」, 위의 책, 108~109쪽.
15 나혜심, 「개항기 한국의 독일공관 연구」, 위의 책, 75~76쪽.
16 이헌주, 「개항기 영국의 대한정책과 주한 영국공관」, 위의 책, 207~211쪽.
17 홍웅호, 「개항기 주한 러시아 공사관의 설립과 활동」, 위의 책, 263~267쪽.

내었을 것이다.

따라서 영국이나 미국은 물론 청이나 일본에서도 각 나라들의 국기를 모아 국기책을 펴내는 것은 당시 일반적으로 이루어지는 일이었다. 앞에서 언급한 미국 해군성이 발행한 *Flags of Maritime Nations*(1882)도 각국의 국기를 모아 해관에서 해당 함선의 국적을 파악하는 데 활용한 것으로 보인다. 청에서는 이홍장(李鴻章)이 1886년에 각국과의 조약문을 엮어 편찬한 『통상약장유찬(通商約章類纂)』의 제30권에 34개국의 국기 및 관민기, 속령(屬領)의 기 등이 수록되어 있다.[18] 그러나 『각국기도』에는 수교를 맺고 있지 않은 26개국의 기마저 포함되어 있으며, 국기뿐만 아니라 군함기, 상선기 등도 수록하고 있다. 그것은 무엇을 위한 지식이었을까?

『각국기도』 수록 내용 가운데 특기할 것은 일본의 기가 5개나 수록되어 있으며, 다른 나라들과 달리 '측량정기(測量艇旗)'와 '우선회사기(郵船會社旗)'가 들어 있다는 점이다.(그림 4, 5) 이는 당시 대한제국의 해안을 자주 드나들던 배 가운데 일본의 측량선과 우편선이 있었음을 뜻한다고 하겠다. 일본에서는 이미 1874년에 육군성 산하에 참모국을 설치하고 조선의 장포강(長浦江)이나 양화진과 제물포 사이를 측량한 지도를 만들기도 했다. 1877년에는 사절단에 동행한 측량선이 부산에서 인천에 이르기까지 각지에서 해안을 측량했다.[19] 따라서 『각국기도』

---

18 『通商約章類纂』(奎中3795)은 淸과 각국이 맺은 조약을 유형별로 분류한 책이다. 총 35卷 20冊으로 總類, 吏類, 戶類, 禮類, 兵類, 刑類, 工類로 구성되어 있다. 각국의 국기는 권30 工類에 들어 있으며, 영국, 스웨덴, 노르웨이, 미국, 프랑스, 포르투갈, 독일, 네덜란드 등과 맺은 조약문을 수록하고, 뒤쪽에 "中外各國輪船旗式"을 수록하였다. 여기에 조선은 "大淸國屬 高麗國"으로 소개되어 있다.

19 남영우, 『일제의 한반도 측량침략사: 조선말~일제강점기』, 법문사, 2011, 35~39쪽.

에 실린 측량정기는 이미 조선/대한제국에는 익숙한 깃발이었거나, 반드시 알고 있어야 할 깃발이었을 것이다. 일본과 조선 사이에 우편물을 나르는 우정 업무는 개항과 더불어 시작되었다. 일본은 부산의 개항에 따라 메이지 11년(1877)에 우편국을 설치하였고 원산, 인천, 경성, 목포 등에 지점을 늘려나갔다. 거류민의 증가에 따라 우편 업무도 확대되었고 이러한 우편물을 운송하는 우선이 정기적으로 취항하였기 때문에 대한제국기에는 이 또한 일상적인 것이 되었을 것이다.[20]

  일본에 이어 영국기로 동인도회사기를 수록하고 있는 점도 흥미롭다. 영국 동인도회사의 활동범위가 대한제국에까지 이르지는 않았으나, 동인도회사를 영국의 교역활동의 대표적인 것으로 파악하고 있었다고 생각된다.(그림 6)

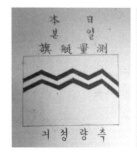  

〈그림 4〉 일본 측량정기　　〈그림 5〉 일본 우선회사기장　　〈그림 6〉 영국 동인도회사기

장포강은 서해안의 서천과 군산 사이를 흐르는 현재의 금강을 이르던 명칭으로, 일본 공병대위 카이즈(海津三雄)가 1878년에 서해안을 측량하여 제작한 《조선국장포강구약도(朝鮮國長浦江口略圖)》는 일본이 우리나라를 비밀 측량하여 제작한 지도 가운데 가장 이른 것이다. (양윤정, 「미국 의회도서관 소장 19세기 후반 한반도 비밀군사지도」, 성신여자대학교 박사학위논문, 2010, 38~42쪽, 148~149쪽 및 그림 4-41 참조)

20 朝鮮總督府遞信局 編, 『朝鮮遞信事業沿革史』, 京城: 朝鮮總督府遞信局, 1938, 4~6쪽.

이러한 점들을 생각할 때, 『각국기도』에는 당시 대한제국에서 알고 있어야 할 나라들의 국기와 통상 관련 기를 중심으로 수록한 것이라고 생각되며, 이러한 업무가 각 항구를 관할하는 해관(海關)과 관련이 있기 때문에 일차적으로는 해관 관련 문서로 추정할 수 있다. 그러나 인쇄본의 *Flags of Maritime Nations*이나 『통상약장유찬』과는 달리 『각국기도』가 필사본이라는 점은 이 책이 대한제국의 해관에서 널리 쓰기 위해 만들었을 가능성을 제한한다. 또한 미수교국의 국기까지 실었기 때문에 그러한 실용적인 목적으로만 제작했을지에 대해 의문을 가지게 된다.

『각국기도』에 국기가 수록된 국가들 가운데 1876년에 조일수호조규를 맺은 일본으로부터 시작해서 1902년에 조정수호통상조약을 맺은 덴마크까지를 포함하여 조선/대한제국과 조약을 맺은 나라는 모두 11개국이다. 아시아에서는 1876년에 조약을 맺은 일본이 가장 빠르며, 청국이 1882년에 통상조약을 맺었다. 서구권에서 가장 먼저 수교를 맺은 것은 미국으로 1882년이며, 이는 아메리카 지역에서는 유일한 것이기도 하다. 나머지 8개국은 모두 유럽권이다. 수교를 맺은 연도별로는 영국(1883), 독일(1883), 러시아(1884), 이탈리아(1884), 프랑스(1886), 오스트리아(1892), 벨기에(1901), 덴마크(1902)의 순이다. 이 나라들과는 모두 국기를 교환하였을 것이다. 또 국기가 수록된 순서를 보면 11면의 덴마크를 제외하고는 2면의 중국부터 9면의 벨기에까지는 수교국이 먼저 수록되어 있다. 따라서 『각국기도』에 실린 나라들과 깃발의 수록은 수교관계를 맺은 나라들을 우선 수록하고, 그 외에도 지리적으로 인식이 있던 나라들을 수록했다고 하겠다. 위에 언급한 수교국 11개국 외에도 유럽 나라들에 대해서는 일정한 지식이 있었을 것이나

남미나 아프리카 국가들에 관해서는 교류가 거의 없었음에도 불구하
고 국기를 수록한 까닭은 무엇이었을까? 이에 관해 파악하려면 1890~
1900년대 세계지리에 대한 인식을 살펴볼 필요가 있다.

4. 지도로 익히는 세계에 대한 인식

『각국기도』에는 37개국이 수록되어 있으나 이 나라들 가운데 수교
국은 11개국에 불과하다. 그렇다면 이 나라들에 대해 당시 대한제국에
서는 어떠한 인식을 지니고 있었을까? 이는 당시 발간되었던 지리서류
를 통해 확인할 수 있다. 개항과 더불어 세계와 맞닥뜨리게 되었을
때부터 이미『한성순보(漢城旬報)』등을 통해 세계의 지리에 대한 인식
이 보급되기 시작하였다.『한성순보』에는 창간호에「지구도설(地球圖
說)」과〈지구전도〉를 싣고, 2호부터 구라파주를 비롯하여 각 주에 대
한 설명을 게재하였다.(그림 7)[21] 이는 개항기 세계에 대한 인식을 문헌
뿐만 아니라 시각적으로도 제시한 것이었다. 한편 이러한 나라들에
관한 지리 교육이 이루어진 것은 신학문을 통해서였다. 1885년에 개교
한 배재학당에서는 보통과(普通科)와 만국지리과(萬國地誌科)를 설치
하고 한문과 영어, 만국지지를 가르쳤다. 이는 학생들의 시야를 넓히
기 위한 것이었다.[22] 이러한 인식이 집대성되어 집필된 책이 육영공원
(育英公院)의 교사였던 헐버트(H. B. Hulbert, 1863~1949)가 쓴『사민필

21 장보웅,「개화기의 지리교육」,『대한지리학회지』5:1, 대한지리학회, 1970, 41~42쪽.
22 위의 글, 42~43쪽.

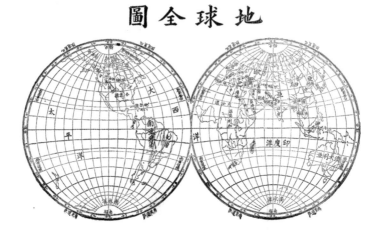

〈그림 7〉『한성순보』 창간호(1883.10.31.)에 실린 〈지구전도〉

지』와 유길준(俞吉濬, 1856~1914)이 쓴 『서유견문(西遊見聞)』이다.

헐버트는 1886년에 최초의 관립학교인 육영공원에 교사로 와 있었으며, 한글본 『ᄉ민필지』를 1891년경에, 이를 한문으로 번역한 『사민필지(士民必知)』는 1895년에 간행하였다. 『사민필지』는 육영공원의 생도들에게 세계 소개용 교과서로서 편찬한 책으로, 개화기에 편찬된 첫 세계 소개 견문서이기도 하다.[23] 『사민필지』에는 헐버트의 서문이 있으며 본론에서 유럽, 아시아, 남북 아메리카, 아프리카, 오스트레일리아의 순으로 6대주에 관해서 각 주에 소속된 나라의 지도상의 위치와 면적, 기후, 산물, 도시, 외국 통상 등을 소개하였다. 여기에서 유럽은 19개국, 아시아는 11개국, 아메리카는 18개국을 소개하고, 아프리

---

23 『사민필지』에 관해서는 민현식, 「개화기 한글본 'ᄉ민필지'에 대하여」, 『국어교육』 100, 한국어교육학회, 1981, 358~360쪽 참조.

카는 이집트와 아프리카의 서편, 남편, 동편에 있는 지역들과 마다가
스가국을, 오스트레일리아는 태평양의 섬들과 함께 소개하였다. 또
지구를 동편과 서편으로 나눈 지도도 함께 수록하였다. 이러한 체제는
한문본도 동일하다. 여기에는 수교, 미수교를 떠나서 당시 세계를 널
리 인식할 수 있도록 나라들이 소개되어 있다.

　『서유견문』을 쓴 유길준은 1881년 조사시찰단의 일원으로 일본에
가게 되었을 때 귀국하지 않고 일본에 머물며 게이오의숙(慶應義塾)에
입학하여 일본을 통한 신학문을 접했으며, 1883년 보빙사의 수행원으
로 미국에 가게 되었을 때 역시 현지에 남아서 유학하였고 1885년에는
1년 동안 유럽 각지를 여행하고 싱가폴과 홍콩을 거쳐 돌아왔다. 귀국
하여 개화당과 관련되었다는 혐의로 유폐생활을 하게 되자, 일본에
머물었을 때 자신을 돌보아준 후쿠자와 유키치(福澤由吉)의『서양사정
(西洋事情)』을 참고하고, 세계를 돌아보았던 자신의 경험을 덧붙여 글
을 엮었으며 1889년에 원고가 완성되었다. 그러나 책이 출판된 것은
그가 유폐에서 풀려난 뒤인 1895년에 이르러 일본에서였다.『서유견
문』에는 제1편「지구개론」에서 육대주를 소개하면서 각 나라의 명칭
을 게재하였다.

　세계에 대한 지리 인식이 좀더 대중적으로 확산된 것은 관찬 교과
서를 통해서였다. 학부(學部)에서는 1895년에『조선지지(朝鮮地誌)』와
함께『소학 만국지지(小學萬國地誌)』를 편찬했는데, 이 두 지리서는 종
래의 지리서류를 신학문에 맞게 재편한 것이며 특히『(소학)만국지지』
는 소학의 교과용 세계 지리서로서 펴낸 것이다.[24]『(소학)만국지지』

24　『소학 만국지지』의 체제와 내용에 관해 자세한 것은 강창숙,「근대계몽기 세계지리

역시 세계에 대한 지리적인 인식을 6편으로 나누어 싣고 있는데 아시
아주 16개국, 아프리카주 8개국, 구라파주 18개국, 북아메리카주 11개
국과 함께, 오세아니아, 말레이 군도 등 태평양 및 대서양에 위치한
기타 나라들을 수록하였다. 여기에는 독립국만을 수록한 것은 아니고
아시아에서도 프랑스령 인도차이나를 실었고, 아프리카주에서도 터
키 관할로 되어 있는 이집트를 싣고, 영국령, 프랑스령, 스페인령 등
당시 식민지가 되어 있던 지역도 싣고 있다. 다른 지역에 견주어 아시
아와 유럽주의 나라들에 대한 분류가 비교적 더 상세하고 서술도 자세
한 편이다. 당시 학부대신인 이완용이 쓴 서문을 살펴보면 이 책은
학부 편집국장 이경직(李庚稙)이 일본인 타카미 카메(高見龜)에게 번역
을 위탁하여 편찬한 것이다.[25] 따라서 내용에 있어서도 조선의 바로
다음에 일본을 두었으며, 일본에 대한 서술이 가장 자세하며 예를 들
면 동경(東京)을 서술하면서 "동양에서 가장 번화한 도시"라는 식으로
서술하여 일견 치우친 측면이 없지 않다.

이처럼 1890년대에는 세계지리서가 편찬되고, 이것이 중등학교뿐
아니라 소학교의 교과서로 쓰이면서 세계에 대한 지리적 인식이 널
리 교육되었다. 대한제국기에는 세계지도의 편찬에도 힘을 기울였는
데, 이는 1899년 1월 14일자 『황성신문』에 실린 기사 내용으로도 알

교과서 『소학만국지지』의 내용체계와 서술 방식」, 『한국지역지리학회지』 19:4, 한국지
역지리학회, 2013 참조.
25 「萬國地誌 序」, 『(小學)萬國地誌』, 學部 編輯局, 1895. 이 『만국지지』는 1895년에는
목활자본으로 간행되었으나, 이후 서문이 없이 연활자본으로도 간행되었다. 타카미
카메(高見龜)는 이 시기 학부에서 고빙하여 관립한성사범학교의 교사를 지내기도 한
인물이다. 「학부에서 고용한 일본인 高見龜와 野野村金五郎의 합동 건에 날인하여
회신」, 『照會 第六號』, 開國五百四年六月八日(1895년 6월 8일(음)).

수 있다.[26] 그러나 국명으로만 제시되는 나라들에 대한 인식에는 변별력이 떨어진다. 이를 보완하고자 학부에서는 각 나라의 국기를 첨가하여 수록한 〈세계전도(世界全圖)〉를 간행하였다.

『한성순보』에 수록되었던 신문 두 장 크기의 〈지구전도〉와는 달리 〈세계전도〉는 153×93cm의 크기로 궤도 형태의 축으로 장황되어 있다.[27] 지도는 원형 안에 세계 지도를 동반구와 서반구로 각각 나누어 수록하고 있으며 지도의 오른쪽 아래에는 종서로 "대한광무사년 류하 학부 편집국 중간(大韓光武四年榴夏學部編輯局重刊)"이라고 되어 있어 1900년에 펴낸 것임을 알 수 있다. 특기할 것은 〈세계전도〉라는 표제의 양쪽으로 36개국의 국기가 한자명과 한글명과 함께 수록되어 있는 점이다. 지도와 국기의 형태, 글씨는 목판 인쇄본이나 국기의 채색만은 그 위에 필사로 덧칠하였다.(그림 8) 이 지도에 나와 있는 국가들은 대체로 『각국기도』에 수록되어 있는 국가와 일치한다.

이 지도는 대한제국기인 광무 4년(1900)에 중간된 것이나, 상단에 있는 국기에는 국가명을 '조선'으로 기록하였다. 따라서 이것은 대한

---

26 『황성신문』 1899.1.14.(양력) 논설 「我國의 書冊이 汗牛充棟ᄒ야」에서 당시 대한제국과 세계에 대한 지식을 북돋을 책의 간행이 학부를 중심으로 활발했음을 알 수 있다. "甲午 以後에 學部에서 前人의 未發ᄒ바를 發ᄒ야 如干 時局의 緊要ᄒ 者를 摘ᄒ니 近日 公法 會通과 萬國地誌와 萬國歷史와 朝鮮地誌와 朝鮮歷史와 泰西新史와 中日略史와 俄國略 史와 種痘新書와 尋常小學과 國民小學讀本과 輿載撮要와 萬國年契와 地球略論과 近易 筭術과 簡易四則과 朝鮮地圖와 世界地圖와 小地球圖 等 冊이 是라" 그런데 황성신문의 이 논설은 각 나라와의 조약을 맺고 조계지가 설정되었음에도 이를 국민들이 잘 알지 못하여 약장을 두루 펴낼 필요가 있음을 역설하고, 외부에서 마침 그러한 책자를 펴냈으나 책자의 가액이 80전에 이르고, 이러한 책자가 출간되었음을 일반 신문에는 광고하지 않고 관보에만 실어 많은 사람들에게 알리고 있지 않음을 질타하였다.

27 〈세계전도〉는 목판에 채색한 것으로 복본이 여러 곳에 존재한다. 사용한 사료는 규장 각 한국학연구원에 소장된 것이다.

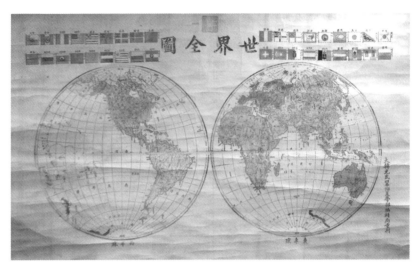

〈그림 8〉 학부에서 간행한 〈세계전도〉, 1900년, 목판에 채색, 153x93cm.
규장각 한국학연구원 소장.(古軸 4909-44).

제국으로 명명하기 전인 1895~1897년 10월 이전에 초간된 것을 1900
년에 중간한 것으로 여겨진다.

이 지도와 유사한 지도로 〈오주각국통속전도(五洲各國統屬全圖)〉(영
남대학교 박물관 및 성암고서박물관 소장, 1896)가 있다. 건양 원년(1896)
3월에 역시 학부에서 중간한 이 지도에는 국기는 부기되어 있지 않으
나 원형 안에 동반구와 서반구를 나누어 놓았으며, 각 나라와 해양명
등을 표기하여 그려놓은 배치는 거의 유사하다.[28] 〈세계전도〉와 〈오
주각국통속전도〉의 표현이 거의 유사함으로 미루어본다면, 〈세계전
도〉는 〈오주각국통속전도〉를 저본으로 해서 여기에 각국의 국기를

---

28 原圖는 光緖18年(1892) 光學會의 英國人 李提摩太(圖說筆者)가 제작한 것으로 추정하
고 있으며, 이를 바탕으로 학부 편집국에서 1896년 3월 중간하였다.

덧붙여 학부에서 간행한 것으로 생각된다.

〈세계전도〉의 위쪽에 표현된 국기 배치를 살펴보면 각 지역의 국
가별 안배가 이루어져 있다. 오른쪽 윗줄부터 왼쪽 아래로 가는 방식
으로 순서를 보면 "조선 청국 일본 섬라 버마 페르시아 영국 독일
프랑스/러시아 오스트리아 이태리 네덜란드 벨기에 스페인 포르트갈
터키 스위스란드/이집트 덴마크 스웨덴 노르웨이 그리스 미국 멕시
코 페루 칠레/파라과이 에쿠아도르 우르과이 라플라타 트리폴리 모
로코 볼리비아 베네쥬엘라 하이티"의 순으로 대체로 아시아, 유럽,
북미, 중남미, 북아프리카의 순서로 배치하였다. 각 군에서도 보다
중요하게 여겨지는 나라가 앞 쪽에 배치되었다고 보면 일본보다는
청국을 앞에 두었고, 터키와 이집트는 유럽권에 들어 있으며 볼리비
아와 베네주엘라, 하이티는 중남미임에도 불구하고 북아프리카 나라
들의 뒤쪽에 배치되어, 잘 인지되지 않은 것으로 여겨진다.

여기에 수록된 36개국과 『각국기도』에 수록된 38개국을 비교해 보
면, 남미에 있는 아르헨티나와, 현재 알 수 없는 리아 2곳을 제외하고
는 36개국이 일치한다. 도상적으로 볼 때에도 필사본으로 그려진 『각
국기도』의 국기 모양은 목판본으로 제작되고 색깔이 필사로 덧칠된
〈세계전도〉의 형태와 거의 유사하다. 〈세계전도〉에서 페르시아와 버
마 기에 있는 사자나 코끼리 등은 털이나 주름의 표현이 섬세한데,
이는 목판이 섬세한 목각이 가능했기 때문인 것으로 보인다.

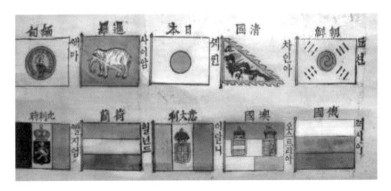

〈그림 9〉〈세계전도〉에 태극기가 수록된 부분

〈세계전도〉는 학부에서 편찬하여 학교 교육에서 교육용 괘도로 쓰도록 만든 것이다. 이는 『사민필지』, 『만국지지』 등 교과서와 함께 지리적 지식의 대중적 보급을 꾀한 것이었다.[29] 국기를 모으고 관장하는 일은 외부(外部)에서 진행하지만, 국기에 대한 인식을 확장하는 일은 교육을 담당한 학부에서 주관하였다. 실제 당시 학교 교육에서는 만국에 대한 인식을 실생활에서는 운동회 때에 만국기를 거는 것으로 시각화하였다. 1899년 4월 29일 훈련원에서 열린 한성지역 관립 외국어학교 6교 연합 운동회는 학부 주관으로 열린 것으로, 대회의 회장이었던 훈련원 대청에는 대한국기(大韓國旗)를 세우고 통상조약을 맺은 각국의 국기를 함께 게양하였다.[30] 이때 학부에서는 접빈례에 사용할 각국의 국기를 빌려달라고 외교 관서인 외부에 요청하였다.[31] 이처럼

---

29 盧禎埴, 「古地圖에 나타난 外國地名을 통해서 본 視野의 擴大」, 『大邱教育大學논문집』 22, 大邱教大論文編輯委員會, 1987, 74~75쪽.
30 『독립신문』 1899.5.1.; 『황성신문』 1899.5.1.
31 『學部來去文』 제8책 「學案」 五, 1899.4.25. 學部學務局長兼外國語學校長 金珏鉉이 外部 交涉局長 李應翼에게 보낸 문건. 各語學校聯合大運動會를 4월 29일 訓練院에서

1899년에는 각급 학교에서 각국 국기를 사용하는 것이 중요한 일이
되었으나, 실제로 여러 나라의 국기를 학교나 학부에서 구비하고 있지
는 못했을 것이다. 1896년에 인쇄한 〈오주각국통속전도〉에는 들어
있지 않았던 36개 국의 국기가 1900년에 발간한 〈세계전도〉에 수록된
것은, 학교의 지리 교육을 통해 세계 지리를 시각적으로 널리 일반화
하고자 하는 학부의 의도에 따른 것이라고 할 수 있다. 이러한 정황으
로 볼 때 〈세계전도〉에 국기를 수록할 때 『각국기도』와 같은 책자를
참고로 하였을 것으로 보인다.

여기에서 두 가지 사실을 추정해 볼 수 있다. 첫째는 학부에서 외부
에 국기를 요청했다는 점이다. 따라서 이러한 국기의 원본은 외부에서
확보하고 있었으며, 혹시 그것이 『각국기도』가 아니었을까? 그렇다면
『각국기도』는 세계 지리에 대한 인식의 밑바탕이 되는 책이었을 것이
다. 두 번째는 『각국기도』의 간행 시기이다. 〈세계전도〉가 간행된 것
이 1900년으로, 〈세계전도〉가 『각국기도』에 수록된 국기를 저본으로
사용하였다면, 『각국기도』는 적어도 그 이전에 제작되었을 것이다.
대한제국은 1899년 〈대한국 국제(大韓國 國制)〉를 제정하는 등 여러
가지 제도를 정비했다. 『각국기도』 또한 이러한 정비 과정의 일환으로
여러 나라의 국기를 정리한 것으로 볼 수 있다. 따라서 『각국기도』의
제작 시기는 대한제국을 선포한 1897년 이후 1900년을 넘지 않는다고
볼 수 있을 것이다.

開設할 예정인데 各國國旗를 接賓禮에 사용해야 하니 外部에서 보관하고 있는 것을
일일이 借送해 달라는 照會.

5. 국명의 표기로 보는 지식 출전의 변화

『각국기도』에는 대한제국을 포함하여 38개 나라의 기가 수록되어 있으며 각각 한자와 한글로 국명과 깃발명이 표기되어 있다. 이 책에서 각 나라들의 국명을 표기하는 방법을 당시 세계에 대한 인식을 보여주는 지리지나 일본과 중국에서 발간한 관련 자료들을 비교하여 보면 이 책에 쓰인 나라들이 어떤 이유로 채택되었으며, 국명을 표기하는 방식은 어떠한 기준으로 이루어졌는지를 추정해 볼 수 있을 것이다.

『각국기도』의 국명 표기 방식에서 살펴봐야 할 것은 일본과 청국의 국기 관련 책자의 한자 표기이다. 현재 확보할 수 있는 책자 가운데 앞에서 언급한 규장각 소장 『통상약장유찬』(1886)과, 일본에서 발간된 『만국기장도보(萬國旗章圖譜)』(1852)가 있다.[32] 이와 함께 앞에서 언급

---

32 『萬國旗章圖譜』는 가에이(嘉永) 5년(1852)에 발행한 국기 책으로, 현재까지 가장 이른 것으로 보인다. 막부 말기의 유학자이자 수부(水府) 교관을 지낸 모리 시게루(森蔚)가 쓴 발문에 따르면 해상 방위의 중요성 때문에 서구 여러 나라의 국기 및 군함기 등 290여 종을 정리하여 편집하였다. 『萬國旗章圖譜』, 江戸: 山城屋优兵衛, 嘉永五年(1852). 이후에 출판된 국기 책으로는 메이지 시기에 출판한 『各國旗章明鑑』이 있으며 현재 일본 국회도서관에 귀중도서로 소장되어 있다. 이 책은 일본 요코스카(横須賀)에 소재한 軍港堂에서 출판하였는데, 군항당은 日本 海軍省 御用 圖書 出版所로 명기되어 있어, 일본 해군에서 사용하는 책으로 발간된 것으로 여겨진다. 이 책에는 일본, 영국, 러시아, 미국, 독일, 청의 기는 국기뿐 아니라 천황기(또는 대통령기나 제독기), 군함기, 要招水先旗 등 실질적으로 필요한 기들이 다수 수록되어 있고, 우리나라는 大朝鮮으로 표기되어 태극기가 수록되어 있으며, 하와이왕국, 콩고, 코스타리카 등 34개국의 국기 및 관련 기가 소개되어 있다. 조선과 청국 외에 아시아 국가는 없으며, 남미권과 동유럽권이 많이 수록되어 있다. 국명은 한자 및 가타카나가 혼용되고 영어명이 병기되어 있다. 道本揚聲·御園生萬吉 合著, 從七位勳六等 石橋常昌 校閱, 『各國旗章明鑑』, 横須賀: 軍港堂, 明治31(1897). 『國旗』는 도상만으로 이루어진 책은 아니고 국기에 대한 개관 및 대일본제국 국기, 천황기, 군기 등에 대한 이론을 싣고 있는 책이다. 이 책의 참고도서로 위에 언급한 것과 유사한 것으로 여겨지는 『各國國旗明鑑』을 들고 있으며,

한 『서유견문』, 『사민필지』와 〈세계전도〉, 그리고 비슷한 시기에 미국에서 출판한 *Flags of Maritime Nations*(제5판, 1899)에 표현된 국명을 『각국기도』를 기준으로 정리해 보면 다음 〈표 3〉과 같다.

〈표 3〉 『각국기도』와 〈세계전도〉 및 청과 일본 국기 책의 국명 표기[33]

지역별		각국기도 (1900경)	서유견문 (1895)	사민필지 (1895)	통상약장 유찬 (청, 1886)	만국기장 도보 (일본, 1852)	세계전도 (1900)	Flags of Maritime Nations (1899)
대한 제국	1	大韓 딕한	朝鮮 코리야	대한국 大韓國	大淸屬 高麗國		朝鮮 됴선	Corea
아 시 아	6	淸國 청국	淸國/支那 창이나 /시나	청국 淸國	大淸國	淸國	淸國 차인아	China
		日本 일본	日本 잡판	일본국 日本國	日本國		日本 셔핀	Japan
		暹羅 섬라	暹羅 사이암	사-암국 暹羅國		暹羅	暹羅 사이암	Siam
		波斯 파사	波斯 퍼시야	버시아국 波斯國	波斯國	百兒齊亞	波斯 퍼시아	Persia
		緬甸 면전	緬甸 버마	범아국 緬甸國		毘慶滿	緬甸 써마	
		土耳其 토이기	土耳其 터계	터키국 土耳其國	土耳其	都兒格	土耳其 터키	Turkey

―――

책의 앞부분에 화보로 일본과 조약을 맺은 나라들의 국기와 군기, 황족기 등을 수록하였다. 수록한 국가 수는 일본을 포함하여 23개국으로, 유럽과 남북미 국가뿐 아니라 하와이, 콩고 등도 수록되어 있다. 石川榮司 編纂, 『國旗』, 東京: 育成會, 1900.

33 여기에 정리한 나라 명은 『각국기도』를 기준으로 다른 책에 수록된 것만 추출하여 수록했다. 『각국기도』에 수록되지 않은 나라 명은 비교하지 않았다. 또한 나라를 확정할 수 없는 里牙는 제외하였다. 『서유견문』에서 터키국은 유럽에 포함되어 있으나 『각국기도』의 분류에 따라 아시아에 표기했고, 瑞典 스윗절난드와 瑞西 스위든은 한글 발음이 오기인 것으로 보이나 원문대로 기록했다. 『ᄉ민필지』는 1906년 간행본에 대한국 국명으로 표기된 것을 수록했다.

유럽	15	英國 영국	大不列顚/ 英吉利 쓰퓃트브 뤠텐	영국 英吉利國	英國	英吉利	英國 잉글넌드	Great Britain
		德國 덕국	日珥曼 져만에	덕국 德地	德國	獨逸	德國 써멘느-	Germany
		法國 법국	佛蘭西 프란쓰	프란스국 佛蘭西國	法國	佛蘭西	法國 ㅎ푸란스	France
		俄國 아국	俄羅斯 롸시야	아라사국 俄羅斯國	俄國	魯西亞	俄國 퍼시아	Russia
		澳國 오국	墺地利 어스트뤼야	오스드리아 奧地利國	澳國		澳國 오스트리아	Austria Hungary
		義太利 의디리	伊太利 이틸네	이달리아국 伊太利國	意大里國	意太利亞	이탈니 意大利	Italy
		白耳義 빅이의	白耳義 벨지암	벨시엄국 白耳義國	比利時國		쎌지엄 比利時	Belgium
		荷蘭 하란	荷蘭 할난드	네덜난스국 荷蘭國	荷蘭國	和蘭	荷蘭 헐넌드	Netherlands
		西班牙 서반아	西班牙 스페인	셔바나국 西班牙國	日斯巴尼 亞國	是班亞	西班牙 스페인	Spain
		丁抹 정말	丁末 쎈막크	덴막국 丁抹國	丹國		丁末 썬막	Denmark
		瑞典 서전	瑞典 스윗절난드	스위덴국 瑞典國	瑞典國	蘇亦西亞	瑞典 스위든	Sweden
		那威 나위	諾威 노어웨	너웨국 諾威國	那威國		嚀國 노웨이	Norway
		希臘 희랍	希臘 싀뤼쓰	싀리스국 希臘國	希臘國	厄利西亞	希臘 글익	Greece
		葡陶亞 포도아	葡萄牙 포쥬걸	포츄갈국 葡萄牙國	葡陶亞國	葡萄亞	葡萄牙 포튜글	Portugal
		瑞士 스사	瑞西 스위든	쉬쓸란드국 瑞西國			瑞士 스위서넌드	Switzerland

아프리카	3	埃及 익급	埃及 이집트	이즙드국 埃及國	埃及國		埃及 이집트	
		摩洛哥 마라가	摩洛哥 모록코		摩洛哥國	マロコ	摩洛哥 모락코	Morocco
		的黎波里 적려파리	杜立八利 트림플늬			テリポリ	的黎波里 트립폴느-	
아메리카	12	美國 미국	合衆國 花旗國 유나이텟 드스텟츠	합즁국 合衆國(美國)	美國	北アメリカ 共和政治州	合衆國 유나이티 드시테잇스	United States
		墨西哥 묵서가	墨西哥 麥時古 멕시코	멕스고국 墨西哥國	墨西哥國		墨西哥 맥시코	Mexico
		亞然丁 아연정	亞然丁 아젠던	아젠듸나 합즁국				Argentine Republic
		智利 지리	智利 칠늬	칠늬국	智利國	シリ	智利 칠느-	Chili
		秘魯 비로	秘魯 피루	베루국	秘魯國	ペーリュ	秘魯 퍼루	Peru
		巴拉圭 파랍규	把羅貴 파라궤	바라궤국	普納受 利斯國	ハルパライソ	巴拉圭 퍼릭귀	Paraguay
		厄瓜多 액과다	厄瓜多 이퀘더	엑궤도국	厄瓜爾多國		厄瓜多 이큐에더	Equador
		海提 해제	許太伊 허틔이				海提 헤트-	Haiti
		烏拉圭 오랍규	猶羅貴 유라궤	유루궤국	烏拉怪國		烏拉圭 유릭귀	Uruguay
		委內瑞辣 위내서랄	彬崖朱越那 벤에쥬멜나	베네쉬일나국	非尼蘇 意拉國	ヘネシューラ	委內瑞辣 베니슈엘나	Venezuela
		波利非亞 파리비아	拔利比亞 볼니비야	쏠니비아국	波利非亞國		波利非亞 쏠니비아	Bolivia
		拉巴拉 랍파랍					拉巴拉 라푸라타	

위의 〈표 3〉에서 볼 수 있는 바와 같이 『각국기도』의 국명 표기는 『통상약장유찬』의 국명 표기와 상당히 유사한 것을 알 수 있다. 1886 년 당시 조선을 "대청국속 고려국"이라고 하여 조선을 속국으로 인식 하고자 했던 청의 입장을 표명한 점이 드러나고 있지만, 공통적으로 표기된 30개국의 국명 표기 가운데 벨기에, 스페인, 네덜란드, 파라과 이, 베네쥬엘라를 제외한 25개국의 국명 표기가 거의 일치한다. 따라 서 『각국기도』를 편찬하고 국명을 표기하는 데에는 이처럼 『통상약 장유찬』과 같은 책자가 참고되었다고 생각된다. 물론 조선 말에도 세 계를 인식하는 지리서류가 편찬되었고, 최한기(崔漢綺, 1803~1879)가 저술한 『지구전요(地球典要)』(1857) 같은 세계 지지서를 보더라도 외 국 지명은 이미 익숙한 것이었다.[34]

그런데 실제로 국기 도상을 비교해 보면 차이가 난다. 『각국기도』 와 『통상약장유찬』에 실린 국기 표현을 비교하여 보면, 『통상약장유 찬』은 '대청국기(大淸國旗)'와 '북양수사전장군령기(北洋水師全軍將領旗)', '북양수사분장군령기(北洋水師分軍將領旗)', '상기(商旗)'를 싣고 있고, 그 바로 뒤에 태극기를 '대청국속(大淸國屬) 고려국기(高麗國旗)'라고 싣고 있는 점은 이미 알려진 바와 같다.[35] 『각국기도』의 태극기는 흰색 바탕 의 정방형에 청홍의 태극과 흑색의 4괘를 표현하고 있는 반면, 『통상 약장유찬』의 태극기는 황색 바탕으로 표현되어 있고 태극의 중심에 점을 표현하고 있어서 중국에서 널리 사용하는 태극도의 도상 방식으

---

34 노정식, 앞의 글, 68쪽.
35 이태진, 「대한제국의 皇帝政과 「民國」 정치이념─國旗의 제작·보급을 중심으로」, 『한 국문화』 22, 서울대학교 규장각한국학연구원, 1998.

로 그려져 있는 점에 차이가 있다. 또한 괘는 태극기가 오른쪽 위에서
시계방향으로 건, 리, 곤, 감 순으로 배치된 반면,『통상약장유찬』에서
는 왼쪽 위부터 시계 방향으로 건, 감, 곤, 리로 배치되어 서로 대칭되
어 있다. 또한 태극의 운동 방향도 시계 반대방향이어서 역상으로
되어 있다.(그림 10, 11)[36] 『각국기도』에서는 태극기 바로 뒤에 청국기
를 싣고 일본기를 수록하였으나,『통상약장유찬』에서는 청국기 뒤에
태극기를 싣고 일본기는 국기 가운데 맨 뒤에 수록하고 있어 일본의
존재를 매우 미미하게 처리하고 있는 점도 다르다.

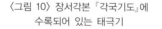

〈그림 10〉 장서각본『각국기도』에 　　〈그림 11〉『통상약장유찬』에
수록되어 있는 태극기 　　　　　　　수록된 태극기

---

36 태극의 방향과 괘의 순차로 보면『通商約章類纂』의 배치가 현행 태극기와 동일하고
『各國旗圖』의 배치는 역상이다. 이것은 국기를 계양할 때 단독으로 할 때는『通商約章
類纂』처럼 깃대가 왼쪽에 올 때는『通商約章類纂』의 방향으로 계양되지만, 외국기와
교차 계양할 때는 본국의 기가 왼쪽에 오기 때문에 깃대가 오른쪽에 오게 되어『各國旗
圖』의 방향에서 보인다. 대한제국기 당시 국기 그림을 보면『各國旗圖』처럼 오른쪽
깃대 방향으로 되어 있는 경우도 많았다.

다른 나라들의 기를 살펴보면『통상약장유찬』에는 국기 외에 대체로 황기(皇旗), 관기, 민기 등의 명칭으로 수록한 반면,『각국기도』에서는 황제기는 전혀 수록하지 않고 주로 군기와 상기를 중심으로 표기하였다. 도상이 거의 유사한 이탈리아기를 보면『통상약장유찬』은 이탈리아의 관민기만 제시되어 있는데, 방패형 문장 위에 크라운을 매우 소략하게 표현하고 있다.(그림 12)『각국기도』에는 두 개의 기가 수록되었는데, 군함기에 크라운이 자세히 그려져 있고, 크라운이 없는 기를 국기상선기로 표현하고 있다.(그림 13) 동물이 그려진 예로 보면 파사기가『통상약장유찬』은 태양 안에 거의 원숭이처럼 그려진 반면,『각국기도』에는 칼을 든 사자가 당당히 표현되어 있다.(그림 14, 15) 이러한 점을 보면,『각국기도』의 국기 표현은『통상약장유찬』보다는 좀더 정교한 국기 책을 참고했다고 하겠다.

<그림 12>『통상약장유찬』의 이태리국 관민기

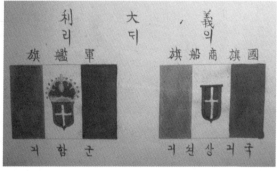

<그림 13>『각국기도』에 표현된 이태리 국기상선기와 군함기

〈그림 14〉『통상약장유찬』의   〈그림 15〉『각국기도』에 표현된 파사 국기와 군함기
파사 국민기

　일본의 국기 책으로, 우리나라를 "대조선국(大朝鮮國)"으로 표현한
『각국기장명감(各國旗章明鑑)』은 수록된 나라의 분포가 매우 차이가 나
며, 국명 표기 또한 다르다. 1900년에 발간된『국기(國旗)』는 비록 우리
나라를 "조선(朝鮮)"으로 표기하고 있으나, 다루고 있는 나라의 범주는
일치하는 부분이 많다. 그러나 이 책자는 당시 일본이 조약을 맺은
나라들만을 수록하였기 때문에『각국기도』만큼 다양한 나라를 포함하
고 있지는 않다. 다만 흑백이나마 수록된 국기의 형태를 보면『각국기
도』에 수록된 형태와 상당히 유사하다고 여겨진다. 따라서『각국기도』
에 수록된 국기는 형태는 당시 일본이나 다른 나라에서 발간된 국기
책을 참고하였으나, 국명 표기는 한자식으로 표현된 중국식 표기법을
채택한 것으로 생각된다.
　한편〈세계전도〉의 국명 표기는『서유견문』이나『사민필지』같은,
영어권 지식을 기반으로 한 책들이나 미국에서 발행한 *Flags of Maritime
Nations*(1899)와 유사점이 많다. 이는 영어의 음가를 살리고자 한 것이
라고 볼 수 있다. 따라서 중화 문화권의 지식을 참조한『각국기도』의

표기와는 달리 〈세계전도〉의 지리 인식에는 서구식 지도 표현뿐 아니라 서구식의 인식 방법도 포함되었다고 할 수 있다. 〈세계전도〉는 『각국기도』와는 달리 목판으로 제작되어 학교 교육에 널리 쓰였다는 점에서, 지도와 국기를 통한 세계에 대한 시각적 인식이 서구식 방법으로 변화해 가는 과정을 보여준다.

6. 맺음말

대한제국기는 개항 이래 여러 나라와 수교하면서 한편으로 세계에 대한 인식을 넓혀가는 시기였다. 중국과 일본에 한정되어 있던 교류는 서구 여러 나라로 넓혀졌고, 세계에 대한 인식을 변화시킬 필요가 있었다. 이러한 시기에 제작된 『각국기도』는, 1880년대에는 수교를 통해 국기를 교환하던 것을 넘어 시각적으로 세계를 인지하고자 한 상황을 볼 수 있는 자료이다. 또한 책자의 맨 앞에 "대한제국 국기 만만세"라는 문구를 넣어, 대한제국을 중심으로 세계와 교류하는 자신감을 보여주기도 한다. 조선/대한제국의 공적 문서들이 보존되어 있는 규장각 한국학연구원과 한국학중앙연구원 장서각에만 소장되어 있는 채색필사본의 이 자료는 거의 논의된 바 없으나, 세계에 대한 시각적 인식의 단면을 보여주는 것이라 할 수 있다. 당시 영국, 미국 등 서구 나라들뿐 아니라 일본과 청 등 여러 나라들은 세계 무역과 해상 방위를 위한 국기 책을 저마다 제작하고 있었던 것을 확인할 수 있는 바, 『각국기도』도 그러한 흐름 안에 동참하고 있었던 상황을 알려준다. 그러나 『각국기도』는 채색필사본으로, 다량 제작이 확인되지 않는다는 점에서 제한적인 활용만을 짐작할 수 있을 따름이다.

그러나 『각국기도』에 수록된 국기를 통해 드러난 다른 나라들에 대한 시각적 인식은, 이를 바탕으로 제작한 것으로 보이는 〈세계전도〉를 통해 학교 교육에 활용되었음을 파악할 수 있다. 조선 말부터 이미 지식인들이 보여온 세계에 대한 관심은 여러 지지서들을 통해 드러났으며, 1895년 이후 실시한 근대 교육에서는 『사민필지』나 『만국지지』 등을 통해 세계에 대한 지식을 자라나는 세대에 일깨웠다. 이러한 인식은 서구식 지도를 통해 시각적으로 교육되었으며, 〈세계전도〉는 지도에 더해 각 나라의 국기를 수록함으로써, 세계 여러 나라의 문화적 정체성을 구분하고 인식할 수 있도록 한 교육 자료였다. 『각국기도』와 〈세계전도〉는 세계를 인식하는 시각적 창이었다.

페티시즘 개념을 통해서 본 개신교와 무속의 만남

방원일

1. 머리말

2008년에 제작된 영화 〈페티쉬〉는 숙희(송혜교 분)가 무당의 딸이라는 신분을 속이고 독실한 재미교포 개신교 집안에 시집간 이후의 일을 그린 이야기이다.[1] 남편이 사망한 이후 숙희는 옆집 젊은 부부와 가까이 지내게 되었고, 부인 줄리를 질투한 나머지 그녀의 모습을 모방해 가며 남편에게 접근한다. 욕망과 유혹으로 가득한 이 이야기를 보면서 시청자들은 영화 제목 '페티시'를 성적인 의미와 연결해 이해할 공산이 크다. 그러나 뜻밖에도 영화 내의 페티시는 숙희가 시집올 때 가져온 베개 속에 들어있는, 무당 어머니가 준 방울을 뜻한다. 방울은 숙희가

---

[1] 〈페티쉬〉는 2008년에 한국계 미국인 감독 손수범(Sohn Soo-Pum)에 의해 미국에서 촬영된 독립영화이다. 송혜교, 아르노 프리스치(Arno Frisch), 애쉬나 커리(Athena Currey)가 주연을 맡았다.

〈그림 1〉 영화 〈페티쉬〉(2008)의 포스터

벗어나고자 했지만 벗어나지 못한 저주와도 같은 무당의 숙명을 상징한다. 현대 시청자의 예상을 벗어난 페티시의 이러한 의미는 어디서 온 것일까? 이것은 19세기 말, 20세기 초 한국에서 활동한 개신교 선교사들이 사용했던 개념의 흔적이다. 선교사들은 한국 민간신앙의 상징물과 무당의 무구(巫具)를 페티시(fetish)라고 불렀다. 이 글은 영화 내의 의미와 시청자가 기대하는 의미 사이의 간극, 페티시의 19세기 의미와 21세기 의미 사이의 간극에서 출발한다.

페티시즘은 극단적으로 복잡한 의미와 용례를 가진 단어이다. 그것은 1760년에 프랑스의 계몽주의자 샤를 드 브로스(Charles de Brosses)가 종교를 설명하기 위해 제안한 이래, 다양한 학문분과에서 응용되었으며 현대문화의 여러 영역에서 생명력을 지닌 개념으로 존재하고 있다. 그 복잡성은 우리말에서 사용되는 용례만 일별해보아도 금방 드러난다. 종교학과 신학 분야에서는 이 단어를 과거에는 서물숭배(庶物崇拜), 배물론(拜物論) 등으로 번역하기도 했으나 최근에는 주물숭배(呪物崇拜)로 번역하는 추세이다. 경제학에서는 물신숭배(物神崇拜)라고 번역된다. 심리학에서는 절편음란증(切片淫亂症), 이성물애(異性物愛) 등의 표현이 있으며 페티시즘이라고 부르는 경우가 많다. 심지어 페티시즘은 포르노 산업의 한 장르 명칭으로 통용되기도 한다.[2]

페티시즘 개념이 지닌 복잡한 역사를 소개하기는 하겠지만, 그것이

이 글의 전체 내용은 아니다. 이 글에서 관심을 두는 것은 19세기 말, 20세기 초 한국에서 활동한 개신교 선교사의 문헌에서 이 개념이 등장한다는 사실이다. 도대체 이들은 어떤 의미와 맥락에서 페티시즘을 사용하였을까? 왜 개신교 선교사들은 한국의 무속을 기술할 때 이 개념을 사용하였을까?

이 글은 페티시즘 개념의 역사를 개관하는 데서 출발한다. 이 개념이 서아프리카 종교와의 만남에서 출현하여 종교학, 경제학, 심리학에서 어떤 의미를 획득하였는지를 설명할 것이다. 이 개념은 출현한 이후 여러 방향으로 크게 발달하였다. 그러나 그 변화에도 불구하고 그 밑에 면면히 흐르는 핵심주제가 존재한다. 그것은 바로 이 개념이 타자를 열등하게 바라보는 만남에서 비롯되었다는 것과 전도(顚倒)된 물질적 가치에 주목하였다는 점이다.

이 두 주제는 한국에서 선교한 선교사들의 페티시즘 용법에서도 나타난다. 선교사들에게 페티시즘은 낯선 문화를 서술하는 당대의 개념이었다. 그것은 당대의 개념이기에 비유럽 타자에 대한 서구인의 인식을 보여주고 당시 학계의 논의를 반영한다. 그리고 그것은 당대의 개념이기에 현재의 독자에게 낯설게 보이는 의미를 포함한다. 선교사 문헌에 등장하는 페티시즘은 무속(巫俗)이라는 타자의 종교를 서술하는 과정에서 나타나는데, 더 구체화해서 살피면 다음 세 가지로 나누어볼 수 있다. 첫째, 한국 무속과 가정신앙에서 사용되는 상징들은 선교사들에게 전도된 물질적 가치의 부여로 이해되었기 때문에 페티시즘이

---

2 이 글에서는 '페티시즘'으로 통일하였다. '페티쉬', '페티쉬즘'이라는 표기도 종종 사용되지만, 현행 외국어 표기법에 따라 '페티시', '페티시즘'으로 표기하도록 한다.

적용되었다. 둘째, 무속의 신앙 대상은 일반적으로 페티시로 불렸다. 무속에서 기독교로 개종하는 선교 내러티브에서 가장 극적인 장면을 이루는 것이 페티시 불사르기였다. 셋째, 파괴적 의도를 갖지 않고 학술적인 언어로서 페티시즘을 사용하려는 선교사도 있었다. 이들은 페티시즘을 통해 무속을 종교현상으로 서술하고자 하였다. 이하에서 는 페티시즘의 개념사를 소개하고 고찰에 이어 선교사의 세 가지 용법 을 차례로 살피도록 하겠다.

2. 페티시즘 개념사: 만남과 물질

1) 페티시즘의 출현

페티시 개념은 16, 17세기 서아프리카 연안이라는 문화 간의 만남 과 전환의 공간에서 출현하였다.[3] 서아프리카 지역은 포르투갈이 15세 기 말부터 식민기지를 건설하고 상거래와 노예무역을 한 접촉지대였 다. 포르투갈 상인들은 서아프리카인들의 종교적 대상과 신앙 행위를 '페이티소(feitiço, 마법witchcraft에 속하는 대상이나 행위)'라고 지칭했다. 이 말은 상호문화적 교통의 산물인 피진어(pidgin) '페티소(Fetisso)'로 정착되었고,[4] 영문 자료에는 1613년부터 등장한다.[5]

---

3 William Pietz, "The Problem of the Fetish, I", *RES: Anthropology and Aesthetics* 9, 1985, p.5.

4 William Pietz, "The Problem of the Fetish, IIIa: Bosman's Guinea and the Enlightenment Theory of Fetishism", *RES: Anthropology and Aesthetics* 16, 1988, p.108.

5 "이곳에는 페티소 혹은 신이라고 불리는 지푸라기 반지들이 많이 놓여 있다." Samuel Purchas, *Pilgrimage* VI.xv.651; Thomas A. Sebeok, "Fetish", *A Sign Is Just a Sign,*

17세기 이후 북유럽 개신교 상인들이 이 지역에서 활동하면서 페티시에 대한 경멸적 의미, 특히 우상숭배로서의 의미가 추가되었다. 이들은 "토착 종교를 믿는 우상숭배자(idolater)들이 목에 페티시라고 불리는 가죽주머니를 달고 다닌다."라고 묘사하였다. 페티시즘은 우상숭배와 동일시되었다. 이것은 개신교가 가톨릭을 공격할 때 사용한 논리였다. 종교학자 막스 뮐러(Max Müller)는 개신교 상인의 생각을 다음과 같이 설명한다.

> 어떻게 해서 포르투갈 항해사들은, 지난 세기의 대중적 가톨릭을 통해 변형된 기독교인인 그들은, 황금 해안 흑인들에서 본 것들로부터 페이티소(feitiço)를 단번에 분간해낼 수 있었을까? 답은 분명하다. 그들 자신이 페이티소, 즉 부적에 완전히 친숙했기 때문이다. 그들은 항해를 시작하기에 앞서 신부님들께 축성 받은 묵주, 십자가, 성상을 갖고 왔을 것이다. 어떤 의미에서는 그들 자신이 페티시 숭배자들이었던 것이다.[6]

서아프리카인이 유럽인의 타자였던 것처럼, 가톨릭은 개신교의 타자였다. 유럽 종교개혁기에 개신교가 가톨릭을 우상숭배라고 타자화하던 논리가 서아프리카 지역에서 연장 적용된 것이 페티시즘에 경멸적 함의를 부여한 원인이 되었다.

서아프리카 페티시 이야기는 네덜란드 상인 빌렘 보스만(Willem Bosman)이 저술한 책을 통해 유럽 학자들에 알려졌다.[7] 그는 페티시즘

Bloomington: Indiana University Press, 1991, p.116에서 재인용.

6 F. Max Müller, *Lectures on the Origin and Growth of Religion*(3rd ed.), London: Longmans Green, 1901[1878], p.63; cf. Pietz(1988), op.cit., p.108.

7 Pietz(1988), op.cit., p.5.

이 이익이라는 진정한 사회 질서의 도착(倒錯)으로서 나타난다고 주장했다.[8] 경제적 가치의 문제가 페티시를 둘러싼 초기 관심 중 하나였다.

페티시가 페티시즘으로 이론화된 것은 프랑스 계몽주의자 드 브로스가 1760년에 출판한 『페티시 신 숭배에 관하여』를 통해서였다. 다음 인용문에서 볼 수 있듯이, 그는 서아프리카 지역에 국한하여 사용되던 이 용어를 전세계적으로 사용할 수 있도록 일반화하였고, 이것을 기초적인 종교 형태로서 제시함으로써 이후 종교기원론으로 발전될 수 있는 계기를 마련하였다.

> 비록 이 용어[페티시즘(Fétichisme)]가 정확한 의미에서는 아프리카 흑인 종교만을 특별히 지칭하기는 하지만, 나는 이 용어를 신으로 변한 동물이나 비활성 물건(이 물건들이 신보다 열등한 경우에도)을 숭배하는 어떤 민족에도 사용하고자 한다. …(중략)… 왜냐하면 이러한 형태의 사유는 하나의 일반 종교에 속하는 동일한 기원을 가진 것으로 이전부터 전세계에 퍼져 있었기 때문이다.[9]

이상의 페티시와 페티시즘 개념의 형성과정의 논의들의 특징을 다음과 같이 정리할 수 있을 것이다. 이 개념은 식민지에서 일어난 상이한 경제적 체계의 만남을 배경으로 탄생하였다. 그것은 아프리카인들이 물건에 부여하는 독특한 가치에 대한 평가였다. 이때 관찰자가 문화적으로 전제한 가치 체계와 관찰 대상의 문화에서 부여되는 가치 체계는 다른 것이었기 때문에, 이 독특성은 이해되지 못했고 전도

---

8 Pietz(1988), op.cit., p.121.
9 ibid., p.61에서 재인용.

되고 혼란스러운 가치 부여로 인식되었다.

2) 종교학의 페티시즘

페티시즘은 19세기 초 철학자 오귀스트 콩트(Auguste Comte)에 의
해 보편적 이론으로 발달한다. 콩트는 신학적, 형이상학적, 실증적
단계를 인간 진보의 3단계로 제시하였다. 그리고 신학적 단계는 다시
페티시즘, 다신론, 유일신론으로 나뉘어진다.[10] 그에 따르면 페티시즘
은 개별화된 구체성의 사유이고, 구체적 사물이 추상화되는 단계에서
다신론이 등장한다. 예를 들어 나무 페티시가 모여 나무 신으로 발전
될 때 다신론이 되는 것이다.[11] 콩트의 도식은 이후 광범위한 영향을
미쳐 대중적 상식으로 자리 잡는다. 페티시즘은 종교의 원시적 형태
를 대표하는 표현이 되었다.

19세기 말에 새로운 학문으로서 종교학이 등장하였고 출현했고, 학
자들은 새로운 종교기원론을 제시하기 시작했다. 이 시점에 종교학계
에서 페티시즘은 낡은 이론이었고, 새로운 이론의 바탕이 되는 동시에
극복되어야 할 대상이 되었다. 예를 들어 1869년에 토테미즘(totemism)
이론을 제안한 맥레넌(John Ferguson McLennan)은 토테미즘을 페티시
즘과 족외혼의 결합이라고 정의하였다.[12] 그는 페티시즘을 기본적인
종교 형태를 나타내는 이론적 자원으로서 활용하면서 토테미즘이라

---

10 Peter Melville Logan, *Victorian Fetishism: Intellectuals and Primitives*, Albany: State University of New York Press, 2009, p.31.

11 Logan, op.cit., pp.36~37.

12 John Ferguson McLennan, "The Worship of Plants and Animals", *Fortnightly Review* 6, 1869, pp.422~423.

는 새로운 이론을 제안한 것이다. 1870년대에 애니미즘(animsim) 이론을 제안한 에드워드 타일러(Edward Burnett Tylor) 역시 애니미즘 아래 페티시즘을 포함했다. 그는 애니미즘 중에서 영혼이 물질을 통해 작용한다고 의식적으로 인정되는 경우만을 페티시즘으로 보았다.[13]

종교학 이론이 발달함에 따라 페티시즘은 점차 경쟁 이론들에 의해 밀려난 구식 이론으로 전락하였다. 초기 종교학자들은 자신이 제안하는 종교적 형태가 가장 원시적인 것임을 주장하면서 그 이전까지 가장 원시적인 것으로 알려졌던 페티시즘 이론을 공박하였다. 당시 대표적인 종교학자 막스 뮐러는 1878년의 저서에서 "페티시즘이 종교의 원시적 형태인가?"라는 제목의 장에서 페티시즘이 종교의 기본 형태가 아니라는 점을 누누이 논증하였다.[14]

20세기 초에 들어서면서 종교학계에서 페티시즘의 종교기원론으로서의 생명력은 거의 다 상실되었다고 보아야 할 것이다. 이미 1894년에 윌리엄 로버트슨 스미스(William Robertson Smith)는 이렇게 지적한 바 있다. "페티시즘은 그저 유행하는 말일 뿐 정확한 의미라곤 없는 말"이며 "단지 매우 야만적이고 경멸적인 무언가를 의미할 뿐"이다.[15] 다만 현재 이 용어는 진화론적인 맥락이 아니라 종교문화의 기본적 양태를 지칭하는 용도로 사용되곤 한다. 예를 들어 판데르레이우(Van der Leeuw)는 힘으로 가득 찬 물질적 대상에 대한 경외가 어린이의

---

13 에드워드 버넷 타일러, 유기쁨 옮김, 『원시문화: 신화, 철학, 종교, 언어, 기술, 그리고 관습의 발달에 관한 연구』 2권, 아카넷, 2019[1871], 312~313쪽.

14 Müller, op.cit., lecture 2.

15 W. Robertson Smith, *Lectures on the Religion of the Semites*(2nd ed.), London: Adam & Charles Black, 1894[1889], p.209.

심성, 원시종교, 고대종교 등에서 광범위하게 나타난다고 주장한다.[16]

3) 경제학과 심리학의 페티시즘

페티시즘은 마르크스와 프로이트라는 천재적인 사상가를 통해 원래의 종교적 맥락을 벗고 새로운 영역에서 생명력을 얻게 되었다. 현재 우리에게 익숙한 페티시즘은 이들의 사상적 가공의 거친 결과물이다. 두 분야에서의 사용을 마르크스와 프로이트의 저술을 중심으로 간단히 정리하도록 하겠다.

카를 마르크스(Karl Marx) 사상에서 페티시즘은 자본주의 체제 내 상품의 속성을 설명하는 핵심 용어이다. 상품의 가치는 노동생산품의 물리적 성질과는 상관없이 사회적 관계에 의해 결정되고, 그것은 물체와 물체의 관계라는 환상적인 형태를 취한다. 인간 노동의 산물이 상품의 세계에서 스스로의 생명을 부여받고, 그 자신들끼리 또는 사람들 사이에 관계를 맺는 독립적인 모습으로 나타난다는 것이다. 이것은 종교의 세계에서 인간 두뇌의 산물이 그 자체의 생명을 부여받는 양상과 마찬가지이다.[17] 마르크스는 이처럼 노동생산물이 본연의 가치(사물들 간의 관계) 대신 전도된 가치(인간의 사회적 관계)를 부여받아 상품이 되는 현상을 페티시즘이라고 부른다. 그는 페티시즘을 다룬 당대 저서들을 두루 검토하고 서아프리카에서부터 페티시즘의 핵심이 전도된 경제적 가치의 부여라는 점을 통찰력 있게 파악하였다.[18] 이른바

---

16 반 델 레에우, 손봉호·길희성 옮김, 『종교현상학 입문』, 분도출판사, 1995, 51~56쪽.
17 칼 마르크스, 김영민 옮김, 『자본 I』, 이론과 실천, 1987, 90~91쪽.
18 W. J. T. 미첼, 임산 옮김, 『아이코놀로지 이미지, 텍스트, 이데올로기』, 시지락, 2005, 249~250쪽.

야만인들의 전도된 가치 부여를 서양 근대의 자본주의의 근간을 설명하는 개념으로 사용하였다는 점에서, 그의 이론에는 중요한 반전(反轉)이 놓여 있다고 평가할 수 있다. 야만인을 경멸하는 타자화의 수사(修辭)를 그 주요 사용자인 서양인 자신의 사회 구성의 핵심을 해명하는 데 되돌려 사용하였기 때문이다.[19]

정신분석학의 창시자 지그문트 프로이트(Sigmund Freud)의 경우, 페티시즘이 갖는 전도된 가치는 가치가 경제적 차원이 아니라 성적 욕망의 차원에서 매겨진 것이다. 그는 페티시즘의 성적인 의미를 다음과 같이 설명한다.

> 절편음란물[페티시]은 단순한 남근의 대체물이 아니라 절편음란증 환자의 어린 시절에 극히 중요한 역할을 수행했다가 나중에 상실되어 버린 아주 특별하고 구체적인 남근의 대체물이다. 다시 말하면 정상적인 삶의 과정에서 상실되어 버린 남근을 절편음란물을 통해 부활시키고 보존하려는 욕구가 절편음란증[페티시즘]을 유발시킨다는 것이다. 좀 더 분명하게 설명하면, 절편음란물이란 남자아이가 한때 그 존재를 믿었던 여성의 남근, 혹은 어머니의 남근의 대체물이다.[20]

프로이트 심리학에는 남성의 거세 콤플렉스가 존재한다. 유년기 남자아이는 자기 것과 다른 어머니의 성기를 보고는 충격을 받는다. 어머니가 성기가 거세된 상태라고 생각하기 때문이다. 페티시는 남자아이의 상상 속에 존재하는 잃어버린 어머니 성기의 대체물이다. 그러

---

19 미첼, 앞의 책, 273쪽.

20 지그문트 프로이트, 김정일 옮김, 『성욕에 관한 세편의 에세이』, 열린책들, 2003, 320쪽.

나 대중적인 차원에서 정신분석학적 페티시는 여성의 남근의 대체물
이라는 다소 이해하기 어렵고 복잡한 원래의 의미보다는 평이한 의미
로 수용되었다. 즉 심리학적으로 페티시는 정상적인 성적 욕망의 대상
이 주변의 다른 물건으로 전이된, 전도된 성적 가치로 이해된다. 미술
을 비롯한 문화비평에서, 그리고 포르노 산업에서 사용되는 의미는
이러한 성적인 의미의 페티시즘의 연장선상에 있다. 일반적으로 성적
인 욕망이 다리와 같은 신체 기관, 스타킹, 구두, 기타 속옷에 대한
관음증적인 집착으로 나타나는 현상이 페티시즘이라고 불리고 있다.

3. 선교 현장의 페티시즘

이제 19세기 말, 20세기 초의 한국이라는 근대전환공간에서 선교사
들이 페티시즘 개념을 어떻게 사용하였는지를 살피도록 하자. 선교사
들에게 페티시즘은 타자의 문화를 기술하는데 사용한 그 당시의 유행
어였다. 경제학과 심리학에서 재해석된 페티시즘, 지금 우리에게 잘
알려진 페티시즘 개념은 이 시점에 선교사들에게는 알려지지 않았다.
그들은 종교적 맥락에서 이 개념을 사용하였다. 그렇다고 해서 선교사
들이 당시 종교학의 논의를 그대로 사용한 것은 아니었다. 앞서 보았
듯이 페티시즘은 1900년대 종교학계에서 이미 소멸한 이론 취급을
받았고, 미신, 우상숭배, 이교와 다르지 않은 경멸적 용어로 인식되었
다. 그런데 빅토리아 시대 문헌에 페티시즘이 광범위하게 등장하였다
는 사실은 주목할만하다.[21] 한 시대의 언어는 학술사로만 설명되지
않으며, 페티시즘의 경우에도 학자들과는 별도의 대중적 차원이 존재

한다. 세계 개신교 선교는 19세기 말, 20세기 초에 급격히 확대되었는데, 선교 현장에서 이 용어가 해당 지역의 신앙 행위를 지칭하는 언어로 얻어 활발하게 사용되었던 것을 볼 수 있다. 선교사의 용법은 당대 학술적 논의와는 다른 어조의 대중적 용법을 보여준다. 비슷한 시기 인도네시아에서 활동한 개신교 선교사들의 기록을 분석한 웹 킨(Webb Keane)에 따르면, 선교사들은 페티시즘을 우상숭배와 동일시하였고, 열등한 대상에 부적절한 경배나 공포를 부여하는 행위로, 인간 주체의 존엄성을 위협하는 행위로 평가하였다.[22] 한국이라는 선교지에서는 이러한 경향이 어떻게 나타났는지 구체적으로 살펴보도록 하자.

1) 전도된 물질적 가치

앞서 보았듯이 페티시즘에 내포된 핵심적 관건은 물질적 가치에 대한 평가이다. 한 집단이 어떠한 물질적 대상에 높은 가치를 매기고 숭상할 것에 대해, 외부인이 그 가치를 이해하지 못하고 전도된 가치라고 평가할 때 페티시즘의 기본 조건이 갖추어진다. 개항기에 한국을 방문한 서양인이 한국인의 신앙 대상물에 그만한 가치가 있는지 의구심을 표하고, 더 나아가 비웃는 경우가 종종 있는데, 우리는 그것을 페티시즘 상황이라고 부르도록 하겠다.

처음에 살펴볼 사례에는 페티시라는 단어는 등장하지 않는다. 그

---

21 Tomoko Masuzawa, "Troubles with Materiality: The Ghost of Fetishism in the Nineteenth Century", *Religion: Beyond a Concept*, Fordham University Press, ed. Hent de Vries, 2008, p.648.

22 Webb Keane, *Christian Moderns: Freedom and Fetish in the Mission Encounter*, Berkeley: University of California Press, 2007, p.225.

렇지만 서구인의 시선에 들어온 전도된 물질적 가치는 그들의 서술에 자주 등장한다. 아랫글은 1886년부터 1889년까지 조선의 근대식 공립교육기관인 육영공원(育英公院) 교사로 재직하면서 서울에 거주한 영국인 길모어(William G. Gilmore)가 남긴 기록의 일부이다. 그는 귀국한 후인 1894년에 한국의 경험을 서술한 책을 출판하였는데, 아래는 책의 한 대목이다.

> 간간이 더 커다란 건물이 보이는데, 그것은 유명한 전사를 기리고자 세운 것일 것이다. 건물 안에서는 날카로운 눈매에 하고 세상에 없을 같은 수염을 기르고 의자에 도전적인 자세로 앉아있는, 붉은색과 금빛으로 칠한 신격화된 전사의 형상을 만날 수 있을 것이다. 그리고 바로 옆에는 숭배자들이 헌물로 바친 아주 이상한 물건들을 볼 수 있다. 한국에서 만들어진 오래된 칼이 그곳을 지키려는 듯이 보이는 반면에, 워터베리 시계(Waterbury clock)가 조롱하듯이 짤깍거린다. 나는 전에 한 사당에서 못 신게 된 고무장화 한 짝을 신상 앞에서 본 적이 있는데, 시주한 사람이 서울에 거주하는 외국인의 쓰레기더미에서 주웠음직해 보였다.[23]

길모어의 언급에서 언급된 사례는 두 개다. 첫 번째 사례는 전신(戰神)을 모신 사당에 대한 묘사인데, 이것은 아마 서울 동대문 근처에 있는, 관우(關羽)를 모신 동묘(東廟)일 것이다. 이 사당에 모셔진 칼과 워터베리 시계의 기이한 조합이 그의 눈을 사로잡았다. 두 번째 사례는 다른 사당에 모셔진 고무장화에 대한 기록이다. 새롭고 낯선 물건이 가치를 부여받아 제단에 오르는 것은 한국 민간신앙의 유연성을

---

23 윌리엄 길모어, 이복기 옮김, 『서양인 교사 윌리엄 길모어, 서울을 걷다 1894』, 살림, 2009[1894], 92~94쪽. (번역 약간 수정)

보여준다. 그러나 마치 부시맨에게 떨어진 콜라병처럼, 서양인의 가치관에서 이 변용은 부적절한 위치에 부적절하게 높아진 물건으로 받아들여진다. 워터베리 시계는 몰라도 고무장화는 명확히 경제적 가치가 떨어지는 물건에 나타난 가치의 전도였다.

개신교 선교사의 기록은 아니지만 1901년 한국을 방문한 독일 기자 지그프리트 겐테(Siegfried Genthe)의 글에서도 비슷한 관점이 나타난다. 역시 페티시는 언급되지 않지만, 그가 한국 민간신앙의 상징물들을 물건의 '경제적 가치' 측면에서 분석할 때 페티시즘의 관점이 예비되어 있다.

> 사람의 손이 닿는 나뭇가지에는 온갖 종류의 천 조각이나 종잇조각, 그와 유사한 잡동사니들이 위에서부터 아래까지 각양각색으로 걸려 있었다. 미신을 믿는 나그네가 낡은 짚신을 신성한 제물로 바치기도 하고, 소박한 신단의 나뭇가지에 엄숙한 축성물을 걸어놓기도 한다. 하지만 그들이 두려워하는 귀신을 그렇게 중요하게 여기는 것 같지는 않았다. 귀신을 달래는 선물이라고 해야 별 가치도 없는 것들이기 때문이다. …(중략)… 짚신 한 켤레는 여기서 8원인데, 2500원은 1달러에 달하며 3분의 2페니히가 된다. 그렇다면 낡은 짚신 한 켤레는 도대체 얼마의 가치가 있을까? 짐작컨대 신에게 바치기에는 충분하지 않을까.[24]

한국 무속(巫俗)에 관한 선교사의 기록은 이러한 인식의 연장선상에 있다. 최초의 내한 선교사인 알렌(Horace N. Allen)은 한국의 무당들이 신자들의 믿음을 이용하여 경제적인 착취를 한다고 비난하였

---

24 지그프리트 겐테, 권영경 옮김, 『독일인 겐테가 본 신선한 나라 조선, 1901』, 책과함께, 2007, 109~110쪽.

다.[25] 무당의 굿이 경제적 사기에 해당한다는 견해는 이후 한국 전통에 비판적이었던 선교사들에게 공유되었다. 선교사들은 무속에 관련해서 한국인들에게 전도된 경제적 가치가 존재한다고 여겼다.

한국 민간신앙과 무교의 상징물을 경제적 가치로 평가하고 그 보잘 것없음을 비판하는 시각에 잘 나타난 자료로는 노블 부인의 일기가 있다. 매티 윌콕스 노블(Mattie Wilcox Noble)은 윌리엄 아서 노블(William Arthur Noble)과 결혼한 직후 한국으로 와서 1892년부터 1934년까지 서울, 평양, 경기도 일대에서 활동한 북감리교 선교사이다. 그녀는 42년의 선교 활동을 꼼꼼히 일기로 남겨서, 공식 기록에서는 보기 힘든 선교사의 솔직한 감정을 보여준다. 그녀가 한국에 온 지 6년째 되는 1897년 4월 8일의 일기에는 한국인 가정을 방문하여 가정신앙의 대상들을 호기심을 갖고 샅샅이 뒤져본 경험이 기록되어 있다. 그녀는 가정신앙의 대상물들을 '귀신에게 바치는 페티시'라고 표현하였다.

다른 집에서는 여전히 많은 페티시가 집안에 있었다. 하나는 벽에 걸려 있는 두 개의 작은 쌀 봉지였는데, 이것들은 아기가 태어날 때 생명의 귀신에게 바치는 것이었다. 긴 시렁 위에는 위를 덮은 바구니 두 개와 질항아리 한 개가 있었다. 나는 그 속에 들어 있는 것들을 살펴서 이러저러한 때마다 귀신들에게 무엇을 바치는지를 알아보고 싶었다. 집의 안주인은 거기에 손을 대는 것을 두려워하는 것 같았다. 그러나 그것을 우리에게 보여줘도 그녀에게는 아무런 해가 미치지 않을 것이며, 귀신들(spirits)에게 제물을 바치면서 하느님을 섬길 수는 없음을 설명해주자, 그녀는 그것

---

25 Horace N. Allen, "Some Korean Customs: Mootang", *The Korean Repository* 3, 1896, pp. 163~165.

들을 내려 열어 보였다. 거기에는 오랜 세월 먼지들이 켜켜이 쌓여 있었다. 한 바구니 안에는 올이 성긴 아마포가 담겨 있었는데, 귀신에게 바치는 것이었다. 바구니 안에는 안주인이 35년 전 시집올 때 입었던 저고리와 치마도 들어 있었다. 또 다른 바구니 안에도 수십 년 전에 넣어둔 오래된 옷들이 들어 있었는데 이 역시 여러 귀신에게 바치는 것이다. 질항아리 안에는 오래전에 부패한 밥과 떡이 귀신들을 달래기 위해 담겨 있었다.[26]

노블 부인은 한국인 가정에서 모시는 조왕과 터주를 직접 눈으로 확인하였다. 그냥 섬기지 말라고 권면하는 데 그치지 않고, 그들의 정체, 즉 물질적 실체를 확인하고 싶다는 호기심에서 꺼내 보여달라고 요청한다. 그렇게 해서 대면한 물질적 대상은 쌀 봉지, 바구니, 질항아리, 삼베, 헌 옷, 밥과 떡이었다. 명시적으로 표현하지는 않았지만 분위기상 암시되는 것은, 한국인이 소중하게 모시는 것이 하찮은 물건이었다는 것이다. 여기서 가치 없는 물건에 주어진 전도된 가치 부여라는 페티시즘의 고전적인 의미가 통용되고 있다.

2) 페티시 파괴: 개종의 세레모니

개신교 선교사들은 민간신앙의 대상물과 무당의 무구를 페티시라고 지칭했다. 흥미로운 것은 이 물건들은 개신교인으로 개종한 과정에서 파괴되어야 했다는 것이다. 왜 굳이 파괴해야 했을까? 옛것과 절연한다는 의지를 보이는 행동이라고는 하지만, 특정 대상을 파괴해야

---

26 Wilcox Mattie Noble, *The Journals of Mattie Wilcox Noble 1892~1934*, Seoul: Institute for Korean Church history, 1993, p.65; 매티 윌콕스 노블, 강선민·이양준 옮김, 『노블일지: 미 여선교사가 목격한 한국근대사 42년간의 기록』, 이마고, 2010, 91~92쪽.

한다는 것은 그것의 가치를 인정한다는 역설을 담고 있다. 페티시를
파괴하고 불태우는 행위는 한국인의 개종 이야기 중에서도 가장 극적
인 장면에 속하는 것으로 개종 보고서에 자주 등장하곤 했다.[27]

1902년에 내한하여 1922년까지 활동한 남감리교 선교사 크램(W.
G. Cram)이 작성한 개종 이야기는 다음과 같다. 한 무당이 개종하기로
하였다. 그러자 한국인 교회 지도자는 그 무당에게 무구를 파괴하라고
요구했다고 한다. 그 이유는 "한국에서는 누군가가 그리스도를 믿게
되면, 「에베소서」에 나온 대로 이교도 숭배에서 사용되었던 물건, 그
릇, 옷 등 모든 것을 없애 버려야 하기 때문"이다.[28] 여기서 언급된
「에베소서」 구절은 "지난날의 생활 방식대로 …(중략)… 살다가 썩어
없어질 그 옛 사람을 벗어버리고 …(중략)… 새 사람을 입는 것"(4:22-
24)이다. 무당은 지도자의 권유에 따라 집안 물건들을 모조리 불사름
으로써 옛 사람을 벗어버림을 표현하였다고 한다.

1891년에 내한하여 1929년까지 활동한 미감리교 여선교사 루이스
(E. A. Lewis)는 자신이 가담한 더 적극적인 활동을 보고한다. 그녀가
1906년에 보고한 글의 제목은 "페티시 불사르기"(A Holocaust of Fetishes)
이다. 그의 활동은 다음과 같다.

---

27 Oak Sung-Deuk, "Healing and Exorcism: Christian Encounters with Shamanism in Early
Modern Korea", *Asian Ethnology* 69:1, 2010, pp.103~105; Laurel Kendall, *Shamans,
Nostalgias, and the IMF: South Korean Popular Religion in Motion*, Honolulu:
University of Hawai'i Press, 2009, p.5.
28 W. G. Cram, "Rescued after Years of Bondage", *The Korea Methodist* 1:11, Sept.,
1905, p.149.

나는 장지내[29]에서 주일학교 여성들을 만나 그들과 이웃 마을을 돌아다
니며 더 많은 페티시를 치워 버리는 것을 도왔다. 이번에는 많은 사람들이
몰려와 이 퍼포먼스를 구경했다. 속장(屬長) 박씨의 아내 마르타가 앞장섰
다. 그녀는 바가지를 하나 달라고 하고 벽에서 자루를 내려놓더니 그 안의
쌀을 비워내었다. 그것을 돌려주며, "이 정도면 저녁으로 충분할거야."라
고 말했다. 그리고 나서 그녀는 마당 한편으로 나가 빈 쌀겨(쥐가 곡식을
다 파먹었다)가 반쯤 차 있는 항아리 위에 덮여 있는 작은 짚 지붕을 뜯어
냈다. 그녀는 이것을 불에 넣어 비우고, 계속해서 더러운 실로 반쯤 덮여있
는 막대 하나를 부러뜨리고 쌀겨와 함께 집어넣어 모두 태워버렸다.[30]

루이스는 경기 남부지역을 순회하면서 신자 가정에 있는 페티시들
을 꺼내어 파괴하였다. 일반적으로 한국인 가정에서는 장독대 근처에
터주가리를 만들어 터주를 모셨다. 항아리에 쌀을 담아서 신체(神體)
로 삼고 그 위에 짚가리를 씌운다. 한국인 신자가 주도한 일행은 주로
터주가리를 파괴하고 마당에 모아 불태웠고, 루이스는 동행하면서 찬
송가를 불렀다. 그녀의 글에서 페티시를 불태우는 행위는 퍼포먼스
(performance)라고 표현되고 뒤에서는 의식(ceremony)이라는 표현도 등
장한다. 파괴 행위는 종교적 의례로 이해되었다. 글의 제목에서 표현
되듯이 이 행위는 이교도의 신앙 대상을 불살라 하느님께 흠향하도록
하는 번제(燔祭, holocaust)이다.

지금까지 살핀 내용은 장로교 여선교사 애니 베어드의 선교소설『한

---

29 1893년에 설립된 장지내교회는 수원 지역 선교의 출발점이었다. 경기도 화성시 동탄면
   장지리 608-2에 있던 장천감리교회로 이어지다가, 동탄 신도시 개발로 철거되었다.
30 E. A. Lewis, "A Holocaust of Fetishes", *The Korea Mission Field* 2:7, May, 1906,
   pp.134~135.

국의 새벽: 극동의 변화 이야기(Daybreak
in Korea: A Tale of Transformation in the
Far East)』에서 종합적으로 나타난다. 애
니 베어드(Annie Laurie Adams Baird)는
숭실대학교 설립자 윌리엄 베어드와
결혼하고 1891년에 내한하여 1916년
평양에서 사망할 때까지 교육에 헌신
하며 많은 저서를 저술하였다. 『한국
의 새벽』은 영미권 독자를 대상으로
한 선교소설로, 한국 전통사회의 굴레
에서 고통받던 여성 보배가 기독교를
만난 이후 행복을 찾고 주변을 감화시
키는 과정을 그린 이야기이다. 소설에

〈그림 2〉 애니 베어드 소설에 "거듭난
심씨"라는 표제로 실린 삽화

는 보배를 나락에 빠뜨리려고 하는 안타고니스트(antagonist)로 무당
심씨가 등장한다. 소설은 심씨가 회개하고 개종하는 순간 절정을 맞이
하는데, 페티시는 그 장면에서 적지 않은 역할을 한다.

우선 소설의 앞부분에 무당 심씨가 선교사의 집을 방문한 에피소드
가 나온다. 심씨는 그 집에서 빈 토마토 깡통을 얻어 와서 다음과
같이 행동한다. "심씨는 선교사 집에서 돌아와 토마토 깡통에서 상표
를 떼어 벽에 장식으로 붙였다. 깡통은 페티시를 담아두기 위한 높은
선반에 두었다."[31] 서양의 새로운 물건이 제단에 모셔진다는 묘사는

31 Annie Laurie Adams Baird, *Daybreak in Korea: A Tale of Transformation in the Far East*, New York: Young People's Missionary Movement of the United States and Canada,

우리가 앞에서 본 서양인의 관찰을 소설로 재현한 것이다. 여기엔 페티시가 경제적으로 가치가 떨어지는 물건을 신앙 대상으로 삼는다는 시각이 반영되어 있다.

소설의 절정 부분에서 심씨의 개종은 페티시의 파괴를 통해 이루어진다. 이것은 그에 앞서 심씨의 동료인 고판수의 개종이 그가 사용하던 큰북을 파괴하는 것으로 이루어진 것을 통해 암시된 것이기도 하다.[32] 심씨의 개종은 기존의 물질적 환경의 전면적이고도 철저한 파괴를 통해 이루어진다.

사탄과의 관계를 단절하면서 심씨가 한 첫 번째 행동은 그를 전적으로 완전히 거부하는 것이었다. 그녀는 집안과 마당 구석구석에서 다량의 진절머리 나는 페티시들을 꺼내왔다. 최근 물건도 있었지만, 다수는 몇 년 동안 그 자리에서 상해가고 있었던 것들이다. 그중에는 낡고 해진 짚신, 오물과 함께 썩은 천 조각들, 기도와 주문이 쓰인 종이, 사람 뼈, 짚으로 만든 형상, 깨진 접시와 호리병 조각, 비단과 무명으로 만든 귀신 옷이 있었다. 귀신 옷은 귀신이 보고 기뻐하라는 뜻으로 만들어 어두운 집구석에 처박아 둔 것이었다.

심씨는 문 앞에 쌓인 이 쓰레기더미에 자신의 모든 무구(巫具), 무복(巫服), 부채, 징을 얹었다. 그리고 잊을 수 없는 그 날 만식이네 마당에 버려 어디로 떠내려갔는지 모를 것들을 주워왔다. 어린아이 몸이라고 속여 넘겼던 털 빠진 마른 개 사체, 사람의 모든 질병을 치료한다고 속여온, 차마 말할 수 없는 재료로 만든 알약, 가루약, 고약, 그리고 마지막으로 이슬을 가득 담은, 사실은 필요할 때마다 강물을 떠다 채운 해골이 있었다.[33]

1909, p.69.

32 ibid., pp.92~93.

심씨가 개종을 위해 하는 행동은 앞의 루이스가 묘사한 페티시 번제의 현실을 소설적으로 반영한 것이다. 심씨는 이렇게 모아놓은 페티시 더미에 불을 붙이고, 구경하던 사람들도 미처 버리지 못했던 자기의 페티시를 들고 와 불꽃에 던져넣는다. 불꽃 위로 사람들의 찬양가 노래가 이어진다.

베어드는 페티시의 목록을 나열하는데 주력했다. 내용물 중에는 실제 무속에서 사용된 것인지 확인하기 어려운 것이 포함된 것도 사실이지만, 중요한 것은 베어드가 공들여서 시시해 보이는 물건들을 나열했다는 점이다. 많으면 많을수록 가치 없는 물건의 무가치함은 강해지고, 불태우는 행위의 정당성이 확보된다. 페티시는 죄로 가득한 과거의 정수를 담은 물건이기에, 그것을 불사름은 죄를 탕감하는 의례적 속성을 갖고 개종 내러티브의 결정적인 순간에 등장할 수 있었다.

3) 페티시즘의 학문적 서술

다수의 개신교 선교사에게 페티시는 경멸적인 것이었고 파괴의 대상이었다. 그러나 페티시를 학술적인 묘사의 언어로 중립적으로 사용하고자 한 선교사도 있었다. 20세기 초 한국종교 연구를 주도했던 개신교 선교사들로는 헐버트, 게일, 언더우드, 존스 등을 꼽을 수 있는데, 이 중에서도 페티시즘 개념을 도입하고 적극적으로 사용한 이는 "한국 페티시에 대한 권위자"라고 불린 북감리교 선교사 조지 히버 존스(George Heber Jones)였다.[34] 존스는 경멸적인 의도 없이 페티시를

33 ibid., pp.99~100.
34 Homer B. Hulbert, *The Passing of Korea*, London: Page & company, 1906, p.412.

한국 민간신앙의 상징물을 가리키는 용어로 사용했다.

그는 1895년도 글에서 처음으로 페티시를 언급한다. "귀신은 페티시로 표상(represent)된다. 지푸라기 더미, 쌀 종이, 호리병, 낡은 항아리나 버려진 신발이 초자연적인 개념을 상징하기 위해 눈에 띄는 곳에 걸려 있다."[35] 그리고 1901년의 글에서는 다음과 같이 본격적으로 주물숭배를 한국 민간신앙의 특성으로 꼽았다.

> [무속의] 영적 존재 대부분은 사람들의 눈에 어떠한 물질적 대상, 즉 페티시(fetich)로 대표되는데, 이 때문에 페티시즘(fetichism)이 한국 무속의 중요한 특성이 된다. 페티시는 무엇이 되었든 한국인들이 예배를 드리는 특정한 신성으로 뒤덮인다. 귀신과 페티시는 숭배자의 마음속에서 동일화되어서 무엇이 더 우선성을 갖는지 분간하기 힘들 정도이다. 그러나 페티시가 아무리 세월을 통해 타락하고 오염되었다 하더라도, 그것은 여전히 성스럽고 한국인들은 그것을 함부로 대하기를 두려워한다.[36]

존스는 페티시즘을 한국 민간신앙의 주된 특성으로 꼽았으며, 이 견해는 동료 선교사들에게 널리 수용되었다. 존스는 어떤 대상이든 페티시로 선택될 수 있다는, 상징과 상징물 간의 자의적 관계를 언급한다. 그리고 그 상징의 힘은 매우 강력해서 신자의 내면에서 상징 대상과 거의 동일시된다고 지적하며, 이를 통해 그 성스러움이 보존되

35 Anonymous [attributed to George Heber Jones], "Obstacles Encountered by Korean Christians", *The Korean Repository* 2:4, April, 1895, p.147.

36 George Heber Jones, "The Spirit Worship of the Korea", *Transactions of the Korean Branch of the Royal Asiatic Society* 2, 1901, p.41. 존스는 1907년 글에서도 '주물숭배'를 비슷한 용법으로 사용하였다. George Heber Jones, *Korea: The Land, People, and Customs*, New York: Eaton & Mains, 1907, p.49.

고 있음을 말한다. 만일 페티시즘에 대해 경멸적 시선을 가졌다면 이러한 내용은 대상의 자의성, 신앙 대상과의 혼동 등의 내용으로 비판적으로 서술될 수도 있었을 것이다. 그러나 그는 이러한 비판을 삼가고 이 대상에 대한 한국인의 두려움을 들추어내려 하지도 않는다.

존스는 기본적으로 에드워드 타일러의 애니미즘을 받아들여 한국 무속을 종교로서 서술하고자 했다.[37] 따라서 그의 페티시즘은 타일러와 마찬가지로 애니미즘의 하위 개념으로 사용된 것으로 보아야 한다. 즉 그는 페티시즘은 한국 무속의 물질적 측면이라는 하나의 특성을 포착하기 위해 사용했지, 단순히 무속을 페티시즘과 동일시하지는 않았다.

헐버트(Homer Bezaleel Hulbert)도 존스를 따라 이 용어를 자주 사용하였다. 그는 한국의 고유 전통을 주물숭배라고 지칭하였으며,[38] 무교뿐만 아니라 유교에도 이 용어를 적용하여 위패에 제사를 지내는 것을 "조상에 대한 페티시즘"이라고 부르기도 했다.[39] 이에 이르면 페티시는 한국종교의 물질적 상징을 표현하는 역할을 하게 되었다고 평가할 수 있을 것이다.

그러나 1910년 이후 페티시즘의 사용은 줄어들었으며 오히려 비판적인 언급이 등장한다. 예컨대 남감리교 선교사 무스(J. Robert Moose)는 1911년 책에서 "한국의 종교는 단순한 페티시즘이 아니라 정령숭

---

37 방원일, 「초기 개신교 선교사의 한국 종교 이해」, 서울대학교대학원 박사학위논문, 2011, 168~175쪽.

38 Homer B. Hulbert, "Korean Survivals", *Transactions of the Korean Branch of the Royal Asiatic Society* 1, 1900, p.35.

39 Hulbert(1906), op.cit., p.404.

배에 해당한다."고 하였다.[40] 이는 페티시즘에 대한 당대 종교학의 평
가가 반영된 것으로, 무스가 낡은 이론 대신 당대의 유행이론인 애니
미즘을 선호한 결과 나온 진술이라고 볼 수 있다.

4. 맺음말

페티시즘은 만남에서 비롯한 개념이다. 서아프리카인과 포르투갈
가톨릭교도 상인의 만남에서 그 의례적 유사성이 인식되어 페티시가
출현했다. 네덜란드 개신교 상인과의 추가적 만남을 통해 이 개념에
전도된 물질적 가치와 우상숭배라는 경멸적 의미가 추가되었다. 페
티시즘은 유럽의 사상가에 의해 인류 정신발달의 초기 단계, 원시적
상태의 종교를 가리키는 말로 보편화되었다. 19세기 말에 등장한 종
교학은 새로운 종교 발달론을 쏟아내며 옛 이론이 되어버린 페티시
즘을 그리 중요시하지 않았지만, 마르크스가 페티시즘을 통해 서양
자본주의 상품경제 핵심에 놓인 비합리성을 비판하고, 프로이트가 페
티시즘을 통해 잃어버린 성기를 대신할 물건에 부여된 전도된 욕망
을 분석함으로써 새로운 개념으로 탄생하였다.

19세기 말 한국이라는 근대전환공간에서 개신교 선교사들은 무속
을 만났다. 그 만남의 결과 페티시즘이라는 새로운 언어가 근대공간에
출현하였다. 가정신앙의 대상물과 무당의 무구가 페티시가 되었다.

---

40 J. Robert Moose, *Village Life in Korea*, Nashville, Tenn.: Publishing House of the
M. E. Church, South, Smith & Lamar, agents, 1911, p.190.

그러나 페티시즘은 대부분 부정적 만남의 언어였다. 타자의 상징체계에 대한 몰이해 때문에 경제적 가치에 어긋난 것으로 비난받았고, 상대방 신앙 대상에 대한 경멸 때문에 공격과 파괴의 대상이 되었다. 가정의 페티시를 꺼내 불사르는 것, 무당이 자신의 페티시를 불태우는 것은 한국의 개종 내러티브 중에서 극적인 장면을 이루게 되었다. 예외가 있긴 하지만, 근대 전환공간의 페티시는 경멸과 파괴의 언어의 한계를 넘어서지는 못했다.

최근 종교학에서는 페티시즘에 대한 재평가 작업이 이루어지고 있다. 페티시즘은 근대 최초의 종교 이론이었다. 그것은 종교 기원에 관해 신(God)을 상정하지 않는 설명을 가능하게 한 최초의 이론이라는 점에서 평가받을만하다. 다른 말로, 페티시즘은 종교사에서 신과의 관계가 아니라 물질적 대상과의 관계를 핵심 문제로 떠오르게 한 이론적 공헌을 하였다.[41]

한국의 상황을 돌이켜 보건대, 페티시즘은 기독교와 무속의 만남의 어떠한 측면이 주목받았는지에 대해 성찰하게 한다. 무속이 가진 물질적 측면에 대한 주목이 결국 페티시즘 언급을 가능하게 했다. 물질에 대한 무속의 태도가 '전도된' 태도가 아니라 독특한 태도로 인정받을 수만 있다면, 물질에 대한 관심은 그 자체로는 비난받을만한 거리가 되지는 않는다. 물론 기독교는 이념적으로 정신과 물질의 대립, 물질주의와 세속주의에 대한 반감을 유지해왔기에, 종교에서 물질이 갖는 위상에 대해 정당하게 평가하기 어려웠다. 그렇기에 교

---

41 William Pietz, "Fetishism and Materialism", *Fetishism as Cultural Discourse*, Ithaca, N.Y.: Cornell University Press, 1993, pp.138~139.

회 내의 물질적 측면을 기복주의라고 비난하고 그것을 무속적 영향
이라고 돌려대어 왔다. 페티시즘을 재평가 하는 일은 무속에 대한
올바른 인식, 종교 자체의 물질성과 기독교 내부에 기복(祈福)의 자리
를 재정립하는 문제와 연결될 것이다.

제국의 시선들 사이에서

구한말 조선의 문명 담론과 근대성 문제

이영진

1. 문제의 제기

〈미스터 션샤인〉(2018년 tvN 방영)이라는 드라마가 화제가 된 적이 있었다. 구한말이야 사극 드라마의 단골 배경이 되는 시대이기는 하지만, 이 드라마가 유독 인기를 끌었던 이유는 서세동점의 험난한 파고 속에서 소위 '문명'의 질서에 편입되지 못한 채 '시간과의 경쟁'[1]에서 뒤처져버린 조선이라는 사회에서 어떻게든 자신의 개성을 지키며 살아가고자 했던 사람들의 이야기가 120년이 훨씬 지난 지금의 한국인들에게도 어떤 공감을 주었기 때문이 아닐까 생각해본다.

조선에 들이닥친 서구문명과 이를 당황스럽게 받아들이는 당시 조선 사회의 다양한 에피소드들, 그리고 으레 등장하기 마련인 선남선

---

[1] '시간과의 경쟁'이라는 표현은 (고)민두기 선생의 동명저서에서 빌려왔다. 민두기, 『시간과의 경쟁: 동아시아 근현대사 논집』, 연세대학교 출판부, 2001.

녀의 연애담 때문에 극의 초반 분위기는 로맨틱 코미디 장르처럼 밝고 경쾌하다. 분위기가 갑자기 어두워지기 시작하는 것은 전체 극의 중반 쯤, 그러니까 1894년 청일전쟁 발발과 함께 일본군이 조선으로 들어오면서부터이다. 적어도 이전까지 서구 열강들과 동아시아의 신흥 강국 일본, 그리고 그 틈새에 끼어서 활로를 모색하고 있는 듯 보이던 조선 왕조 사이의 균형이 급격히 붕괴되고, 일본의 독주가 시작되면서 조선 사회가 그나마 가지고 있던 활기는 급격히 사라져버리고, 등장인물들의 활동 반경 역시 극도로 좁아진다. 이미 근대 한국사에서 우리가 확인할 수 있듯이, 이어지는 시기는 을미사변, 아관파천, 을사조약, 정미 7조약(고종 퇴위, 한국군대 강제해산), 강제 병합으로 이어지는 한국 근대사의 가장 어두운 시기이다.

하지만, 그러한 역사의 암흑이 개화와 더불어 조선 땅으로 물밀듯이 들어온 근대 문명과 조선 사회와의 다양한 만남(encounter)의 면면들을 전부 가릴 수는 없다. 당시 근대 문명이 조선 사회에 행사했던 압도적 힘을 무시할 수는 없지만, 그 신문명이 물질적인 것이든 정신적인 것이든 당시 조선 사회에 어떻게 수용되었는가를 이해하기 위해서는 또 다른 논의의 장이 필요하다. 1894년이 동아시아의 균형추가 기울어진 출발점임에는 분명하지만, 조선의 시간은 아직 남아 있었고, 이 땅에 살던 사람들은 계속해서 새로운 문명과 맞닥뜨리며 고군분투해갔다.

물론 당대를 관찰했던 서구 유럽인, 그리고 일본인들이 남긴 텍스트들에서 이 땅의 사람들은 불결하고 후진적이며 미개한 사람들로, 또 그 문화는 사회의 진보를 가로막는 장애물이자, 혁파되어야할 구습(舊習)으로 기록되어 있다. 하지만 흥미로운 것은 조선을 문명의 가장 후진적 단계로 자리매김하는 이들의 폭력적 시선이 아무런 저항 없이 투과되는 것은 아니었다는 사실이다. 서구 유럽이 조우했던 많은 다른 부족 사회들과는 달리(물론 그들 부족사회 역시 자신들 고유의 오랜 문명을 가지고 있었지만, 이는 종종 서구 유럽인들에 의해 무시되었다), 한국은 고대문명의 한 지류이자 학문적 엘리트들에 의해 통치되는 국가 사회를 오랜 시기부터 형성해 왔다. 따라서 아프리카나 동남아시아에 대한 서구인들의 여행기에서 종종 발견되는 '군주적 시선(monarch-of-all-survey)[2]과는 달리, 한국 사회의 문화를 기록한 서구인들의 텍스트에는 고대 문명사회에 대해 이들이 느끼는 어느 정도의 인정과 동시에 그 쇠퇴에 대한 아쉬움과 노스탤지어가 미묘하게 혼재되어 있다. 그리고 이러한 측면들은 당대 한국의 지식인들에게도 간파되고 있었다.

이러한 문제의식 아래 이 글에서는 개화기부터 구한말에 걸쳐 거세게 밀어닥쳐 왔던 문명화의 물결 속에서 당대 서구인들이 조선을 바라보는 시선과 그 시선을 모방하고, 내면화하며, 나아가 전유하는 토착적 응시의 교차를 통해 문화횡단(transculturation)이 이루어지는 역동적 시공간을 재구성하고자 한다. 실제로 19세기 말 조선은 여러 다양한 외래의 이질적인 시선 및 그 시선을 모방하고 혹은 내면화하면서 만들어지는 토착적 시선들이 만나고 부딪치고 서로 맞붙어 싸우는 사회적 공간, 즉 '접촉지대(contact zone)'였다. 이렇듯 개화기-구한말에서 식민지로 이어지는 일련의 사건들로서의 역사(event history)를 해체함으

2 메리 루이스 프랫, 김남혁 옮김, 『제국의 시선: 여행기와 문화횡단』, 현실문화연구, 2015, 9장 참조.

로써, 우리는 각각의 사건이 갖는 의미와 함께 개화기-구한말이라는
시기가 어떻게 "특별한 결(texture)과 색조(hue)를 지닌 지속적인 역사"[3]
를 만들어내게 되는가를 이해하게 될 것이다.

2. 제국의 시선과 응시의 이론

18세기부터 본격화된 유럽의 팽창 이후 비유럽세계를 여행한 유럽
인들이 남긴 '여행기'에 담긴 제국의 욕망 및 그러한 장르가 만들어낸
사회문화적 효과들에 대한 연구에 있어, 메리 루이스 프랫(Mary Louise
Pratt)의 『제국의 시선: 여행기와 문화횡단』(초판 1992, 개정판 2007)은
하나의 이정표와 같은 역할을 해왔다. 프랫의 문제의식을 요약한다
면 크게 두 가지로 정리된다. (1) "어떻게 비유럽 지역을 여행한 유럽
인들이 남긴 여행 책자들이 '본국의(at home)' 유럽인들을 위한 제국의
질서를 만들었고, 또 제국의 질서 속에 본국의 유럽인들을 위한 자리
를 제공할 수 있었는가?" 나아가 (2) "유럽 팽창주의의 중요한 국면에
서 여행기와 답사기들은 어떤 코드를 활용해 유럽의 독자를 위한 '세
계의 잔여'를 생산할 수 있었는가?"

프랫은 자신의 주된 분석 대상인 여행기의 독특한 특성에 주목한
다. 여행기는 결코 단순한 문학 장르가 아니며, 유럽 '본국'에 있는

---

3   Jean Comaroff·John L. Comaroff, *Of Revelation and Revolution: Christianity,
     Colonialism and Consciousness in South Africa 1*, Chicago: University of Chicago
     Press, 1991.

사람들에게 지구적 차원의 기획(planetary project)에 참여하고 있다는 느낌을 제공하는 주요한 장치, 다시 말하면 제국의 '내부 주체(domestic subject)'를 생산하는 주요 장치라는 것이다. 그리고 이러한 제국의 글쓰기에 대한 변증법적이고 역사화한 접근방식을 개발하기 위해 프랫은 (1) 접촉지대, (2) 反정복(anti-conquest), (3) '자가 기술 민족지(auto ethnography)'라는 세 가지 개념을 고안해낸다.[4]

우선 '접촉지대'는 '식민지 경계(colonial frontier)'를 의미한다. 여기서 접촉은 침략자의 시각에서 정복과 지배를 설명하려 할 때, 손쉽게 무시되거나 억압되는 상호적이고 즉흥적인 만남의 차원을 강조하기 위해 고안된 개념이다. 물론 이는 단선적 지배와 저항의 도식이 아닌, 접촉지대에서 발생하는 문화횡단(문화변용(acculturation)과 문화말살(deculturation)을 대체하는 것으로서)에 대한 폭넓은 이해를 요청한다.[5] 나아가 유럽 제국주의의 희생자 편에 있는 사람들은 식민지 본국의 재현 형식을 활용해서 무엇을 하는가? 그들은 그것을 어떻게 자신의 것으로 전유하는가, 그리고 그들은 어떻게 응답하는가의 문제까지 읽어내지 않으면 안 된다. 이러한 복잡다단하고 미묘한 관계들을 파악해내기 위해서는 당대의 텍스트에 대한 징후적 독해(symptomatic reading)와 두터운 쓰기(thick description)에 대한 감각이 요청된다. 거기에는 이성적인 글쓰기 밑에 깔려 있는 감정/감성의 결을 읽어내는 것까지 포함된다.

둘째로, '반정복'은 유럽의 헤게모니를 강력히 지지하면서도 그와

---

4 프랫, 앞의 책, 24~25쪽.
5 위의 책, 32~33쪽.

동시에 자신들의 결백을 지켜내고 싶었던 유럽의 부르주아 주체들이 활용한 재현 전략[6]이자, 저자가 밝혀낸 가장 흥미로운 식민자들의 감성 코드이다. 제국의 경계에서 이들 감성적 주체들은 정반대의 과학적 주체와 결백함과 수동성뿐만 아니라, 당연히 유럽적 성향, 남성적 성향, 중산층적 성향 따위의 중요한 특징들을 공유하면서 동시에 反정복을 추구하는 非영웅(non-hero)이기도 하다.[7] 프랫은 과학과 감성이 부르주아 주체성을 형성하는 두 개의 표현양식이며, 그것들은 제국의 경계를 은연중에 코드화한다고 주장한다.[8] 이는 근대 서구의 서사(narrative)에서 이성과 감성이 차지하는 위치에 대한 근본적인 성찰을 요청하는 것이기도 하다.[9]

여행기는 이렇듯 반정복적 주체들의 두 가지 특징인 과학과 감성이 끊임없이 경합하면서도 상보적인 방식으로 기술되는 장르이다. 콘래드의 『암흑의 핵심』을 다룬 많은 비평들은 바로 이 지점에 착목해

6　위의 책, 36쪽.

7　위의 책, 179쪽.

8　위의 책, 95쪽.

9　인류학자 앤 스톨러는 네덜란드령 동인도의 사례를 토대로 근대서구사회에서, 특히 식민지에서 살아가는 백인들에게 자신들의 제국성/백인성을 담보하는 자원으로서 '감정'이 갖는 중요성에 대해 흥미로운 연구를 수행한 바 있다. 당시 네덜란드 정부가 보기에 '유색인' 하인들의 손에 의해 요람에 넣어져 모친과는 다른 언어의 자장가를 들으며 '백인' 어린이들이 양육되고 있는 현실은 그 핵심부분에 있어 오염된 것이고, 나아가 국민의 동일성을 상실할 수 있는 위태로운 것이며, 각별한 배려의 대상이었다. 그들에게 내셔널리즘이란 사랑, 자존심, 모욕, 지속하는 애착과 같은 것이었다. 스톨러는 권력이 주체형성의 구성요소라는 푸코적 문제틀을 수용하면서, 감정의 조작은 정치논쟁의 중요한 장이며, 사고나 감정을 어린이가 어떻게 획득하는가의 문제는 억압적 관리보다 합의를 중시하는 식민주의 전략의 중요한 핵심이라고 지적한다. Ann Stoler, *Carnal Knowledge and Imperial Power: Race and the Intimate in Colonial Rule*, Oakland: University of California Press, 2003의 5장 참조.

왔다.[10] 특히 상태 동사들이나 자동사, 그리고 심적인 변화나 경험을
드러내는 동사들, 위로(consolation), 불평하다(repine), 희망들(hopes), 견
딜 수 없는(insufferable) 등과 같은 감정을 드러내는 표현의 사용, 혹은
과학과 감성 간의 상보적 경향을 가장 뚜렷이 표시하는 요소로서 대문
자 I에 대해 주목하면서, 여행기 장르의 감상적인 글쓰기의 특징을
서술하는 프랫의 분석은 정치한 텍스트 읽기의 한 전범을 보여준다.[11]

  20세기 초 한국과 중국, 일본을 방문했던 이사벨라 B. 비숍(I. B.
Bishop)이 남긴 여행기들에는 이러한 성격이 더 확연히 드러나는데,
이는 이사벨라 비숍의 젠더적 정체성과도 무관하지 않을 것이다. 남
성여행가와 구별되는 여성 여행가들의 글쓰기가 갖는 젠더적 특성을
이해하는데 있어서도 프랫의 논의는 시사하는 바가 크다. 그 중에서
도 (1) 남성 자본주의의 전위들이 종종 목표 지향적이고 선형적인 정
복의 서사를 만들어내는 플롯 구성에 의지하는 반면, 여성들에게 사
회·정치적 삶은 사적인 일의 핵심이기 때문에, 그녀들의 보고서는
민족지적 관심을 강력히 드러낸다는 점, (2) 광대한 청중을 대상으로
삼았기 때문에 학적 지식에 근거를 두고 있는 전문적이고 통계적인
언어를 피했고, 그 대신 자신들의 발견을 표현하기 위해 소설적인 관
습을 불러냈으며, 이를 통해 "스타일의 수준에서 실현되는 문학적인
것과 사회적인 것을 미묘하게 혼합한 결과물"을 만들어냈다는 점은,
이사벨라 비숍의 텍스트를 독해함에 있어 유효한 방법론적 길잡이를

10 특히 W. G. 제발트, 이재영 옮김, 『토성의 고리』, 창비, 2011; 에드워드 W. 사이드,
   박홍규 옮김, 『문화와 제국주의』, 문예출판사, 2005, 그리고 프랫, 앞의 책 참조.
11 프랫, 앞의 책, 174~176쪽.

제공해준다.[12]

셋째로, '자가 기술 민족지', 혹은 '토착 민족지'는 제국의 힘이 식민지 내에서 어떻게 수용되고 굴절되고 변형되는지, 그리고 그러한 변용이 갖는 의미가 무엇인지 이해하기 위해 중요한 텍스트이다. 저자는 그 한 예로 유럽을 위한 훔볼트(A. von Humboldt)의 라틴 아메리카 재발명이 유럽령 아메리카 작가들에 의해서 문화횡단적으로 변형 혹은 발명(self-invention)되었고, 이러한 '유럽인'과 '유럽화하기'의 구분은 대서양을 횡단하면서 이루어지는 전유(appropriation)의 특징을 요약적으로 보여준다고 지적하면서, 자가 기술 민족지적 표현이 제국의 정복과 이에 대한 저항의 역사를 해명하는 데 점차 중요한 역할을 할 것이라 전망한다.[13] 하지만 제국의 시선이 갖는 여러 특징들에 대한 저자의 치밀한 분석에 비해, 자가 기술 민족지에 대한 분석은 그 비중이나 깊이에 있어 그다지 정교하지 못하다. 이는 프랫이 다루는 주된 텍스트가 백인 여행가들이 남긴 여행기라는 것, 그리고 이 책의 제목이 말해주듯, 저자의 일차적 관심이 제국의 시선이라는 점에서 연유하는 한계이기도 하다.

자가 기술 민족지가 갖는 의미에 대한 보다 깊은 이해를 위해서는 바바(H. Bhabha)나 코마로프 부부(J. & J. Comaroff) 등 포스트 식민주의 연구들이 유용한 참조점을 제공해줄 수 있다. 특히 바바는 라캉(J. Lacan)의 정신분석학적 접근을 원용하면서, 시각적 충동을 객관화, 혹은 정형화(stereotype)하려는 시도에 따라붙기 마련인, '시선(look)'을

12 위의 책, 354~361쪽.
13 위의 책, 392~393쪽.

위협하는 '되돌아옴'으로서의 '응시(gaze)'에 주목한다. 프랫이 잘 분석해낸 것처럼 권력의 편집증은 식민지인들을 정형화된 모습으로 재현하는 기능을 한다. 하지만 정신분석학적 논의를 참조한다면, 이런 봉합(suture)으로서의 정형화, 즉 차이의 부인(disavowal)으로서의 페티시적(fetish) 동일화의 역할은 언표작용과 주체화의 지점에 분열적인 다중적/모순적 신념의 과정을 제공하며, 그 결과 자아(ego)의 분열을 가져온다. 왜냐하면 정체성과 기원의 '상상적' 위치로서 차이의 인식은 담론 내부에서 분열의 표상작용에 의해 혼란되기 때문이다. 다시 말하면 정형화 담론은 자신의 식민지적 계기 속에 통치의 형식을 기입하며, 그 형식은 지식의 구성과 권력의 행사에서 생산적인 분열을 나타내게 된다는 것이다.[14]

한편 코마로프 부부는 남아프리카의 기독교 선교에 대한 장기간의 현지조사를 통해 이 지역에 전파된 기독교가 이들 남아프리카인들의 '의식의 식민화'에 끼친 엄청난 영향력을 인정하면서도, 이러한 헤게모니가 남아프리카인들에게 관철되는 과정에서(즉 남아프리카인들이 식민주의의 정치언어를 배우는 과정에서), 이들은 더욱 *sekgoa*(백인의 방식)와 *setswana*(남아프리카 방식) 사이의 구분에 의존하게 되는, 따라서 새로운 남아프리카인의 역사의식이 만들어지는 역설을 논증한 바 있다. 코마로프 부부가 그리는 남아프리카의 식민주의의 역사는 지배와 저항이 항상 쌍으로 함께 따라다님에도 불구하고, 지배가 그대로 관철되지도, 또 저항이 그 지배에 대한 극명한 안티테제로 발생하지

---

14 Homi Bhabha, *The Location of Culture*, London, New York: Routledge, 1994, pp.171~172.

도 않으며, 지배의 언어는 저항의 언어에 침투해 들어가고 저항의 언
어 역시 언어의 의식화나 새로운 헤게모니를 막을 수 없다는 점을
잘 보여준다.[15]

이렇듯 자가 기술 민족지에 주목한다는 것은 접촉지대가 빚어내는
긴장, 보는 자와 보이는 자의 관계, 그리고 접촉지대 내의 다성적
(polyphonic) 목소리에 귀를 기울이는 것으로 나아가야 한다. 나아가
그것은 바바가 강조한 것처럼, 이미지와 기호, 축적과 부가, 현존과
보충의 갈등적인 사이에 낀(in between) 위치에서 생성의 행위를 찾는,
"역사적 시간의 '불확실한' 운동을 구조화하는 극복할 수 없는 양가성
을 드러내는" 소수자 담론에 주목한다는 것이기도 하다.

그들은(식민지인, 탈식민지인, 이주민, 소수자들과 같은 이방의 사람들/
필자 주) 국민적 문화와 그 조화된 담론의 '본토(Heim)'에 포함되지 않으려
하며, 그 자체가 근대국가의 국경을 불안정하게 하는 가변적인 경계의
상징이다. 그들은 이질적인 언어로 말함으로써 애국적인 화음의 목소리를
분열시키는 이주민 노동자라는 맑스(K. Marx)의 예비군이다. 또한 그들은
은유·환유·의인법이라는 니체(F. Nietzsche)의 기동대가 된다. 그들은 국
가라는 '상상의 공동체'의 이념을 삶-속의-죽음(death-in-life)으로 분절해
발음한다. 눈부신 국민의 삶이라는 낡아빠진 은유는 이제 국민의 인권을
보호하고 신장하는 동시에 구속하고 파괴하는, 입국허가·여권·취업허가
라는 또 다른 서사 속에서 순환한다. …(중략)… 그것은 "은유를 가능하게
하는 행위 자체를 환상 속에서 파괴하는 것이며 원래의 언어적 공백을
단어로 만드는 내사(introjection)의 행위이다. 잃어버린 대상인 민족의 고
향(heim)이 공백 속에서 반복되며, 이 때 공백은 고향을 낯선 불길함

15 Comaroff · Comaroff, op. cit.

(unheimlich)으로 만드는 동조/화음을 예시하고 선취한다.[16]

일상생활 속에서의 약분불가능성(incommensurability)이 만들어내는 이접적인 서사, 즉, "국가 사회의 임계적(liminal) 공간에서 나타나는 삶의 혼란성의 효과로서, 문화적 해석의 과정에서 발생하는 의미와 가치들의 격렬한 진동"을 찾아내기 위해 바바가 요청하는 것은 민족지 학자의 눈이다. (아마 사회과학 내에서 자신의 학문체계에 대한 가장 근원적 인(radical)한 성찰을 수행했던 인류학적 작업의 의의에 대한 바바의 인정이자, 적극적인 수용이라고 할 수 있겠지만) 민족지학은 인식의 장을 확인하는 데 있어 주체가 객체(대상)와 주체 속으로 끊임없이 분열되는 과정을 경험해야 한다는 점에서, 다시 말하면 민족지학의 대상은 "주체의 외 부에 그 자신의 끝없이 작아지는 파편들을 투사하기 위한(주체로서의 자신을 아주 폐기하지는 않는) 주체의 미규정적인 자기객관화의 능력에 의존해" 구성된다는 점에서, 동질적이고 균일해 보이는 근대국가적 서사 내에서 웅성거리는(babble on) 영역들을 찾아내고, 여기에 역능을 부여하는 전략적인 무기가 될 수 있다. 이 글은 개화기-구한말 조선사 회를 그린 외국인의 여행기들과 이들의 문명서사를 내면화, 전유해온 토착의 지식인들이 남긴 짧막한 논설, 기사 등과 같은 텍스트들에서 그 웅성거리는 소리들을 찾아내고자 하는 조그만 시도이다.

---

16 Bhabha, op.cit., pp.164~165.

3. '귀신의 나라' : 구한말 서구인의 눈에 비친 조선

구한말 외국인 관찰자들(다수가 기독교 선교사)이 남긴 각종 기록들을
보고 있노라면, 그 동일한 수식어구의 반복에 아연해질 때가 있다. 푸른
눈의 그들에게 비친 조선인들의 첫 인상은 "흉측하고", "지저분하며"[17],
"얼굴은 무표정하고, 복장은 한결같이 단조로우며"[18], "무력하고" "불쌍
한" 존재들이다. 이러한 조선인들에 대한 첫 인상은 그들이 처음 밟은
조선의 거리에 대한 묘사를 통해 더욱 구체화된다. 그리고 이러한 "수챗
도랑"과 같이 '불결한' 환경은 '위생'이라는 문명 담론과 맞물리면서 정
화되어야 할 대상으로 간주된다.

거대도시이자 수도로서 서울의 위엄을 생각할 때 그 불결함은 형용할
수 없을 정도로 심각하다. …(중략)… 대부분의 골목길이 짐을 실은 두
마리의 황소가 지나가기 어려울 만큼 좁다. 더 정확히 말하면 한 사람이
짐을 실은 황소 한 마리를 끌고 지나갈 수 있을 정도이며, 그것도 퀴퀴한
물웅덩이와 초록색 점액질의 걸쭉한 것들이 고여 있는 수챗도랑에 의해
더 좁아진다. 수챗도랑들은 각 가정에서 버리는 마르고 젖은 다양한 쓰레
기로 가득 차 있다. 더럽고 악취 나는 수챗도랑은 때가 꼬질꼬질한 반라
(半裸)의 어린 아이들과 수채의 걸쭉한 점액 속에 뒹굴다 나온 크고 옴이
오른, 눈이 흐릿한 개들의 즐거운 놀이터이다.[19]

17 릴리아스 H. 언더우드, 김철 옮김, 『언더우드 부인의 조선견문록』, 이숲, 2008[1904],
17쪽.
18 조지 W. 길모어, 신복룡 역주, 『서울풍물지』, 집문당, 1999[1892], 20쪽.
19 이사벨라 B. 비숍, 이인화 옮김, 『한국과 그 이웃나라들』, 살림, 1994[1897], 53쪽.

　모든 일이 아무 희망도 없이 꽉 막혀 버린 바로 그 때에 아시아의 방방 곡곡에서 콜레라가 발생했다. 조선 사람들이 여름철마다 그 무서운 병에 걸리지 않는 것은 아직도 풀리지 않는 수수께끼이다. 구정물이란 구정물 은 좁고 불결한 도랑으로 흐르는데 도랑이 흔히 쓰레기로 막혀서 길거리 에 구정물이 넘쳐흐른다. 푸르스름하고 끈적끈적한 물이 마당에 또 길가 에 그냥 고여 있고, 우물은 바로 곁의 더러운 옷을 빤 시궁창물로 더럽혀 져 있다. 무더기로 내다버린 나물 찌꺼기가 길바닥에서 또 창문 밑에서 그냥 썩고 있었다. '비위생적'이라거나 '불결함'이라는 말에 딱 맞는 상상 할 수 있는 온갖 행동들이 예사로 저질러졌다. 팔에 안긴 어린 아이들마저 시퍼런 오이를 날로 먹고, 껍질도 안 벗긴 씁쓸한 과일이나, 채 익지도 않은 뜨거운 떡을 그냥 먹는다. 조선 사람들은 지저분한 물에다 헹군 거칠 고 소화도 안 되는 나물을 곁들여 찬밥, 더운밥을 마구 먹어치우는데, 그 나물은 무와 그 밖에 소금과 후추로 맛을 낸 것들이다. 그야말로 자연 법칙을 깡그리 무시하고 과일을 먹건만 대체로 아무런 해도 입지 않는 것(무시무시한 결과를 일으키지는 않는다는 말이다)은 서양 사람들에겐 참으로 놀라운 일이다. 조선 사람들은 '신성한 자연'에 대한 무관심과 자 유를 으레 자기들의 권리인 양 당연하게 여기는데, 만일에 외국인인 우리 가 그런 무관심과 자유를 그들의 십분의 일만큼이라도 누린다면 틀림없 이 당장 죽고 말 것이다.[20]

　물론 이러한 풍경에 대한 묘사들은 유독 19세기 조선에만 국한된 것이 아니다. 19세기 말 조선과 중국, 일본 3국을 모두 여행한 후 각 각의 여행기를 남긴 당대의 유명한 여행가 이사벨라 버드 비숍의 텍 스트에서 대상지를 형용하기 위해 공통적으로 동원된 말들은 "청결 과 위생의 부재", "게으름과 나태함", "지독한 악취", "예의 없음" 등이

---

[20] 언더우드, 앞의 책, 171~172쪽.

었다. 그녀는 심지어 "베이징을 보기 전까지는 서울이 세상에서 가장
더러운 도시가 아닐까 생각했고, 샤오싱의 냄새를 맡기 전까지는 서
울이 세상에서 가장 냄새가 나는 도시가 아닐까 생각했다"[21]며 중국과
한국의 '불결함'을 싸잡아 비난하고 있다. 그녀의 눈에 비친 일본의
지방 도시들도 예외는 아니다.[22] 다시 말하면 이러한 풍경 묘사는 비
숍의 개인적이고 주관적인 인상이 아니라 19세기 제국주의 담론이
그려내는 피지배자들의 초상이자 제국주의가 타자의 문화의 고유한
가치와 품위를 떨어뜨리고 왜소화하기 위해 전략적으로 사용했던 수
사학적 장치들인 것이다.[23]

  이는 '풍경'이라는 것이 실은 선행하여 존재하는 표현이 의식에 내
화되고 반전하여 외부에 투영됨으로써 획득된 것, 말하자면 특수한
시각적 인상의 하나로서 역사적으로 구조화된 어떤 지각 양태에 의해
산출된 것임을 의미하는 것이기도 하다.[24] 따라서 우리는 19세기 동아
시아의 풍경을 묘사하는데 자주 사용되었던 '천박함(the abject)'이라는
형용사의 정치적 함의에 주목할 필요가 있다. 다시 말하면 게으름,

---

21 비숍, 앞의 책, 52쪽.
22 신문수는 식민자가 그리는 피식민자의 초상에 공통적으로 나타나는 세 가지 특성 (1)
    식민주의 타자를 일련의 부정적 양태의 존재로 묘사, (2)타자를 불투명하고 기이하며
    예측불가능한 존재로 묘사, (3)타자를 개별적 존재라기보다는 익명의 집합적 존재의
    일부로 묘사)에 대한 메미(Albert Memmi)(1965)의 논의를 인용하며, 『한국과 그 이웃
    나라들』은 물론 비숍의 일본 여행기나 중국 여행기에도 이러한 특징들이 공통적으로
    나타난다고 지적하고 있다. 이상 신문수, 「동방의 타자-이사벨라 버드 비숍의 『한국
    과 그 이웃나라들』」, 『한국문화』 46, 규장각한국학연구원, 2009, 120쪽 참조.
23 이용재, 「이사벨라 버드 비숍(Isabella Bird Bishop)의 중국 여행과 제국주의적 글쓰기」,
    中國語文論譯叢刊』 30, 중국어문논역학회, 2012, 361쪽.
24 이효덕, 박성관 옮김, 『표상공간의 근대』, 소명출판사, 2002, 87쪽.

무례, 무절제와 같은 개인적 차원의 천박함은 부패, 타락, 폐쇄주의와
같은 사회적 야만 상태와 연관되고 그것은 다시 자치 능력의 부재로
치환되면서 정복과 식민 지배를 정당화하는 논리로 탈바꿈하게 되는
것이다.[25]

  그리고 이러한 비난과 폄하의 시선은 동시에 이들이 거주하지 않
는 자연, 즉 오지의 비경에 대한 절대적 찬미와도 서로 맞닿아 있다.
그들의 인식 구조에서 인간 세계(사회)와 자연은 완벽히 분리/대비된
다. 때 묻은 그들의 손이 거지치 않은 곳이기에 그러한 오지의 자연은
너무나 아름다운 것이고, 여기에 의미를 부여할 수 있는 존재가 바로
자신들이라는 것이다. 이는 한국과 중국에 대한 비숍의 여행기에서
공통적으로 나타난다.[26] 나룻배로 한강을 거슬러 올라가면서 그녀는
이른 봄의 비경을 보며 감탄을 금치 못한다. "풍경은 시간마다 변하
였는데 처음 며칠이 지난 다음부터는 점점 아름다워질 뿐만 아니라
곳곳에서 웅장하고 놀라운 모습을 드러내기도 했다. 이른 봄의 아름
다움 속에서 나무들은 녹색과 붉은 색과 황금색으로 깨어나 생동하

---

25 David Spurr, *The Rhetoric of Empire: Colonial Discourse in Journalism, Travel Writing and Imperial Administration*, Durham: Duke University Press, 1993, p.76. 신문수, 앞의 논문, 129~130쪽에서 재인용.

26 이러한 대비적 인식은 중국의 풍경을 바라볼 때도 공통적으로 나타난다. "저택 뒤편으로는 수정처럼 반짝이는 민강의 물결이 오랫동안 산속에 감금되어 있었다는 듯이 바람 같은 기세로 흘러갔다. 산 전체의 광경은 장엄함 그 자체였다. 특히 이른 아침에 해가 눈 덮인 산봉우리를 분홍빛으로 물들이는 광경은 사무치도록 아름다웠다. 나는 자문했다. 가지 말아야 할 이유가 어디에 있단 말인가? 중국 본토의 좁은 도로와 군중의 야비한 호기심 그리고 숨 막히는 규정을 벗어나면 순박한 티베트인과 야크, 현지인의 밧줄 다리와 높은 산이 기다리고 있는데 …(후략)" 이사벨라 B. 비숍, 김태성 · 박종숙 옮김, 『양자강을 가로질러 중국을 보다』, 효형출판, 2005[1899], 416쪽.

고 있었다."[27] 하지만 배에서 내려 도착한 한 마을의 관아를 바라보는
그녀의 시선은 180도로 바뀐다.

> 관아는 좋은 곳에 위치해 있었다. 지금 아이들의 운동장으로 사용되고
> 있는 내부는, 원래 왕실의 사용을 위해 멋지게 장식되었던 별장이 놓여
> 있었지만, 이미 잔해만 남은 상태였다. 목제품은 껍질이 벗겨지고, 들보와
> 서까래는 떨어졌으며, 색은 벗겨지고, 창호지는 격자창에서 떨어져 나와
> 너덜거렸으며, 회반죽은 우중충한 벽에서 일어서고, 한때 멋있었던 망루
> 는 마지막 남은 다리 위에 얹혀 있었으며, 안마당의 몇몇 판석들은 내려앉
> 았고, 몇몇은 높여져 있었으며, 뻔뻔스러운 돼지풀과 냉이들은 그 갈라진
> 틈으로 자라고 있었다. **가난, 나태, 우울함 등이 모든 곳에 널려 있었다.**[28]

구한말의 조선을 방문한 그들의 시선을 더욱 사로잡았던 것은 조선
사람들의 이해할 수 없는 정신세계였다. 그들의 눈에 비친 조선은
말 그대로 "귀신의 나라"였다. 조선 사람들의 정신세계 속에서 귀신은
"그늘진 나무, 계곡, 맑은 샘, …(중략)… 심지어 동서남북 어디에나
널리 도사리고" 있으며, "귀신은 삶의 모든 면에서 한국인들에게 영향
을 끼치고" 있다. 따라서 조선 사람들은 "항상 공포에 떨면서" "그들(귀
신들)을 달래며" 살아가는[29], "살아서나 죽어서나 풍수(風水)에 얽매인
노예"[30]들이었다. 그들의 눈에 이 "끔찍스러운 지적 질병"은 조선의
모든 영역을 타락시키는 주범이었다.

---

27 비숍(1994), 앞의 책, 93쪽.
28 위의 책, 110쪽(강조-인용자).
29 위의 책, 458쪽.
30 윌리엄 E. 그리피스, 신복룡 역주, 『은자의 나라 한국』, 1999[1894], 집문당, 426쪽.

무속 및 민간 신앙은 조선인들의 이러한 미신적 다신관에서 만들어
진 문화적 산물로 간주되었다. 특히 비숍은 자신의 여행기에서 무려
3장(章)에 걸쳐 무당과 무속에 대해 상세히 기술하고 있다. 이는 그
비중에 있어서도 자신의 중국과 일본 여행기 기술과는 차이가 나는
것이다.[31] 조선의 무속 및 민간신앙에 대한 저자의 시각을 가장 잘
보여주는 대목은 금강산을 여행하면서 자신이 보았던 무당의 굿 장면
에 대한 묘사이다.

  여행을 하면서 우리는 '무당'이라고 불리우는 여자 마법사가 음식상을
잔뜩 차려놓고 북을 울리며 심벌즈를 치면서 환자들에게 질병을 야기시
킨 악령들을 달래고 있는 집들을 심심치 않게 보았다. 이 행사를 위해
준비된 많은 값비싼 음식들은 악령에게 바쳐지며 이 무속제의가 끝난 뒤
에는 그 일부를 환자에게 먹인다. 악령에게 바쳐진 음식이 치료약이 된다
는 믿음 때문인데 이런 생각은 종종 병을 심하게 약화시키기도 한다. 예를
들면 장티푸스와 이질로 고통을 받고 있는 환자에게 김치와 돼지고기를
배가 터지도록 먹이곤 하는 것이다. 최근 제이슨 박사(한국명 서재필)가
서울에서 목격한 한 예를 들면, 오랜 질병으로 고생하던 환자가 보통의
다른 무속제의에서와 같이 악령에게 바친 음식-날무우를 먹고 그 자리에

---

31 비숍은 중국 문명을 평가하면서, "오래 전부터 비물질적이고 미신적인 경향을 견지하
   면서 여유로운 명상과 난해한 형이상학에 기반을 두었기 때문에 서구 문명과 조화를
   이루기 쉽지 않다. 게다가 이 같은 경향에 불교가 섞이면서 극도로 유치한 미신이
   뿌리 깊게 자리했고, 도교의 귀신 숭배와 이와 상당히 대조되는 유교의 윤리학과 심오
   한 불가지론이 그들의 정신적 지주가 되었다"고 '비하'하면서도, 이어서 "중국인은 믿어
   지지 않을 만큼 무지하고 미신적이지만 그럼에도 동양의 다른 어느 민족보다 일관성을
   갖추고 있다"고 기술하면서 그들의 뛰어난 활력과 적응력, 그리고 근면성을 높이 평가
   하는 이중적 태도를 보인다. 물론 이는 자신들보다 오래된 문명에 대한 경의이자 그
   쇠퇴에 대한 연민적 시선의 착종이라고 할 수 있을 것이다. 비숍(2005), 앞의 책, 33쪽.

서 즉사했다고 한다.[32]

무당의 축귀술인 굿은 혼란한 상태에 있는 가신(家神)들 사이의 질
서를 회복하고, 집을 깨끗이 하고, 강력한 귀신들로부터 집과 그 가족
들을 보호하기 위한 수단이다. 집안에 환자가 있는 경우 이를 환자의
몸에 귀신이 들어온 것으로 이해하고, 병을 낫게 하기 위해 판수나
무당을 불러 푸닥거리를 하는 조선 사람들이, 그들의 눈에는 미신에
찌들어 있는 '가련한' 존재로 여겨졌을 것이다.[33]
  비숍의 이러한 관찰은 당시 조선에 왔던 선교사들이 남긴 기록에서
공통적으로 발견된다. 그들은 "미신이 강요하는 관습이 무쇠 족쇄보
다 더 단단히 조선 사람들을 얽어매고 있으며", 이들의 "원시적인 영혼
숭배라 함은 정령설(精靈說), 샤머니즘, 배물교(拜物敎)적 미신 및 자연
숭배사상을 일반적으로 포함하는 것"[34]이라고 보았다. 그리고 무당이

---

32 비숍(1994), 앞의 책, 156쪽.
33 "조선인들은 병을 낫게 하기 위해 무당과 판수에 의존한다"는 비숍의 단정 안에 조선의
    전통의학에 대한 고려는 전혀 없다는 점은 흥미로워 보인다. 그녀는 자신의 하인이었
    던 임씨가 사고로 팔이 부러졌던 당시의 상황을 다음과 같이 기록하고 있다. "한낮이
    되어 우리가 마을에 다 모였을 때 마을 사람들은 임씨에게 평생토록 수족을 못 쓰게
    할 '나쁜 피를 뽑기 위해' 그의 팔을 '바늘로 찌르기'를 애써 권유했다. 그는 그것을
    두려워했지만 결국엔 설득에 굴복했다." 비숍(2005), 앞의 책, 384쪽.
    여기서 '바늘로 찌르기'는 물론 침술을 의미하는 것이다. 동양 전통 의학에 대한 이러한
    편견은 다소 차이는 있지만 중국에 대해서도 비슷하다. 아래는 만주의 펭티엔(奉天)에
    서 보았던 중국의 전통 의학체계에 대한 비숍의 평가이다. "의학의 체계는 비록 그것이
    약 60개 정도의 수입된 약과 함께 가치 있는 고유의 약제와 그것을 사용하는 지식이
    포함되어 있기는 하지만 많은 측면에서 미개하다. 수술을 하는 외과의사가 없고, 의사
    들은 심지어 동맥을 묶을 줄도 모른다. 그들은 방혈법(放血法), 뜸, 그리고 지저분한
    긴 바늘을 가지고 피부나 관절 위를 찔러 통증과 뼘과 류머티즘을 치료하는, 뜨겁거나
    혹은 차가운 침술을 사용한다. 그들은 모든 종기, 상처, 궤양에 검은 불(不) 침투성
    반죽(고약)을 바른다." 비숍(1994), 앞의 책, 240쪽.

나 판수에 대해서는 "이러한 직업에 종사하는 사람을 sorceress(여자마법사)나 exorcist(귀신을 몰아내는 사람)에 가장 가까운 사람"으로 "넓은 의미의 남·녀 마술사라고 부를 수 있는데, 여기서 무당의 어원은 '대중을 속인다'는 의미이며, 판수라는 말은 '운명을 결정하는 사람'이라는 뜻으로 무당이란 명칭은 특히 적합하다"고 기록하고 있다. 특히 무당들은 당시 조선 사회에서 "절대적이고도 불가항력적인 힘을 가지고 백성들뿐만 아니라 통치자들에게까지도 영향력을 행사하고 있다"는 것이 헐버트의 평가이다.[35] 언더우드나 헐버트의 이러한 평가는 아래에 인용된 다른 글들에서도 계속 재생산된다.

> 불교가 도입되기 전까지 조선인은 자연숭배만 알았고, 이런 숭배는 꾸준히 발전해서 오늘날까지도 고대 풍습이 굉장히 활발하게 살아 있다. 그들은 선하거나 악한 영혼에 둘러싸여 있다. 땅과 하늘, 산과 강, 나무에도 혼들이 살아 있다. 병에 걸리는 이유도 악령 때문이다. 여기서도 무당이 활개를 칠 뿐만 아니라 조선 어디에서나 절대적 여주인으로 군림한다. 이 나라를 착취하는 마술사, 무당, 천문가, 지관의 무리는 정말 나라를 고통스럽게 하는 악이자 약점이다. 20세기에 들어선 시점에도 여전하다. 황제께서 이 구시대의 무리를 추방할 때, 나라는 그 거대한 변화의 행보를 내딛을 수 있을 것이다. 시내 여기저기서 번번이 무녀의 북소리가 들려온다. 병자가 있는 집에서 악령 추방 의식(굿)을 하는 소리다. 탕탕거리는 소름끼치는 소리와 광적인 춤으로 무녀는 병자의 악귀를 쫓고 가족들이 준비한 음식을 바치는데, 음식은 굿이 끝나고 나면 무녀가 차지한다.[36]

---

34 언더우드, 앞의 책, 31쪽; 호머, B. 헐버트, 신복룡 역주, 『대한제국멸망사』, 집문당, 1999[1906], 469쪽.

35 헐버트, 앞의 책, 478쪽.

36 에밀 부르다레, 정진국 옮김, 『대한제국 최후의 숨결』, 글항아리, 2009[1904], 85쪽.

도심지 외곽에는 무당들이 여러 방식으로 주술을 완벽하게 행할 수 있는
시설이 정렬해 있다. 가난한 사람이나 지체 높은 사람 모두 이곳의 단골손
님이다. 귀청이 터질 듯이 고함을 지르고 손뼉을 치고 북을 두드리며 굿을
함으로써 병마를 쫓고 고통을 약화시키며 재앙을 예방하고 애를 낳지 못하
는 사람이 아이를 얻을 수 있다. 정부는 이러한 무당 집단을 앞서 말한
종교 집단으로 여기지는 않으며 한두 집 정도는 도성 안에서도 볼 수 있다
…(중략)… 무아지경 상태에서 쪼그려 앉아있는 무당을 중심으로 여러 기원
자들이 둘러앉는다. 가운데에 앉아있는 무당은 이따금씩 일어나서 원을
만들고 있는 한 여인에게 급작스레 다가가서 그의 몸 안에 악귀가 씌워
나오지 않으려고 한다면서 등을 격렬하게 두드리거나 흔들어댄다 …(중
략)… 몸 안에 무엇인가 들어와 있다고 느낀 그는 공포 때문에 몸을 흔들고
손뼉을 치고 북을 두드리고 고함을 질러대는데, 결국 악귀를 내쫓은 후에
는 무당이 특별히 요구하는 돈을 추가로 지불한다.[37]

위의 두 인용문에서 공통적으로 발견되는 한 가지 흥미로운 점은
무당의 굿을 광기, 즉 非이성과 연결시키고 있다는 것이다. 그들은
무당이 귀신을 불러내는 특별한 방법으로 "귀신더러 나오라고 불러
대면서 광란(frenzy)에 이를 때까지, 춤을 추고 껑충껑충 뛰면서 돌아
다닌다거나", 그 결과 귀신이 병자의 입을 빌어 이야기하고, 병자가
귀신에게 감사를 표하면 "무당은 다시 광란적으로 뛰어 다닌다"고 쓰
고 있다. 비숍 역시 "무당이 얼마나 몰아적으로 자신의 임무를 수행
하는지를 말하는 것은 거의 불가능할 정도"이며, 때때로 "무당은 그
광란적인 엑스터시로 인해 죽는 경우도 있다"고 보고한다.[38] 서구인

---

37 A. H. 새비지 랜도어, 신복룡·장우영 역주, 『고요한 아침의 나라 조선』, 집문당, 1999
[1895], 197쪽.

들에게 이러한 '신들림'으로 인한 엑스터시 현상은, '이성'이라는 렌즈를 통해 볼 때는 도저히 '이해할 수 없는' 것이자, 이성을 위협하는 광기, 비이성으로 비춰졌을 것이다.

물론 그들 역시 이러한 조선인들의 천성이 절대 불변하는 것이라고 간주하지는 않았다. 비숍은 시베리아에서 경제적으로 여유롭게 지내는 조선 이주민들 보면서 "이들의 번영과 보편적인 행동은 한국에 남아 있는 민중들이 정직한 정부 밑에서 그들의 생계를 보호받을 수만 있다면 천천히 진정한 의미의 '시민'으로 발전할 수 있을 것"[39]이라고 확신하면서 동시에 이러한 변화를 가능하게 한 러시아 정부, 즉 '제국'의 통치를 긍정적으로 평가하고 있다.

하지만 통치 국가의 능력에 의해 인종과 민족적 특징이 변화된다는 사유는 제국주의의 정당성을 윤리적인 측면으로까지 확장하는 것이기도 하다.[40] 이는 조선의 미신을 일소할 수 있는 수단으로 자신이 속한 서구문명(기독교)을 정당화하는 사고와 연결된다. 즉, "이러한 야만적이고 저급한 미신"에 대한 가장 확실한 공격수단은 유럽의 의학과 수술법"이며, "'의학적인 선교'와 관련되어 실행됨으로써 많은 면에서 꽤 문명화된 사람들과 하층민들을 점차 미신으로부터 해방시킬" 수 있을 것이라는 논리이다.[41]

---

38 비숍(1994), 앞의 책, 483쪽.
39 위의 책, 277쪽.
40 이상, 홍순애, 「근대계몽기 여행서사의 환상과 제국주의 사이―이사벨라 버드 비숍의 『한국과 그 이웃나라들』을 중심으로」, 『대중서사연구』 23, 대중서사학회, 2010, 113~115쪽.
41 이상 비숍(1994), 앞의 책, 458~483쪽 참조.

이상을 통해 볼 때 무속을 비롯한 민간신앙은 조선인들 생활의 전 영역을 아우르면서, 이 땅을 무지와 오류, 사악의 땅으로 만들며, 조선 사회를 궁핍하게 하는 주범이라는 것이 대다수 선교사들의 공통된 견해였음을 확인할 수 있다. 무속 및 민간신앙에 대해 부정적 묘사가 집중적으로 나타난 이유는 이러한 텍스트들의 주집필자가 선교사들이었기 때문이기도 했다. 자신들의 종교를 전파하는 것을 주목적으로 하고 있던 선교사들에게는 자신들의 종교의 (문명적) 우월성을 과시하기 위한 하나의 방편으로 기존 종교나 민간신앙의 문제점을 부각시킬 필요가 있었을 것이다. 문제는 이러한 텍스트들이(특히 실제로 조선에서 생활하지도 않고 일본에 머물면서 당시 일본과 서양인의 저술을 짜깁기했던 그리피스(W. Griffith)의 『은둔의 나라 한국』과 같은 책이) 조선에 들어오는 초기 선교사들의 입문 지침서가 될 정도로, 미국 개신교의 한국선교결정과 한국선교전략의 수립에 큰 영향을 주었다는 점에 있었다.[42] 초기 외국인 관찰자들의 이러한 부정적인 기록이 후 한국에 대한 전형(stereotype)을 형성하는 데 결정적인 역할을 했던 것이다.

그렇다고 하더라도 앞서 언급한 것처럼 이들 텍스트들을 아프리카를 다룬 백인들의 여행기를 분석하며 프랫이 명명한 '군주적 시선'의 장르로 보기는 어렵다. 왜냐하면 이들 텍스트에는 중국을 비롯한 동아시아 고대 문명사회에 대해 서구인들이 느끼는 어느 정도의 인정

---

42 민경배, 『알렌의 선교와 근대 한미외교』, 연세대학교 출판부, 1991, 23쪽. 그리피스의 저서가 조선 사회에 대한 부정적인 묘사가 유독 심한 이유에 대해 신형식은 당시 친일적인 미국 극동 정책(즉 일본의 조선 침략은 조선인들을 위한 것이라는 이데올로기)에 크게 공감하고 있었던 그의 사상적 편력이 반영되어 있다고 해석한 바 있다. 신형식, 「日帝初期 美國 宣敎師의 韓國觀 - Griffis의 「Corea, The Hermit Nation」을 中心으로」, 『주제연구』 14, 1987, 26~28쪽.

과 자의식이 동시에 깔려 있기 때문이다. 예를 들어 무속에 대해 부정적인 시각을 가지고 있던 헐버트의 경우를 보더라도 한국사회의 종교 일반에 대해서는 "한국인의 종교에 관한 논의를 시작하기 전에 우리는 종교라는 어휘의 정의를 먼저 내려야 한다"고 쓰면서 "동양인들에게는 어디까지가 종교이고 어디부터가 미신인가를 설명하기는 매우 어렵다"는 사뭇 가치 유보적인 자세를 견지하고 있다.[43] 이는 새비지 랜도어의 경우에도 마찬가지이다.[44]

논리적인 점에서 보면 조선인들이 신봉하는 여러 가지 상이한 의식들은 서로가 상충되지만 그들의 내부적인 면에서는 아무런 적의(antagonism)를 느끼지 않고 오히려 수세기에 걸쳐 서로가 익숙하여지는 동안에 하나의 종교적 혼성물(religious composite)을 이루었으며, 조선인들은 이러한 혼성물 중에서 자기가 좋아하는 요소를 취하면서도 그 나머지에 대해서는

---

43 헐버트, 앞의 책, 468쪽.
44 새비지 랜도어의 경우 당대 조선에 왔던 구미 선교사들과는 달리 조선 혹은 조선인에 대해 상당히 우호적인 평가를 내리고 있는 것을 확인할 수 있는데, 이는 그가 선교를 목적으로 온 것이 아닌, 단순한 여행의 목적에서 조선인들을 만나고 그들을 관찰했기 때문이 아닐까 사료된다. 그는 종종 조선인들의 품성을 묘사하면서, 이를 자신이 속한 서구문명을 성찰하는 데까지 나아가기도 한다. "전체적으로 보면 조선 사람들은 매우 많은 결점을 가지고 있을지 모르지만, 더 문명화되어 있고 더 자애롭다고 자부하는 우리들이 자랑할 수 없는 몇 가지의 장점을 분명히 가지고 있다. 전체적으로 보면 **결국 이교도와 기독교 간에는 거의 차이가 없다**는 점을 독자들은 믿어주기 바란다. 아니 **이교도의 견실한 자애와 관용은 익히 알려진 기독교의 박애보다 간혹 더 위대하기까지 하다.**" 새비지 랜도어, 앞의 책, 243쪽. 한편 헐버트는 육영공원의 교사 자격으로 초빙되어 조선에 왔다가 고종과 친분관계를 맺으면서 조선의 국권회복을 위한 외교활동을 전개했고, 또 을사조약 체결 이후에는 조선의 부당한 현실을 서구 사회에 널리 알리기 위해 조선을 소개하는 저서들을 집필하기도 했는데, 이러한 경험이 조선 사회에 대한 그의 시선에 영향을 미쳤으리라는 것은 분명하다. 이에 대해서는 손정숙, 「구한말 헐버트에 대한 인식과 그 활동」, 『이화사학연구』 22, 이화여자대학교 이화사학연구소, 1995, 130쪽 참조.

아무런 멸시의 감정을 나타내지 않는다. 그렇다고 해서 조선인들은 이와 같은 혼합된 종교 중에서 어느 한 측면만을 배타적으로 준봉(遵奉)할 필요는 없다. 마음 한 구석으로는 불교적인 요소에 의존하고 있으나 어떤 때에는 조상으로부터 전해 내려오는 물신 숭배(ancestral fetishism)로 되돌아갈 수도 있다. 일반적으로 말해서 조선인들은 사회적으로는 유교도이며, 철학적으로는 불교도이며 고난을 당할 때에는 혼령 숭배자이다. 따라서 어느 조선인의 종교가 무엇인가를 알려면 그가 고난에 빠졌을 때에 어느 쪽으로 기우는가를 살펴야 한다. …(중략)… 바로 이런 이유로 나는 조선인의 밑바닥에 깔려 있는 종교는 본래적인 혼령 숭배(original spirit-worship)이며 그 밖의 모든 문화는 그러한 신앙 위에 기초를 둔 상부 구조에 불과하다고 결론을 내린다.[45]

그러나 조선 사람들은 미개인들과는 전혀 다르다. 나는 그들의 기질에 관한 한 객관적인 시각에서 그것을 인정한다. 나는 비범한 지성으로 단기간에 지식을 습득하는 그들에게 늘 압도당했다. 그들은 외국어를 매우 쉽게 익혔다. 그들은 무척 투지 있고 열성적으로 공부거리를 습득했다. 또한 그들은 놀라울 정도의 신속한 이해력과 함께 뛰어나게 현명한 추론 능력을 타고났다. 그러나 외모 상으로는 그들의 진면목을 알 수 없다. 언뜻 봐서는 그들은 차라리 흐리멍덩하고 답답한 인상을 주었다. 조선 사람들은 훌륭한 기억력과 빼어난 예술적 소양을 가졌다.[46]

이러한 사고를 간단히 요약하다면, 조선인이 믿는 여러 신앙 체계는 논리상으로 보면 상충되지만, 실제 그들의 내면에서는 아무런 적의나 갈등 없이 수세기 동안 하나의 종교적 혼성물을 이루었다는 것

---

45 헐버트, 앞의 책, 388~389쪽.
46 새비지 랜도어, 앞의 책, 251쪽.

이다. 헐버트의 이러한 종교 인식은 현대 한국인 신학자들이 한국 종교의 역사와 구조를 설명할 때 흔히 채택하는 도식과 거의 차이가 없다는 점에서 선구적이다.[47] 심지어 헐버트는 외국인들의 편견에 항의하는 어느 한국인의 목소리를 기록하면서, 동양인과 서양인의 차이는 환경과 생활조건에서 오는 피상적인 것이며, 그 기질에 있어서 근본적으로는 다르지 않다는 성찰을 보여주기도 한다.

> 나는 한국 사람이란 말이요. 한국인은 눈도 없나요? 한국인은 손도, 오장도, 몸도, 눈치도, 정열도 없나요? 한국인들은 서양인들과 달라서 먹지도 않고, 다치지도 않고, 병도 앓지 않고, 약을 써도 낫지 않고, 여름에는 더운 줄도 모르고 겨울에는 추운 줄도 모르나요? 우리는 찔러도 피도 안 나오고 웃겨도 웃지 않나요? 우리는 독을 먹어도 죽지 않나요? 만약 당신들이 우리를 해치면 복수를 해서는 안 되나요?[48]

헐버트의 성찰은 앞서 프랫이 명명한 '반정복'의 서사의 한 전형을 보여준다. 프랫의 지적처럼 反정복을 추구하는 非영웅의 서사는 "제국의 경계와 관련된 글쓰기 장르에서 두드러지는 박물학자의 결백함은 정복에 가정된 죄책감과 관계를 맺는 가운데 의미를 획득"[49]하게 된다. 물론 당시 조선 사회에 대해 이 정도의 인식과 성찰을 보여주는 이들도 극히 소수에 불과하다. 동시에 이러한 반정복의 서사는 대부분 유럽의 헤게모니를 강력히 지지하면서 유럽적 성향, 남성적 성향,

---

47 조현범, 『문명과 야만: 타자의 시선으로 본 19세기 조선』, 책세상, 2003, 156쪽.
48 헐버트, 앞의 책, 53쪽.
49 프랫, 앞의 책, 132쪽.

중산층적 성향을 공유하고 있다는 사실을 간과해서는 안 된다. 조선인에 대한 그들의 '긍정적' 인식 역시 '인상 비평' 수준을 넘어서지 못하고, 또 다른 여러 편견들과 혼재되어 있다.

　따라서 그들의 평가는 자신들의 종교/가치관과는 다른 타자의 믿음체계를 '동등하게' 혹은 '상대적으로' 이해하려는 시도라기보다는, 자신들의 판단기준인 근대의 계몽주의적 진보의 교의에 따라 종교로 분류되는 다양한 현상들을 그 진보의 정도에 따라 '위계화하려는 행위'라고 보는 해석[50]이 보다 더 타당할 것이다. 다시 말하면 헐버트의 보다 더 성찰적인 인식 역시 서구기독교 문명을 가장 진보된, 신과 가장 근접한 고차원적 종교로 승격시킴과 함께 기존의 동양철학이나 무속, 풍수지리 등을 미신적인 것, 미개한 것으로 인식하도록 강제하는 위계화의 논리 구조에서 크게 벗어나 있지는 않다는 것이다. 그리고 조선에 대한 이러한 이미지는 당대 선교사들과 일반 서구인들 사이에서 아무런 맥락 없이 "서로 베껴 쓰는 작업"[51]을 통해 더욱 고착화되었음은 분명하다.

　이미 17~19세기를 통해 자국 내의 광인들을 이성의 '잣대' 아래 '비이성' = '비정상', 따라서 정상을 위협하는 위험한 존재로 규정하여 사회 내에서 격리시키고, 수용소를 만들어 끊임없이 감시의 시선 아래 위치짓는 역사를 가지고 있는 서구인들에게, 19세기 말 조선이라는 한 '미개한' 땅의 무당들은 이성의 이름으로 단죄 받아야 할(동시에

50　장석만, 「開港期 韓國社會의 '宗教' 概念 形成에 관한 研究」, 서울대학교 대학원 종교학과 박사학위논문, 1992, 15쪽.
51　김윤성, 「개항기 개신교 의료선교와 몸에 대한 인식틀의 '근대적' 전환」, 서울대학교 대학원 종교학과 석사학위논문, 1994, 66쪽.

교화되어야 할) 존재였다. 하지만 서구에서도 임상의학으로서의 근대의학이 정립된 지 그리 많은 시간이 흐르지 않았다는 점을 고려한다면, 근대 서구의 이성은 완벽하게 정립된 채 조선에 들어왔다기보다는 외부의 타자들을 광기, 비이성으로 규정하는 가운데 하나의 실체로 정립되었다는 사실을 우리는 역으로 추측할 수 있을 것이다.

그리고 이러한 담론들은 흔히 문명화, 근대화된 기독교와 대비되는 '非문명', '원시성', '전근대'로 정형화되었다. 에드워드 사이드(2000)가 명명한 오리엔탈리즘은 19세기 말 극동의 조그만 나라에서도 왕성하게 작동하고 있었다. 그리고 이 제국의 시선으로 자신들이 머물렀던 사회를 기록하던 선교사의 기록들은 오래전부터 그들이 축적해온 오리엔탈리즘이라는 광대한 문서고(archive)에 축적될 것이었다. 아무런 맥락 없이 "서로 베껴 쓰는 작업", 그것은 사이드가 규명했던 오리엔탈리즘의 작동 방식이자 보는 주체와 보여지는 객체라는 형식으로의 분할을 작업의 전제로 하는 고전적인 민족지적 기술의 작동 방식, 바로 그 자체였다.

하지만 (피식민지인들을 포함하여) 시선의 대상이 된 자들은 결코 그 시선이 규정하는 바대로 움직이는 존재가 아니다. 그들은 외부의 여행자들(식민자들을 포함하여)이 구사하는 근대적 재현 양식들을 수용하고, 내면화하여 자신들만의 것으로 전유하기 때문이다. 인류학자 폴라비노우는 모로코에서의 현지조사 경험을 통해 조사대상자로만 간주되었던 현지인들 역시 자신의 문화를 해석하고, 나아가 자신들의 문화를 기술하는 인류학자의 문화도 해석해낸다는 것, 즉 해석인류학과 성찰을 접합하는 사유를 제시한 바 있다.[52] 마찬가지로, 구한말 조선 사회에서 사람들은 푸른 눈의 외국인들이 가져온 근대적 산물, 혹

은 문명 담론들과 맞닥뜨린 상황에서, 자신들의 문화, 나아가 그들의
문명 담론 역시 자신들의 방식으로 수용하고 또 내면화했다. 다음
절에서는 이렇듯 구한말 조선에서 문명 담론의 수용과 그 의미에 대
해 짚어보고자 한다.

4. 구한말 조선에서 문명 담론의 수용과 그 의미

서구 선교사들을 중심으로 형성된 '문명'의 담론은 조선의 계몽적
지식인들에게도 점차 공유되기 시작한다. 이러한 문명의 '전염' 현상
이 일어나는데 있어 가장 중요한 역할을 했던 것은 '기독교 선교'였다.
선교사들을 통해 들어온 각종 근대 지식들(총포, 전기, 전차와 같은 근대
물질문명은 말할 것도 없이, 죽은 자들도 벌떡 일어서게 한다는 그들의 의학지
식)은 개화기 지식인들에게 기독교를 문명과 등치시키는 믿음을 심어
주었다.

선교사 언더우드는 문명이라는 것은 전차나 새 옷 따위로는 결코
이루어지지 않으며, 군대나 병사가 가져다주는 것도 아니라며, 조선
에서 선교사업의 의의를 다음과 같이 토로하고 있다. "조선인은 서양
문명에서 가장 훌륭한 것, 그리고 인간의 용기를 자극하고 최상의 결
과를 가져다주는 원동력이 바로 기독교의 신앙과 사랑임을 배우고
있다. 기독교의 원리가 심어지고 그 정신이 뿌려진 곳에는 문명이

---

52 Paul Rabinow, *Reflections on Fieldwork in Morocco*, Berkeley: University of California
Press, 1977.

이루어졌거나 이루어지고 있다."[53] 그에게 문명화는 바로 기독교화였다. 이러한 인식은 비단 선교사들만이 가지고 있었던 것이 아니다. 1890년대 조선에서 문명 담론 확산의 가장 중심적인 역할을 했던『독립신문』의 사설을 보더라도 "지금 세계 각국의 문명개화한 나라들은 다 구교나 야소교를 믿는 나라이다. 이것을 보면 그리스도교가 문명개화하는데 긴요한 것이다"(『독립신문』, 1897.12.23.)라는 논리를 확인할 수 있다.[54] 당시 개화기 지식인들에게 기독교는 그 종교적 가치 자체보다 그것이 문명국의 종교라는 점에서 더 큰 호소력을 가지고 있었던 것이다.

여기서 이들 계몽기 지식인들의 담론은 극히 소수라는 점에서 적어도 그 비율로만 봤을 때 개항기 한국사회를 대표하기 어렵지 않은가 라는 물음이 제기될 수 있다. 그러나 그 낮은 비율에도 불구하고, 당시 조선에서 그들의 존재가 갖는 중요성은 두말할 나위가 없다. 베네딕트 앤더슨이 일찍이 지적했듯이 근대적 국민국가를 만들어나가는 과정에서 언론을 포함한 각종 인쇄매체가 갖는 중요성은 말할

---

53 언더우드, 앞의 책, 305~306쪽.
54 이러한 인식은 당시의 신문 사설들에서 어렵지 않게 발견된다. 그 한 예로『每日新聞』에 실린 한 사설의 일부를 보라. "지금은 대한에도 예수 그리스도를 믿는 동포가 많이 있으니 믿는 형제자매를 대하여서는 우리가 그 교를 가지고 더 말하지 아니하여도 아시는 바이어니와 우리가 특별히 믿지 않는 동포들을 위하여 예수교가 나라 문명부강과 독립 자주의 근본이 되는 줄을 깨닫게 하노라 …(중략)… 그러므로 사람마다 예수교만 실노히 믿을 지경이면 군신과 부자와 부부와 장유와 붕우 사이에 의리와 정의가 있어 일국의 태화세계가 될 터이니 우리나라 동포들은 힘써 예배당을 찾아가서 전도하는 말도 자세히 듣고 성경도 많이 보아 모두 진정으로 믿는 교우들이 되어서 나라를 영미국과 같이 문명 부강케 만들기를 우리는 진실로 바라노라." (『매일신문』, 1898.5.28. 논설의 한 대목)

나위 없이 큰 것이며[55], 당시 한국의 상황에서 그러한 텍스트들을 만들어냈던 주체들은 바로 그들, 소수의 계몽적 지식인들이었기 때문이다. 대개 선교사들을 통해 서구의 문명개화에 대한 지식을 입수했던 그들은 별다른 여과 없이 독립신문, 매일신문, 대한매일신보, 황성신문 등 각종 언론매체들을 통하여 문명개화의 복음을 국민들에게 알리고 전파했다.

특히 1890년대에 이르면 '위생'은 문명과 비문명을 구분하는 지표이자, 부국강병을 위해서도 긴요하다는 인식이 지배적인 것으로 자리잡게 된다. 『독립신문』의 1899년 4월 11일자 사설을 보면, 18세기 말 사망자 수가 매년 늘어나던 영국 사회가 어떻게 위생의 중요성을 자각하고 그 시책을 세웠는지를 보면서, 우리나라 역시 그 정도는 어렵더라도 골목과 개천가에 사람들이 대소변 보는 것이나, 개천에 오물을 버리는 것을 엄금한다면 그 병근을 막을 수 있을 것이라 논하고 있다. 같은 해 6월 21일자 사설(「위생론」)을 보더라도 "작은 불도 끄지 않으면 큰 들을 다 태우고, 적은 물도 막지 않으면 큰 강물에 이르는" 것처럼, 어떤 병이든 사전에 예방하는 것이 중요하다고 운을 떼면서, 특히 거처와 의복, 신체와 음식 네 항목을 거론하며, 이를 청결히 하는 방법을 상세하게 논하고 있다.

하지만 위생의 대상은 단지 물질적인 환경에 국한되는 것만이 아니었다. 당대 지식인들의 눈에 조선 사회는 정신적으로도 병들어 있었고, 그 병의 주된 원인은 무지몽매한 민중들을 현혹시켜 그들의 돈을

---

55 Benedict Anderson, *Imagined Communities: Reflections on the Origin and Spread of Nationalism*(revised edition), London: Verso, 1991.

갈취하는 무당이나 판수, 혹은 '풍수 선생'과 같은 허황된 무리들이었다. 따라서 이들은 '건강한' 나라를 건설하기 위해 반드시 박멸해야 할 대상들이었다. 『독립신문』은 1897년 1월 7일 사설에서 서울에서만 무당, 판수들에게 나가는 돈이 얼마나 큰 금액인지 구체적으로 지적하며, 엄한 법률을 제정해서 이들을 작폐해야 한다고 주장하고 있다.

> 사람마다 생각하기를 일 년에 돈 얼마 아니 쓰고 고사도 지내며 불공도 하며 푸닥거리도 해어 없던 형세도 생기게 하며 있던 병도 나아지며 없던 아들도 생길 듯 해서 그렇게 해도 이것은 아무 것도 모르는 생각이라 허황하다는 말이 도로혀 허루하니 사람마다 새해부터는 이 허한 일을 그만 두고 거기 쓸 돈을 다른 곳에 효험 있게 쓰면 한 사람에게 모이는 돈은 얼마가 안 되지만, 온 서울 안에 모이는 돈이 일 년에 18만원인즉, 당오전으로 450만 냥이라 정부에서 서울 백성들을 일 년에 450만 냥을 줄 수도 없으며, 만일 무당과 판수를 금해 이 돈들을 못 뺏어 가게 한다면 이것은 450만 냥을 공짜로 준 것과 같은 것이요, …(중략)… 지금 정부에서 엄히 법률을 마련해서 신당과 부군당과 그 외 갖가지 귀신 위한다고 하는 것들을 일제히 금하면 그만한 사업은 없을 것이요, 또 나라 명예와 우둔한 백성들을 개명하는데 큰 공이 있을 터이라.[56]

> 사람이란 것은 학문이 없을수록 허한 것을 믿고 이치 없는 일을 바라는 것이라 그런 고로 무당과 판수와 성황당과 풍수와 중과 각자 이런 무리들이 백성을 속이고, 돈을 뺏으며 마음이 약한 여인네와 허한 것을 믿는 사나이들을 아혹히 유인하여 재물을 버리고 악귀를 위하게 하니 그것은 다름이 아니라 사람들이 몰라서 이렇게 속는 것이오.[57]

56 『독립신문』, 1897.1.7.
57 『독립신문』, 1896.5.7.

비단 신문사설 뿐만 아니라, 당대의 대표적 장르인 신소설에서는 미신에 사로잡혀 가산을 탕진하고 비참한 지경에 빠지는 사람들을 풍자적으로 대상화한다. 대표적인 신소설 작가 이해조는 『구마검』이라는 작품에서, 조선의 대표적인 "미신업자"로 아들의 치병굿을 해준다며 부인을 구슬리는 무당과 묏자리에 눈이 먼 양반을 현혹시키는 지관을 등장시켜 이들이 어떻게 서울의 한 중산층 가정을 몰락시키는지 상세하게 그리고 있다. 특히 이 작품은 단순히 이들의 몰락을 풍자하는데 그치지 않고, 등장인물의 목소리를 빌려 당대 조선 사회를 지배하는 샤머니즘의 세계를 노골적으로 탈신비화하면서, 마지막에는 이렇듯 강력한 힘을 발휘해온 무당과 지관 같은 '미신업자들'을 계몽의 법정으로 소환하여 근대적 교육의 화신인 '법관'이 응징하는 것으로 끝을 맺고 있다. 다시 말하면 『구마검』은 무속 신앙에 미혹되었던 우매한 민중이 근대적 개인으로 계몽되어가는 과정의 교본이라 할 수 있다.[58]

---

58 이철호(2014)는 『구마검』을 통해 구한말 조선 사회에서 무속의 폐해를 통렬하게 비판했던 이해조가 이후의 작품인 『화의 혈』(1911)에서 그 같은 반무속적 입장을 다소 모호하게 처리하면서, 소외된 여성들, 심지어 그 원귀에게까지 예외적으로 발언권을 부여하고 있다는 흥미로운 해석을 제시한 바 있다. 기생 선초나 임시 여귀와 같이 억압되었다가 되돌아온 귀신들의 영혼에 대해 서술자가 합리적 태도를 취하다가도 때로는 불가해한 현상으로 신비화하는 순간, 독자는 계몽 이성 혹은 근대 권력이 보여준 폭력의 잔여물들과 대면할 수 있으며, 바로 이 지점이 이해조의 신소설이 보여준 득의의 성과라는 것이다. 이에 대해서는 이철호, 「사라진 귀신들-이해조의 『화의 혈』과 김동리의 「무녀도」 재론」, 『상허학보』 40, 상허학회, 2014, 61~65쪽 참조. 하지만 『구마검』과 『화의 혈』에서 무속에 대한 저자의 시선의 차이를 읽어낸다는 것은 조금 지나친 해석이라는 것이 필자의 입장이다. 『화의 혈』에서 이루어지는 복수극이 '귀신들림'이라는 현상을 통해 그려지는 것은 스토리를 만들어내기 위한 하나의 장치에 불과하며, 그 '귀신들림'마저도 실제로는 죽은 언니의 한을 풀고자 하는 동생의 치밀한 계략이라는 점을 저자 스스로 밝히고 있기 때문이다.

　무릇 나라의 진보가 되지 못함은 풍속이 미혹함에 생기나니, 슬프다!
우리 황인종의 지혜도 백인종만 못지아니하거늘, 어쩌다 오늘날 이같이
조잔(말라서 쇠약하여 시듦) 멸망 지경에 이르렀나뇨? 반드시 연고가 있을
지니다. 우리 동양으로 말하면 당우(중국의 陶唐氏와 有虞氏, 곧 요순 시
대를 일컬음) 이래로 하늘을 공경하며 귀신에게 제 지냄은 불과 일시에
백성의 뜻을 단속하기 위함이러니 오괴한(물정에 어둡고 괴벽한) 선비들
이 오행의 의론을 창설하여 길흉화복을 스스로 부른다 하므로, 재앙과
상서(祥瑞)의 허탄한 말이 대치하여 점점 심할수록 요악한 말을 주작(做
作, 없는 사실을 꾸며냄)한지라, 일로(逸勞, 수고로 애를 씀과 편안함을
누림)조차 천지귀신이 주고 빼앗으며, 죽고 사는 권리를 실상으로 조종하
여 순히 하면 길하고 거스르면 흉한 줄로 미혹하여, 이에 밝음을 버리고
어두움을 구하며, 사람을 내어놓고 귀신을 위하여 무녀와 판수가 능히
재앙을 사라지게 하고 복을 맞아오는 줄 여겨 한 사람, 두 사람으로부터
거세가 본받아 적게 한 집만 멸망할 뿐 아니라 크게 나라까지 쇠약케
하나니, 이는 곧 억만 명 황인종의 금일 참혹한 형상을 당한 소이연이니다.
엎드려 바라건대, 형장은 무식한 자의 미혹하는 상태를 거울하사, 간악
요괴한 무리를 일절 물리치시고, 서양 사람의 실지를 밟아 일절 귀신 등의
요괴한 말을 한 비에 쓸어버려, 하늘도 가히 측량하며, 바다도 가히 건너
며, 사도 가히 뚫으며, 만물도 가히 알며 백사(百事)도 가히 지을 마음을
두시면, 비단 형장(兄丈)의 한 댁만 부지하실 뿐 아니라 나라도 가히 강케
하며 동포도 가히 보존하리이다.[59]

　그렇다면 이러한 그릇된 '미신'의 폐해에서 어떻게 벗어날 수 있는
가. 당시 사회에서 무속이 가지고 있었던 가장 중요한 기능이 병을
치유하는 것이었다는 점에서, 이러한 무속의 폐해에서 벗어나는 길은

59 이해조, 권영민 옮김, 『구마검』, 뿔(웅진), 2008[1908], 97~98쪽.

새로운 무엇인가로 그 기능을 대체하게 하는 것이었다. 그리고 '근대
의학'은 바로 그 가장 가능하고 확실한 방법이었을 것이다. 특히 학질
및 두창 치료사업, 우두보급사업, 그리고 1885~86년, 1895~96년의
콜레라 방역 및 치료 사업 등과 같은 전염병 대응사업을 전개하던
의료선교는 발전된 서구의 의료지식과 기술의 힘을 조선 사회에 강하
게 각인시켰다.

근대의학과 보건위생의 중요성에 대해서는 당대의 계몽적 지식인
그룹이나 개화파 각료들 역시 인식하고 있었다.[60] 독립신문은 1899년
3월 29일자의 논설에서 "현금 세계에 문명한 각국들은 인민의 위생을
위하여 정부에서 하고 병원을 많이 두는데 대한에서는 의학교라 하는
명색이 당초에 없고 근년에 와서 영국, 미국과 일본에서 나온 몇몇
의원이 병원을 설립하여 가며 대한 사람들을 위하여 혹 학도를 뽑아
의술도 가르치며 병인을 극진히 치료하되 본국에서는 본국 인민을
위하여 의학교와 병원을 설치한 것이 한 곳도 없는 것은 대한에 참
수치가 되는 일이라"[61]며 현 사회의 현실에 개탄을 금치 못하고 있다.

---

60 그 한 예로 1882년 일본을 두 번째로 방문하던 해, 12월에 김옥균은 "치도략론(治道略
論)"이라는 상서(上書)를 올리면서, 근대의학과 보건위생의 중요성을 역설한다. "지금
은 세계의 기운이 크게 변하여 만국이 교통하여 수레와 배가 바다 위로 마구 달리고,
전선이 온 세계에 그물처럼 널렸으며, 鑛을 열어 금은을 캐내고, 쇠를 녹여 모든 기계를
만드는 등 일체의 민생과 일용에 필요한 일들을 이루 말할 수 없다. 그 중에서 각국에서
가장 요긴한 정책을 구한다면, 첫째는 '衛生'이요, 둘째는 農桑이요, 셋째는 道路인데,
이 세 가지는 비록 아시아의 성현이 나라를 다스리는 법도라 해도 여기에서 벗어나지
않을 것이다 …(중략)… 현재 구미 각국은 그 기술의 과목이 몹시 많은 중에서도 오직
醫業을 맨 첫머리에 둔다. 이것은 백성들의 생명에 관계되기 때문이다." 김옥균, 「治道
略論」, 김옥균 외, 『한국의 근대사상』, 삼성출판사, 1990[1882], 89쪽.
61 『독립신문』, 1899.3.29.

개화가 된 지 30년이 지난 이후에도 아직 근대적인 의학교는커녕, 근
대적 병원도 제중원이나 세브란스 병원과 같이 '의료선교'의 지원 하에
운영되는 것을 제외하고는 거의 전무한 상태였기 때문이다.

물론 문명으로서의 근대 의학과 선교의 복합체인 의료선교는 이를
시행하고, 또 받아들이는 주체들에게 항상 서로 같은 효과를 발휘했던
것은 아니다. 병원의 규모와 운영을 둘러싸고는 선교사들 사이에서도
논란이 일어났다. 한 선교사는 세브란스 병원의 규모와 관련하여 다음
과 같은 보고서를 본국으로 보내는데, 여기에는 의료선교가 기독교
선교의 정신에 과연 부합하는지에 대한 일말의 주저가 엿보인다.

> 기독교는 그 자체로 진리를 드러내어야 할 것이요, 어떤 기관을 대신해
> 서 백성들 앞에 나서서는 안 된다고 강조하는 선교사들이 있는데 반해,
> 선교의 부대사업에 쓰이는 건물은 교회의 발전을 뒤따라야지 앞서서는
> 안 된다고 주장하는 쪽과 거대한 기관은 이 나라의 복음화에 도움을 주기
> 보다 도리어 지장이 될 것이라고 주장하는 쪽이 있다. 왜냐하면 큰 기관들
> 은 미국의 교회 재정과 선교들의 노력과 관심을 한쪽으로 기울게 할 뿐만
> 아니라, 한국 교회에도 같은 영향력을 미치게 된다. 또한 이 기관들은
> 기독교가 인간의 구원을 위한 하나님의 교회라기보다도 하나의 자선사업
> 기관으로 보이게 되는 것이다.[62]

마찬가지로 장로회 소속 선교사인 모펫(S. Mauffet)은 1904년 최초의
선교사 알렌이 조선에 온 지 20주년이 되던 해에 장로회 선교사 공의
회에서 "단순한 도덕개혁이 아니라 죄로부터의 구원이 복음 메시지의

62 A. J. Brown, *Report of a Visitation of the Korean Mission.* (이종찬,『동아시아 의학의
전통과 근대』, 문학과지성사, 2004, 286쪽에서 재인용.)

핵심이다. **문명은 기독교가 아니다.** 서구의 사상, 관습, 발명품은 기독교의 본질적인 부분이 아니다. 사실 많은 동양의 사상과 관습이 서구 세계의 이상한 개념이나 관습보다 훨씬 더 영적인 사상에 가까우며, 서구 문명의 일부로 간주되는 많은 것들의 도입은 영적 생활에 도움이 아니라 방해가 된다. **우리의 사명은 영적 기독교의 소개이지, 서구 문명의 소개는 아니**라고 발표하고 있다.[63] 이러한 갈등은 의료선교가 진행되던 동아시아에서 공통적으로 발견된다.[64] 서구 근대성의 구조를 정신/마음/영혼의 영역을 담당하는 '종교(물론 기독교)'와 물질/몸/육신의 영역을 담당하는 '과학'으로 구분하는 인식은 당대의 선교사들도 공유하고 있었고, 그들의 사업에서 중요한 것은 전자였던 것이다.

조선사회에서 역시 마찬가지로 기독교와 서구문명이 반드시 동일한 것으로 받아들여진 것은 아니다. 당시의 신문사설에서 우리는 민간신앙의 미신적 측면뿐만 아니라, 기독교의 허황된 측면까지 공격하는 언설들도 확인할 수 있다. "예수가 아비 없이 출생하였다는 말이나 떡 다섯 개, 생선 두 마리로 수천 명을 먹였다는 이야기, 물을 가리키니 술로 변했다는 이야기, 십자가에 못 박혀 죽은 후 3일 만에 부활하고 40일 만에 승천했다는 이야기 등은 …(중략)… 근거 없고 거짓된 것"[65]이라는 목소리는 서구 문명의 합리성을 전유하면서, 서구 문명의 한 세트로 인식되었던 기독교 교리의 허구성을 공격하는 입장의 한 반영

---

63 조현범, 앞의 책, 117쪽에서 재인용.
64 19세기 초 중국에서 개신교 의료선교의 시행을 둘러싸고 일어난 교단과 선교사의 갈등에 대해서는 T. K-H, Young, "A Conflict of Professions: the Medical Missionary in China 1835~1890", *Bulletin of the History of Medicine* 47, 1973 참고.
65 『漢城旬報』 1884.6.14.: 「反耶蘇教城」. (장석만, 앞의 책에서 재인용.)

이다. 이러한 논의는 이후 조선 사회의 민간신앙뿐만 아니라, 불교, 유교, 도교, 심지어 기독교마저 정도의 차이만 있을 뿐 모두 '미신'이라는 본격적인 反종교 담론으로 발전하기도 한다.

> 한마디로 말하면 종교 그것은 미신인 것이다. 기독교도 미신, 불교도 미신, 유교도 미신 모두가 미신 아닌 것이 없다. 그러나 종교 믿는 그들은 각기 자기가 믿는 종교만은 결코 미신이 아니오, 가장 참된 이치라고 한다. 그래서 기독교인들은 불교나 유교를 이단의 교라고 배척하고 있으며 불교 또한 불교의 주장, 그것이 가장 공도이고 진리인 듯이 내세우려고 한다. …(중략)… 과학의 발달이 거의 절정에 이른 오늘날에도 사람이 죽으면 육체는 흙으로 돌아가되 靈은 생전의 한일의 선악을 살피어 천당으로나 그렇지 않으면 지옥으로 간다고 하는 기독교인 그들이나 木像 앞에 가서 합장배례하고 염불이나 외우면 후일에 죽어서 극락세계에 간다는 불교신자들이나 그 사이에 무슨 차이가 있기에 서로 이단이라고 배척하고 미워하는가.[66]

근대성의 '기계론적 자연관'과 '자연-초자연'의 이분법을 받아들였던 개화기 지식인들은 '과학'과 '종교'가 별개의 영역을 담당하는 자율적인 영역이라는 암묵적 전제 아래 '종교(선교)'의 측면과 무관하게 '과학(의료)'의 측면만을 받아들였을 것이다. 이렇듯 서구문명을 '과학'의 입장에서 수용할 경우 민간신앙이 들어설 입지는 더욱 약화되기 마련이다. 왜냐하면 극단적으로 종교의 영역을 인정하지 않는 反종교 담론의 입장에서는 아예 종교와 미신이 동일시되어 처음부터 '종교'의 영역이 배척될 수밖에 없기 때문이다. 이러한 상황에서 무속을

---

66 金璟載, 「朝鮮은 迷信의 나라」, 『朝鮮農民』 2:3, 1926, 8쪽.

위시한 민간신앙에게 남은 길은 '거짓된 종교', 나아가 '미신'으로 전락하는 것뿐이었다.

하지만 서구 문명의 전유를 통해 획득한 인식의 틀이 그 본성상 침략적이고 팽창적인 서구의 근대 문명, 나아가 점점 조선을 압박해 들어오는 일본의 근대 문명 자체에 대한 비판적 응시로 나아가기 위해 남겨진 시간은 그다지 많지 않았다. 실제로 당대 병원이라는 신경 조직을 통하여 조선의 전역에 복음을 전파함으로써 '불결하고 야만적인' 몸을 기독교 문명에 '순종'하는 몸으로 개종시켜 나갔던 '선교 오리엔탈리즘'[67]이 갖는 권력적 측면을 간파할 수 있는 눈을 개화기-구한말의 텍스트에서 찾아내기는 쉽지 않다. "시간과의 경쟁"에서 뒤처진 조선사회에서 가야 할 길은 너무 멀었고, 남겨진 시간은 너무 부족했다.

어쩌면 그들에게는 일본 근대화의 사상적 기초를 마련했던 후쿠자와 유키치(福沢諭吉)가 『문명론의 개략(文明論之槪略)』(1875)이라는 책에서 예리하게 지적했던 것처럼, 문명은 모방할 수 있지만 문명을 문명이게끔 만드는 동력은 모방할 수 없다는 사실에 대한 자각이 결여되어 있었는지도 모른다.[68] 나아가 개화기 조선의 지식인들에게 가장 결여되어 있었던 것은 계몽자이면서 동시에 계몽대상이 되는 위치에 놓일 수 있다는 자각, 즉 19세기 말~20세기 초 격동의 중국 사회를 헤쳐가면서 루쉰(魯迅)이 몸소 터득한 '역사적 중간물(歷史的 中間物)'[69]

---

67 이종찬, 앞의 책, 276쪽.

68 福沢諭吉, 『文明論之槪略』, 松沢弘陽[校注], 東京: 岩波書店, 1995[1875].

69 왕후이, 송인재 옮김, 『절망에 반항하라: 왕후이의 루쉰 읽기』, 글항아리, 2014.

로서의 자각이었다. 다시 말하면 압도적인 서구문명과 점점 조선을
압박해 들어오는 일본, 그리고 그 사이에 낀 취약한 정치적 입장의
자기 자신을 규정하는 것 사이에 존재하는 모순 및 갈등, 혹은 긴장이
계몽기 지식인들에게는 잘 드러나지 않는다는 것이다. 물론 이러한
비판의식의 결여가 이후 한국의 근대성에 어떤 일탈과 파행을 가져오
게 되었는가에 대한 구체적 논의는 추후 다른 장에서 시도되어야 할
것이다.

5. 나가며: 교차로의 사상

  19세기 말 조선 사회는 여러 다양한 외래의 이질적인 시선 및 그
시선을 모방하고 혹은 내면화하면서 만들어지는 토착적 응시가 서로
만나고 부딪치는 역동적 공간이었다. 그리고 이러한 문화횡단을 거
쳐 만들어지던 조선 사회의 문명화론은 '강자의 권리'를 인정하면서
도 동시에 '자기방어의 방책'을 제시하는 고민의 결과였다. 민족의식
(national consciousness)이라는 것이 다른 민족과의 차이에 대한 자각에
서 더욱 고양된다고 한다면, 구한말에서 식민지에 이르는 시기는, 조
선에서 본격적으로 민족의식이 만들어지는 시기라고 할 수 있을 것
이다. 더구나 여러 국내외적 제반 사정 때문에 근대국민국가 건설에
실패했다는 자각이 이러한 민족의식을 더욱 강고하게 했다.
  또한 한일합방 이전까지의 상당히 긴 '유예된 시간'에 대한 검토도
필요하다. 식민지 근대화 = 문명화라는 등식이 절대적으로 성립하는
아프리카나 동남아시아와 달리 이러한 유예된 시간은 조선의 식민지

근대의 색채를 한층 다채롭게 만들어주지 않았을까. 다시 말해 개화기
-구한말 이래 일본과 함께 서구의 문명을 수용한 조선은 식민본국인
일본을 제외한 다양한 문명의 참조 틀을 내면화할 수 있는 시간적
여유를 가질 수 있었다는 것, 그리고 이 경험이 식민지 본국 일본의
문명에 대한 일종의 '감식안(鑑識眼)'을 만들어주며, 나아가 식민지 헤
게모니의 핵심인 문명이라는 '내깃돈'을 둘러싼 투쟁을 복잡하게 만들
었다는 가설은 충분히 성립 가능하다. 19세기 말까지 기존 조선조의
성리학적 전통 아래 '일본적인 것'의 야만성을 지적하는 유학자들의
담론은 논외로 하더라도, 이 시기 개화 지식인에게도 다양한 서구 문
명 담론의 흡수는 이후 제국 일본의 강요된 문명에 대해 자신들이
취사선택하며 본받아야 할 문명의 한 변종이라는 인식을 갖게 하는
계기가 되었다. 동화주의에서 동화는 원래 동화를 강요하는 측의 문명
이 우수하다는 것을 전제로 하는 것이 보통이다. 이러한 전제가 성립
되기 힘들었던 상황에서 "일본의 동화 정책상 문명화와 일본화는 처음
부터 분리될 수밖에 없었다"[70]는 오구마 에이지의 지적은 적확한 것이
라고 할 수 있다.

하지만 그럼에도 불구하고 당대 조선의 지식인들에게서 문명의 전
형(典型)=서구라는 인식을 넘어서는 새로운 '문명'에 대한 상, 즉 기존
의 문명을 극복할 수 있는 '문명'에 대한 성찰적 인식을 찾아보기는
어렵다. 서구의 근대문명을 하루빨리 받아들여 부국강병을 이루어내
야 한다는 입장을 고수했던 개화 지식인들의 마음속도 복잡하기는

---

70 小熊英二, 『日本人の境界: 沖縄・アイヌ・臺灣・朝鮮植民地支配から復歸運動まで』, 東
京: 新曜社, 1998, 633쪽.

마찬가지였다. 특히 실학에서 개화사상으로 이어지는 사상적 계보에 속하며 조선의 내재적 근대화를 고민했던 선각자(내재적 발전론/민족주의 사관)로 일컬어지던 초기 급진 개화파(개화당)는 애초부터 "외세를 끌어들여 정권을 장악하고 조선사회를 근본적으로 혁신하려고 한 역모집단"[71]이라는 야누스적 얼굴을 동시에 갖고 있었다. "램프의 불빛이 밝음에도 무엇인가가 덮어버리고 있어, 그 밝음을 사방으로 전달하지 못할 때 어떻게 해야 하는가."[72]

19세기 말의 조선을 비유하는 듯한 이 상황에서 개화당은 자신들의 힘으로 안 된다면 외세의 무력을 동원해서라도 그 덮은 물건을 깨뜨려야 한다고 생각했다. 물론 자신들만이 진정한 개혁을 이룰 수 있다는 성급한 개화의 논리 속에 외세의 동원이 망국으로 이어질 수 있다는 위기의식이 결여되었다는 것은 치명적이다.

초기 개화당 지식인들의 이러한 모순은 식민지 이후 이광수와 같은 개화 지식인들의 계보로 그대로 이어진다. "아비 없는 자식들"이라고 스스로 일컬으며, 과거의 모든 전통을 청산하고 바깥으로부터 받아들인 새로운 문명을 받아들여야 한다는 이광수의 강한 확신을 떠올려보라. 물론 이들의 마음 한 구석에는 『무정』에서 보듯 영채와 같은 과거의 세계를 저버리는 것에 대한 일말의 죄의식이 남아 있다. 하지만 이러한 죄의식은 삼랑진 홍수라는 무대장치에서 보이듯, "가르쳐야 한다", "배워야 한다"는 절대명제 앞에서 해소된다는 점에서

---

71 김종학, 『개화당의 기원과 비밀외교』, 일조각, 2017, 6쪽.
72 1884년 11월 23일 홍영식이 다케조에 신이치로 일본공사에게 한 발언. 『윤치호일기』 고종 21년 10월 2일. (김종학, 앞의 책, 357쪽에서 재인용.)

역시 자기결백의 서사 전통 속에 자신들을 자리매김 하고 있다.[73]

물론 근대 동아시아에서 모순을 모순으로 받아들이고 감내하며 이 정표가 없는 길을 계속해서 걸어갔던 자는 그리 많지 않다. 현재로서는 다만 두 개의 고유명이 떠오를 뿐이다. 나쓰메 소세키(夏目漱石)와 루쉰(魯迅)이 바로 그들이다.

일본의 비평가 다케우치 요시미(竹內好)는 「근대란 무엇인가」(1948)라는 글에서 "빛이 빛이기 위해서는 어둠이 짙어지지 않으면 안 되는 것인데 일본에서는 빛과 어둠의 경계가 모호하다"[74]고 쓴 바 있다. 이 문장을 조금 더 풀어 쓴다면, 근대 일본 사회에서 "근대 유럽의 합리주의의 신념을 성립시키는 배후의 비합리적인 의지의 압력"이 주는 두려움, 공포를 이시카와 다쿠보쿠(石川啄木), 혹은 미야자와 겐지(宮沢賢治)와 같은 소수의 시인들을 제외한 일반인들은 느끼지 못한 채 근대를 배우는데 급급했다는 것이다. 그리고 그것이 '우등생 문화'이자 현란할 정도의 '전향(轉向)의 문화'를 낳았고 그것이 결국 파국을 초래했다는 것이 다케우치의 진단이었다. 그런 점에서 소세키는 그 예외적인 소수의 시인들에 속하는 작가라고 할 수 있을 것이다.[75] 소세키 자신은 전통과 근대의 두 세계에 끼어 있는 심경을, 『문학론』의 서문에서 다음과 같이 쓴 바 있다.

---

73 이광수, 김철 편, 『무정』, 문학과지성사, 2005[1918].

74 다케우치 요시미, 서광덕·백지운 옮김, 『다케우치 요시미 평론선: 일본과 아시아』, 소명출판, 2004, 30쪽.

75 이영진, 「근대적 자아의 탐색과 사랑의 의미-나쓰메 소세키(夏目漱石) 초기작을 중심으로」, 『감성연구』 11, 전남대학교 호남학연구원, 2015, 186~187쪽.

　나는 어렸을 때 즐겨 한학(漢學)을 배웠다. 한학을 배운 시기가 비록 짧았음에도 불구하고 문학은 이와 같은 것이라는 막연한 정의를 어렴풋이나마 좌국사한(左國史漢)으로부터 얻었다. 가만히 따져보니 영문학도 또한 이와 같은 것에서 크게 벗어나지 않을 것이라고, 만약 그것이 사실이라면 생애를 바쳐서 배워도 반드시 후회하지는 않을 것이라는 생각이 들었다. 내가 홀로 유행하지 않는 영문학과에 들어간 것은(메이지 23년, 1890) 완전히 이와 같은 유치하고도 단순한 이유에 지배되고 있었기 때문이다. …(중략)… 그러는 사이에 어느덧 시간은 지나 이미 문학사로 벼락출세했을 때는 그 영광스러운 학위를 삼가 받으면서도 마음속으로는 심한 적막감을 느꼈다. 어느덧 10년의 세월이 훌쩍 지나갔다. 배우는 데에 시간이 부족하다고는 할 수 없다. 다만 배움에 철저하지 못함을 한탄할 뿐이다. 졸업한 후 내 머릿속에는 왠지 모르게 영문학에 속았을지도 모른다는 불안감이 일어났다.[76]

　'문학론(文學論)', 즉 "문학이란 무엇인가 하는 개념을 근본적으로, 그리고 자력으로 만들어내려는" 작업은 그 불안을 극복하고자 했던 하나의 시도였을 것이다. 물론 그를 신경쇠약으로까지 몰고 간 「문학론」은 미완에 그쳤다. 하지만 그가 고백했던 것처럼, 신경쇠약, 혹은 광기는 또 다른 의미에서 그의 문학을 만들어낸 원천이기도 했다.[77]

　소세키의 신경증의 세계에 비한다면 루쉰의 세계는 한층 처절하다. 루쉰이 문학을 하게 된 계기로 종종 언급되는 '환등기 사건'은 대다수의 동아시아 지식인들이 자신의 회심(回心) 혹은 각성을 이야기

76　나쓰메 소세키, 황지헌 옮김, 『『문학론』 서』(1906), 『나츠메 소세키 문학예술론』, 소명출판, 2004, 34~35쪽.
77　이영진, 앞의 논문, 188쪽.

할 때 인용하는 메타포이기도 하다.[78] 하지만 회심 자체는 결코 그렇게 단번에 명쾌하게 이루어지는 것이 아니다. 오히려 루쉰을 기다리고 있던 것은 최초의 소설집 『외침(吶喊)』(1922)의 서문에서 쓰고 있는 것처럼, 꿈에서 깨어난 후 가야할 길이 없는 인생에서 가장 고통스러운 상황을 겪어내면서, 동시에 아직 잠들어 있는 주위의 동료 노예들을 깨워야 하는 이중의 역설적인 상황이었다.

이 역설은 그의 잘 알려진 잡문, 「현인과 바보와 노예」(1925)에서 또 다시 변주된다. 현인은 노예를 구할 수 있다. 하지만 그 방법이란 노예를 깨우지 않고 그대로 꿈을 꾸게 내버려 두는 것이다. 바보는 노예를 구할 수 없으며 단지 노예를 깨워 길이 없음을 알릴 수 있을 뿐이다. 루쉰은 결코 현인은 아니지만, 바보도 아니었다. 자신의 몸속에 들어 있는 아Q에 절망한 것처럼, 그는 또 한 명의 노예일 뿐이다. 그러나 그는 저 꿈에서 깨어난 후 가야할 길이 없는, 인생에서 가장 고통스러운 상황을 겪어내면서, 동시에 아직 잠들어 있는 주위의 동료 노예들을 깨워야 하는 이중의 고통을 감내해냈다. 갈 길이 보이지 않아도 가지 않으면 안 되는, 오히려 갈 길이 없기 때문에 더 가지 않으면 안 되는 상황, 절망은 바로 이 상황의 다른 이름이 아니었을까.

---

78 의학에서 문학으로 자신의 진로를 전환하게 된 계기를 루쉰은 「후지노선생」(2011)이라는 글에서 언급하고 있다. 루쉰이 의학공부를 위해 일본에 유학 가 있던 시기, 그는 동료 일본인들과 함께 신체 건장하지만 멍청해 보이는 중국인들이 일본인들에게 처형당하는 광경이 담긴 환등기 사진을 보게 된다. 하지만 옆 일본인 친구들이 그 처형광경을 보면서 낄낄대고 웃을 때, 루쉰은 그들처럼 웃을 수 없는 자신을 발견하게 된다. 루쉰이 그 사진을 통해 자극받은 것은 자신이 사진 밖의 타자들(일본인)이 아니라, 사진 속의 동포들과 동질적인 존재라는 자각이다. 이러한 경험을 거치면서 그는 한동안 아무런 글을 쓸 수 없었다고 이야기한다. 그리고 이 경험은 그가 의학에서 문학으로 전향하게 된 결정적인 사건이기도 했다.

"절망은 길이 없는 길을 가는 저항에서 나타나고, 저항은 절망의 행동화에서 드러난다"[79]는 말의 진정한 의미는 여기에 있다. "상태로 보면 절망이지만 운동으로서 보면 저항"이라는 인식, 이는 전후 일본의 상황에서 어떻게 하든 루쉰의 저항, 즉 '쩡짜(挣扎) 정신을 일본에 뿌리박게 하려는 다케우치 자신의 고뇌가 빚어낸 역설일 것이다.[80]

> 모든 것을 믿지 않았던 그는 자신의 절망까지도 믿을 수 없었다. 그는 암흑을, 단지 암흑만을 보았으나, 그렇게 보는 자신은 대상의 암흑과 분화되지 않았다. 단지 그것이 자신에게 고통을 준다고 실감할 때만 그는 자기 자신을 의식했다. 살아가기 위해 그는 그 고통을 외치지 않고는 견딜 수 없었다. 이 저항의 외침이 루쉰 문학의 근원이다. …(중략)… 그럼에도 불구하고 그의 현재적 의식은 항상 자신은 자신에게 불만이라고 하는 암흑에 대한 절망적인 저항감에서 벗어나지 못했다.[81]

그런 점에서 「고향(故郷)」의 마지막 문장은 다시금 음미될 필요가 있다. "희망이란 본래 있다고도 없다고도 할 수 없다. 그것은 마치 땅위의 길과 같은 것이다. 본래 땅위에는 길이 없었다. 걸어 다니는 사람이 많아지면 그것이 곧 길이 되는 것이다."[82] 아름다운 문장이다. 하지만 그 문장은 결코 안이한 해방구에서 만들어진 것이 아니었다. 다케우치가 『루쉰』(2003[1944])의 첫 장, 「죽음과 삶에 대하여」에서 썼

79 다케우치 요시미, 앞의 책, 2004, 47쪽.
80 이영진, 「제국의 그림자와 마주한다는 것-竹内好와 동아시아」, 『일본연구』 59, 한국외국어대학교 일본연구소, 2014, 38쪽.
81 다케우치 요시미, 서광덕 옮김, 『루쉰』, 문학과지성사, 2003, 182쪽.
82 루쉰, 김시준 옮김, 『루쉰소설전집』, 서울대학교 출판부, 1996, 85쪽.

듯이, 루쉰은 계몽가라기보다는 평생을 타협하지 않고 투쟁하며 싸워
온 전사(戰士)였다.[83] 그리고 대변혁시기였던 20세기 초 중국 사회에
서 루쉰이 맞닥뜨린 것은 아무 것도 보이지 않는 칠흑 같은 암흑이었
다. 그 암흑에서 어떻게 길을 찾을 것인가가 루쉰이 감당해야 했던
평생의 과업이었던 것이다. 그리고 그것이야말로 동아시아에서 근대
란 무엇인가라는 물음에 대한 하나의 응답인지도 모른다.

---

83 1944년에 집필을 마쳤던 『루쉰』 역시 그가 징집당하기 전 유서를 쓰는 심정으로 써내
려간 원고라는 점에서, 루쉰이 느꼈던 절박함과 암흑이 그대로 다케우치에게 투영되
는 것처럼 느껴지기도 한다. 다케우치는 원고를 친우 다케다 다이준에게 맡긴 채 전세
가 이미 기울어져 생환 자체가 불확실한 1944년 전장인 중국으로 떠났다.

서구 문명의 유입과 한국사회의 갈등

동학을 중심으로

성주현

1. 머리말

17세기 이후 한국 사회는 서구 문명의 전래와 이에 대한 길항의 관계가 점차 형성되었다. 중국을 거쳐 한국에 유입되기 시작한 서구 문명 즉 서학은 한국 사회에 적지 않은 충격을 야기시켰다. 지봉 이수광에 의해 전래된 서학은 학문적 차원을 떠나 점차 신앙으로 수용되었고,[1] 당시 조선 정부에서는 이를 이단으로 취급하고 여러 차례 탄압하였다. 그럼에도 불구하고 서학은 상류사회뿐만 아니라 중류 이하의 계층으로 세력을 확장해 나갔다. 이와 더불어 서구의 발달된 과학 문명도 한국 사회에 적지 않은 영향을 주었다.[2]

---

[1] 중국 연행사로 북경에 갔던 지봉 이수광은 서양문물에 대한 견문과 새로운 문화에 대해 관심을 가졌으며, 중국에 서학을 소개한 『천주실의』를 국내에 처음으로 소개하면서 천주교의 교리와 교황에 관하여 기술한 바 있다.

그렇지만 19세기 서세동점은 한국 사회에 위기의식을 불러 일으키기에 충분하였다. 중국에서 발발한 아편전쟁은 그동안 중국 중심의 동아시아 체제를 근본적으로 의심하게 하였으며, 뿐만 아니라 서구 문명에 대해 수용과 저항이라는 양상으로 사회적 갈등을 야기하기도 하였다. 서구 문명에 대한 저항으로는 위정척사운동으로, 수용으로는 개화운동으로 각각 전개되었다. 위정척사론자들은 서구 문명의 정신적 측면과 물질적 측면 모두에 대하여 강력하게 거부하였으며, 개화론자들은 서구 문명을 받아들여 근대사회를 만들어가고자 하였다. 이러한 양상에서 새로운 민중의식이 성장하였는데, 동학이었다.

동학은 1860년 4월 5일(음) 경주 가정리에서 수운 최제우에 의해 창명되었다. 동학의 사상적 특성은 크게 네 가지로 분류할 수 있다. 첫째는 시천주의 인간존중사상, 둘째는 후천개벽의 혁세사상, 셋째는 척왜양의 민족주체사상, 넷째는 유무상자의 상호부조사상이다.[3] 이른바 이를 '반봉건과 반제국'으로 표현하기도 한다.

이처럼 동학은 반봉건 반외세의 사상으로 당시 한국 사회의 위기의식을 극복하고자 하였다. 이에 따라 동학은 서구 문명과 서학을 비판적으로 인식하였으며,[4] 나아가 '척양'에까지 이르렀다.[5] 이들 선행연구

---

2 대표적인 것이 거중기이다. 거중기는 정조 때 화성을 건축할 때 사용하였는데, 천주교 선교사 테렌츠(Joannes Terrenze, 중국명 鄧玉函)의 『기기도설(奇器圖說)』을 참조하여 정약용이 제작하였다. (김평원, 「정약용이 설계한 거중기(擧重機)와 녹로(轆轤)의 용도」, 『다산학』 30, 다산학술문화재단, 2017, 247~248쪽.)

3 이에 대해서는 박맹수, 「해월 최시형 연구」, 한국학중앙연구원 박사학위논문, 1990을 참조할 것.

4 이와 관련된 선행 연구로는 김용덕, 「동학에서 본 서학」, 『동아문화』 4, 서울대학교 동아문화연구소, 1965; 최성우, 「서학에서 본 동학」, 『교회사연구』 1, 한국교회사연구소, 1977; 윤석산, 「용담유사에 나타난 수운의 대외인식」, 『한양어문연구』 3, 한양대학

는 동학과 동학농민혁명을 구분하여 분석하였다는 한계를 보이고 있
다. 이에 따라 본고에서는 동학과 동학농민혁명 시기에 나타난 서구
문명과 서학, 그리고 제국주의를 지향하는 일본에 대한 인식을 살펴보
고, 이를 토대로 전개된 대응 과정에 대해 추적해보고자 한다.

2. 수운 최제우의 인식과 대응

수운 최제우는 동학을 창명하는 과정은 계시적보다는 당시 사회현
상에 대한 고민에서부터 출발하였다. 수운 최제우는 어릴 적부터 비
판적 인식이 강하였다. 서당을 같이 다니던 친구들이 수운 최제우의
눈을 보고 역적의 눈과 같다고 놀렸지만, 수운 최제우는 "나는 역적이
되려니와 너희는 순량한 백성이 되어라"라고 한 바 있었다.[6] 이는 어

교 한양어문연구회, 1985; 김신재, 「동학사상에서의 대외인식과 그 성격」, 『동학연구』
1, 한국동학학회, 1997; 박대길, 「동학농민혁명 이전 천주교와 동학의 상호인식」, 『인문
과학연구』 19, 강원대학교 인문과학연구소, 2008; 조지형, 「동학의 서학·서양에 대한
인식의 변화 양상」, 『교회사연구』 34, 한국교회사연구소, 2010; 조광, 「19세기 후반
서학과 동학의 상호관계에 관한 연구」, 『동학학보』 6, 동학학회, 2003; 고건호, 「개항기
천주교와 동학-천도교」, 『교회사연구』 17, 한국교회사연구소, 2001; 배항섭, 「동학농
민군의 대외인식-대일관·대청관을 중심으로」, 『태동고전연구』 20, 태동고전연구소,
2004; 윤선자, 「동학농민전쟁과 종교」, 『한국학논총』 34, 한국학연구소, 2010 등이 있다.
5 '척양'과 관련하여 직접적인 행위는 1893년 1월 전개한 광화문교조신원운동 이후에
구체적으로 보이고 있다. 그 연장선에서 전개된 1893년 3월 보은집회에서는 보다 '척양
척왜'를 구호로 내걸었다. 이에 대해서는 신영우, 「1893년 보은집회와 동학 교단의
역할」, 『실학사상연구』 10·11합집(홍이섭 선생 25주기 기념호), 무악실학회, 1999; 신영
우, 「1893년 보은 장내리의 동학집회와 그 성격」, 『충북학』 5, 충북개발연구원 부설
충북학연구소, 2003; 표영삼, 「척왜양창의운동(상·하)」, 『신인간』 662·665, 2005.10·
2006.1 등을 참조할 것.

릴 적 일화이지만, 수운 최제우에 대해 "어려서부터 마음이 이상하여 항상 세도(世道)의 불평에 느낀 바 많아서 무엇이든지 모두 그 실지를 맛보고 고칠 것은 고쳤으면 하는 의취(意趣)를 가졌다"[7]라고 하였듯이, 모든 일에 의심과 비평하는 마음을 가졌다.[8] 그 연장선에서 수운 최제우가 20대에 이르렀을 때 10여 년간 '주유팔로' 즉 전국을 떠돌아다니며 세상 물정을 확인한 바 있다.

수운 최제우는 당시 민중이 겪고 있는 삶에 대해 "근래에 들어오면서 온 세상 사람들이 각자위심하여 천리를 순종치 아니하고 천명을 돌아보지 아니하므로 마음이 항상 두려워 어찌할 바를 알지 못하겠더라"[9]라고 하였으며, 또한 "우리나라는 악질이 세상에 가득 차서 백성들이 언제나 편안할 때가 없으니"[10]하여 봉건적 사회가 지니고 있는 문제를 비판적으로 인식하였다. 이외에도 "아서라 이 세상은 요순지치라도 부족시오 공맹지덕이라도 부족언이라"[11]고 하여, 성리학 이데올로기의 유교 사회에 대해서 비판하였다.

뿐만 아니라 조선 사회에 확산되어 가고 있는 서학, 나아가 서구 문명에 대해서도 한계와 모순점을 지적하였다.[12] 수운 최제우가 서구

---

6 이돈화, 『천도교창건사』 제1편, 천도교중앙종리원, 1933, 2쪽.

7 오지영, 『동학사』, 대광문화사, 1997, 19쪽.

8 이돈화, 앞의 책, 2쪽.

9 「포덕문」, 『동경대전』.

10 위의 책.

11 「몽중노소문답가」, 『용담유사』.

12 「안심가」, 『용담유사』. "서학이라 이름하고 온 동내 외는 말이 사망년 저 인물이 서학에나 싸잡힐까 …(중략)… 소위 서학 하는 사람 암만 봐도 명인 없네. 서학이라 이름하고 내 몸 발천 하였던가."

문명과 서학에 대해 비판적 인식을 가지게 된 것은 당시 중국을 침략하는 서구열강의 서세동점이라는 위기의식이 크게 영향을 미쳤다. 당시 조선 사회뿐만 아니라 수운 최제우에게도 가장 크게 영향을 미친 사건은 아편전쟁이었다. 아편전쟁은 중국과 영국 두 나라의 전쟁이었지만, 크게는 그동안 중국 중심의 동아시아 세계관과 질서를 바꾸는 전환점이었다.

이와 같은 상황에서 수운 최제우는 서구 문명과 서학에 대해 다음과 같이 인식하였다.

> 庚申年에 와서 傳해 들건데, 西洋 사람들은 天主의 뜻이라고 하여 富貴는 取하지 않는다고 하면서 天下를 쳐서 빼앗고 그 敎堂을 세우고 그 道를 行한다고 하므로 내 또한 그것이 그럴까 어찌 그것이 그럴까 하는 疑心이 있었더니(至於庚申 傳聞西洋之人 以爲天主之意 不取富貴 攻取天下 立其堂行其道 故吾亦有其然豈其然之疑)[13]

> 서양은 싸우면 이기고 치면 빼앗아 이루지 못하는 일이 없으니(西洋 戰勝攻取 無事不成)[14]

위의 두 인용문은 〈포덕문〉 가운데 있는 것으로, 동학 경전 중에서 서구 문명과 서학에 대해 처음으로 비판적으로 보고 있다. 〈포덕문〉은 동학 경전 중 1860년 4월 말에 저술한 〈용담가〉에 이어 1861년 봄에 저술한 것이다. 〈용담가〉는 동학 창명한 1860년 4월 5일 이후

---

13 「포덕문」, 『동경대전』.
14 위의 책.

저술하였기 때문에 서구 문명이나 서학에 대한 비판적 인식은 드러나
지 않고 있다.

서구 문명 또는 서학이 조선에 유입된 것은 17세기 초였으며, 1784
년 조선 천주교회가 창설되면서 서학을 신앙으로 수용되었다. 서학
을 신앙으로 수용되면서 제사 의식을 두고 이른바 유교 사회와 갈등
을 빚기도 하였다.[15] 이러한 과정을 겪으면서도 서학은 18세기 말엽
부터 일부 지역에는 집단으로 개종하는 움직임이 있었으며, 서학을
매개로 새로운 사회질서를 모색하려는 경향이 두드러졌다.[16]

이와 같은 서학의 확장과 일련의 사회적 갈등은 전국을 순회하는
최제우가 간과하지는 않았을 것이다. 그렇지만 동학을 창명하고 〈용
담가〉를 저술할 때까지만 해도 서학에 대해 비판적이지 않았다. 그렇
지만 〈포덕문〉을 저술하는 1861년 봄에 이르러서는 앞에서 인용한
바와 같이 서구 문명과 서학에 대해서 적극적으로 비판하였다. 이는
그동안 세계의 중심이 중국(청)이라고 인식한 조선 사회에, 아편전쟁
에서 중국이 서양을 대표하는 영국에 패배하였기 때문이다. 이어 1856

---

15 대표적인 사건이 1791년 조선 제사 문제로 발생했던 진산사건이었다. 진산사건은 신해
박해라고도 하는데, 당시 조선 천주교회는 북경 교구장인 구베아(Alexander de Gouvea)
주교가 1790년 조선교회에 제사 금지령을 내리자, 진산군에 사는 선비 윤지충과 그의
외종사촌 권상연은 금지령에 따라 집안에 있던 신주를 불살랐다. 1791년 여름 윤지충
이 모친상을 당하여 권상연과 함께 어머니의 유언대로 유교식 상장(喪葬)의 예를 쓰지
않고 조문을 받지 않았으며, 천주교 예식으로 장례를 치러 종친들을 분노케 했다.
그의 외사촌이자 같은 천주교인 권상연이 윤지충을 옹호하고 나섬에 따라 이에 대한
소문이 조정에 전해짐으로서 당쟁으로 비화되었다. 그 결과 윤지충과 권상연은 사회도
덕을 문란케 하고 무부무군(無父無君)의 사상을 신봉하고 난행(亂行)하였다는 죄명으
로 1791년 11월 13일(음) 전주 남문 밖(현재 전동성당 자리)에서 참수형을 당하였다.
16 조광, 「19세기 후반 서학과 동학의 상호관계에 관한 연구」, 『동학학보』 46, 동학학회,
2003, 54쪽.

년부터 애로호사건으로 인해 영불연합군에 중국이 또다시 패배함으로써 서구 문명과 서학에 대해 부정적인 인식을 가졌던 것이다.

즉 수운 최제우는 그동안 학문적으로 이해하였던 서구 문명이 전쟁을 통해 중국을 침략하는 것을 사실상 반대할 뿐만 아니라 서구 문명을 상징하는 서학에 대해 본질적인 의구심 즉 불신을 가지게 되었다. 이에 따라 서양 사람은 천주의 뜻이라고 하는 부귀에 대해서는 취하지 않는다고 하였는데, 실제로는 중국을 침략하여 교당을 세우고 서학을 포교하는 것을 비정상적인 것으로 본 것이다. 나아가 싸우면 이기고 치면 빼앗아 이루지 못하는 것이 없을 정도로 무력을 사용하는 것을 비판하였다. 이와 같은 수운 최제우의 서구 문명과 서학에 대한 인식은 조선도 중국과 같이 될지 모른다는 불안감에서 발로되었다고 할 수 있다. 그 연장선에서 조선과 중국의 관계는 '순망치환'의 관계라고 하였다.[17]

이러한 동학의 인식은 〈논학문〉에서도 그대로 드러나고 있다. 〈논학문〉은 앞서 살펴본 〈포덕문〉보다 대략 1년 후인 1862년 초에 저술한 것으로, 〈포덕문〉에서 본 바와 같이 서구 문명과 서학에 대해 여전히 비판적 논조를 유지하고 있다. 즉,

서양 사람은 도성입덕하여 그 조화에 미치어 일을 이루지 못함이 없고 무기로 침공함에 당할 사람이 없다 하니(西洋之人 道成立德 及其造化 無事不成 攻鬪干戈 無人在前)[18]

---

17 「논학문」, 『동경대전』. "서양인이 공격하여 싸우니 아무 사람도 앞장서지 못한다. 중국이 멸망하면 우리나라도 어찌 '입술이 없어지자 이가 시리다'는 근심이 없겠는가"
18 위의 책.

이라 하였듯이, 서양 사람 즉 서학을 하는 사람은 이루지 못한 것이 없고, 우수한 무기로 침공하면 당할 사람이 없다고 하였다. 비록 1년이 지났음에도 서구 문명과 서학에 대한 비판적 인식은 달라지지 않았다.

이러한 인식은 이 시기 저술한 〈권학가〉에서도 확인할 수 있다. 즉 "하원갑 경신년의 전해오는 세상 말이 요망한 서양적이 중국을 침범해서 천주당 높이 세워 거 소위 하는 도를 천하에 편만하니 가소절창 아닐런가"[19]라고 하여, 앞서 〈포덕문〉에서 살펴 본 바와 같이 중국을 침범한 서구 문명과 서학을 '요망한 서양적'이라고 하였다. 이는 단순히 비판적 인식에서 한발 더 나아가 '적(敵)'의 개념으로 인식의 영역을 확장하였다.

한편 수운 최제우는 앞에서 본 바와 같이, 서학을 비판하는 동시에 자신의 동학과 차별화를 시도하였다. 이 같은 시도는 〈논학문〉에 잘 나타나 있다.

> 묻기를, 도가 같다고 말하면 서학이라고 이름합니까(日同道言之則名其西學也).
> 대답하기를, 그렇지 아니하다. 내가 또한 동에서 나서 종에서 받았으니 도는 비록 천도이나 학인즉 동학이라. 하물며 땅이 동서로 나뉘었으니 서를 어찌 동이라 이르며, 동을 어찌 서라고 이르겠는가. …(중략)… 우리 도는 이 땅에서 받아 이 땅에서 폈으니, 어찌 가히 서학이라고 이름하겠는가(吾亦生於東受於東 道雖天道 學則東學. 況地分東西 西何謂東 東何謂西 …(중략)… 吾道受於斯布於斯 豈可謂以西名之者乎)
> 묻기를, 양도와 다른 것이 없습니까(日與洋道 無異者乎).

---

19 「권학가」, 『용담유사』.

대답하기를, 양학은 우리 도와 같은 듯하나 다름이 있고, 비는 것 같으나 실지가 없느니라. 그러나 운인즉 하나요 도인즉 같으나 이치인즉 아니리라(洋學 如斯而有異 如呪而無實 然而運則一也 道則同也 理則非也).[20]

묻기를, 어찌하여 그렇게 됩니까(曰何爲其然也).

대답하기를, 우리 도는 무위이화라. 그 마음을 지키고 그 기운을 바르게 하고 한울님 성품을 거느리고 한울님 가르침을 받으면 자연한 가운데 화해나는 것이요. 서양 사람은 말에 차례가 없고 글에 순서가 없으며 도무지 하늘을 위하는 단서가 없고 다만 제 몸만을 위하여 빌 따름이니라. 몸에는 기화지신이 없고 학에는 하늘의 가르침이 없으니 형식은 있으나 자취가 없고 생각하는 것 같지만 주문이 없는지라. 도는 허무한데 가깝고 학은 하늘을 위하는 것이 아니니, 어찌 다름이 없다고 하겠는가(曰吾道無爲而化矣. 守其心正其氣 率其性受其敎 化出於自然之中也. 西人 言無次第 書無皁白而 頓無天主之端 只祝自爲身之謀. 身無氣化之神 學無天主之敎 有形無迹 如思無呪 道近虛無 學非天主 豈可謂無異者乎)[21]

위의 인용문에 의하면, 동과 서를 분명하게 구분하여 인식하였으며, 그 바탕에서 동을 서라 할 수 없고, 서를 동이라고 할 수 없다고 구분하고 있다. 이는 단순히 지리적 동서의 구분을 넘어선 도와 학의 개념에서도 '다름' 즉 차별을 강하게 드러내고 있다. 때문에 동학을 서학이라고 동일시 할 수 없다는 것을 보다 분명하게 밝힌 것이라고 할 수 있다. 또한 "도는 비록 천도이나 학인 즉 동학"이라고 하여, 서학과 다르다는 점을 강조하였다.

이와 같은 관점에서 수운 최제우는 "서양 사람은 말에 차례가 없고

20 「논학문」, 『동경대전』.
21 위의 책.

글에 순서가 없으며 도무지 하늘을 위하는 단서가 없고 다만 제 몸만을 위하여 빌 따름이니라. 몸에는 기화지신이 없고 학에는 하늘의 가르침이 없으니 형식은 있으나 자취가 없고 생각하는 것 같지만 주문이 없는지라. 도는 허무한데 가깝고 학은 하늘을 위하는 것이 아니니, 어찌 다름이 없다고 하겠는가"라고 하면서, 서학을 한계를 보다 구체적으로 비판하였다. 즉 서학은 말과 글에 순서가 없을 뿐만 아니라 자신만을 위하고 허무에 가깝다고 하였다. 이는 수운 최제우가 서학에 대해 어느 정도 인식을 하였을 뿐 아니라, 서학에 대한 대항 논리를 마련하고자 하였던 것으로 풀이할 수 있다. 그렇기 때문에 자신의 학은 서학이 아니라 '동학'이라고 명명하였다.

이러한 차별 인식은 동학이 서학으로 오해와 음해에 대해서도 적극적으로 대응하고자 하였다. 동학은 1860년 4월 5일 창명되었지만, 일반 사회에 포교된 것은 이듬해인 1861년 6월부터였다. 동학은 누구나 한울을 모시고 있다는 시천주 사상으로 포교를 하였는데, 당시 사회적 또는 신분적으로 차별을 받아왔던 민중들이 동학을 적극적으로 수용하였다. 점차 동학의 교세가 확장되어 가자 일반 사회에서는 동학을 서학이라고 오해하기도 하고 음해하기도 하였다. 수운 최제우는 이러한 상황에 대해 다음과 같이 입장을 밝히면서 대응하였다.

> 요악한 고인물이
> 할말이 바이없어
> 서학이라 이름하고
> 온동네 외는말이
> 사망년 저인물이
> 서학에나 싸잡힐까

그모르는 세상사람
그거로사 말이라고
추켜들고 하는말이
용담에는 명인나서
범도되고 용도되고
서학에는 용터라고
종종걸음 치는말을
역력히 못할러라.

거룩한 내집부녀
이글보고 안심하소
소위서학 하는사람
암만봐도 명인없네
서학이라 이름하고
내몸발천 하렸던가[22]

위의 인용문에 의하면, 동학을 제대로 알지 못하는 사람들이 동학
을 서학이라 하면서 동네방네 떠들며 다니는 것을 한탄하고 있다.
그리고 수운 최제우 자신을 서학을 하는 사람으로 음해하고 있는 것
을 비난한 것으로 볼 수 있다. 이러한 대응은 자신이 호랑이나 용으로
변신하기도 하고, 동학이 창명된 용담을 '서학의 용터' 즉 본부라고
하는 황당한 소문까지 돌고 있는 상황에서 적극적 해명이 필요하였
던 것이다. 뿐만 아니라 서학을 하는 사람은 명인 즉 뛰어난 사람이
없다고 하여, 서학을 동학보다 폄하하였다. 그러면서 수운 최제우 스

---

22 「안심가」, 『용담유사』.

스로 발천(發闡)하기 위해 서학이라고 하는 것은 도저히 받아들일 수 없는 것이라고 강하게 반발하였다. 이는 역설적으로 동학이 서학보다 명인이 많다는 것을 암시하는 것으로, 동학과 서학은 전혀 다르다는 것을 분명하게 밝힌 것이다.

이와 같이 수운 최제우가 동학이 서학과 다르다는 것에 대해 적극적으로 대응할 수밖에 없는 것은 사회적으로 동학과 서학을 동일시하였기 때문이다. 유학자 황현은 "동학이라고 하는 것은 서학을 바꾸어 부른 것"이라고 한 바 있는데, 이는 단순히 유학자뿐만 아니라 일반 사회에서도 동학과 서학은 다른 것이 아니라 이름만 바꾸었다고 인식한 것으로 볼 수 있다.

그렇다고 수운 최제우는 서학을 비판만 한 것은 아니었다. 〈논학문〉 중 서학에 대해 "운인즉 하나요 도인즉 같다"고 한 바 있다. 다만 이치만 다르다고 하였는데, 이는 동학이든 서학이든 사회적으로 추구해야 할 궁극의 목표는 다르지 않다고 인식하였다고 할 수 있다. 그렇지만 서학을 신봉하는 사람 즉 서양 사람들의 침략적 행위와 서학을 포교하기 위해 천주당을 세우는 것에 대해서는 비판하였던 것이다. 처음에는 '어찌 그럴 수가 있을까' 하는 의구심을 가졌지만, 전쟁이라는 방식으로 남의 나라를 침범하는 것에 대해서는 보다 강하게 비판한 것이라 할 수 있다. 이와 같은 의구심과 비판은 동학을 서학과 차별화시키는 가장 중요한 동인이 되었다.

한편 동학은 서구 문명뿐만 아니라 일본에 대해서도 비판적이었다. 이는 제국주의의 서세동점에 따른 대외적 위기의식에서 비롯되었다. 수운 최제우는 "개 같은 왜적 놈" 또는 "원수"[23]라고 하여, 일본에 대한 적개심을 드러내었다. 이러한 인식은 임진왜란을 되돌아보

면서 일본을 강하게 경계한 것이라 할 수 있다. 나아가 일본은 "개
같은 왜적 놈을 한울님께 조화받아 일야에 멸"해야 하는 대상으로
인식하였다.

이처럼 동학은 침략적 서구 문명과 서학에 대해 비판하였고, 동학
과 서학의 차별성을 강조하였다.

3. 동학농민혁명 전후 서구에 대한 인식과 대응

수운 최제우를 이은 동학의 최고 지도자 해월 최시형은 초기에는
서구 문명이나 서학에 대해 직접적인 비판을 하지는 않았지만, 그렇다
고 비판적 인식이 전혀 없지는 않았다. 그는 동학농민혁명이 일어나기
10년 전인 1884년에 이르러, 해월 최시형은 〈강서〉에서 서구 문명에
대한 인식과 대응 논리를 유추해 볼 수 있다.

> 뱀이 개구리를 잡아먹으며 스스로 '나를 대적할 자가 없다'라고 말하며,
> 지네가 달라붙는 것을 알지 못하더니, 다음에 뱀이 죽음에 지네가 또 교만
> 하여 거미가 그 몸에 젖 담는 줄을 알지 못하더라. 독한 놈은 반드시 독한
> 데 상하나니, 너에게서 난 것이 너에게로 돌아가느니라. 어진 방패와 의로
> 운 무기와 예의의 칼과 지혜의 창으로 서쪽 괴수를 쳐내면 장부 당전에
> 장사가 없으리라.[24]

---

23 「안심가」, 『용담유사』.
24 『해월신사법설』. "蛇之噉蛙 自謂莫敵 不知蜈蚣之占着 且下蛇已斃 蜈蚣且驕 不知蜘蛛
之醢其軀 毒者 必傷於毒 出乎爾者反乎爾 仁干義戈 禮劍智戟 征出西酋則 丈夫當前無
壯士."

위의 인용문은 해월 최시형의 서구 문명에 대한 인식과 대응 논리
로 구분하여 살펴볼 수 있다. 먼저 해월 최시형은 뱀과 개구리, 지네,
거미 등 곤충을 소재로 하여 서구 문명을 비판하였다. 개구리를 잡아
먹은 뱀은 자신을 대적할 자가 없다고 교만하였지만, 지네가 뱀의 몸
에 달라붙어 독을 놓아 죽었다. 지네 역시 자신을 대적할만한 자가
없을 줄 알았지만 거미가 지네 몸에 젖을 담아 죽였다. 이는 서구
문명의 무력이 비록 강하지만, 독한 놈은 반드시 독한 데 상한다고
한 바와 같이 더 큰 세력이 나타나면 서구 문명도 무력 또는 문명으로
인해 망할 수 있다는 것을 의미한다. 이는 서구 문명도 몰락할 수
있다는 인식인 것이다.

그렇다면 해월 최시형은 서구 문명에 대한 대응 논리는 무엇인가.
해월 최시형은 서구 문명을 '서쪽 괴수'로 규정하고 어진 방패와 의로
운 무기, 예의의 칼과 지혜의 창으로 이를 물리칠 수 있다고 하였다.
때문에 서구 문명은 배척하고 쫓아내야 할 대상인 것이다. 그리고
그 방안으로 어진 방패의 인(仁), 의로운 무기의 의(義), 예의의 칼인
예(禮), 지혜의 창인 지(智)라는 도덕적 무기로 내세우고 있다.

서구 문명과 서학에 대한 비판적 인식을 가지고 있던 동학 교단은
교세가 점차 확산됨에 따라 보다 적극적으로 대응하였다. 수운 최제
우의 사후 한동안 정체되었던 동학은 1890년대 들어 교세가 영남지
역 외에도 호남지역, 호서지역, 강원도, 황해도까지 확장되었다. 또한
『동경대전』과 『용담유사』의 경전 간행, 포접제를 기반으로 하는 조
직의 강화는 동학 교단이 사회운동을 전개하는 역량을 갖추기에 충
분하였다. 더욱이 그동안 정부의 탄압을 받아왔던 서학이 1886년 프
랑스와 통상조약을 체결하면서 정부의 묵인하에 교회를 세우고 포교

를 적극적으로 하기에 이르렀다. 이는 동학을 서학이라고 음해를 받아 정부의 탄압을 받았던 상황에서, 동학으로서는 적지 않은 충격이었다. 서학이 포교의 자유가 묵인된 상황에서 동학 교단은 적지 않은 자극을 받고, 이후 교조신원운동을 전개하면서 포교의 자유를 적극적으로 요구하기에 이르렀다. 이 과정에서 서학과 일본을 배척하는 반외세를 강하게 주장하였다.

1892년 10월 동학 교단의 지도자 서장옥과 서병학 등은 공주에서 최초로 교조신원운동을 전개하였다. 이들은 충청감사에 상소문을 제출하였는데, 교조 수운 최제우의 억울한 죽음을 풀어달라는 신원을 주장하면서도 서학과 일본을 배척하는 내용을 담고 있다. 그 내용을 살펴보면 다음과 같다.

> 이제 서양 오랑캐의 學(西學)이 우리나라에 들어오고 倭酋의 毒이 外鎭에 다시 넘쳐나니 罔極하기 그지없으며, 凶逆의 무리들이 서울에서 일어나니 이는 저희가 切齒腐心하는 것들입니다. 심지어 倭國의 商人들이 각 港口에 들어와 무역의 이익을 독차지하고 錢穀을 蕩竭시키고 있으니, 백성들은 支撐하기가 어렵습니다.[25]

즉 서양 오랑캐의 학인 서학이 들어와 사회 혼란을 야기시키며, 일본의 경제적 침략이 독버섯처럼 넘쳐나고 있는 상황을 그대로 두고 볼 수만 없었다고 신랄하게 비판하였다. 이러한 침략적 서구세력과 일본에 대해 동학교인들은 절치부심하는 마음으로 배척해야 하는 당위성을 적극 주장하였다.

---

25 『한국민중운동사대계』 1, 여강출판사, 1986, 64쪽.

이처럼 1892년 들어 교조신원운동이 시작되면서 서구 문명에 대한 강경한 대응은 서구세력의 직접적인 침략 때문이었다. 1866년 병인양요, 1871년 신미양요를 겪으면서 경계의 대상이었던 서구세력은 배척의 대상으로 전환되었다. 또한 1876년 강화도조약 체결로 일본도 침략적 서구세력과 동일시하였다. 이에 따라 동학교단은 '척양척왜'를 강하게 내세웠다. 공주에 이어 삼례에서 전개된 교조신원운동에서도 서구 문명과 서학에 대한 반외세의 의지를 그대로 담고 있다.

1893년 1월 서울 광화문에서 전개된 교조신원운동에서 서인주 등 동학교인은 프랑스와 일본 영사관 등에 괘서를 게재하는 등 반외세에 대해 보다 공세적으로 대응하였다.

教頭 등을 효유하노라. …(중략)… 교회를 세우고 포교하는 것은 和約에서도 허용하지 않은 일인데, 너희들 교두들은 방자하게 잇따라 들어와서 겉으로는 상제를 공경한다고 하면서 기도만 할 뿐이고, 또 예수를 믿는다고 하면서 단지 찬송만 할 뿐이며, 正心 誠意의 學은 전혀 없고 말을 실천하고 행실을 돈독히 하는 實은 전혀 없다. …(중략)… 이와 같이 타일러 이르노니, 너희들은 빨리 짐을 꾸려 본국으로 돌아가라. 그렇지 않으면 忠信仁義한 우리는 갑옷 투구 방패를 갖추어 오는 3월 7일에 너희들을 성토하겠노라.[26]

일본 상인들은 보아라. …(중략)… 하늘이 이미 너희를 미워하고 우리의 스승이 이미 너희를 경계하라 하였으니, 죽느냐 사느냐는 너희에게 달려 있다. 뒤늦게 후회하지 말고 다시 말하노니 급히 너희 나라로 돌아가라.[27]

26 『일본외교문서』 5(한국편), 태동문화사, 1981, 416~417쪽.
27 위의 책, 466~467쪽.

위의 인용문에서 보았듯이, 동학교단은 서구 문명과 일본을 침략 세력으로 인식하였을 뿐만 아니라 무력으로 대응하고자 하는 인식을 드러내고 있다. 이러한 동학교단의 움직임에 대해 서학에도 우려를 하면서 동향을 파악하고 있었다.[28]

동학교단은 실제로 무력을 동원하지는 않았지만, 기존의 비판적 입장에서 한발 더 나아가 무력까지도 염두에 둔 공세적인 입장을 밝혔다. 이러한 인식은 1893년 보은에서 전개된 척왜양운동에서도 그대로 보여주고 있다. 즉 "이번에 倡義한 것은 오로지 倭洋을 消滅코자 하는데 그 뜻이 있을 따름"[29]이라고 하였는데, 이는 척양척왜의 반외세를 극명하게 드러냈다고 할 수 있다.

서구 문명과 서학에 대한 공세적 대응은 1894년 동학농민혁명이 전개되는 동안 협박과 무력 등으로 위협을 가하기도 하였다. 이러한 사례는 당시 조선에서 활동하였던 뮈텔 주교 등의 기록에 여러 차례 보이고 있다.

---

28 『뮈텔 주교 일기』에 의하면, 당시 동학교단의 교조신원운동에 대해 정보를 주고 받았음을 확인할 수 있다. "과거시험 때를 기해 동학교도들이 대거 서울로 올라온다는 내용이다. 그들은 교도들에게 못된 일에 가담하여 서울에서 외국인을 쫓아내라고 종용하고 있다고 한다."(1893년 3월 24일) "프로테스탄트 목사들의 집의 벽에 동학교도들이 벽보를 붙였음을 알려주기 위해서다. 사실 얼마 전부터 동학교도들이 서울로 몰려들고 있다. 거리에서는 여느 때와 같이 그들의 모습을 전혀 찾아볼 수 없지만, 그들은 왕에게 탄원서를 올렸다고 한다. 어떤 이들은 그들이 탄압을 받지 않도록 해 달라는 청원서라고도 하고, 또 다른 이들은 그 청원서 안에 그리스도교를 비난하는 내용이 담겨 있다고도 한다. 왕은 상소를 받지 않으려 하였다고 하며, 심지어는 그 주모자들이 투옥되었다는 말도 있다. 그들이 과연 그 벽보 때문에 복수를 당하는 것일까?"(1893.04.01.)
29 「취어」, 『동학란기록』 상, 117쪽.

(가) 동학도들이 전라도와 충청도의 선교사들을 기습하지 않을까 염려되니, 그곳 선교사들을 잠시 서울로 오게 하라고 독판이 그에게 요청하였다.[30]

(나) 르 메르 신부가 편지를 보내오다. 그의 집 1키로쯤 떨어진 고개에도 적(동학도)들이 진을 치고 여행자들을 강탈하였다는 내용이다. 그의 마을에 교우 한 사람이 500냥과 옷을 잃어버렸다고. 그는 그것도 동학도와 관계된 것이 아닌가 염려하고 있다.[31]

(다) 6월 1일 저녁에 버려진 보두네 신부의 집에 들어가려던 신학생 김도마는 (동학군이 쏜 총탄으로) 턱에 총을 한 발 맞았다고. 보두네 신부는 돈과 옷, 그리고 제의(祭衣)들을 감추고 전주에서 20리 떨어진 마제로 피신하였다. …(중략)… 얼마 전에는 그의 본당 예비자 7명과 신입교우 1명이 석유불에 머리털을 그을리고 동학도들에게 머리털을 잘렸다고.[32]

(라) 저녁 때 전주에서 전보가 도착. "신자들에게 위험이 임박해 있음 죠조·보두네. 어디서 위험이 오는 것일까. 분명히 수고스럽게 전주를 빠져나가지 않고 노략질을 시작한 동학의 무리들로부터 오는 것일 게다.[33]

(마) 고창, 정읍, 순창, 장성 등지에서 아주 별나게 교우들을 위협하고 있는 자들은 바로 동학도들이다.[34]

(바) 신자들이 죽음을 피해 산에서 방황하고 있으므로 도움이 필요.

30 『뮈텔 주교 일지』(1), 한국교회사연구소, 1986, 230쪽.
31 위의 책, 1986, 236쪽.
32 위의 책, 1986, 238쪽.
33 위의 책, 1986, 244쪽.
34 위의 책, 1986, 246쪽.

즉답할 것. 죠조[35]

(아) 교우들도 외교인들도 공포에 사로잡혀 있다. 신자들의 살육과 방화가 시작됨[36]

(사) 전라도에서 들어오는 소식들은 여전히 좋지 못하다. 열흘 전쯤 남원(南原)에서 전주(全州)에 온 동학도들이 보두네 신부의 집을 약탈하였다. 이제 신부의 집에 남은 것이라고는 기둥들과 지붕 뿐이라고.[37]

이 내용은 주로 전라도에서 발생한 사건으로, 동학농민군은 서학 신부와 교인들에게 직접적으로 위해를 가한 것으로 볼 수 있다. (가)는 동학농민군에게 위협당할 것을 우려하여 신부들을 서울로 피신할 것을 요청한 것으로, 이는 신부들이 동학농민군에게 위협을 당하고 있음을 알 수 있다. (나)와 (사)는 신부와 서학 교인의 재물이 동학농민군에 약탈당하였고, (다)는 동학농민군이 신학생을 향해 총탄을 쏘고 교인들의 머리털이 그을리는 등 신체적 위해를 가하였다. 뿐만 아니라 위협을 느낀 서학 교인들은 목숨을 보존하기 위해 산으로 피신하거나 다른 지역으로 도망할 수밖에 없었다. 보두네 신부가 관장하던 교우촌은 동학농민군에 점령을 당하였다. 동학농민혁명 당시 전라도에서 사목하다가 서울로 상경 중이던 죠조 신부는 동학농민군과 청군의 연합세력에 의해 공주 부근에서 피살되었다.[38]

---

35 앞의 책, 1986, 248쪽.
36 앞의 책, 1986, 250쪽.
37 앞의 책, 1986, 294쪽.
38 원재연, 「서세동점과 동학의 창도」, 『중원문화연구』 21, 충북대학교 중원문화연구소,

이밖에도 동학농민군은 서학 교인들에게 배교할 것을 강요하였다. 그 사례를 살펴보면 다음과 같다.

> 9월 말경에 40여 명의 동학도들이 회장 최필립을 잡으러 암실마을[39]로 갔습니다. …(중략)… 두 명의 동학군이 달려들어 그를 묶고 그의 상투를 벗기고 사형 선고자에게 하는 것처럼 변소를 다녀오게 하였습니다. 이런 준비 후 그들은 회장에게 총을 겨누고 서학을 버리고 동학을 믿으라고 재촉하며 그렇지 않으면 죽이겠다고 하였습니다.[40]

> 興德의 신자 이씨는 무섭게 얻어맞은 후 배교를 강요당하였습니다. 이를 거절하자 동학군들은 그를 장작더미 위에 올려놓고 火刑을 시켜버리겠다고 협박하였습니다. 그러나 그는 더욱 더 열렬히 자신의 신앙을 고백할 따름이었습니다. 마침내 그의 사형자들이 불을 붙였습니다. 이미 불길이 일어 그의 옷에 옮겨 붙었을 때 다른 동료들보다 다소 인정 있는 동학군 한 명이 그를 화형대 위에서 끌어 내렸습니다. 이리하여 그 신자는 기막힌 학대에서 목숨만은 거질 수 있었으나 평생 불구의 몸으로 지내게 되었습니다.[41]

위의 인용문에 의하면 동학농민군은 교우촌의 회장 최필립을 잡아들인 다음 배교하고 동학을 믿으라고 강권하였으며, 흥덕의 교인 이씨는 배교를 하지 않으면 화형에 처한다고 협박하였다. 동학농민군은 실제로 화형을 하고자 하였으나 진정된 동료의 도움으로 목숨은 걸질

2013, 42쪽.
39 암실마을은 현재 경기도 수원군 향남면 수직리이다.
40 『천주교 왕림(갓등이)교회 본당설립 100주년 기념집』(1), 천주교 왕림교회, 1990, 89쪽.
41 『서울교구연보』(1), 175쪽.

수 있었다.

이러한 사례는 호남 일대뿐만 아니라 동학농민군의 활동무대에서는 적지 않게 발생하였다. 서학에 대한 배척은 서학 신자의 배교 강요, 협박, 다소간의 폭력 등을 행사하였다. 그렇지만 목숨은 함부로 빼앗지는 않았다.

동학농민혁명 한창 진행 중이던 전라도와 충청도에 파견된 신부들이 피해 상황을 프랑스 공사에 보고한 바 있는데, 그 내용은 다음과 같다.

> 지난 봄부터 전라도와 충청도 두 지방에서 일어난 위험한 사태(필자주 동학농민혁명)로 말미암아 우리 선교사들은 프랑스 공사님께 보호 요청을 올리지 않을 수 없게 되었습니다. 한 선교사가 사망하였고 다른 선교사들은 피신해야 하였으며, 200군데의 교우촌이 파괴되었고, 1만 1천 명의 교우들이 양식도 거처도 없이 산속으로 흩어져야 하는 절망적인 상황을 초래한 이 사건의 모든 세부사항을 일일이 공사님께 상기시킬 필요는 없을 것입니다. …(중략)… 200개의 교우촌 중에 교우들이 쫓겨나지 않은 교우촌은 단 한 군데도 없습니다. 배교를 강요당하며 고문을 받은 교우들이 여럿이고, 또 매질을 당하여 죽은 교우도 여럿이며, 다른 교우들은 모두 산속으로 피신하여 굶주림과 헐벗음으로 죽어가고 있으니, 그들을 속히 구하지 않으면 이 불행한 사건은 엄청난 사상자들을 초래할 것이 분명합니다. 폭도(동학도)들은 닥치는 대로 약탈해갔으며, 심지어는 교우들에게 마지막으로 남은 금년의 수확물까지 약탈해갔습니다.[42]

---

42 김진소, 『천주교 전주교구사』 (1), 천주교 전주교구, 1998, 559~560쪽; 이영호, 『동학·천도교와 기독교의 갈등과 연대, 1893~1919』, 푸른역사, 2020, 47쪽 재인용.

위의 내용은 1894년 9월 18일 동학농민군 총기포령이 내려진 상황에서 보고된 것이다. 이 시기 이미 서학의 교우촌 200여 곳이 동학농민군에 의해 파괴되었으며, 1만여 명의 교인들은 뿔뿔이 흩어져 산속으로 피신하였다. 그들의 생활은 굶주림과 헐벗음으로 비참하였으며, 심지어는 배교를 강요당하였다. 뿐만 아니라 선교사와 교인 일부는 목숨을 잃기도 하였다.

이와 같은 동학농민군의 활동은 서구 문명과 서학에 대한 반외세의 적극적인 대응이라고 할 수 있다.

4. 맺음말

이상으로 서학을 포함한 서구 문명과 서학의 외래 문명에 대한 동학의 인식과 대응에 대하여 살펴보았다. 이를 정리해 보면 다음과 같다.

첫째는 동학을 창도한 수운 최제우는 서구 문명과 서학에 대해 국가의 위기로 인식하였다. 중국이 아편전쟁에서 패하였다는 소식은 당시 한국 사회에 '순망지한'의 위기를 갖게 만들었듯이, 수운 최제우 역시 '순망지탄', '순망지환'의 관계로 인식하였다. 이에 따라 서구 문명을 침략세력으로 인지하였다. 뿐만 아니라 일본 역시 침략세력으로 인식하였고 나아가 침략을 경계하였다.

둘째는 수운을 이은 해월 최시형 역시 서구 문명에 대해 비판적 인식을 유지하였으며, 동학농민혁명이 일어나기 10년 전에 이르러서는 서구 문명에 대해 '서쪽 괴수'로 인식하였고, 타도의 대상으로 인

식하였다. 이러한 인식에 따라 동학교단의 주요 지도자들은 교조신
원운동을 전개하는 과정에서 프랑스와 일본 영사관에 괘서를 붙이면
서 배척하였다.

셋째는 척왜양을 기치로 전개된 농학농민혁명이 전개되는 과정에
서 서학 신자에 위해를 가하였다. 동학은 서학을 침략세력의 첨병으
로 인식하였고, 이에 따라 서학 신자들에게 배교를 강요하는 한편 협
박, 심지어 목숨까지 빼앗으려고 하였다.

이러한 점에서 동학은 1905년 12월 1일 천도교로 전환하기 전까지
반외세 즉 서구 문명에 대한 저항을 유지하였다.

몸으로서의 국가

신체관의 메타모포시스와 근대 일본에서 국가-신체의 전환

김태진

1. 머리말: '전통'과 '근대'는 어떻게 만나는가?

여기 우리에게 매번 반복되는 질문이 있다.

"과학혁명은 중국에서는 왜 일어나지 않았는가?"

이른바 'why not?' 질문이다. 여기서 'why not?' 질문이란 17세기경 유럽에서는 과학혁명이 일어난 데 비해, 중국에서는 왜 독자적인 과학혁명이 일어나지 않았는가라는 동양과학사 분야에서 반복되어 제기되어 온 질문이다. 그리고 이는 다양한 방식으로 변주되며 제시된다. 왜 중국에서는 독자적인 근대과학 내지 과학적 사유가 발달하지 못했는가? 혹은 중국이 다른 여러 면에서 유럽보다 앞서 있었음에도 스스로 근대과학을 이룩해 내지 못한 이유는 무엇인가? 혹은 과학전통을 발달시켜 근대적인 문턱까지 다다랐지만 왜 그 이상으로 나아가지

못하고 과학전통은 왜 쇠퇴했는가, 왜 정체되었는가라는 질문 등이다.

그러나 많은 과학사 연구자들이 지적하듯이 이 질문은 질문 자체가 성립할 수 있는지를 따져 봐야할 문제다. "과학혁명은 중국에서는 왜 일어나지 않았는가?"라는 질문에서 '과학혁명은', '중국에서는', '왜 일어나지 않았는가?'가 모두 '문제적'이기 때문이다. '과학혁명'이라는 것이 과연 서양에서조차 의미있는 용어인지, '중국과 서양'을 그렇게 손쉽게 갈라서 구별하는 것이 가능한지, '왜 일어나지 않았는가'라는 질문 자체가 역사적으로 타당하게 제기될 수 있는 질문인지 모두 그 자체로 회의적일 수밖에 없기 때문이다. 그런 점에서 그레이엄은 과학혁명을 화제에 비유하며, 어떤 집에 불이 났을 때 사람들은 다른 집들에 대해서 일일이 왜 불이 나지 않았는지를 묻지 않는데, 왜 과학혁명에 대해서는 유럽에서는 일어났는데, 중국에서는 일어나지 않았는가를 물어야 하냐고 반문한다.[1]

'why not?' 질문은 이처럼 동아시아에는 왜 서양과 같은 근대 과학이 존재하지 않았느냐는, 즉 부재하는 사건에 대해 왜 없었는지를 묻고, 그러한 부재를 역사 발전 법칙상 결핍으로 받아들이는 경향이 있

---

1   소위 'why not?' 질문에 대해서는 Joseph Needham, *Science and Civilisation in China. Vol III: Mathematics and the Science of the Heavens and the Earth.* Cambridge: Cambridge University Press, 1959, pp.150~168; A. C. Graham, "China, Europe, and the Origins of Modern Science", *Chinese Science: Explorations of an Ancient Tradition*, eds. Nakayama Shigeru and Nathan Sivin, Cambridge, MA: MIT Press, 1973, pp.45~69; N. Sivin, "Why the Scientific Revolution Did Not Take Place in China or Didn't It?", *Chinese Science* 5, 1982, pp.45~66; Kim Yung-Sik, "The 'Why-Not' Question of Chinese Science: Scientific Revolution and Traditional Chinese Science", *East Asian Science, Technology and Medicine* 22, 2004, pp.96~112. (김영식, 「중국과학에서의 Why not 질문-과학혁명과 중국 전통과학」, 박민아, 김영식 편, 『프리즘: 역사로 과학 읽기』, 서울대학교 출판부, 2007) 등 참조.

다. 그리고 그에 대한 대답들 사이에서 차이는 있을지언정 그렇기 때문에 서구에 비해 근대화 과정에서 뒤쳐진 동아시아는 비극적인 운명을 맞이할 수밖에 없었다거나 기껏해야 근대를 따라잡기 위한 역사로서 근대로의 이행 시기가 그려진다.

그렇다면, 문제를 조금 달리해서 "서양에서 존재했던 체계화된 국가론은 왜 동아시아에서는 존재하지 않았는가?"와 같은 질문도 가능할 것이다. 서구의 근대국가 형성과정에서 제시되었던 국가주권이론에서 보이듯이, 국가가 어떻게 형성되는지, 국가의 역할이란 무엇인지, 주권은 어떻게 만들어지는지와 같은 질문들이 전통적인 동아시아적 사유 속에서 보이지 않는 것은 왜인가? 그리고 이 질문은 다음의 질문으로 이어질 수도 있을 것이다. 서양의 체계화된 근대국가 담론이 본격적으로 수용되던 이른바 근대 시기 동아시아에서 보이는 일종의 변용과 왜곡은 어떤 의미를 갖는가? 그렇다면 이를 단지 서양의 국가론에 대한 이해 부족이나 원본에 대한 복사본의 열등성만으로 파악할 수 있을까?[2]

그러나 여기에서도 우리는 이 질문 자체에 대해서 앞서와 같은 방식으로 다시 생각해 볼 필요가 있다. 여기서 '서양에서' '체계화된' '국가론'이 '왜 존재하지 않았는가'라는 문제 자체가 성립할 수 있는지를

---

2 그렇게 보자면 하울랜드가 이 시기 번역의 문제를 복사본이 얼마나 원본을 잘 베꼈느냐의 문제로 파악할 때, 그것은 기껏해야 당시 그들이 어떤 개념이나 문헌에 대한 지식을 갖고 있었다는 식으로, 혹은 잘못되었다면 오역 내지 지식의 부족의 결과로 그들이 잘못 이해하고 있었다는 불만족스러운 그러나 성급한 결론만을 줄 수 있을 뿐이라는 지적은 참고가 될 수 있다. Douglas Howland, *Translating the West: Language and Political Reason in Nineteenth Century Japan*, Honolulu: University of Hawaii Press, 2002, p.6. 이는 사상의 수용 과정에서도 마찬가지일 것이다.

말이다. 그리고 이를 수입한 근대 동아시아의 수용 과정은 '비-서양에서' '체계화되지 못한' '근대적인 국가론이라 평가할 수 없는' 발상으로 불충분하게 전개될 수밖에 없었다는 논의가 과연 타당한 이해일 수 있는가라는 질문으로 이어질 것이다.

물론 '서양의 충격(western impact)'을 통해 동아시아에서 근대화 과정이 시작되었음은 부인할 수 없다. 하지만 이것이 단순히 서양의 것이 그대로 들어왔음을 의미하지는 않는다. 더군다나 이 과정을 서양의 생각을 오역했다거나 이해 부족으로 일어난 일로 치부할 수도 없다. 문제는 이 수용 과정에서 벌어지는 중간을 훌쩍 건너뛰어 버리는 경향에서 발생한다. 기존의 논의들은 서양사상이 넘어올 때 무언가 일이 벌어졌는데 이를 사후적으로 몇몇 장면들만을 뽑아내어 이것이 근대적이었냐 아니었냐는 '근대성 프레임'의 틀로 재단하려는 경향이 있다. 하지만 스냅사진을 몇 장 찍는 것으로 당시의 상황을 구성해 내는 것이 아니라, 슬로우 모션으로 보면 과연 그곳에서는 어떤 일이 일어나고 있었던 것일까?

여기서 보게 될 로렌츠 폰 슈타인(Lorenz von Stein, 1815~1890)의 유기체론과 이를 받아들이고 있는 가이에다 노부요시(海江田信義)의 논의는 이를 잘 보여주는 사례다. 로렌츠 폰 슈타인은 지금은 그다지 주목받지 못하고 있지만, 일본 헌정사에 지대한 영향을 준 인물이었다.[3] 이토 히로부미는 1882년부터 그 다음해까지 유럽으로 헌법조사

---

3 슈타인이 1890년 서거했을 당시 일본에서 유력의 정치인들이 모여 신도(神道)의 방식으로 그를 기리는 추모회를 할 정도였다. 瀧井一博, 『ドイツ国家学と明治国制－シュタイン国家学の軌跡』, ミネルヴァ書房, 1999, 113~116쪽. 당시 일본 지식인들과 슈타인이 주고받았던 서한집을 보더라도 그의 영향력을 확인할 수 있다. 柴田隆行 編集・判読,

를 갔을 때 빈 대학에서 강의를 들었다. 이토는 당시 유명했던 그나이
스트(Rudolf von Gneist), 모세(Albert Mosse) 등의 강의를 들었지만, 단연
코 그를 감동시킨 것은 슈타인의 강의였다.[4] 이는 이후 이토의 소개로
많은 정치가들과 학자들이 슈타인의 강의를 듣게 된 점에서도 확인해
볼 수 있다.[5] 1887~1888년에 유럽에 건너가 슈타인의 강의를 듣고,
그 강의를 『슈타인씨 강의 필기』(須多因氏講義筆記, 궁내성, 1889)로서
간행했던 원로원 의관 가이에다 노부요시 역시 그 중 한 사람이다.[6]
그런데 그는 슈타인의 강의를 들으며 촉발된 것으로 보이는 의문의
그림 하나를 남기고 있다.[7]

　〈그림 1〉에서 보이듯이 그는 인체의 각 부위에 국가의 기관들을

『ローレンツ・フォン・シュタインと日本人との往復書翰集』, 東洋大学社会学部社会文
化システム学科, 2011.
4　瀧井一博, 앞의 책, 207~208쪽. 이토에게 미친 슈타인의 영향은 세 가지로 정리할 수
　있는데, 첫째, 근대국가의 전체적인 구조의 파악으로 이 점은 실천적으로는 행정에
　의한 헌법/헌정의 상대화라는 효과가 있었다. 둘째, 동시기 유럽의 사회·국가이론의
　흡수로, 이를 통해 당시 일본에서 유행하던 영·불학을 극복할 수 있었다. 셋째, 문교정
　책에 관한 명확한 비전의 획득이다. 다키이는 이러한 3가지에 의해 이토가 '입헌 카리
　스마'로 변신하는 것이 가능했다고 평가한다.
5　슈타인의 일본에서의 사상사적 의의에 대해서는 위의 책, 가이에다의 개인사에 관련
　해서는 東郷尚武, 『海江田信義の幕末維新』, 文藝春秋, 1999.
6　가이에다는 슈타인에게 2년 동안 사숙하며, 그의 집에 머물렀다. 가이에다가 귀국 시에
　슈타인 역시 그와의 헤어짐을 아쉬워해 갖고 싶은 것이 있으면 무엇이든 말하라고 하자,
　가이에다는 서재에 있던 슈타인의 석고상을 갖고 싶다고 말한다. 가이에다는 이를 받아
　귀국해 자신의 침대 옆에 두었을 정도로 가이에다와 슈타인의 관계는 특별했다. 訪問子,
　「訪問餘録(五)スタイン崇拝の海江田子爵」, 『國學院雑誌』 12:3, 1906, 73쪽.
7　『シュタイン文書』4.2:04.25~26. 이 문서는 슈타인의 고향인 독일 슐레스비히 홀슈타
　인 주립도서관에 보관된 원고, 편지 등 개인적 자료를 모아놓은 것으로, 특히 일본관계
　문서 속에는 슈타인의 일본에 관한 논고 초고나 일본정부가 보낸 입법초안이나 대학
　편람 등의 자료, 명함과 편지들이 실려 있다.

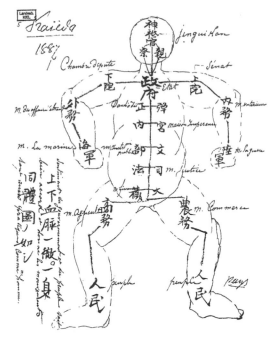

〈그림 1〉 인체배당도

대비시키고 있다. 신기관(神祇官)·친제(親祭)를 머리에, 인민을 좌우
양발에, 그리고 그 사이 몸통에 정부의 각 부서를 두고 있다. 몸통
위에서부터 아래로 탄정(彈正)·궁내(宮內)·문부(文部)·사법(司法)·대
장(大藏)의 부서가, 양 다리에 농무(農務)와 상무(商務), 오른쪽 팔에는
상원(上院)·내무(內務)·육군, 왼쪽 팔에는 하원(下院)·외무(外務)·해
군을 위치시킨다. 그리고 옆에 '상하의 혈맥이 일철(一徹)함이 이 일
신동체도와 같다(上下血脈一徹 一身同體圖ノ如シ)'라고 가이에다는 해
설을 덧붙이고 있다. 머리인 신기관으로부터 몸통인 정부와 양팔인
상원과 하원, 다리인 인민이 하나의 혈맥으로 연결된 것처럼 그려지

고 있다는 점도 특이하다.[8]

기존 연구들에서는 이 그림에 대해 단편적으로 소개하는데 그칠
뿐, 위 그림에 대해서 충분한 논의가 이루어지지 않았다. 이는 가이에
다 본인이 이 그림의 의미에 대해서 구체적으로 설명하고 있지 않기
때문일 것이다. 가령 미즈타 히로시(水田洋)는 위 그림에서 인민이 발
에 해당한다는 이유로 인민들을 억압하는 신체라는 식으로 평가한다
거나[9], 이치무라 유키코(市村由喜子) 역시 별 설명 없이 이 그림이 나오
게 된 배경을 소개하는 것으로 그치고 있다.[10] 다키이 가즈히로(瀧井一
博)의 분석은 앞선 분석들이 단편적인 것임을 지적하고 가이에다의
저작들 속에서 분석하고 있다는 점에서 한 발 나아간다. 그러나 뒤에
서 살펴보듯이 이를 서양의 '인격'을 전통적인 '인체'로 잘못 받아들여
비속화된 의인적 국가관으로 사유하게 된 것이라 평가하는 점은 재고
의 여지가 있어 보인다.[11] 여기서는 이 그림의 의미를 살펴봄으로써
'근대', '일본'에서 무엇이 일어났는가라는 질문에 답하고자 한다.

---

8   옆에는 불어로 당시의 프랑스의 정부기관에 해당하는 말로 부연설명하고 있는데, 신기
    관(神祇官)과 탄정(彈正)은 번역하지 않고 그대로 음차해서 쓰고 있다는 점, 그리고
    농무성과 상무성이 실수로 반대로 기록되어 있다는 점이 특이하다.

9   水田洋, 『知の風景: 続・近代 ヨーロッパ思想史の周辺』, 筑摩書房, 1994, 44~45쪽.

10 市村由喜子, 「ローレンツ・フォン・シュタイン日本関係文書について」, 山住正己 編, 『文
    化と教育をつなぐ』, 国土社, 1994, 307~309쪽.

11 瀧井一博, 앞의 책, 223~226쪽.

2. 국가조직을 신체에 배치하기

그렇다면 우선 이 그림이 나오게 된 배경부터 살펴보자. 가이에다 가 쓴 『슈타인씨강의필기(須多因氏講義筆記)』에 이 그림이 나오게 된 상황이 묘사되고 있다.[12]

"여기 국가조직[官省]들을 인체의 위치에 배치[配布]하는 그림을 내보입 니다. 즉 신기관(神祇官)을 머리로, 내각을 가슴으로, 각성(各省)을 신체, 수족에 각각 배치[分置]합니다. 신기관이 정부기관[諸官]들의 위에 있는 것은 신국(神國)의 풍습[風儀]으로 상고[上世] 이래의 관제(官制)입니다. 고로 유신의 때에 복고와 함께 다시 설치되었는데, 개제(改制)에 의해 폐 지되어 수차례 항의를 받기에 이르렀습니다. 신기(神祇)를 정신으로 삼아 무형(無形)을 밝히고, 정부기관을 작용으로 삼아 유형(有形)을 바르게 한 다면, 국가는 일신동체(一身同體)의 이치[理]를 이루리라 믿습니다. 이에 높은 가르침을 청합니다."[13]

---

12 이 강의는 1888년 7월 26일에 시작해, 그 다음해 1월 4일 끝났고, 격일마다 한 번씩, 2시간 여씩 진행되었다. 9월 26일까지 가이에다의 수행내각고(隨行內閣雇)인 마가키 다카노리(曲木高配)가 통역하고 마루야마 사쿠라(丸山作楽)가 필기했다. 중도에 마가 키가 병이 들어 계속할 수 없게 되자 가이에다가 아리가 나가오(有賀長雄)를 프랑스에 서 불러들여 9월 26일 이후로는 그를 시켜 통역하고 필기하게 했다. 그래서 이 글은 1부와 2부로 나뉘어져 있는데 2부 이하는 아리가가 필기한 내용이다. 1부에서는 불어 를, 2부에서는 독어나 영어를 원용한 것도 이 때문이라고 아리가는 범례에서 밝히고 있다. 그렇다면 위의 그림에서 불어로 적혀 있는 것은 아마도 마루야마가 적어놓은 것으로 보인다. 海江田信義, 「須多因氏講義筆記」(1889), 明治文化研究会 編, 『明治文 化全集』 4券 憲政篇, 日本評論社, 1992, 201쪽.

13 위의 글, 516쪽. 메이지 정부는 1868년 3월 13일 신기관재흥의 태정관 포고를 발한다. 신기를 관장하는 고대의 관청인 신기관을 재흥하여 신사관할의 중앙집권화를 도모한 것이다. 이후 1872년 종교관할부서인 교부성이 설치되었다가 1877년 1월에 폐지된다. 신도요의 요소 중 제사의 측면과 교화의 측면을 분리시킨 '제교분리(祭敎分離)'가 부상 하였고, 이는 1882년 신관과 교도직의 분리 및 1884년 교도직 제도의 완전 폐지에

이에 슈타인은 다음과 같이 대답한다.

"이 인체배당도는 높이 볼 바가 있으니, 저에게 주십시오. 그런데 그
설에는 대체로 동의해도, 도면의 배치에 대해서는 다소 이견이 있습니다.
학자사회에서는 '아나토미 폴리틱(anatomy politic)', 즉 해부정치학이라
이름하여, 국가의 여러 기관을 해부의 부위에 배치하는 그림을 제작해
일목요연하게 이해하기 쉽게 만들었습니다. 즉 기혈(氣血)을 정신(종교
[宗旨] 교육)으로 하고, 피육(皮肉)을 작용(관성 부현(官省府縣))으로 하
고, 근골(筋骨)을 조직(토지 인민)으로 하는 설입니다. 조직의 대요(大要)
는 앞뒤의 설에 따라 분명히 이해해야만 합니다. 정신과 작용과 직분이
나누어지는 바가 이 그림을 통해 발명되었음을 알 수 있습니다."[14]

가이에다가 각 정부기관을 인체에 배당한 그림을 그려 슈타인에게
보여주자, 이를 높이 평가한 슈타인이 요구해서 가이에다로부터 받아
소장하게 된 것이다. 그렇다면 가이에다는 왜 이 그림을 그렸을까.
이 그림이 의미하는 바는 무엇이었을까. 이를 보기 위해 대담의 전후
맥락을 좀 더 살펴보도록 하자. 가이에다가 그림을 그려 설명한 부분
은 두 사람이 '신도(神道)'에 관해서 대화하는 부분에서 등장한다. 슈타
인이 종교와 러시아 황제의 역할에 대해 설명하자 가이에다는 이것이
일본의 신도와 유사한 점이 있다며 이에 대해 설명한다.[15] 가이에다의
설명을 들은 슈타인은 "신도는 당신 나라에서 국체를 유지하는데 필요

이르러 정교분리가 일어났다. 이노우에 노부타카 외, 박규태 옮김, 『신도, 일본 태생의
종교 시스템』, 제이앤씨, 2010, 290~298쪽.
14 海江田信義, 앞의 글, 516쪽.
15 슈타인의 종교관 및 신도관에 대해서는 平野武, 『明治憲法制定とその周辺』, 晃洋書房,
2004, 181~219쪽.

하며, 이로써 종교를 대신해 스스로 종교의 밖에 서서 국가정신이 돌아가야 할 바'로 삼을 것을 추천한다. 즉 슈타인은 '애국정신'을 '양성'하는 것이야말로 '일대 요무(要務)'이고, '신도'로 '국가정신'이 귀결케 해야 할 것을 충고한 것이었다. 그러자 가이에다는 이 그림을 그리며 자신의 생각을 슈타인에게 확인시키고자 했다. 즉 그리스도교와 같은 종교가 없는 일본에서 국민을 통합할 수 있는 종교 혹은 윤리의 필요성으로 슈타인이 신도를 제시했던 것이고, 이 설명을 들은 가이에다는 이를 위와 같은 국가-신체로서 그려내 그에게 확인받고 싶어 했던 것이다.[16]

마찬가지로 슈타인 아래에서 배웠던 이토 역시 1882년 이와쿠라 도모미에게 보낸 편지에서 슈타인으로부터 황실이 중요한 역할을 담당한다는 점을 배웠음을 말하고 있다.[17] 슈타인의 영향을 받아 종교의 역할로서 천황을 기축으로 삼고자 한 것은 당시 메이지 지식인들의 공통된 경향이었다.

---

16 실제 가이에다는 귀국 후 1891년에 사사키 다카유키(佐々木高行), 요시이 도모자네(吉井友実) 등과 신기관 재흥운동을 다시 전개한다. 이는 서양에서의 경험의 성과에 의한 것일 것이라 평가된다. 渡辺昌道,「海江田信義の洋行ーシュタイン・クルメッキとの交流を中心に」,『千葉史学』50, 千葉歴史学会, 2007, 95쪽.

17 "독일에서 유명한 그나이스트, 슈타인 두 선생으로부터 국가조직의 큰 틀을 이해할 수 있는 가르침을 받았습니다. 이로써 황실의 기초를 확고히 하여 대권을 실추시키지 않겠다는 큰 목적을 이룰 수 있게 됐고, 이에 대해서는 다시 보고 드리겠습니다. 실로 영, 미, 불의 자유과격론자의 저술을 금과옥조처럼 여겨 국가를 거의 무너뜨리려는 세력이 현재 우리나라에 있습니다만, 이를 물리치는 도리와 수단을 얻은 것입니다. 보국(報國)의 적심(赤心)을 관철할 이 시기에 그 임무를 다할 중요한 도구를 얻을 수 있게 돼 사처(死處)를 찾는 심정입니다. 앞으로 일이 편하게 될 것 같습니다." 春畝公追頌會 編,『伊藤博文傳』中卷, 春畝公追頌會, 1940, 296〜297쪽.

"지금 헌법을 제정함에 먼저 우리나라의 기축(機軸)을 찾아 '우리나라의 기축'이란 무엇인가를 확정해야만 한다. 기축도 없이 정치를 인민의 허망한 논의[妄議]에 맡길 경우 정치[政]는 기강[統紀]을 상실하고 국가 또한 폐망한다. 적어도 국가가 국가로서 생존하고 인민을 통치하고자 한다면 깊이 사려하여 통치의 효용을 잃지 않도록 힘써야 한다. 구주(歐洲)에서는 헌법정치의 맹아가 싹튼 지 천 여년이 되어, 인민이 이 제도에 익숙할 뿐 아니라 종교라는 것이 기축을 이루어 인심(人心)에 깊이 침윤하여 인심이 여기에 귀일(歸一)된다. 그런데 우리나라에서는 종교라는 것이 그 힘이 미약하여 한 국가의 기축이 될 만한 것이라고는 하나도 없다. 불교는 한때 융성한 기세를 떨쳐 상하의 인심을 한데 묶어냈지만, 오늘에 와서는 이미 쇠퇴하는 경향을 보이고 있다. 신도(神道)는 조종(祖宗)의 유훈을 받들어 이를 조술(祖述)했다. 하지만 종교로서 인심을 귀향(歸向)시키기에는 힘이 부족하다. 우리나라에서 기축이 될 수 있는 것은 오로지 황실뿐이다."[18]

이토 역시 헌법을 제정하는데 서구와 같이 중심축[機軸]으로서 종교의 역할을 담당할 무언가를 찾고 있다. 인심을 하나로 귀일시킬 존재로서 종교는 불교나 신도로서는 불가능하며, 오로지 황실만이 가능하다고 지적한다.

그런데 슈타인과 가이에다의 대화 속에서 둘은 미묘한 생각의 차이를 보인다. 가이에다는 신기관을 머리에, 내각을 가슴에, 정부부서와 인민을 수족에 위치시키고, 신기관이 다른 정부기관 위에 위치하는 것이 일본의 원래 관제임을 주장한다. 이를 '무형의 정신'으로서의 신기관과 '유형의 작용'으로서의 정부가 갖는 구조로 파악해, 국가와 신체가 같은 논리에 기반한다고 본 것이다.

---

18 『樞密院議會議事錄』 第1卷, 東京大學出版會, 1984, 22쪽.

그러나 가이에다에게 한 대답에서 보이듯이, 슈타인이 생각하는 아나토미 폴리틱이란 인체를 기혈, 피육, 근골로 나누어서, 이에 해당하는 '정신(종교와 교육)', '작용(관성과 부현)', '조직(토지와 인민)'으로 구성된다. 가이에다가 신기관과 내각, 즉 정신과 육체의 이분법적 관계 속에서 설명하고 있다면 슈타인은 정신-작용-조직이라는 삼분법적 논리로서 대응하고 있는 것이다. 가이에다가 신기관의 역할을 강조함으로써 이를 통해 정부기관과 인민을 통합하는 역할을 강조한 것이라면, 슈타인은 가이에다가 말한 정신적 작용에는 동의하면서 약간의 이견이 있다는 단서를 단 것도 이 때문이었을 것이다.

3. 인격(person)과 인체(人體) 사이

그렇다면 이 둘의 차이는 얼마나 유사하고 다른가? 이 차이를 보기 위해 우선 슈타인의 국가관을 조금 더 자세히 살펴볼 필요가 있다. 슈타인에게 국가란 '독립된 인격으로 고양된 게마인샤프트'로 규정된다. 독립한 하나의 '인격(person)'으로 파악된 국가는 개체의 인격과 마찬가지로 독자의 의사를 형성하고, 그 의사에 기초해 행위 하는 존재이다. 따라서 국가에서도 개인과 마찬가지로 '의사형성'과 '행위'가 핵심이 되며, 국가의 독자적 다이내믹이 강조된다. 이때 국가의 의사는 군주, 대통령, 귀족계급 어디에서 나와도 상관없다.[19]

---

19 슈타인은 프로이센에 저항해 오스트리아로 넘어온 경력을 가지고 있으며, 학설적으로도 당시 독일 법학계의 실증주의적 경향으로부터 일탈한, 오히려 당시에는 크게 주목

이는 슈타인이 군주의 지위에 대해 설명하는 것에서도 알 수 있다. 그에게 군주는 혼자 힘으로 대신에게 무엇인가 명령을 내리거나 어떤 간섭도 내릴 수 없는 존재다. 이럴 경우 책임내각은 존재할 수 없기 때문이다. 군주는 군림하되, 통치하지 않는다는 것이 그의 생각이었다. 즉 군주란, 어떠한 국가사항에도 스스로 개입하지 않는다. 입법권과 집행권은 군주로부터 완벽히 독립하고, 군주는 다만 입법부와 정부라는 두 개의 국가권력 간의 조화를 유지시키는 존재로 그 필요성이 제한된다.[20] 이처럼 군주는 슈타인의 이론체계 속에서 국가 내의 하나의 기관으로써 국가통일을 표상하는 상징적 기능을 담당하는 데 지나지 않는다.

그런데 여기서 중요한 것은 슈타인의 국가관에 새겨진 능동적 성격이다. 인격적 존재로서 국가는 독자의 의사를 형성해, 그 의사를 실천할 것을 요청받는다. 이때 의사형성을 위한 원리가 헌정(憲政)이고, 의사 집행의 원리가 행정으로, 헌정과 행정 양자가 두 개의 바퀴가 되어 국가가 굴러간다. 여기서 주의할 점은 슈타인에게 행정이란 헌정으로부터, 그리고 군주로부터도 자율적이라는 점이다. 변화하는 내외 환경 속에서 국가공동체가 존립하기 위해서는 행정이 독자의 의사형성을 갖추어야하기 때문이다. 이 시스템을 구비할 때만이 단순한 법령의 기계적 집행기관으로서 정부를 탈피할 수 있고, 국가의 통치시스템

받지 못한 학자였다. 그가 일본과 관계 맺는데 적극적이었던 이유 역시 경제적 어려움과 학계에서의 주변적 지위를 돌파하기 위함이었다는 평가도 있다. 瀧井一博, 『文明史のなかの明治憲法ーこの国のかたちと西洋体験』, 講談社, 2003, 110~115쪽.

20 瀧井一博, 「獨逸学再考」, 瀧井一博 編, 『シュタイン国家学ノート』, 信山社出版, 2005, 253~264쪽.

은 정부의 통합과 운동의 중추가 될 수 있다.[21] 이러한 삼각구도로서 슈타인의 논의는 그에게서 강의를 듣고, 그 내용을 남기는 이토 역시 도 잘 이해하고 있었다.

> "인체의 질(質)은 반드시 세 개의 원소를 갖추고 있다. 첫째, 양지(良知) 다. 사람이 사는데 다양한 차이가 있다 해도, 반드시 동일한 까닭은 이 양지가 있기 때문이다. 하나의 인체가 질을 갖춤에 이르러 이를 내我]라고 한다. 둘째, 의사(意思)다. 사람이 스스로 그 한 몸의 방향과 목적을 정하 는 힘을 의사라고 말한다. 셋째, 실력(實力)이다. 이미 있는 물건을 뜻에 따라 바꾸고 바로잡음을 실력이라 말한다."[22]

슈타인이 이토에게 한 강의는 협의의 헌법학의 범주를 넘어 보다 광범하게 국가의 구체적인 활동 전반을 대상으로 하는 것이었다. 방국 의 학, 즉 방국의 결구(結構)는 이 세 요소(양지, 의사, 동작)의 본질과 직무를 연구함에 있다고 이토는 적고 있다.[23] 여기서 핵심은 인격이 자기의식(Ich)과 의사(Wille)를 갖춰 행위(Tat)를 한다는 것이다. 즉 자 율적 개인이 그러한 것처럼 국가도 이 3가지 요소를 갖추고 있다. 국가의 자기의식을 구현하는 기관으로서 군주, 국가의 의사를 형성하 는 기관으로서 입법부, 그리고 국가의 행위를 담당하는 기관으로서 행정부가 그것이다. 슈타인에게 입헌제란 이들 세 기관이 상호 독립하 면서도, 상호 규율에 따라 하나의 조화를 형성하는 유기체에 다름 아

---

21 瀧井一博(2005), 앞의 논문, 259~264쪽.
22 伊藤博文 宛講義, 伊東巳代治 筆記, 『純理釈話』, 国立国会図書館憲政資料室蔵, 『伊東 巳代治関係文書』, 1882.; 瀧井一博(1999), 앞의 책, 192쪽에서 재인용.
23 瀧井一博(1999), 앞의 책, 200쪽.

니었다. 역으로 말하면 이들 세 기관 중 무엇도 정치적으로 돌출하지 않는 정치체제다. 그런 점에서 슈타인이 의도한 바는 분명하다. 이는 통치자 자의에 의한 것이 아니라, 국가의 기계적 성격을 통해 자율적으로 굴러가는 하나의 시스템을 의도하고자 한 것이었다.

그렇게 보면 슈타인의 강의를 들었던 이토 및 메이지 이데올로그들이 매력을 느꼈던 것 역시 이해가 가는 바이다. 이들이 생각했던 메이지 체제는 단순히 천황의 절대성을 강조하기 위한 것이 아니었다. 천황을 중심으로 하는 체제가 정치적인 구심점을 위해 필요하다고 판단했을지 몰라도, 그들의 의도 역시 이러한 기계적 성격으로서 국가의 자율성을 강조하려 했다. 즉 천황의 권한을 어느 정도 제한하면서 체재를 직접적으로 운영하는 당시 행정 엘리트들의 역할을 강조한 것이었다.[24] 그렇다면 이토가 그리는 신체는 가이에다의 그림과는 다른 형태였을지 모른다. 그것은 머리와 몸통의 관계가 중요한 것이 아니라 기계로서 몸통의 움직임이 강조되는, 슈타인의 생각과 좀 더 가까운 모습이었을 것이다.[25] 가이에다의 『슈타인씨강의필기』

[24] 이토가 슈타인을 방문했을 당시 슈타인이 일본에도 국체가 있느냐고 묻자, 별달리 그러한 것은 없다고 말했다고 한다. 이후 도리오 고야타(鳥尾小弥太)가 방문했을 때 슈타인이 이토의 이와 같은 의견을 전하자 그는 "이토와 같은 무학자가 무엇을 알겠는가, 원래 일본에는 올바른 국체가 있고, 역사가 있다"고 강조했다고 한다. 이로써 슈타인은 유럽과 같은 것은 아니지만 일본에도 국체가 있음을 알게 되었다. 訪問子, 앞의 글, 72~73쪽. 이토의 관심은 국체나 천황 자체에 방점이 있는 것이 아니라 어떻게 서양의 정치제도를 수용할 것인가에 있었다.

[25] 그들이 그리고 있던 것은 실재 주권자인 천황을 기축으로 하는 기계적 정치체였다. 그것을 움직이는 주체는 당연히 천황이었지만 그러한 기계를 만들어내고 그 원리를 만들어내는 것은 행정부의 역할이라고 파악했던 것이다. 이러한 메이지 지식인의 성격에 대해서는 마루야마 마사오, 김석근 옮김, 『일본의 사상』, 한길사, 2012, 96쪽. 그런 점에서 메이지유신이 단순히 '위로부터의 개혁'이라기보다 중간층에 의한 '아래로부터

에도 이와 유사한 내용이 없지는 않다.

"국가를 운전(運轉)하고자 한다면, 먼저 그 체제를 알지 않으면 안 된
다. 국가는 개인의 집합이다. 고로 모든 국가에 있는 것은 반드시 모든
개인에게도 있다. 개인의 체제를 보면 세 가지로, 그것이 협력, 발동해
생활을 이룬다. 첫째 자오(自吾), 둘째 의지, 셋째 동작이다. 고로 국가에
서도 이 셋이 없어서는 안 된다. 첫째 국가의 자오-원수, 둘째 국가의
의지-입법부, 셋째 국가의 동작-행정부이다."[26]

이 셋의 기능이 행정부-발의, 입법부-결의, 원수-재가로 이루어진
다. 가이에다 역시 슈타인의 논의를 따라 균형을 이루는 것이 세계의
대세라고 보았다.[27] 그렇다면 앞서 살펴본 가이에다의 그림은 이 논리
와는 확연한 차이를 보인다. 앞서 보았듯이 슈타인의 논의 속에서
세 기관인 의사, 의지, 행동이 조화롭게 균형을 이루는 점이 중요하다.
그리고 이 셋 중에서도 굳이 강조점을 뽑자면 행동, 즉 행정부의 기능
이었다.[28]

하지만 앞서 그림에서 보았듯이 가이에다는 머리에 놓인 신기관의
역할에 유달리 주목한 것처럼 보인다. 즉 가이에다의 〈인체배당도〉는

의 개혁'이라는 측면을 강조한 미타니 히로시의 견해를 참조할 수 있다. 미타니 히로시,
「메이지유신의 해부-비교사적 관점에서」, 『일본역사연구』 43, 일본사학회, 2016, 26쪽.
26　海江田信義, 앞의 글, 525쪽.
27　위의 글, 526~527쪽.
28　그런 점에서 슈타인에게 프로이센은 관료제의 탁월성이라는 점에서 가장 모범적인
국가였다. 프로이센의 강대함은 강력하고 통일적인 행정에 기반하며, 행정의 능력이
국가의 힘과 능력의 척도라고 보았다. 슈타인은 이들 관료의 행위 속에서 혁명과 반동
사이 중간노선의 가능성이 있다고 믿었다. W. G 비즐리, 장인성 옮김, 『일본근현대사』,
을유문화사, 1996, 134~135쪽.

슈타인이 주장하는 인격으로서의 국가론이나 삼분법적 사고로서 행정에 대한 강조 없이 정신으로서 신기관의 역할에 방점이 찍혀있다. 슈타인의 강의를 들었던 또 다른 인물인 무쓰 무네미쓰(陸奧宗光)의 노트(1885)에서도 국가의 인격화가 주요한 개념임을 충실히 소개하고 있는 데 비해 가이에다에게는 그에 대한 논의가 없는 점 역시 이러한 증거로 볼 수 있다.[29] 그런 점에서 메이지 행정 관료들과 가이에다의 논의 사이에는 그들이 바랬던 정치적 신체상의 차이가 드러나는 것일지 모른다.[30]

그렇다면 이러한 이해의 차이는 무엇에 기인하는 것일까? 이에 대해 가도 가즈마사(嘉戸一将)는 가이에다의 신체유비가 헤겔의 영향 하에 있는 슈타인식의 유기체로부터 온 것이 아니라 서양 중세의 신체유비에서 영향을 받았을 가능성을 제시한다. 슈타인의 유기체설은 국민정신의 단일성을 요청해 19세기 독일의 '분립주의'적 동향을 부정하고 중앙집권화를 꾀하는 동시에, 절대주의를 부정하고 국민의 정신을 의회에 반영시키는 의회주의를 실현시키고자 하는 것이었다. 반면 가이

---

29 瀧井一博 編(2005), 앞의 책, 252쪽. 무쓰 무네미쓰가 유럽 방문 시 슈타인으로부터 받은 개인수업(1885.6~8)의 기록 "The Plan of State Science"에서 "국가란 하나의 인격(person)을 형성한 인간의 단체" 란외(欄外)에 붉은 글씨로 '국가체(國家躰)'라고 적혀있다. "국가의 신체는 토지 내지 영토이고, 인민은 그 혼이다. 그러나 이것만으로는 충분하지 않다" 란외에는 '주권의 해(主權ノ解)'라고 적혀있다.

30 이는 이토가 가이에다를 유럽으로 보낸 이유와도 관련된다. 이에 대해서 시미즈 신(清水伸)은 슈타인의 후광을 이용해 이토가 가이에다를 회유하여 자신의 정책을 지지하는 데 끌어들이기 위한 목적이라고 설명한다. 그러나 와타나베는 그렇게 보기에는 너무 늦은 시기로 적절하지 않으며 끌어들이기 위해서가 아니라 오히려 멀리 떨어뜨리기 위해서였다고 평가한다. 황실전범의 초안과 헌법 초안이 작성되기 시작하던 제도적 전환기에 전부터 신기관 재흥운동, 태정관제 비판으로 정부 주류파를 심란하게 했던 가이에다는 다루기 곤란한 존재였기 때문이라는 것이다. 渡辺昌道, 앞의 논문, 95쪽.

에다의 신체유비는 의회를 통해 민심을 '반영'시키는 것이 관심이 아니라, 어떻게 하면 민심을 '복속'시킬 것인가를 관심에 두고 있다는 것이다. 그리고 이는 19세기 독일의 유기체설보다 서양 중세의 신분제적 유기체설에 가깝다고 그는 평가한다. 가이에다의 논의는 정신의 단일성, 이른바 '인심의 귀일'을 목적으로 하며, 이 때 머리(원수)=천황은 국민을 정신적으로 복속시키는 '신체'의 일부분이다. 하지만 이는 슈타인이 말했던 '인격(person)'에 대한 이해가 부족했기 때문에 발생한 오해라는 것이다.[31]

그러나 가도의 이러한 논의는 재고의 여지가 있다. 이러한 이해는 결국 복사본의 원본은 무엇인가를 찾는 과정에서 원본에 대한 복사본의 결여 혹은 이해부족으로서 근대 동아시아에서 사상의 수용 과정을 평가하는 관점이 깔려 있는 것처럼 보인다.[32] 하지만 이는 서로 다른 신체관 혹은 세계관을 가진 장소에서 사상이 접합되면서 생기는 '변용'과 '굴절'이라는 측면을 간과한 것은 아닐까. 가도의 논의를 검토하기에 앞서 서양 중세의 신분제적 유기체설과 동아시아의 전통적인 신체 은유 논의를 살펴볼 필요가 있는 이유이다.

---

31 嘉戸一将,「身体としての国家ー明治憲法体制と国家有機体説」,『相愛大学人文科学研究所研究年報』4, 2010, 14쪽.

32 가도의 이러한 비판은 이시다 다케시의 비판의 연장선상에 있다고 보여진다. 이시다는 일본에서 유기체론이 칸트적 시민사회론의 매개를 거치지 않았다는 점을 강조하며 신체의 비유를 통해 국가를 설명할 때에도 두뇌가 군주가 되는 것이 비유로서가 아니라 사실 그 자체로서 간주되었다는 점을 비판한다. 이로써 일본의 유기체설은 일본사회의 가족적 구성과 결부해 '실체'화해, '가족국가관'을 형성하는 하나의 계기가 되었다는 지적이다. 이는 맹아적으로 발생하고자 한 근대자연법적 사유의 성숙을 저지하고, 군주주권의 강화를 의도하면서, 관료지배를 강화하게 되었다고 평가한다. 石田雄,「日本における国家有機體説」,『日本近代思想史における法と政治』, 岩波書店, 1976, 173쪽.

4. 동서양 국가-신체 은유의 전통들

12세기 들어 많은 정치이론서에서 국가를 유기적 질서를 가진 것으로 유비하는 언급들이 출현한다. 존 솔즈베리(John of Salisbury), 크리스틴 드 피장(Christine De Pizan), 마르실리우스(Marsilius) 등이 대표적이다. 인문주의자 겸 정치이론가 존 솔즈베리는 이 신체 비유를 사회조직에 적용하여 구체적인 정치이론으로 발전시킨 최초의 인물이었다. 정치가의 책이라 번역되는『폴리크라티쿠스』는 독자들로 하여금 쉽게 이해할 수 있도록 성서, 고전, 우화 등 다양한 원천으로부터 예화를 적극 활용했다. 당시의 정치서들이 군주의 행동을 위한 군주의 거울론적 성격을 강하게 띄었다면, 솔즈베리는 이솝의 '배의 우화(The Belly and the Members)' 이야기가 보여주듯이 국가를 하나의 신체로서 유비해 어떤 국가-신체를 구성할 것인가에 초점을 맞춘다. 그에게 국가는 영혼, 머리, 심장, 갈비뼈, 눈, 귀 및 혀, 위장, 손과 발로 구성되며, 이는 성직자, 군주와 원로원의 심의기관, 재판관과 주지사 등 집행기관과 농민으로 대변된다. 국가란 자연의 질서를 모방한 일종의 유기체로, 이 속에서 각자의 직책과 기능은 다르지만 공공의 이익을 위해 상호의존과 호혜의 관계에 놓인다.[33]

---

33 John of Salisbury, *Policraticus*, VI, x x iv, ed. Cary J. Nederman, Cambridge: Cambridge University Press, 1990; 솔즈베리의 유기체설에 대해서는 이희만, 「존 솔즈베리의 국가 유기체론-제도화를 중심으로」, 『서양사론』 106, 한국서양사학회, 2010; 김중기, 「국가와 인체-John of Saliusbury의 유기체론」, 『서양중세사연구』 2, 한국서양중세사학회, 1997; 김경희, 『근대 국가 개념의 탄생: 레스 푸블리카에서 스타토로』, 까치글방, 2018 참조.

"무엇보다 종교적 관습들을 형성하며, 신에 대한 숭배를 전달하는 성직자들이 공화국의 신체에서 영혼의 자리를 획득한다. …(중략)… 공화국에서 머리의 위치는 오직 신에게만 그리고 지상에서 그의 자리에서 행동하는 이들에게만 복종하는 군주가 차지한다. 이는 인간의 몸에서 머리가 영혼에 의해 자극되고 지배되는 것과 같다. 심장의 자리는 선한 일과 악한 일의 시작을 진행시키는 원로원이 차지한다. 눈과 귀, 입의 의무는 심판관과 주지사들이 담당한다. 손은 관리들과 군인과 일치한다. 군주를 항상 보필하는 사람은 옆구리에 해당한다. 재정 관리인과 재정 기록 관리자는 위장과 대소장의 형태와 닮았다. …(중략)… 나아가 발은 토지에 영원히 매여 있는 농민들과 일치한다. 그들은 머리가 가장 주의를 기울여야 할 존재들이다."[34]

성직자는 영혼처럼 몸에 대한 모든 지배권을 가지지만 이는 종교적 차원으로, 세속적인 일은 머리인 군주가 담당한다. 그리고 중세 의학자들이 심장을 지혜의 상징으로 간주했듯이 삶의 지혜를 바탕으로 한 원로들이 심장의 역할을 담당한다. 그리고 옆구리는 군주의 측근으로 군주를 보필하는 지식인들이다. 인체의 감각기관인 눈, 귀, 입 등은 정책집행기관으로 재판관, 주지사에 해당한다. 위장은 소화기관으로 재무관리를 맡으며, 손은 무장한 군인과 비무장한 관리들로 외부로부터 적을 방어하고 사회적 약자를 보호한다. 마지막으로 생산에 종사하는 농민과 수공업자는 발이다. 이 때문에 그의 사상은 기존의 위계적 정치 질서를 고착화시키고, 신분 간 이동을 차단하는 보수적 이론으로 평가되기도 하지만 여기서 발은 단순히 몸을 지탱하는 도구적 차원만은 아니다. 생산계층은 국가 유기체에 걸쳐 가장

---

34 John of Salisbury, op.cit., V, ii, p.67.

유용하고 유익한 존재로서, 사회를 유지시키는 구성원이다.[35]

그런데 이러한 신체-정치담론을 살펴볼 때 빠뜨려서는 안 되는 것이 신체관의 문제다. 솔즈베리의 기능적 측면을 강조한 신체 인식은 중세를 지배한 갈레노스(Claudius Galenus)의 목적론적(teleological) 신체론의 영향 하에 있다. 갈레노스는 신체의 다양한 부분의 크기가 다른 것은 자연이 그들의 기능들을 유용성에 맞게 정해주었기 때문이라고 설명한다. 또한 어떤 부분들이 신경을 거의 갖고 있지 않은 것은 그것들이 민감성을 필요로 하지 않기 때문이다. 이처럼 갈레노스에게서 기능들은 목적론적 세계관 속에서 배열되어 있으며 사회적 정의라는 개념 속에서 위계적으로 할당되어 있다.[36] 그리고 이제 이러한 각각의 기능을 조정하고 관리할 머리로서 군주라는 모습이 등장한다. 주지하듯이 솔즈베리의 이러한 기관학적(organologial) 정치체 발상은 유기체적 사고의 고전이 되었다. 그가 정치체(body politic)에 관한 새로운 유비를 가지고 온 것은 아니지만, 기존의 은유들을 섞어 당대의 신체관 속에서 새로운 정치적 함의를 탄생시켰다.[37]

---

35 ibid., ⅹⅹ, p.23.

36 Owsei Temkin, *The Double Face of Janus and Other Essays in the History of Medicine*, Baltimore: The Johns Hopkins Univ Press, 1977, p.272.

37 Jeffery Zavadil, *Anatomy of the Body Politic: Organic Metaphors in Ancient and Medieval Political Thought*, Phoenix: Arizona State University, 2006, pp.280~281. 반면 무솔프는 솔즈베리의 신체관을 단순히 머리에서 발로 내려오는(head-to-feet) 수직적 모델로 상정하는 것에 반대하고 오히려 이러한 신체유비의 위험성을 제시한 것이라 평가한다. Andreas Musolff, "Metaphor in discourse history", *Historical Cognitive Linguistics* eds. Margaret E. Winters·Heli Tissari·Kathryn Allan, Berlin·New York: De Gruyter Mouton, 2010, pp.79~83. 김경희는 솔즈베리의 유기체론을 res publica와의 관련성 속에서 평가, 국가에 탈인격적 성격을 부여하는 시초로서 작용했다고 보고 있다. 김경희, 『근대 국가 개념의 탄생: 레스 푸블리카에서 스타토로』, 2018, 29~54쪽.

이렇게 볼 때 확실히 가이에다의 신체유비는 확실히 서양 중세 시기 솔즈베리의 그것과 유사한 점이 많다.[38] 각 기관들을 신체에 비유한 것이나 인민을 다리에 놓고 인민의 강조점을 둔 것 역시 그렇다.

그러나 이것이 가이에다가 서양의 중세 유기체설에 영향을 받았다고 단언할 논거가 될 수는 없다. 이러한 기관학적 비유가 서양 중세에만 있었던 것이 아닐뿐더러 신체론 자체에서 차이를 보이기 때문이다. 동양 전통 사상에서도 서양의 중세 유기체설과 유사하게 신체의 각 장부나 부위가 국가를 비유하는 논리가 있었다. 즉 임금은 우리 몸의 심장이고, 이 심장을 돕는 기관들인 간신비폐는 백관이라거나 신(神)을 임금으로, 혈(血)은 신하로, 기(氣)는 백성으로 비유하고 가슴과 배는 궁궐로, 관절은 백관으로 비유되기도 한다.[39] 동중서의 『춘추번로』에는 조금 더 자세히 '심'으로서의 군주에 대해 이야기한다.

---

38 당시 독일 법학에서 중세 국가유기체론이 다시금 각광을 받게 된 것은 오토 폰 기에르케(Otto von Gierke)의 연구 업적을 통해서였다. 기에르케의 법학 이론은 당대 가장 강력한 논의였는데, 그의 중세 유기체론에 대한 해석은 슈타인에게도, 그리고 이를 경유해 메이지 일본의 지식인들에게도 널리 알려졌을 것이다. 기에르케의 유기체설에 대한 논의는 Otto Gierke, *Political Theories of the Middle Age*, trans. Frederic William Maitland, Boston: Beacon, 1959.

39 오장과 관료조직에 대해서는 가노우 요시미츠는 다음과 같이 정리하고 있다. 가노우 요시미츠, 동의과학연구소 옮김, 『몸으로 본 중국 사상』, 소나무, 1999, 180쪽.

	肝	心	脾	肺	腎
素門 靈蘭秘典論	將軍之官	君主之官	倉廩之官	相傳之官	作强之官
靈樞 五飮津液別篇	將	主	衛	相	外
千金要方	郎官	帝王	諫議大夫	上將軍	後宮內官
中藏經		帝王	諫議大夫	上將軍	
張仲卿五臟論	將軍	帝王	大夫	丞相	內官
五臟論	尚書	帝王	諫議大夫	丞相	列女

"한 나라의 군주는 한 몸의 심(心)과 같다. 군주는 깊은 궁궐에 드러나지 않게 살고 있으니 심이 가슴 속에 감춰진 것과 같다. 군주는 가장 고귀하여 더불어 대적할 상대가 없는데, 이것은 심의 신성에도 견줄 것이 없는 것과 같다. 관직에 임명하여 사인(士人), 즉 지식인을 우대한다. 탁월한 이를 높은 자리에, 고만고만한 이를 낮은 자리에 둔다. 이것은 몸이 눈을 소중히 하고 발을 천하게 여기는 것과 같다. 여러 신하에게 일을 맡기지만 누구 하나에게 편애하지 않는데 이것은 두 팔과 두 다리가 나름대로 하는 일이 있는 것과 같다. 내조(內朝)에 네 명의 보필하는 현신[四輔]이 있는데 이것은 심에 간장, 폐장, 비장, 신장이 있는 것과 같다. 외조(外朝)에 다양한 직무로 편재된 행정 관료가 있는데 이것은 심이 신체의 여러 가지 뼈대, 몸집, 구멍들로 엮여져 있는 것과 같다."[40]

그렇다면 이는 어떤 논리적 배경에서 나온 것일까? 기존 연구들은 이것이 지배체제를 정당화하는 논리, 즉 위계적 상하 질서를 상정한 것이라고 주장해왔다.[41] 국가유비를 정치적인 상황과 연결해 본다면 이 말은 타당해 보인다. 한대 중앙집권화된 정치상황하에서 이러한

---

40 『春秋繁露』, 「天地之行」. 동중서, 신정근 옮김, 『춘추: 역사해석학』, 태학사, 2006, 828~829쪽.

41 가령 니덤(Needham)은 국가 유비라고 불렸던 이러한 사유가 코스모스의 영역인 하늘과 지상의 영역인 왕조 또는 국가 관료체제 사이의 감응을 통해 국가의 정당성을 가져오기 위한 담론으로서 이용되었고, 그렇기 때문에 한대에 들어서 정권의 정당화라는 목적과 부합되었기 때문에 살아남을 수 있었다고 지적한다. 핸더슨(Henderson) 역시 '국가유비'의 관념이 없었다면 아마도 한나라의 왕권은 신적인 차원의 권위를 지니지 못했을 것이라고 평가하며, 기원전 2세기 한나라 초기에 처음 나타나 관료 체제를 역법 및 인체와 연관 지으면서 결국 천도와 사람의 형상, 그리고 관료 기구들은 서로 감응하는 이론으로 제시되었다고 지적한다. Joseph Needham, *Science and Civilisation in China* Vol. II, Cambridge: Cambridge University Press, 1954, pp. 298~303; John B. Henderson, *The Development and Decline of Chinese Cosmology*, New York: Columbia University Press, 1984, pp. 21~22.

기관학적 사유의 바탕인 '오행(五行)'체계가 체계화된 이유를 설명해 줄 수 있는 그럴듯한 가설이기 때문이다. 그러나 몸에 대한 비유를 상하질서로 유추하는 것은 서구적 관념으로 이를 해석한 것이기도 하다. 『춘추번로』에서는 이어지는 대목에서는 다음과 같이 설명한다.

"성인을 닮으려고 하고 현인을 가까이 하려고 하는데 이것은 신명(정신)이 모두 심(心)에 집중되어 있는 것과 같다. 위와 아래가 서로 일을 주고받는데 이것은 팔다리와 몸이 도와가서 움직이는 것과 같다. 은혜를 두루 베푸는데 이것은 원기(元氣)가 피부, 털, 살결에까지 골고루 퍼지는 것과 같다. 백성들이 모두 제자리를 잡아가는데 이것은 혈기(血氣)가 순조롭고 숨소리가 골라서 몸이 아픈 곳이 없는 것과 같다. 의도적으로 정책을 펼치지 않으나 공동체가 태평해지는데 이것은 신기(神氣)가 저절로 기의 바다와 소통하는 것과 같다."[42]

동중서는 위와 아래가 서로 승순(承順)하는 것은 팔다리와 몸이 서로 사역하는 것과 같다고 말한다. 이때 원기와 혈기, 신기가 통하는 것이 정치체가 태평해지는 방법으로 제시된다. 군주가 명민하면 신하가 군주의 은공을 입게 되는데 이것은 심이 신령하면 몸이 온존하게 유지되는 것과 같다. 마찬가지로 신하가 출중하면 군주가 그 혜택을 보게 되는데 이것은 몸이 편안해지면 심이 안정되는 것과 같다. 또한 윗사람이 아둔하면 아랫사람이 고통을 당하게 되는데 이는 귀가 밝지 않고 눈이 정확하지 않으면 손발이 다치게 되는 것과 같다. 마찬가지로 신하가 충직하지 않으면 군주가 멸망하게 되는데 이것은 몸을 함부

---

42 「天地之行」, 『春秋繁露』.

로 제멋대로 놀리게 되면 심이 그것으로 인해 다치게 되는 것과 같다. 이렇기 때문에 군주와 신하 사이의 예는 심(心)과 몸(體)의 사이와 같다고 그는 말한다. 그렇다면 이때 심과 몸 사이, 군주와 신하 사이의 관계를 단순히 상하의 지배-복종 관계로만 한정할 수는 없지 않을까.

또한 시빈(Sivin)이 지적하듯이 이는 국가와 신체 사이의 유비관계보다 둘 다 대우주의 조그만 버전이라는 공통점에 주목할 필요가 있다.[43] 여불위의 『여씨춘추(呂氏春秋)』는 이러한 지배의 논리가 어떻게 대우주의 논리와 연결되는지를 보여준다.

> "하늘의 원리는 둥글고 땅의 원리는 모나거니와 성왕(聖王)은 이를 본받아 위아래의 구별을 정하였다. 무엇 때문에 하늘의 원리가 둥글다고 말하는가. 정기(精氣)는 올라갔다 내려왔다 하며 순환하면서 반복해 뒤섞여 한 군데 머무르는 법이 없다. 그러므로 하늘의 원리는 둥글다고 말한 것이다. 무엇 때문에 땅의 원리는 모나다고 말하는가. 만물은 각기 종류를 달리하고 형태도 다르지만 모두들 맡은 바 직분이 있어서 서로 바꿀 수 없다. 그러므로 땅의 원리는 모나다고 말한 것이다. 군주는 둥근 [하늘의 원리] 관장하고 신하는 모난 [땅의 원리를] 지켜 군주의 원리와 신하의 원리가 서로 뒤바뀌지 않으므로 그 나라가 번창하게 된다."[44]

군주는 둥근 하늘의 도를, 신하는 모난 땅의 원리를 지켜 각자의 원리를 다한다. 따라서 "제왕에게 정해진 거처는 없다. 거처가 있다면 거처를 포기하였다는 것이나 다름없다"는 황제의 말은 항시 움직여서

---

43 Lloyd · Sivin, op.cit., pp.214~226.
44 『呂氏春秋』. 이하 번역은 여불위, 정하현 옮김, 『여씨춘추』, 소명출판, 2011 참고.

멈추지 않는 것을 의미한다. 이것이 둥근 순환의 원리이며, 사람의
몸에 있는 아홉 개의 구멍에서 하나라도 막히게 되면 다른 여덟 개의
구멍이 부실해져 몸이 무너지게 되는 것처럼 제왕은 정체가 계속되어
패망에 이르지 않도록 둥근 순환의 도를 따라야 한다는 것이다.[45] 기가
인체를 도는 것처럼 군주의 명령이 국가를 돌게 하는 것이 이 순환의
원리이다. 여기서 중요한 것은 앞서 솔즈베리의 국가-신체 은유가
그러하듯이 이것이 단순히 국가와 인체 사이의 기능적 유사성에 기반
한 것만이 아니라, 정치적 영역과 신체적 영역, 이 둘은 모두 대우주를
구성하는 논리가 체화된 것이라는 점이다.[46] 그리고 이 때 핵심은 치국
(治國)과 치신(治身)에서 '순환'의 논리다.[47]

---

45 『呂氏春秋』에서는 이 원리에 대해 "저 하나 [즉 도]는 지극히 고귀한 존재이지만 그
   뿌리를 알지 못하고 끝가지를 알지 못하며, 그 시작하는 곳을 알지 못하고 끝나는
   곳을 알지 못해도 만물이 종가(宗家)로 여긴다. 성왕은 이로부터 본받아 자신의 본성
   을 보전하고 자신의 정치를 바로잡아서 호령(號令)을 내린다. 호령이 군주의 입으로부
   터 나오면 관직을 지닌 자들이 받아서 실행하는데 밤낮을 쉬지 않고 두루 전해져 아래
   에까지 미쳐서 민심에 스며들며 사방에 도달했다가, 돌고 돌아 다시 군주의 자리로
   되돌아온다. [이것은 둥근 [순환의] 원리이다. 호령이 둥근 [순환의] 원리에 합치되면
   불가능한 것도 가능하게 만들고 좋지 않은 것도 좋게 만들어 막힘이 없게 될 것이다.
   막힘이 없으면 군주의 도가 창통하게 된다. 그러므로 군주의 호령은 군주가 생명처럼
   여기는 것이며 [군주의] 현명함과 그렇지 못함, [국가의] 안위가 모두 그것에 의해 결정
   된다."고 설명한다.
46 Lloyd · Sivin, op.cit., p.218.
47 물론 서양 중세의 유기체론에서도 소우주와 대우주의 상관관계 속에서 그려진다. 인간
   과 국가는 조화와 협동의 원리 속에서 동일한 논리를 갖는다. 그러나 동양과 서양에서
   의 차이, 즉 어떻게 조화를 이룰 것인가, 건강을 이룰 것인가의 차이가 있다. 이러한
   차이가 어떻게 신체정치의 차이를 가지고 오는가에 대해서는 Takashi Shogimen,
   "Treating the Body Politic: The Medical Metaphor of Political Rule in Late Medieval
   Europe and Tokugawa Japan", *The Review of Politics* 70:1, 2008.

5. 수신(修身)과 치국(治國)이라는 논리구조

다시 가이에다의 그림으로 돌아가 보자. 앞서 보았듯이 가이에다 의 논의는 독일의 유기체설을 제대로 이해하지 못했거나 의도적으로 왜곡해서 받아들였다고 평가된다. 즉 근대 일본에서 슈타인의 국가 학의 핵심이라 할 수 있는 국가의 인격화에 대한 이해가 부재했던 상황에서 이를 '인격'이 아니라 단순한 '인체'로 받아들였기 때문이라 는 것이다. 즉 근대 정치체에서 국가라는 인격이 '의제적(fictitious) 신 체', 법인격에 해당한다면, 동아시아에서는 이를 서양 중세식과 유사 한 '천황의 신체'로 동일시했다.[48] 그들은 입헌군주제를 통해 군주를 견제하고자 했던 독일식의 유기체론을 천황 중심의 수직적인, 흡사 서양 중세식의 유기체 비유와 유사한 방식으로 이해하고 유통해버렸 다. 이는 그들의 착각 내지 의도적 곡해였다는 것이다.[49]

하지만 일본에서 유기체가 신체로서 인식된 것은 단순히 신체와 인격 구별에 관한 지식의 결여로 돌릴 수만은 없다. 또한 이것이 중세 의 목적론적 신체관 자장 속에 있다고 볼 수 없다. 더 중요한 점은 가이에다가 인격에 대한 이해의 부족에서 이 그림을 그렸다고 해도, 이러한 이해에 도달하게 된 다양한 원인을 살펴보아야 한다는 점일지 모른다. 여기서 우리는 가이에다가 의식적 혹은 무의식적으로 슈타인 의 논의를 자신의 방식으로 해석했을 가능성을 생각해 볼 수 있다.

---

48 서양 중세의 왕의 신체론에 대해서는 Ernst H. Kantorowicz, *The King's Two Bodies: A Study in Mediaeval Political Theology*, Princeton: Princeton University Press, 1957.
49 瀧井一博(1999), 앞의 책, 209쪽.

그는 메이지헌법의 시행, 제국의회의 개설을 목적에 둔 1890년 5월에 의회대책을 제언하고 있는데 여기서 또 다른 신체 유비도가 등장한다. 그 제언의 요점은 국가유기체설에 기초해, 천황과 국민이 '동일체(同一體)'로 단일 정신을 형성하지 않으면 안 된다는 주장이었다.[50] 여기에서 가도는 두 가지 신체도를 제시한다. 하나는 다리가 삐쩍 마른 모습이고, 다른 하나는 다리가 튼튼해 균형 잡힌 모습이다.

"인체제일도는 신체가 잔약(孱弱)하고 지려(志慮)가 천박한 인체이다. 이는 머리[頭]와 배[腹] 양부가 비대하여 언뜻 보기에는 꼭 건전한 신체로 보인다. 머리[頭部]가 활대(濶大)함은 지려의 여유가 있는 것처럼 보이고, 복부(腹部)의 비대함은 생력(生力)이 강건한 것처럼 보이고, 팔[手腕]의 영대(逞大)함은 역량이 발군인 것처럼 보인다. 하지만 한 번 옷을 벗겨 명찰(明察)한 의사의 진단을 받아보면 머리의 활대함은 뇌장(腦漿)이 충만한 것이 아니라 뇌충혈(腦充血)의 증상이며, 복부의 비대함은 위장장애[腸胃不具]이자 소화장애[食物不消化]의 증상이며, 팔의 영대함은 동작[座臥]이 적당함을 얻지 못해서 수종(水腫)이 발생한 증상이며, 족부의 여윔[瘦小]은 전체의 영양이 순환되지 않음으로 해서 혈맥의 운행이 좋지 않아 혈액이 위로 올라[上騰] 점차 다리[足脚]가 여위고 마르고 쇠약[瘦枯衰弱]해진 것으로, 한번 양생[加養]을 잘못하면 끝내 일어나지 못하는 증상을 갖게 된다. 즉 평소의 거동을 듣자니, 음식을 먹는 양은 과다하지만 기력이 쇠약해서 지려가 극도로 망망(茫茫)해지고 걷고자 해도 다리에 힘이 없어서 전체를 받칠 수 없다."[51]

50 嘉戸一將, 앞의 논문, 13쪽.
51 海江田信義, 『私議考案』, 1890, 84쪽. (http://dl.ndl.go.jp/info:ndljp/pid/783134).

〈그림 2〉 인체제일도

두 번째 그림에 대해서는 다음과 같이 설명하고 있다.

　"인체제이도는 신체가 무병하고 건전해 지려(志慮)가 심원한 인체이다.
즉 머리보다 복부, 족부에 이르러 비육이 만만(滿滿)하고, 근골이 강건해
불구의 결처(缺處) 없이 항상 동작이 민첩해 신체의 영양이 적응해 지려가
따라 증장함으로써 진취의 기력이 두루 왕성해진다."[52]

　균형 잡힌 신체와 불균형한 신체로서 그려지는 〈인체제일도〉와
〈인체제이도〉의 차이는 누가 봐도 분명하다. 튼튼하고 위풍당당한

---

52 위의 책, 85쪽.

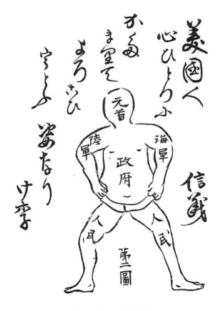

〈그림 3〉 인체제이도

모습의 이 그림은 앞선 그림보다 활력 넘치는 모습이다.[53] 여기서 균형
잡힌 〈인체제이도〉에서 부각되는 것은 인민의 중요성이다.

앞서 슈타인의 강의를 들으면서 그렸던 가이에다의 그림과 인민이
다리를 차지하고 있는 점은 동일하다. 하지만 이 인체도에서는 보다
직접적으로 다리의 중요성이 강조된다. 따라서 가이에다의 그림에서

---

53 〈인체제이도〉에는 "미국인이 한마음으로 뭉쳐서 기쁨을 구가(謳歌)하는 모습이다(美
国人心ひとつにかたまりてよろこひうとふ姿なりけり)"라는 글이 붙어있다. 앞서 〈인체
배당도〉에서 신기관이 머리에 위치했던 것에 비해 〈인체제일도〉와 〈인체제이도〉에서
는 원수가 그 자리를 차지한다. 이를 메이지 초기 신도와 천황이 분리되는 존재였다면,
이 시기에 들어서면 신도=원수(천황)가 되어가는 과정으로, 즉 종교적 요소는 이제
피처럼 온 몸에 흐르고 있는 것으로 볼 수 있을지도 모른다.

인민을 다리에 위치시켰다는 것만으로 인민을 단순히 포섭의 대상으로만 여겼다거나 복속의 대상으로 삼았다고 평가하는 것은 잘못된 해석일 수 있다.[54] 가이에다의 논리가 정부와 인민의 관계를 단순히 수직적이거나 동원 내지 포섭의 대상으로서만 본 것은 아니었다. 오히려 다리에 대한 강조는 머리나 팔다리, 복부의 중요성과 비교해 동등하게 혹은 상대적으로 더 많이 강조되고 있다.

인민의 다리가 신체를 지탱하듯이 국가를 지탱한다거나 인민이 있어야 정부가 있다는 가이에다의 말은 인격의 최고태로서 국가 그 자체를 강조했던 슈타인의 견해와는 정반대에 서있는 것이었다.[55] 이를 통해서도 알 수 있듯이 가이에다는 전통적인 방식과 유사한 논리구조 속에서 인민의 중요성을 강조하고 있다. 이는 인민의 중요성을 강조한 전통적 위민사상의 영향으로 혹은 그림과 관련해서만 보자면 몸의 건강에서 하초(下焦)를 강조한 전통적인 신체론과 관련 있을지 모른다.

이처럼 전통적인 신체론에 기반한 그의 사상은 국가라는 정치체의

---

54 "상원(Sénat)과 정부(Etat), 하원(Chambre député)이 횡으로 나란히 있는 관계인지 모르지만, 상원-내무-육군이라는 구성은 육군과 내무성을 국내 탄압 기구로 생각하고 있음을 보여주는 것 일게다. 물론 가장 특징적인 것은 신기관과 친제이고, 인민의 위치도 '인민에게 권리가 있다니 그게 무슨 말인가'라고 발언한 고관이 있던 시대에 어울린다." 水田洋, 앞의 책, 44~45쪽.

55 베를린에서 빈민의 급증이 사회문제화 되기는 했지만, 파리에서 노동자계급에 의한 래디컬한 사회운동이 일어나기 시작한 것을 본 슈타인은 당대를 모든 질서도식을 초월해 '사회'가 자기고유의 운동을 시작한 시대로 파악했다. 즉 조화를 결여한 계급대립의 시대 속에서 그는 해결책으로 국가에 의한 위로부터의 사회개혁을 제시했다. 왜냐하면 이러한 부자유의 체계로서 사회를 제어할 수 있는 것은 결국 인격의 최고태로서 국가만이 가능하다는 것이 그의 확신이었기 때문이었다. 瀧井一博(1999), 앞의 책, 44쪽.

흥망성쇠에 대해 다루고 있는 부분에서도 잘 나타난다. 그는 국가라는 정치체 질병의 원인은 바깥보다 안이라는 점을 강조한다. 감기에 걸릴 때 외사, 밖의 나쁜 기운에 의해 질병에 걸린다 하더라도 이것은 결국 나에게 틈새가 있어 걸린다. 즉 안과 밖의 구도에서 몸 내부의 문제에 초점을 두고 있음을 알 수 있다. 국가의 안녕과 인민의 번영을 위해서 필요한 것은 안을 정비하고 밖을 방어하는 것으로 이때 중요한 것은 안을 정비하는 데 있다.[56] 따라서 국가의 통치가 마땅함을 잃어 세상의 질서를 어지럽히는 원인이 있다면, 이를 바로 잡는 대책을 강구하는 것이 정무의 주안이어야 한다. 이것은 몸에 질병이 있다면 치료를 시행해 건강하게 돌아가는 바와 다르지 않다고 그는 설명한다.[57]

이처럼 가이에다의 논의는 슈타인 식의 신체적 유비와 다를 뿐 아니라 서양의 중세 유기체설에서 말하는 기관론적 신체, 위계적 신체와도 차이를 보인다. 이는 그가 국가의 위기는 안으로부터 오는 것임을 지적하면서, 국가의 '생기'를 강조하는 관점과 맞닿아있다. 인체에서 오관이 구비되어도 '생기'가 갖추어지지 않으면 인간이라 할 수 없듯 국토 역시 생기를 갖지 않으면 국가라 할 수 없다. 따라서 국민 모두 업을 열심히 하고, 일을 중시하며, 각자 '애국의 정신'을 견실히 세우지 않으면 안 된다고 주장한다. 그가 나라를 다스리는 치국(治國)의 논리와 몸을 기르는 양생(養生)의 논리 사이의 동일성을 강조한 것 역시 이러한 차이점을 잘 보여준다.

---

56 이는 세균설(germ theory)의 도입과 함께 '제국의 몸(imperial body)'으로 이행했다는 논의와 비교해보면 차이를 알 수 있다. 이에 대해서는 이종찬, 「메이지 일본에서 근대적 위생의 형성 과정 1868~1905」, 『의사학』 12:1, 대한의사학회, 2003, 46~48쪽.
57 海江田信義(1890), 앞의 책, 88쪽.

"이와 같이 나라도, 사람도 마찬가지로 그 본체를 같이 함으로써 보육(保育)의 도를 그르친다면 쇠멸을 면키 어렵다. 흡사 사람이 폭험(暴險)의 정도를 넘어선 때는 신체를 상하게 하고 일락(佚樂)이 정도를 넘어서면 마음을 약하게 하는 것 같이 국가 또한 폭정 가렴이 지나치면 인심 역시 괴역(乖逆)해 종국에는 분란이 발생한다. 폐정완만(弊政緩慢)을 넘으면 인심(人心)이 흩어져[離散] 마침내 쇠망에 빠지게 된다. 따라서 나라를 다스리는[治] 것은 흡사 몸을 기르는[養] 것과 같다. 사시(四時)의 섭양(攝養)이 도를 그르칠 때는 반드시 어딘가 불쾌함을 초래하지 않겠는가."[58]

그러나 전통적인 논리가 그의 국가-신체 이해에 연속되고 있다고 말할 수도 없다. 가이에다는 국세의 성쇠(盛衰)를 인체에 비교해 화도(畫圖)를 제작하고 설명을 붙인다고 쓰면서 앞서의 두 그림 〈인체제일도〉와 〈인체제이도〉를 설명한다.

"이상 두 그림을 국가의 현상에 비의(比擬)해서 논하면 머리는 곧 두뇌의 수좌(首座)로서 지각, 신경의 본원(本原)이다. 이는 흡사 일국 원수(元首)가 국민의 수좌에 서서 제반 정령을 통할하는 것과 같다. 따라서 머리는 즉 원수의 수좌에 비유한다. 또 복부는 소화호흡의 기관들을 갖춘 신체 장양(長養)의 장소로서 즉 인체 유지의 국소(局所)이다. 이는 흡사 일국 정부가 제반의 정령을 시행하고 통치하는 국면에 해당하는 것과 다르지 않다. 따라서 이를 정부에 비유한다. 그 중 복부는 흉부와 합쳐 정부로 병칭(倂稱)했는데, 몸 중의 기관(機關)은 각각 사명(司命)의 본원을 갖춰 저절로 그 작용에 전후가 있고 완급이 있어 같지 않은 것처럼 정부의 기관 또한 이와 다르지 않다. 입법, 행정이 각각 그 사명의 본원을 갖춰 서로 다투지 않음은 오관(五管)의 작용이 서로 다투지 않음과 같다."[59]

---

58 위의 책, 83쪽.

「인체비화병해설(人體比畵並解說)」이라는 제목의 이 글에서 앞서
〈인체배당도〉에서 각 기관을 신체의 부분에 비교한 것과 동일한 배치
로서 설명한다. 이때 '두뇌'의 강조와 '지각, 신경의 본원'으로서 역할은
『헌법의해』에서 보이듯이 그의 유기체론이 서양식의 논리와 유사하
다는 느낌을 준다. 이처럼 신체에서 머리의 위치가 갖는 명령의 역할
은 근대에 들어 신체를 사유하는 방식에서 일반화되던 사유였다.[60]
가이에다에게 인민=다리의 역할이 중요하다는 점이 전통적인 신체상
과 유사하다면, 두뇌의 역할의 강조는 근대적인 신체상과 유사하다.
앞서 〈인체배당도〉에서 머리인 신기관이 강조되고 이것이 혈맥으로
연결되어 있는 것을 상기하면 알 수 있다.

그는 같은 책 3장 〈치국은 수신과 균일하다는 논의〉에서 수신하고
자 할 때 먼저 무형의 두뇌를 수양하고 나서 유형의 수족에 이른다고
주장한다. 여기서 그는 수신(修身)을 '도덕'의 일종이 아니라 '두뇌의
수련'으로 파악하는 특이한 해석을 보여준다. 앞서 일국의 원수를 지
각과 신경의 본원인 두뇌에 비유하였듯이 여기서도 두뇌의 방침이
정해지지 않으면 일신의 방향도 결정할 수 없으며, 국가를 다스리는
데도 '입국의 정신'을 정하지 않으면 시정의 방향을 세울 수 없음이
강조된다. 이렇게 되면 국정이 분요하고, 민심이 동요해 다른 나라의
미관을 숭모하며 허식에 빠지거나 다른 나라의 강위를 두려워해 국
권을 욕되게 해 독립의 체면을 보지할 수 없게 된다는 것이다. 따라서

---

59 위의 책, 86~87쪽.
60 『헌법의해』에서의 국가 신체 은유에 대해서는 김태진, 「근대 일본의 통치라는 신체성−
메이지 헌법의 구성과 바디폴리틱(Body Politic)」, 『한국동양정치사상사연구』 16:1, 한
국동양정치사상사학회, 2017 논의 참고.

옛사람들이 말하는 수신제가치국평천하의 가르침은 즉 '무형의 정신'
을 다스려 유형의 신체, 일가의 성립, 사회의 교제에 이르는 뜻이라고
그는 설명한다. 사람은 두뇌가 착란 되면 일신의 부귀를 바랄 수 없
고, 국가의 기초가 동요해 일국의 융성을 바랄 수 없는 것처럼 치국과
수신은 모두 본을 다스림으로써 도를 믿는 것이다. 즉 외모에 빠져
헛된 영예를 과시하는 우를 범하지 말도록 주의를 주고 있다.

이때 가이에다의 치(治)-양(養)의 논리에서 중요한 것은 '정신력'이
다. 이는 인체나 국가에서 정신이 갖는 중요성 때문이다. 그가 말하는
치국과 수신의 논리의 동일성은 둘 다 정신이 우위에 있다는 점이다.
무형의 정신이 바로 서야 개인의 신체, 국가라는 집합적 신체도 나가
야 할 바를 정해 흔들리지 않게 된다는 논리 속에서 몸과 마음을 닦는
[修養] 것이 '두뇌'를 닦는 것으로 묘하게 비틀리는 것을 볼 수 있다.
이제 두뇌야말로 몸의 중심으로 등장하고, 이것이 집합적 신체에서도
중심을 잡기 위한 과정으로 등장하는데 이것이 전통적인 용법 속에서
착종되어 표현된다.

그러나 〈인체비화병해설〉을 쓰는 목적에 대해 '국세의 성쇠'를 말
하기 위한 것임을 밝혔듯이, 이 글의 방점은 주권의 소재가 어디에
있는가를 밝힌다기보다 국가라는 전체의 차원에서 건강이라는 측면
을 이야기하는 데 있다. 그는 〈원수인민 및 국가정부는 동일체라는
논의〉라는 4장에서 원수, 인민, 국가, 정부는 결국 동일체임을 강조한
다. 즉 모든 물체는 사물이 서로 모여 하나의 물체를 조성해 그 동작과
발달의 작용을 구비하게 됨에는 조금의 차이도 없다는 것이다. 따라서
사회 역시 인민이 모여 하나의 단체를 이뤄 사회의 형체, 동작의 순서,
통합의 제도 순으로 세운다. 이때 원수가 있어 이를 지휘하게 된다.

그러나 몸이 있어야 머리가 있는 것처럼 이 둘을 따로 떨어뜨려 생각
할 수 없기에 원수와 인민은 하나의 동일체다.[61] 이처럼 원수가 머리로
서 통합의 기능을 담당하지만 이는 원수의 절대성이 아닌 '통합의 연
결고리' 속에서 원수와 인민이 일체라는 점을 강조하기 위함이다.

이렇게 보자면 가도가 근대 일본의 유기체론 수용 과정의 변용을
서양 중세의 유기체론과 직접 연결하는 것은 과도한 해석일 수 있다.
오히려 전통적 신체론과 일정 정도 공통적 기반을 공유하고 있다고
보는 편이 더 타당할 것이다. 그것은 가이에다가 신체를 국가에 유비
하면서 펼치는 논리적 구조를 살펴보았을 때 더욱 그러하다. 그는
전통적인 양생 개념에 기초한 신체 관념을 통해 유기체적 사유를 펼
치고 있다. 물론 이러한 수신-치국의 동일성 속에서 통합 기능의 정
신, 두뇌 역할을 강조한다는 점에서 근대적 모습 역시 혼종하고 있다.
그것은 근대 동아시아에서 전통적인 것과 근대적인 것, 동양적인 것
과 서양적인 것이 서로 뒤섞여 나타날 수밖에 없던 상황을 보여주는
것일지 모른다.

6. 맺음말: 이중언어 사용하기

추측컨대 가이에다는 슈타인의 인격에 대한 논의와 신체 기관에
관한 비유 속에서 전통적 사유 양식과의 친연성을 발견했을 지도 모
른다. 가이에다는 슈타인의 강의를 들으며 자신의 생각을 강화하는

---

61 海江田信義(1890), 앞의 책, 44~45쪽.

논거로 삼았다. 그러나 슈타인의 논리를 그대로 받아들인 것이 아니라 오히려 자신의 사상을 뒷받침하는 논리로 슈타인의 사상을 '전유(appropriation)'했다.[62]

따라서 가이에다가 서양의 유기체론에 대한 이해가 부족했다는 논리보다는 자신의 사상 속에서 서양의 담론을 녹여내었다고 보는 편이 더 적절할 것이다. 여기서 우리는 서양과 동아시아라는 비교가 단순히 어떤 하나의 관점에서 다른 것을 평가하는 것이 아니라, 이를 '이중언어(bilingual)'의 관점에서 바라볼 필요가 있다는 지적에 귀 기울일 필요가 있다.[63]

가이에다의 집합적 신체는 새로운 유기체설에 대한 전통적 이해 방식과 서양의 논리 구조의 착종이라는 일면을 보여준다. 국민을 통합시키기 위한 머리로서 역할에 대해 가이에다는 슈타인 역시 동일한 생각을 갖고 있었다. 그러나 그가 표현한 신체의 모습은 슈타인의 유기체와는 달리 전통의 영향 하에서 이를 새롭게 각색한 것이었다. 그런 점에서 가이에다를 비롯한 메이지 지식인들의 욕망 내지 사고의 단초들이 서구의 사상과 만났을 때 '선택적 친화성(elective affinities)'의 지점을 보여주는 것일지 모른다.[64]

---

62 슈타인은 듣는 이의 입장이나 관심의 소재에 따라 강의를 진행해 상대방이 듣고자 하는 의견을 반사했다고 말해지는데 이 역시 가이에다가 자신의 논리로 슈타인을 이해한 하나의 요인일 것이다. 渡辺昌道, 앞의 논문, 94쪽.

63 'bilingual'에 대해서는 Fu Daiwei, "Why Did Lui Hui Fail to Derive the Volume of a Sphere?", *Historia Mathematica* 18, 1991, pp.212~238 참조.

64 메쯔거는 서구 문명과의 만남이 중국인들에게 재난이 아니라 곤경으로부터 탈출 기회였던 셈이고, 서구 문명의 수용은 전통을 파괴하는 일이라기보다는 전통적인 욕망을 실현하는 기회가 되었다고 평가한다. 메쯔거의 논의에 대해서는 김영민, 「근대성과 한국학—한국 사상사를 중심으로」, 『오늘의 동양사상』 13, 예문동양사상연구원, 2005,

338 제3부_ 시간성들의 중첩: 전통과 근대의 상호침투

　가이에다에게 신기관은 단순히 복고로의 회귀를 의미하는 것은 아
니었다. 그의 사상은 줄곧 국민정신을 통일하기 위한 것이었고, 이
점에서 신기관으로서 보여지는 머리의 역할은 축소될 수 없었다.[65]
그러나 이를 달성하기 위한 방법론적 차원에서 그의 신체는 슈타인
과 같은 행정-입법-군주의 세 바퀴를 축으로 셋이 균형을 이루는 신
체로서가 아닌 각 장부의 역할이 자신의 역할을 할 때, 특히 인민이
강조되는 모습 속에서 두뇌의 통합성이 강조되는 신체를 보이게 된
다. 이럴 때 신체는 '활기'를 갖게 된다. 수신과 치국의 논리에서 동일
성에 대한 강조가 보여주듯이 '내부'를 강화시키는 원리로서 양생론
이 두 논리를 동일하게 관통하고 있음을 알 수 있다. 이것이 전통적
신체관의 논리가 서양의 유기체론과 만나 이상한 형태의 그림을 낳
게 한 이유였다.

　마지막으로 동아시아의 정치사상에서 '근대'란 무엇인가라는 질문
으로 돌아가 보자. 근대에 대한 여러 정의가 있지만, 신체-정치적으
로 보자면 르포르의 지적을 참고할 수 있다. 그는 루이 16세의 '머리'
를 잘라냄으로써 근대가 시작되었다고 말한다. 그에 따르면 이 머리
의 자리를 대체하는 세속화(환속화) 과정이 서양 정치사상의 역사였
다고 할 수 있다.[66] 그렇다면 가이에다가 머리를 잘라내지 못하고, 다

137쪽.

65　메이지 유신의 '복고'이자 '진보'를 동시에 추진하는 성격에 대해서는 미타니 히로시,
　　앞의 논문, 29쪽.

66　물론 르포르가 지적하는 바가 그렇게 일직선적으로 세속화(환속화)의 과정을 이야기
　　한 것은 아니다. 그가 탈신체화와 재신체화의 과정 속에서 이야기한 것을 참고할 필요
　　가 있다. 세속화(환속화)에 대해서는 아감벤의 논의를 참고할 필요가 있다. 르포르는
　　19세기 이래로 권력이나 법이 탈신체화되어 사상과 사회적인 것이 탈신체화됐고, 그

시 머리를 통치의 중심으로 상정한 것을, 종교가 정치로 덜 환속화됐다거나 환속화에 실패해 이런 일이 생겼다고 볼 수 있을까?

르포르의 말처럼 프랑스 인민들이 루이 16세의 목을 쳤을 때, 즉 주권 혹은 권력을 제 몸에 체화했다고 여겨지던 인격적 권력을 없애버렸을 때 신체화는 상징적인 것에 자리를 내줬다. 요컨대 그 어떤 통치자도 온전히 권력을 체화할 수 없게 되어 권력의 공간이 텅 비어버리게 된 이후 그 텅 빈 공간을 메워나간 것은 상징적인 것이었다. 권력과 사회, 종교와 정치가 분리되어 각자의 자율적인 영역을 갖게 된 것이 이때부터이다.[67]

하지만 근대란 이렇게 단순히 '탈신체화'되었다는 사실로서 이야기될 수만은 없다. 특히 메이지기 일본에서 근대적 주권을 사유할 때 신체화는 탈신체화가 아니라 오히려 새로운 신체적 통합을 핵심으로 했다. 따라서 가이에다의 논의를 근대국가라는 픽션으로서의 탈인격성을 이해하지 못하고, 군주라는 머리를 상정하는 근대화되지 못한 중세식 사유에 머물러 있었다고 평가할 수만은 없다.

'저쪽'의 근대 역시 하나가 아니었고, '이쪽'의 근대도 하나가 아니었다.[68] 또한 근대라는 개념의 하나로 뭉뚱그려 묶어 버리기에는 신

로 인해 '상징적인 것'이 신체화의 힘을 상상적인 것의 영역으로 추방한 사실을 강조한다. Claude Lefort, "The Permanence of the Theologico-Political?", *Democracy and Political Theory*, trans. David Macey, Cambridge: Polity Press, 1988.

67 물론 르포르는 20세기에 들어와 전체주의나 근본주의가 등장함으로써 이 '분리'가 다시 봉합되는 일이 빚어졌음을 지적한다. 이는 다시 머리의 위치를 차지하는 재신체화의 과정이었다.

68 물론 근대란 무엇인가라는 질문은 처음부터 답을 구할 수 없는 질문일지 모른다. 쉽게 생각하듯이 '이념형(ideal type)'의 근대는 어디에도 존재하지 않았다. 서양에서의 근대도 완성된 개념이 아닐뿐더러 나라마다 다른 방식의 근대가 존재했고, 더욱이 이를

체, 왕, 정치에 대한 관념 등 각각의 논리의 변용 양상의 차이에 주목
할 필요가 있다. 왜냐하면 이것들이 '근대'라는 이름 속에서 같이 변
화하는 것이 아니라, 변화 과정에서 각각 다른 시차가 존재할 수밖에
없기 때문이다. 따라서 근대란 단순히 어떤 한 영역의 문제가 아니라
여러 영역에 중층적으로 겹쳐있는 일종의 '에피스테메(episteme)'라 할
수 있다. 그런 점에서 세계관 내지 가치관의 문제를 떨어뜨려 놓고
단순하게 어느 한 분야의 제도의 도입만으로 동아시아에서 근대적인
것을 결정할 수 없다. 마찬가지 이유로 동아시아의 근대를 선적으로
구별하여, 앞 시기와 선을 긋듯이 이야기될 수 없는 것은 당연하다.
그것은 전통적 사유양식과의 단절점과 연속점을 동시에 갖고 있다.

물론 그렇다고 해서 이 시기를 전통과 근대가 혼종되어 있다는 식의
사고로 결론 짓고 얼버무릴 수만도 없다. 전통적인 것 속에서도 근대적
인 요소를 찾을 수 있다는 맹아론만큼이나 이 시기를 볼 때 서양의
충격만이 아니라 전통적인 요소 역시 '도' 고려해야 한다는 절충주의적
설명은 아무 것도 제대로 설명해 내지 못할 가능성이 크다.

그렇게 보자면 가이에다의 의문의 그림은 동아시아에서의 근대의
속성 그 자체를 보여주는 것일지 모른다. 우리가 보아야 할 것은 이
그림의 이상함 자체가 우리에게 던져주는 질문 그 자체이다.[69] 그런

받아들인 비서구의 근대 수용 과정 역시 하나로 정리될 수 없다. 코헨은 각 전통 내에
대단한 다양함과 내적 변화가 있을 수 있고, 심지어 서구의 근대성 자체 내에도 국가별
로 다양함과 변화가 있을 수 있음을 상기시킨다. 마찬가지 이유로, 전통이라고 생각했
던 역사에서 놀라울 정도로 근대적으로 보이는 요소를 발견할 수도 있고, 충분히 근대
화된 사회에서도 놀라울 정도의 생명력으로 어떤 전통적 요소가 지속되고 있을 수도
있다. 폴 코헨, 이남희 옮김, 『학문의 제국주의: 오리엔탈리즘과 중국사』, 순천향대학
교 출판부, 2013; 김영민, 앞의 논문, 128쪽.

점에서 근대 동아시아라는 시공간 자체가 하나의 복잡한 블랙박스 (black box)였을지 모른다. 그 안에 무엇이 들어갈지도, 무엇이 결과로 튀어 나올지도 모르는 불투명(opaque)한 하나의 '장치'로서의 블랙박스. 전통과 근대라는 '시간'이, 동양과 서양이라는 '공간'이 그 안에서 복잡하게 뒤섞여 이상한 그림이 튀어나오게 된 블랙박스 말이다. 그렇다면 이 그림 역시 이중언어 사용자가 무의식적으로 내뱉어 버린 의미를 알 수 없는 이상한 말일 수도 있다. 하지만 이 이상함 자체야말로 그동안 근대나 전통 혹은 서양과 동아시아라는 한 언어체계만으로만 담아내려 했던 근대 동아시아를 슬로우 모션으로 보았을 때 보이는 풍경 자체일지 모른다.

---

69 이는 why not 질문 자체가 의미 없는 것은 아니라는 점과도 관련될지 모른다. 김영식은 why not 질문에 대한 답을 찾으려는 노력 자체가 중국이 서구와 다른 모든 요소, 모든 측면, 모든 상황을 긁어모으는 작업으로 우리를 이끌 것이며, 물론 그에 대한 답이 아마도 서로 다른 '문명의 조건(civilizational setting)', '문화적 성향(cultural orientation)', '삶의 방식(life-way)'을 찾아내는 것 이상은 아닌 다소 뻔한 답을 우리에게 줄 수밖에 없을지 몰라도, 이러한 질문이 우리에게 그 질문이 제기되는 맥락 내지 위험성, 문제 자체의 타당성을 재고하는 것으로 우리를 이끌고 갈 것이라 말한다. 김영식, 앞의 논문, 440~444쪽 참조.

근대 중국 신문화장의 고전의 변용

천진

1. '중국 서적, 읽어야 하는가'
: 「청년필독서」를 둘러싼 작은 논쟁

나는 중국 책을 볼 때면, 늘 마음이 차분히 가라앉아 실제의 삶과 유리된 듯한 느낌을 받는다.

1925년 2월 11일, 『징바오 부간(京報副刊)』에 실린 어느 학인의 「청년필독서」는 이후 '중국 서적, 읽어야 하는가'라는 논란을 일으키며 당시 문화판에 작은 논쟁을 야기시켰다. "민주"와 "과학"처럼 1910년대 신문화장에는 오래된 중국문화의 습속을 개조하려는 반전통의 열망이 들끓었지만, 달구어졌던 개조의 열망은 5·4를 통과한 뒤 그 열기가 차츰 잦아들고 있었다. 열기는 사그라드는 듯했으나 한편 아카데미즘에서는 새로운 시스템 및 제도 건설들이 모색되고 있었다. 이러한 상황에서 "나는 중국 책을 볼 때면, 늘 마음이 차분히 가라앉아 실제의 삶과 유리된 듯한 느낌을 받는다"는 이 문구는 이제 막 터널을 통과하여 과거가 되던 1910년대의 신문화장의 고민 곧, 반전통의 문제를 다시 불러일으키는 뉘앙스도 풍기고 있었다. 다음과 같은 상황을 고려하면 이 문구는 묘한 파장을 일으키기 충분하다. 1925년 1월 『징바오 부간』이 청년들이 읽어야 할 10부의 필독서를 학계와 문화계 인사들에게 요청했을 때, 후스(胡適)의 청년필독서목(靑年必讀書目)을 시작으로 량치차오(梁啓超)를 비롯한 약 78인의 문화 인사들이 이 기획에 참여했고 그들이 추천한 약 340종 서적의 상당수는 중국 고전과 당시 발행된 중국 책들이었다. 책들은 대부분 1920년대 솟아오른 '국고정리(國故整理)' '국학(國學)'의 열기를 어느 정도 반영하고 있었다.[1] 하지만 이러한 분위기와 달리 이 문구를 작성했던 작자는 2월 11일자 「청년필독서」의 필독서 목록을 '빈칸'으로 작성하고 목록 기준을 제시하는 '부기(附注)'란에 "나는 중국 책은 적게 보거나 혹은 아예 보지 말아야 하며, 외국책은 많이 보아야 한다고 생각한다"[2]고 응답해 버렸다. 그는 바로 루쉰이다.

루쉰의 이 글은 적지 않은 파장을 일으키며 '중국 책, 읽어야 하는가'라는 논쟁을 불러일으킨다. 물론 필독서목의 중국책에는 당시 출간된 서적도 포함되었지만, 여기서 루쉰이 말한 중국책은 이른바 '고

---

1 1925년 『징바오 부간』의 靑年必讀書目, 靑年愛毒書目과 관련한 연구는 다음을 참조. 劉超, 「讀中國書－『京報副刊』 "靑年必讀書十部"證求書目分析」, 『安徽大學學報』, 2004.11; 徐雁平, 「20世紀20年代的國學推薦書目及其文化解讀」, 『學術硏究』, 2000.10; 曹振華, 「我從「靑年必讀書」讀到了什麼」, 『魯迅硏究月刊』, 1999.4; 王世家 輯錄, 「『京報副刊』 '靑年愛讀書十部' '靑年必讀書十部'資料匯編」, 『魯迅硏究月刊』, 2002.7. 등.

2 루쉰, 루쉰전집번역위원회 옮김, 「청년필독서」, 『화개집』, 『루쉰전집』 4, 32쪽. 루쉰의 글은 기본적으로 루쉰전집번역위원회 옮김의 『루쉰전집』 1~20(서울: 그린비, 2018)을 근거로 하였으며, 약간의 수정이 필요한 경우 『魯迅全集』(北京: 人民文學出版社, 1985)을 참조했다.

전', 즉 당시 고조되기 시작한 '국학열(國學熱)'과 관계된 오래된 텍스트들이다. 중국의 텍스트는 '오래된 책(old books)'과 '신성한 책(sacred books)'이란 관념 사이를 진동하고 있었고, 또한 근대적 국학 시스템 속에서 '중국 고전'의 위상을 부여받고자 분투 중이기도 했다. 량치차오처럼 필독 목록의 대부분을 중국 고전으로 채웠던 사람들은 이러한 중국 텍스트들을 중심으로 청년들에게 목록과 선별의 기준, 중국 책의 위상을 구체적으로 제시했다. 하지만 루쉰은 이들과 다른 태도를 드러낸다. "별로 관심을 두지 않아" "지금 말할 수가 없다"며 목록을 빈칸으로 두었고, 그 대신 자신의 고전 읽기 "경험"만을 언급하면서 여기에 "중국책은 적게 보고" "외국책을 많이 보는 것이 좋겠다"는 간단한 메모만을 덧붙였다. 당시 커바이썬과 같은 독자들은 루쉰의 글에 대해 "당신의 경험은…편견"이며 '매국'이라 비난했고 이러한 반응들이 뒤엉키면서 중국책 논란은 더욱 증폭되었다.[3]

  하지만 루쉰의 「청년필독서」를 "중국 책을 짓밟아 버리는"[4] 격렬한 고전의 부정이라 간단히 말할 수 있을까. 그의 발화를 좀 더 섬세하게 읽어 보면 고전에 대한 루쉰의 태도는 그렇게 단순하지 않다. 비난의 편지를 보냈던 커바이썬이나 슝이첸은 루쉰의 발화를 고전으로 "학자의 명성을 누리면서" "중국의 젊은이들 앞에서는" "읽지 마라"라고 '훈계'하는 태도로 받아들인다. 하지만 그의 발화 태도는 사실 학생에게 훈계하는 계몽적 교사의 태도라 보기 어렵다. 오히려 루쉰은 자신은

---

3 루쉰, 「'……'에 답함」, 『집외집습유』, 『루쉰전집』 9, 332~337쪽.
4 슝이첸, 「기이하도다! 소위 루쉰 선생의 이야기는」(루쉰, 「기이하도다! 소위……에 답하여」, 『집외집습유』, 위의 책, 334쪽).

모든 "젊은이를 지도할 뜻이 없다"며 교사의 자세를 접고, 그저 "나의 경험"을 그대로 드러낸다는 정도의 메모만을 덧붙일 뿐이다. 커바이썬 등이 말하는 학인(교사)의 자세는 오히려 "민족의 일원"을 양성하기 위한 수양의 텍스트로 '중국 고전' 목록을 제시한 량치차오에게서 발견된다.[5] 량치차오는 중국의 몇몇 서적은 "숙독하여 외울 정도(熟讀成誦)"로 공을 들여야 하며 이러한 과정을 통해 교양을 함양하고 심신을 수양하여 '민족의 일원'이 되는데 밑거름이 되어야 함을 당부했다.[6] 사실 커바이썬 등이 말한 "학자의 명성"으로 "중국의 젊은이들에게" 학을 전수하는 전형적인 학인은 량치차오에게 발견된다. 하지만 루쉰의 태도는 다르다. 그의 발화에서는 학자나 교수의 소명이나 자의식을 찾기 어렵다. 그보다는 오래된 중국의 텍스트를 다루고 글을 쓸 수 있는 사람이 20세기에 겪는 어떤 '경험', 특히 고전 텍스트를 읽는 과정에서 생겨나는 흔들리는 감정의 상태를 고스란히 드러내고 있다.

---

5 량치차오의 청년필독서 書目은 다음과 같다. 『京報副刊』, 1925.2.12. (王世家 輯錄에 근거)

梁任公先生選	
青年必讀書十部	附注
『孟子』『荀子』『左傳』『漢書』『後漢書』『資治通鑒』(혹 『通鑒紀事本末』) 『通志二十略』『王陽明傳習錄』『唐宋詩醇』『詞綜』	三項標準: 一, 修養資助 二, 歷史及掌故常識, 三, 文學興味

또한 이 書目은 1923년 칭화대 학생들을 위해 량치차오가 작성했던 "최소한의 필독서목"과 여섯 부문이 일치한다. 『孟子』『荀子』『左傳』『漢書』『後漢書』『資治通鑒』(혹 『通鑒紀事本末』)이 그것이다.

6 梁啓超, 「國學入門書要目及其讀法」, 『東方雜誌』 20:8.

나는 중국 책을 볼 때면, 늘 마음이 차분히 가라앉아 실제의 삶과 유리
된 듯한 느낌을 받는다.[7]

　"늘 마음이 차분히 가라앉고" 그리하여 "실제의 삶"과 유리되는 것
이 아닌가 라는 고민, 즉 이 정리되지 않은 감정 상태의 고백이 당시
문화장 속의 사람들에게 반감을 일으키고 있는 셈이다. 그에게 고전을
읽는다는 것은 량치차오가 말한 교양과 수양의 과정이 아니다. 중국책
은 "비쩍 말라 죽은 주검"과 같고, 그리하여 그것을 읽는 과정은 "실제
의 삶"을 직면할 기회를 놓쳐버리는 것이 아닌가라는 의심과 질문의
과정이 되고 있다. 이러한 감정 상태의 사람에게는, 예를 들면 순자(荀
子)가 강조했던 '경(經)'의 전수 과정, 즉 성인(聖人)의 도를 자기화하기
위해 필요한 스승(師)[8]과 그를 매개로 경의 의미에 도달하고자 하는
노력(師法)의 과정이 중요한 모델로 작동하지 않는다. 뿐만아니라 자
신이 다른 사람의 모범이 되고자 하며 예(禮)에 따라 스스로 감정이
안정되고자 하는 스승의 자세가 보이지 않는다.[9] 경(經)이란 텍스트를
매개로 예의(禮義)와 사법(師法)이 순통하게 운용되는 중국문화의 질서
작동이 유예되고 있는 셈이다.
　사(師)를 매개로 오래된 혹은 신성한 텍스트의 의미를 찾아가는 중
국문화의 익숙한 이 모델은 근대적 학술제도 속에서도 사실 여전히

7　루쉰, 「청년필독서」, 앞의 책, 32쪽.

8　"近者歌謳而樂之, 遠者竭蹶而趨之, 四海之內若一家, 通達之屬, 莫不從服, 夫是之爲人
師." 「有效編」荀子, 이근우 옮김, 『순자』 1, 한길사, 2006, 175쪽; "情安禮, 知若師,
則是聖人也." 「修身編」, 위의 책, 66쪽.

9　"夫師以身爲正儀, 而貴自安者也." 荀子, 「修身編」, 위의 책, 66쪽.

선택 변용되는 것이기도 하다. 중국책을 다루는 스승은 안정된 정동의 조절로 자신을 간수해 모범이 되어야 한다. 또한 '경(經)'을 매개하고 전수하며 예의질서를 유지했던 과거의 스승들처럼, 근대의 중국문화라는 상징계의 질서의 안정성 구축하고 향유할 수 있도록 해야만 한다. 그러기 위해서는 중국문화의 건설과 부흥을 위한 사회적 리비도를 투여하고 집중시켜야 하는데, 오히려 루쉰은 이와 달리 "마음을 차분히 가라앉히며" '중국책'을 매개로 문화장에 달아오른 민족문화건설의 고양의 정서 상태와 거리를 두고 있다. 차분히 가라앉아 슬픔과 적막함이 뒤엉킨 정동을 '예(禮)' 혹은 그와 유사한 외재적 준거에 따라 조절하지 않고 그대로 드러내어 이전의 '사법(師法)'과 거리를 두고 있다. "경(經)"과 같은 텍스트를 매개하고 이를 통해 전수해야 할 이념을 논하는 것이 아니라, 오히려 "실제 삶"을 만나기 위해서는 중국책, 經을 읽는 신체와 습속의 변화를 요구한다.

"어른은 이끄는 사람이요, 협상하는 사람이 되어야지" "명령하는 사람이 되어서는 안 된다."[10] 어떤 의미에서 루쉰은 상징계에 작동하는 중국문화의 다양한 장치들을 성찰하지 않고 "명령하는" 어른, 즉 그와 같은 아버지(스승)들에 의해 상징계가 움직이고 유지되는 상황을 우려하고 있는 것이라 할 수 있다. 이는 단순히 효와 충을 그대로 복제하는 아버지들을 비판하는 것이 아니다. 중국문화라는 상징계의 질서는 효와 충의 뿌리가 되는 '經'과, 이러한 오래된 텍스트를 사법(師法)으로 운영할 줄 아는 자(文人)들이 상호 텍스트가 되어 중국문화를 재생산하고 운용하는 가운데 유지되는 것이기도 하다. 중국문화에 작용하는

---

10 루쉰, 「지금 우리는 아버지 노릇을 어떻게 할 것인가」, 『무덤』, 『루쉰전집』 1, 211쪽.

게임의 룰은 근본적인 변화가 없이 여전히 근대에도 변용되는 것이 아닌가. 이러한 질문 속에서 슬픔과 적막함이 뒤엉킨 채, 루쉰은 자신의 사회적 리비도를 기존 중국문화의 상징계에 쉽게 투여하지 않고 "마음을 차분히 가라앉히고" 거리를 두고 있다. 그의 「청년필독서」는 이러한 중국문화 상징계 운용에 대한 질문이라 할 수 있다. 그렇기 때문에 기존 상징계의 안정성을 유지시키려는 아버지들로부터 반감을 사게 되며, 상징계의 매끄러운 재생산을 잠시 유예 시키고 파열선을 만들게 된다. 루쉰의 이 질문은 나아가 중국문화라는 장에 막발을 넣으려는 아이들에게 중국의 오래된 책 그것을 어떻게(왜) 읽어야 하는가 라는 질문으로도 이어진다. 즉 상징계 질서의 복제를 잠깐 멈추고 그것에 의지하지 않고도 '실제의 삶'을 어떻게 직면하고 견딜 것일지 사고해 볼 것을 요청하는 것이기도 하다.

2. 5·4 신문화장의 국학(國學)의 꿈(夢)과 중국 고전 소환법

1) "국학(國學)"이 도모하는 각성과 부흥의 공몽(共夢)
  : 국고정리(國故整理)와 중서회통(中西會通)

(1) 사실 루쉰의 「청년필독서」를 비난한 독자들은 청년보다는 선생들이라 할 수 있다. 따라서 이 작은 소란은 중국문화의 상징계 질서를 운용하는 아버지들 사이에서 벌어지는 일일 수 있다. 아이들에게 말해 줄 수 있는 윤리란 '사랑'일 뿐이며 아버지란 그저 아이들과 "협상하며" 그들을 현 질서에서 "해방시키려는" 존재라는 것. 루쉰은 결국 다른 아버지들과 갈등을 빚은 셈이다. 이 갈등은 '효'와 '충'에 뿌리를 둔

윤리와 그것을 통해 형성되는 사회의 안정성에만 골몰한 아버지들과의 갈등이기도 하다. 물론 효와 그것의 확장인 충이 직조하는(text) 질서에 의문을 품었던 것은 사실 루쉰만이 아니다. 기득권, 군주, 윤리, 이념 등 개체를 구속하는 모든 질서를 깨뜨리려는 탄스퉁(譚嗣同)의 '충결망라(衝決網羅)'처럼, 중국문화의 상징계의 질서는 마치 존재를 옭아매는 그물의 이미지로 나타나기도 했다. 이 그물들을 끊어내고 사람과 사람 사이를 잇는 새로운 마음의 힘(心力)의 문제는 20세기 초 각종 '개조'의 열망 속에서 익숙한 윤리에만 의지 않으려는 마음의 운동을 형성했고, 그것은 작은 개혁에서 혁명에 이르기까지 다양한 파동을 만들어 내며 진행되었다.[11]

『징바오부간』의 '청년필독서' 기획도 이러한 개조의 흐름과 무관하지 않다. 필독서 기획에 참여했던 70여 명의 학인들은 5·4 이후 새로운 국학의 열망(國學熱) 및 학계의 재편과 적지 않게 관련이 있다. 20세기 초 '잠자는 사자'라는 중국의 표상이 각종 미디어에 유통되는 상황에 이르면[12] "자존자대(自尊自大)의 중화제국"이라는 믿음, 즉 '모두에 의해 만장일치로 인정되고 공유된 환상'이자 '사회적으로 구성된 공유된 집합적 믿음'인 중화의 일루지오[13]는 부서지게 된다. 하지만 동시에 이 부서짐은 잠에서 깨어나야 한다는 '각성'의 열망을 동반하면서, 또한 군사력과 경제력에 강력한 기반을 둔 제국주의가 전지구를 관통하

---

11 천진, 「1921년 『소설월보』의 변신과 개조의 상상력-『소설월보』의 세계문학 번역을 중심으로」, 『중국현대문학』 85, 한국중국현대문학학회, 2018 참조.

12 차태근, 「수면-각성론-현대중국의 민족우언」, 『중국학보』 83, 한국중국학회 참조.

13 부르디외, 하태완 옮김, 『예술의 규칙』, 동문선, 1998, 431~434쪽; 김홍중, 『사회학적 파상력』, 문학동네, 2016, 216쪽 참조.

는 세계에서 중국은 어떠해야 하는가라는 고민으로 나가게 된다. 이른바 '중국의 부흥'은 중화제국의 일루지오가 부서진 가운데 각성의 주체들이 밀어 올리는 새로운 꿈(夢)이 되기 시작한 셈이다. 부서진 중화제국의 일루지오를 수습하여 새로운 일루지오를 위해 사회적 리비도를 투여하도록 독려하는 것은 군사와 경제 영역만의 문제가 아니다. 오히려 중국의 각성과 부흥이란 중국의 꿈(夢)을 구상하고 실현하기 위해 문화장에서는 집합적 믿음과 리비도를 견인하려는 기획이 더욱 격렬하게 진행되었다. 1913년 각 성의 고등학당이 폐지되고 또한 예전의 전통서원을 바탕으로 한 각 지역의 문화운동의 구심점이 모호한 상황에서,[14] 1922년 베이징대학연구소 국학문, 1924년 둥난대학(東南大學) 국학원, 1925년 칭화대학(淸華大學) 국학연구원, 1926년 샤먼대학(廈門大學) 국학연구원, 1928년 옌징대학(燕京大學) 국학연구소 등, 1920년대 세워지는 각 대학의 국학연구기관은 중국 부흥이라는 공몽(共夢)을 밀어 올릴 수 있도록 학인과 학생들의 신체를 근대적 학술과 교육의 시스템 속에 위치시키고 그들의 사회적 리비도를 집중시킬 수 있는 새로운 플랫폼을 자처한다.

　1920년대 '국학' 기획은 이러한 중국의 공몽(共夢) 가운데 특히 "經"이라는 중국문화의 중요 텍스트 위상을 변동시킴으로써 각성을 통한 부흥의 꿈을 기획했다. 1922년 근대적 국학연구 기관이었던 베이징대 국학문의 "국고정리(國故整理)"가 대표적이다. 하지만 '국고(國故)'는 이전의 청말 국수파(國粹派)가 논했던 방식, 즉 "국혼을 주조하고" "입국의 근본"으로 삼고자 민족의 정수를 보존[15]할 것을 더 이상 말하지

14　천이아이, 박영순 옮김, 『현대중국의 학술운동사』, 길, 2013, 52쪽.

않는다. "중국 고대의 학술사상과 중국 민족의 과거의 역사"는 이제 "향수를 짜내는 식으로 국수를 보존"함으로써 드러나는 것이 아니다. "분노든 향수든 모두 정리대상"으로서의 '국고(國故)'가 되며 이 과정을 통해 역사의 "진면목이 드러나고 사실을 진솔하게 이야기" 되어야 한다.[16] "국고 안에서 진귀한 보물을 찾거나 윤리 교육서나 문학의 자료를 찾는 것이 아니다."[17] 중요한 것은 "정리"하는 것이며, "정리"는 "니체가 말한 '모든 가치를 새로이 추정'하는 것"처럼, 모든 가치를 새로 따져보며 "비판적 태도"로 중국의 텍스트를 대면하는 새로운 학의 태도가 된다.[18] 이러한 과정에서 '경'은 교주의 경전과 같은 성격이 아니라 중국의 과거의 문화의 흔적이 기록된 오래된 텍스트, 고서(古書)가 될 뿐이다.[19]

'경(經)'이란 텍스트는 1920년대 베이징대 국학문의 기획 속에서는 경학이 가진 최고의 지위로 이해되지 않았다. 경사자집(經史子集) 분류 가운데 모든 고서를 통어하는 최고의 지위가 아니라, 역사 문헌, 소설, 가요 등과 같은 위상 속에서 수집·보존 분류되고, 나아가 새로운 해석을 통해 중국문화사로 기술되고 그 위상이 점검 되어야할 텍스트가 된다.[20] 이처럼 '경'이 '신성한 책'이 아니라 연구되고 해석되어

---

15 鄧實, 「國學今論」, 桑兵等編, 『國學的歷史』, 北京: 國家圖書館出版社, 2010, 49쪽; 許之衡, 「讀國粹學報感言」, 桑兵, 위의 책, 56쪽. (陳來, 「近代"國學"的發生與演變」, 『淸華大學學報』 3, 2011 재인용)

16 胡適, 「致錢玄同」, 1925.4.12., 耿雲志·歐陽哲生, 『胡適書信集』 上冊, 北京: 北京大學出版社, 1996, 360쪽.

17 「研究所國學門第四次懇親會紀事」, 『國學門月刊』 1:1. (천이아이, 앞의 책, 268쪽 재인용)

18 胡適, 「新思潮的意義」, 『新靑年』 7:1, 1919.12.1.

19 朱希祖, 「整理中國最故書籍之方法論」. (천이아이, 앞의 책, 244쪽 재인용)

야 할 '오래된 책'이 될 때, 학인들은 '경(經)'을 비롯한 중국의 오래된 문헌들의 위상을 이전의 방식이 아닌 어떠한 체계 속에서 놓아야 할지, 그리고 어떻게 해석해야 될 지를 따져야만 한다. 새로운 해석과 문화사의 기술은 자신들의 지향하는 미래태인데, 한편으로는 그것의 가능태를 장타이옌으로부터 참조하기도 했다. 『중국철학사대강(中國哲學史大綱)』(上)을 썼던 후스는 자신들의 '국고정리(國故整理)'의 '국고(國故)' 개념은 장타이옌의 『국고논형(國故論衡)』으로부터 왔음을 언급했고, 또한 "경학의 부속품이었던 제자학"을 새롭게 전유해 내는 장타이옌의 연구로부터 국고(國故)를 다루고 해석하는 방식을 차감하기도 했다. 장타이옌은 왕충의 『논형(論衡)』으로부터 "허망한 것을 바로잡고 어그러진 것을 분석"[21]하고 재해석하는 것을 주목했고, 여기서 건져올린 '논형(論衡)'이라는 태도로 경전의 속박에서 벗어나 오래된 중국 문헌들 즉 국고의 위상을 비판적 전통의 흐름 속에서 다시 짚어나가며 '국고'를 '논형'한다.

후스가 장타이옌을 긍정했던 것은 청대 절동파 고증학과 근대적 국학의 흥미로운 접점일 수 있다. 물론 여기에는 1910년대 베이징대 문과가 장타이옌과 사승 관계인 학인들로 포진된 상황에서 이제 막 미국에서 유학하고 온 후스가 중국 고대 철학을 맡고 문과대 학자들에게 인정받으려는 가운데 생겨난 욕망이 작동할 수 있다.[22] 그러나 이 접점에서 흥미로운 것은 양자 모두가 이전과 달리 공자가 아닌 제자학

20 「國學季刊發刊宣言」, 『胡適文集』(治學卷), 長春出版社, 2013, 217~230쪽; 胡適, 「研究國故"的方法」, 『民國日報』, 「覺悟副刊」 1921.8.4. (『胡適文集』(治學卷), 위의 책, 213쪽.)
21 章太炎, 「學變」, 『旭書重訂本』 『章太炎全集』(三), 上海: 上海人民出版社, 1984, 144쪽.
22 천이아이, 앞의 책, 37~118쪽 참고.

중심으로 중국의 고대 사상을 재전유하며, 또한 중국문화를 기술하고 해석하는데 필요한 문헌들을 '신성한 책'으로 다루지 않고 오래된 문헌이자 연구의 대상으로 인식하고 있다는 점이다. 나아가 "문학복고(文學復古)"를 논한 장타이옌이나 "문예부흥"을 논한 후스 모두, 유럽의 '르네상스'를 주목하고 자신들의 작업을 이와 유비시키고 있다는 점이다. 르네상스기에 재개되어 이후 유럽 곳곳에 인간 존재에 대한 다양한 사유를 들끓게 한 그리스 로마 고전 문헌연구와 텍스트 비판처럼, 양자 모두 중국의 과거의 문헌들을 기존의 신성한 '고(古)'와 '경(經)'의 범주에서 탈각시키고 오래된 텍스트로서 연구하고 비판하여 해석하며, 나아가 '중국 고대 사상'을 재전유 하면서 문명론을 구성하려 한다.

"몇 천 년에 걸친 우리들의 모든 물질적 환경과 정신적 노력이 확실히 어떤 모습인지 알고 싶으며" "선입견이 없는 태도로" "이전의 문화적 변천과 아울러 연혁의 맥락과 실마리를 찾아" "중국문화사를 구성"[23]하고 싶다는 욕망은 1920년대 초 솟아오른다. 이를 위해서 학인(學人)의 신체는 '古'와 '經'의 신성성에 묶여서는 안 된다. 글을 읽고 쓰는 신체는 신성성의 속박에서 벗어나 중국문화를 오래된 텍스트로 다루고 비판적인 태도로 연구하고 해석해야만 한다. 1417년 교황의 비서였으나 고대 문헌에 관심이 많았던 인문주의자 포조가 루크레티우스의 「사물의 본성에 관하여」란 문헌을 찾아냈을 때처럼, 그리하여 르네상스 이후 근대의 사상과 과학혁명의 내러티브의 실마리가 마련되었던 것처럼[24], 중국문화의 텍스트가 신성성이 사라지고 오래된 텍

---

23 「研究所國學門第四次懇親會紀事」, 『國學門月刊』 1:1.
24 포조와 루크레티우스의 「사물의 본성에 관하여」 고대 문헌의 문제는 철학·사상의 측면

스트들로 연구될 때 비로소 마치 르네상스의 문헌학처럼 패러다임을 전환할 새로운 사유와 내러티브가 탐색되지 않을까. 이런 질문이 가 능하다면 "국고(國故)"는 단순히 좁은 의미의 민족주의에 갇히지 않는 다. 이때의 '국고'는 르네상스의 고전 문헌과 인문주의자들처럼 고대 학과 문명의 전유에 대한 다양한 인식과 열정이 경합되는 장을 마련 하는 것일 수 있다.

1922년 북경대(北京大) 국학문(國學門)에서 솟아오른 "국고정리(國故 整理)"는 '오래된 텍스트'들을 비판적인 태도와 역사적으로 조감하며 중국문화를 새롭게 전유하고 해석할 주체를 찾는다. 새로운 국학연구 기관은 성인(聖人)의 도를 매개하는 스승을 찾고 강(講)을 듣고 전수 받는 곳이 아니다. 또한 "입신양명을 위한 불변의 진리"를 찾는 "직업 훈련소"가 아니다. 이 장소는 "공동연구학술의 기관"으로서 세미나를 통해 오래된 문헌들을 수집하고 연구하며 토론하는 이 일련의 과정[25] 을 거친다. 장소의 속성이 이렇게 바뀔 때 학인의 신체는 어떻게 변화 하는가. 중국문화의 각성의 꿈은 1920년대 초 베이징대 국학문의 "국 고정리"의 과정 속에서 신성한 '경'의 위상을 변화시키는 가운데 구상 되고 도전되는 것이기도 하다.

에서는 스티븐 그린블렛, 이혜원 옮김, 『1417년, 근대의 탄생』(서울: 까치, 2013)에서, 물리학사의 측면에서는 카를로 로벨리, 김정훈 옮김, 『보이는 세상은 실재가 아니다』 (파주: 쌤앤파커스, 2018) 문헌학의 측면에서는 루돌프 파이퍼, 정기문 옮김, 『인문정신 의 역사: 서양은 어떻게 인문학을 부흥시켰는가』(서울: 길, 2011)에서 볼 수 있다. 고대 문헌의 재발견과 그 이후 새로운 해석과 전유가 각 학문 영역에서 어떠한 내러티브를 만들어내는지를 보여주고 있다.

25 蔡元培, 「公布北大「研究所簡章」布告」. (朱洪斌, 「淸華國學研究院的學術建制及治學精 神」, 『史學史研究』 2012.3, 59쪽 재인용.)

이러한 '국고정리'의 연구 태도와 방법은 1923년 1월 정식 창간된 『국학계간(國學季刊)』의 「국학계간발간선언(國學季刊發刊宣言)」에 간결하게 드러나고 있다. 첫째, "위로는 학술의 방대함부터 아래로는 글자 하나, 노동요 한 가락 그 미세함에 이르기까지" "과거의 모든 문화와 역사"로 국학의 연구의 범위는 확장되고, 학인은 중국 문명 전체를 조감하는 "역사의 눈"을 가져야만 한다. 둘째, 또한 신성성을 탈각한 오래된 텍스트들은 경사자집(經史子集)의 기존 분류와 아카이브가 아니라, 검색 가능하고(색인 정리) 전체 아카이브의 분류 체계가 종합적으로 드러나야 하면서도 각 전문적 영역별로도 분류 기술되어야 한다.[26] 역사적 시야와 문헌의 새로운 아카이브 구축과 학문의 근대적 시스템의 고민은 셋째, "참고나 비교가 될 만한 자료들을 널리 채택"하여 과학적 연구방법, 외국 학자들의 연구도 참조 체계로 삼는 비교 연구의 방법도 포용한다.[27] 국학은 이제 "공동연구"의 행위들을 통해 "체계"를 갖춘 것으로 구상되고 있다.

물론 이러한 국학은 20세기 초 중국의 학자들이 외국 학자들로부터 종종 들어야 했던 말들에 대한 대응일 수도 있다. 예를 들면 "중국 서적은 …(중략)… 뒤죽박죽 분류도 아주 모호하고 서술은 정확성이 매우 부족하며" "과학적 방법으로 정리하고 연구"하는 것이 부족하다는 구와바라 지츠조(桑原隲藏)식의 일본 학자들의 비판[28]이 대표적이

---

26 영역은 1)민족사 2)언어문자사 3)경제사 4)정치사 5)국제교통사 6)학술사상사 7)종교사 8)문예사 9)풍속사 10제도사 이며 이것을 향후 '중국문화사' 기술을 목표로 하는 것이다.
27 「國學季刊發刊宣言」, 『胡適文集』(治學卷), 長春出版社, 2013, 217~230쪽.
28 桑原隲藏, 「中國研究者之任務」, 『新靑年』 3:3, 1917.7.

겠다. 장학성, 최술, 왕중과 같은 청대의 비판적 문헌학 역사학은 중
국이 아니라 오히려 일본의 근대 동양학에 의해 재해석되었다는 언
설처럼, 일본 동양학은 중국의 문명과 문화의 기술은 서양의 근대 학
지와 과학적 연구방법을 갖춘 일본 동양학과의 접목을 통해 오히려
체계화가 가능하다는 식의 자부심을 종종 드러내곤 했다.[29] 하지만
"체계"를 갖춘 공동연구의 터를 마련하고자 하는 기획은 단순히 일본
이나 유럽의 동양학에 대한 열등의식에 의한 것이 아니다. 기본적으
로는 "중국민족의 과거의 역사"를 성찰하고 "병든 중국을 해부하고
원인을 찾아야"하며[30] "국고는 본받는 것이 아니라" "과거 중국의 학
술과 정치, 사회 등을 체계적인 사물로 연구"하며 과학적 방법 비판적
태도로 성찰해야 "국수의 진상이 드러나게 된다"고 하는, 5·4 무렵
베이징대 문과대에 퍼진 성찰과 개조의 열망을 통해 도전되고 있었
던 점을 기억할 필요가 있다.[31]

(2) 국학의 범위를 확대하고 체계와 과학적 방법으로 국학을 기획
한 것은 1925년 칭화국학연구원(清華國學研究院)도 마찬가지다. 1923
년 무렵 미국유학 예비학교였던 칭화학교(清華學校)의 학생들은 후스
와 량치차오에게 국학서목(國學書目)을 요청했고, 「최소한의 국학 서
목」(후스) 「국학입문서 요목 및 그 독법」(량치차오)을 두 학인들이 성실
히 응답했다.[32] 이러한 국학열의 분위기는 얼마 뒤 1925년 전통서원과

---

29 『胡適的日記』 1922.8.26. (천이아이, 앞의 책, 254쪽 주59) 재인용.)
30 毛子水, 「國故和科學的精神」, 『新潮』 1:5, 1919.5.
31 傅斯年, 「附識」, 『新潮』 1:5, 1919.5; 蔡元培, 「北大月刊發刊辭」, 高平淑 編, 『蔡元培文
集』 3(教育·上), 中華書局, 1984, 483쪽.

영국 대학을 모델로 한 칭화국학연구원의 성립으로 이어진다.[33] 초대 주임이었던 학형파의 우미(吳宓)는 국학의 연구 범위를 "중국 학술 문화 전체"로 확장하여 경학 중심으로 고증과 의리를 탐구하던 것에서 벗어나기를 요청했다.[34] 또한 량치차오와 왕궈웨이의 검토를 거쳐 통과한 『연구원장정(研究院章程)』에서는 "과학적 방법", "정확하고 정밀한 방법"과 "서구의 철학·이학·문학·사학 등 제반의 학문을 면밀하고 심도 있게 비교 고찰"하고 "정수를 뽑아내어 선택 결정한다"고 하는 연구의 태도를 내걸면서[35] "국고정리"와 마찬가지로 신성한 "경"을 중심으로 짜여 있던 학(學)의 구조적 변화를 추구한다.

그러나 칭화국학연구원은 신성한 "고"와 "경"에서 벗어나 "과학적 방법"에 기반한 "정밀한 연구"를 지향하면서도, 한편으로는 비판적 태도를 강조한 베이징대 국학문과 달리 연구의 목적을 "중서 회통(中西會通)"을 통해 문화의 상호 융합을 추구하여 민족문화의 정수를 탐색하는(昌明國粹, 融合新知) 것으로 삼았다.[36] 이것은 어빙 배비트가 동양과 서양의 고대의 사상과 문화의 정수, 즉 동서의 고전을 융합하여 르네상스의 인문주의처럼 현대의 신인문주의를 이끌어야 한다고 했던 것과 무관하지 않다. 배비트의 제자였던 칭화국학연구원의 주임 우미는 "우리나라 도덕 학술의 근본인 공맹의 인본주의"와 "플라톤

32　胡適, 「一個最低限度的國學書目」, 『胡適文集』, 長春出版社, 2013, 28~37쪽; 梁啓超, 「國學入門書要目及其讀法」, 『東方雜誌』 20:8.

33　朱洪斌, 「淸華國學硏究院的學術建制及治學精神」, 『史學史硏究』 3, 2012.

34　吳宓, 「淸華開辦硏究院之旨趣及經過」, 『淸華週刊』 351, 1925.9.18.

35　『硏究院章程』, 『淸華週刊』 360, 1925.10.20.

36　『硏究院章程』, 『淸華週刊』 360, 1925.10.20.; 吳宓, 「硏究院發展計劃意見書」, 『淸華週刊』 第371期, 1926.1.17.

및 아리스토텔레스의 학설을 비교 융합하는" 식으로 "동·서 양대 문명의 공적을 융합하여" 회통하는 인본주의 문화론을 탐색한다.[37] 우미의 작업에서처럼 칭화연구원이 기획하는 국학은 "문명의 정수"를 드러낼 수 있는 '고전' 텍스트의 정밀한 연구와 깊이 있는 비교 연구를 통해, 동서 문화의 회통의 지점을 매개하고 중국의 정수를 드러내는 작업을 국학의 소임으로 삼는다.

이러한 기획 아래 학인이 대면해야 할 텍스트는 어떻게 변할까. 이때의 텍스트는 문명의 정수를 드러내는 정전(canon)이며, 또한 이러한 텍스트를 다루는 사람은 학술 권위가 인정한 정전텍스트를 다루는 엄밀한 훈련의 과정, 일종의 '기율'이 작동하는 학술의 텍스트 훈련 과정을 거쳐야만 한다.[38] 이른바 엘리트와 이를 양성하는 학술 기율이 국학에 요청되는 셈이다. 이것은 주임이었던 학형파(學衡派) 우미만의 생각 아니다. 우미와 더불어 『연구원장정』을 기획했던 량치차오는 엄밀한 고전 문헌 훈련과 새로운 흐름에 적응하는 지식의 추구를 요청했다. 뿐만아니라 이와 더불어 서양의 인문주의와 짝을 이룰 수 있는 중국 고유의 사상의 핵심을 인본주의 유가에 젖줄을 두고, 학인에게 "시류를 쫓지 않고" 유가의 내성(內省)과 궁행(躬行)을 추구하는 "도덕의 수양"을 동시에 요청한다.[39] 그에게 국학은 "민족의 일원"으로서 도덕의 수양과 엄밀한 학적 훈련을 통해 양성되는 것이고, 이러한 학술과 교육의 장치를 통해 문화의 회통과 민족문화의 정

37 吳宓, 「論新文化運動」, 『學衡』 4, 1922.
38 梁實秋, 「文學的紀律」, 『魯迅梁實秋論戰實踐』, 華聆出版社, 1997, 138~154쪽.
39 梁啓超, 「治國學的兩條大路」, 『梁啓超演講集』, 天津古蹟出版社, 2015, 199쪽.

수 탐색할 수 있는 학인의 신체가 마련될 수 있는 것이다.

근대적 학술과 교육의 장치 속에 기획된 '국학(國學)' · '국고정리(國故整理)'를 통해, 신성한 '경(經)'과 그것을 매개하고 전수하는 학(學)은 변화를 감당해야만 했다. 문헌을 다루고 읽고 글을 쓰는 학인의 신체는 '국고'를 새롭게 성찰하는 학술장의 변화 속에서 변화를 일으키게 된다, 하지만 변화한 장 속에서 이들의 학술 행위는 동일한 벡터를 그리지 않는다. 베이징대국학문과 칭화국학연구소는 모두 '국고'의 과학적 연구와 체계화를 내걸고 있지만, 이들이 생성한 '국고' 연구의 벡터 방향은 각기 다르다.

베이징대의 국학문은 '국고정리'를 통해 "소수가 아니라 다수의 사람에게 다가갈 수 있는" 연구를 추구했고,[40] 학인의 신체는 세미나와 토론을 통해 대담한 가설과 증명의 과정을 모색했다. 또한 기록된 문헌에만 의지하는 것이 아니라 가요 · 풍속 등 문헌에 기록되지 않은 (못한) 흔적들을 조사하고 수집하는 활동으로 국학의 범주와 연구 활동의 범위를 확대했다. 이러한 학인의 신체와 행위는 학술 권위와 기율의 장에서 도덕적 수양과 문헌 훈련을 하는 학인과는 분명 다른 벡터를 그려낸다. 정전(canon) 중심의 고전주의 훈련과 중국의 인문주의와 도덕 수양에 터를 둔 칭화국학연구원의 학인은 엄밀한 훈련을 거친 소수의 엘리트에 가까워진다. 그렇다면 이들은 어떠한 벡터를 그려내는가. 1925년 칭화국학연구원이 개교할 무렵 자오원상은 "중국의 높고 깊은 경사철학(經史哲學)"에 주목하고, 정밀한 연구와 중서회통을

---

40 胡適,「"硏究國故"的方法」,『民國日報』,「覺悟副刊」, 1921.8.4. (『胡適文集』(治學卷), 앞의 책, 213~216쪽.)

통해 "마치 일본의 무사도의 혼처럼 새로운 뜻을 드높이는 각 나라의 국혼", "중국의 국혼"을 찾겠다는 의지를 표명한 개교사를 내걸었다.[41] 100여 년 뒤 칭화대학 국학연구원장은 "중서문화의 상호 융합의 신념을 발전시켜" "중국문화의 주체성을 뚜렷하게 부각하고" "세계문화와 세계적 수준으로 소통"하는 국학의 소명을 밝힌다.[42] 도덕 수양과 훈련을 거친 학인들이 중국과 서양의 문명의 정전을 탐색하고 회통의 가능성을 추구하도록 하는 이 국학의 벡터는 20세기를 관통하며 일관된 방향을 형성하고 있다. 민족문화의 '부흥'의 꿈, 중국의 고전 텍스트는 이러한 꿈의 구현에 자신의 사회적 리비도를 기투하는 학인들의 손에서 움직이게 되는 것이다.

2) "국학(國學)"의 공몽(共夢)과 거리 두기: 루쉰의 적막한 고전 읽기

(1) 『징바오부간』의 '청년필독서' 기획은 '국학'을 둘러싼 중국문화의 '각성과 부흥'의 꿈과 무관하지 않다. 자유와 독립을 추구하는 학인이든, 혹은 정전의 권위와 고전주의를 추구하는 학인이든, 이들은 중국문화를 구성한 오래된 텍스트들을 기존 방식과 달리 다루면서 중국의 각성과 부흥의 공몽(共夢)에 자신들의 리비도를 집중시키고 또한 고양된다. 물론 루쉰의 개인사에서도, 1920년대 베이징대 문과대, 샤먼대, 중산대 등에서 중국소설사, 중국문학사를 수업하고 『중국소설사략』과 같은 문학사 기술을 진행하는 등[43], 당시 학술과 교육

---

41 曹雲祥, 「開學辭」, 『淸華週刊』 350, 1925.9.11.

42 천라이, 「청화대학 국학연구원의 사명」, 2009.11.1. (「'청화국학' 전통의 재현을 꿈꾸다」, 『오늘의 동양사상』 22, 한국동양철학회, 2011, 136~141쪽.)

43 루쉰의 고전 관련 작업에 대한 정리로 홍석표, 「魯迅의 중국 고전 집록과 문학사 기술

의 장에서 벌어진 '국고(國故)'를 다루는 작업과 같은 궤를 걷는 모습이 보이기도 한다. "제대로 된 중국문학사를 쓰고 싶다"는 욕구 역시 생을 관통하여 발견되는 것이기도 하다. 하지만 국학에 대한 학문적 포부와 열망이 적지 않았음에도 불구하고, 1925년 무렵 루쉰은 근대적 학술과 교육 장치를 가로지른 '각성과 부흥'의 꿈, 그리고 그것을 추동하는 사회적 리비도와 거리를 두고 있다.

이 거리 두기와 적막한 마음의 상태는 25년 '청년필독서'로 잠시 드러난 우연적인 사건일까. 사실『외침』서문을 시작으로 이 적막한 정동과 거리두기는 '각성과 꿈'과 관련한 루쉰의 글 곳곳에서 발견된다. 센다이 전문학교에서 본 환등기 영상 속 "건장한 체격이나 조리돌림의 재료나 구경꾼이 되어 버리는" "어리석고 겁약한 국민", 이들의 "정신을 뜯어고치는" 각성과 개조의 꿈은 1900년대 도쿄의 청년 루쉰과 몇몇 동지가 도모하는 꿈의 기획이다. 하지만 '새 생명'이라는 뜻의 잡지『신생』발간의 꿈은 각각의 생존 문제로 흐지부지되어 흩어져 버린다. 즉 공몽(共夢)은 외부의 충격이 아니라 스스로 부서졌으며, 꿈이 부서지는 이 경험이 각성과 꿈에 대한 루쉰의 사유의 최초 출발점이 된다. 루쉰에게 꿈의 문제는 "한데 모여 미래의 아름다운 꿈을 이야기하는" 꿈의 기획이 아니다. 꿈의 부서짐과 그 뒤의 문제이다. 공몽(共夢)을 도모하는 과정에서 꿈은 생활 속에서 부서지기 쉬웠고 꿈이 부서진 그 뒤에는 무료와 슬픔, 적막감이 엄습한다. 함께 꿈을 꾼 꿈이 부서진 뒤 몰려온 "아득한 황야에 놓인 것처럼 어떻게 손을 쓸 수 없는" 적막감과 슬픔은 쉽게 사라지지 않으며, 나날이 자라 "큰

──
에 관한 연구」,『중국현대문학』28, 한국중국현대문학학회, 2004 참조.

독사처럼 내 영혼을 칭칭 감으며" 지속적으로 사유에 엉켜있다. 하지만 루쉰은 이 정서 상태를 쉽게 휘발시키지 않는다. "분노로 속을 끓이지 않고" 적막 자처하여 슬픔을 견디는 쪽을 선택하는데, 이 적막을 견디며 자신을 간수하기 위해 영혼을 "고대로 돌려보낸" 과정, 그것이 오래된 중국의 문헌과 탁본을 들여다보는 루쉰의 고전 연구의 시작점이기도 하다.

화상석이나 비문의 탁본을 뜨고, 명·청대에 증가했던 각종 유서(類書)들을 통해 일실된 텍스트의 흩어진 문헌의 조각들을 집록하고 교감하는 작업, 고전문헌의 연구는 이처럼 공몽이 부서진 뒤의 정동을 쉽게 휘발시키지 않고 견디는 상태에서 진행된다. 『외침』의 서문 에 나타난 루쉰의 꿈과 각성의 문제는 개인의 경험과 정서를 담담히 서술한 것이기도 하지만, 그러나 이 개인의 각성과 꿈의 서술은 20세기 초 중국의 각종 개조의 열망과 실패가 반복되는 가운데 동요되고 있는 문화장의 상태이기도 하다. 1900년대 청년 루쉰의 각성, 그리고 공몽의 추구와 부서짐은 중화의 각성과 부흥을 도모하면서 입헌과 공화의 공몽을 경쟁하는 1900년대, 그리고 1911년 신해혁명 이후 위안스카이의 제제(帝制)처럼 오래된 중화제국의 일루지오의 습격 속에서 벌어지는 것이기도 하다. 신해혁명 이후 오히려 사람들은 "낡은 것과 새로운 것 모두 깊은 죽음 속에 가라앉아 있다"는 깊은 환멸과 비애 속에 가라앉았고,[44] 공화의 이상과 제도가 유명무실해지고 오로지 "부와 권력을 쫓으며" "생계를 구걸하는" 존재들이 민국의 거버넌스에 불나방처럼 몰려드는 상황을 마주해야 했다.[45] 민족의 각성과 부흥의 꿈과

---

[44] 李大釗, 「新舊思想之激戰」, 『每週評論』, 1919.3.9.

이상은 외부의 충격이 아니라, 내부의 오래된 습속에 젖어 생계에만 골몰하는 각자도생의 삶에 의해 부서진다. 혁명 이후 공몽이 부서지는 가운데, "분노로 속을 끓이지 않고" 또한 혐오나 냉소에 빠지거나 도망 가지 않기 위해, 이 상황을 성찰하고 견딜 '적막'이 필요한 것이다.

(2) 『외침』 서문의 루쉰의 적막은 신해혁명과 그 이후에만 나타난 마음의 상태가 아니다. 1910년대 세계는 윌슨주의와 볼셰비즘을 비롯한 세계주의가 경합·공존했고, 신문화운동과 5·4 운동이 중국의 도시 공간을 관통하는 가운데 또다시 중국의 '각성과 부흥'의 공몽은 구성되고 고양되고 있기 때문이다. "중국문화사" 기술을 목표로 했던 '국학(國學)'은 학인들의 열정과 인식을 근대적 학술과 교육 시스템에 배치하여 사회적 리비도를 집중시키고 견인하고자 한다. 하지만 1925년 청년필독서를 작성할 당시에도 루쉰의 '적막'한 마음의 상태는 여전히 지속되고 있다. 어쩌면 새로운 국학이 견인하려는 에너지, 이 공몽을 향해 고양된 학인의 열정들도 신해혁명 이후처럼 오래된 습속에 젖어 각자도생에만 골몰하는 사람들에 의해 부서질 수 있다.

더욱이 "국학"은 중국의 과거 문화를 소환한다. 과거 문화를 성찰하고 이 성찰을 통해 그 '정수'를 정전(canon)으로 갈무리한다. 하지만 습속의 차원에 오랜 시간 켜켜이 내려 앉아 있는 효와 충과 같은 상징계의 질서들은 과연 어떤 방식으로 갈무리되는지는 여전히 모호하다. 위안스카이의 제제(帝制)와 공자존숭(尊孔)같은 오래된 일루지오의 활용처럼, 자신의 생존에만 골몰하는 사람들은 이상과 혁명의 꿈을 좇

45 천진, 앞의 논문, 13~16쪽.

는 사람들보다 능숙하게 습속의 차원에서 중국문화의 상징질서를 운용하기 때문이다. 중국의 고전에 대해 '국학'의 열정과 거리를 둔 채 '적막'을 자처한 루쉰은 나아가 질문을 던진다. 국학이 기술하는 중국문화는 '실제의 삶'을 만나려 하는가. 중국의 고전 텍스트를 읽는다는 것은 '실제의 삶'을 만날 수 있는 사유의 과정을 마련하는가.

　예를 들면, "시류에 휩쓸리지 말고" 엄밀한 학적 훈련과 도덕 수양을 요청하는 국학은 1925년 무렵 베이징 도시 공간의 학생이나 대중의 집회·결사의 행동을 어떻게 학적으로 사유하며 민족문화의 각성과 부흥의 과정과 접속시킬 수 있는가의 문제이다. 5·7 국치기념일을 매개로 한 대중의 집회, 관세 자주를 주장하며 집회·시위를 조직하는 베이징의 군중, 학생의 정치적 행동을 금지하는 '학풍정돈령'에 반대하는 베이징 여사대 학생들의 집회 …(중략)… 이처럼 공화국 공민의 권리를 호소하는 신체들은 '관혼(官魂, 관리, 루쉰의 「학계의 삼혼」 참조)'이 마구잡이로 운용하는 효와 충의 상징계의 질서를 뚫으려 한다. "소란" "주먹을 들어 올려 고함치기" "부정한 행동" "함성" "비난" 등, 이들의 행동은 관리들이 운용하는 중국문화의 안정된 습속의 망을 뚫고 나오는 외마디나 고함에 가깝다. 그렇다면 중서 문명 회통의 결과이거나, 비판적인 국학 연구를 통해 인정된 "중국 책", 즉 중국 고전의 정수는 이러한 기존 중국문화에서는 정형화되지 않은 행동과 돌출적인 사건을 어떻게 받아들이는가. "평정한 마음으로 이치를 저울질"하는 "모든 것에 적용되는 학설"은 이러한 행동을 어떻게 저울질 하는가. 이러한 질문들이 국학에 쏟아질 수 있다.[46] 현실에서 대중과 학생의 집회·

46　루쉰, 「모든 것에 적용되는 학설」, 『열풍』, 『루쉰전집』 1, 551쪽.

시위·결사는 종종 장스자오나 양인위와 같은 교육부와 학교의 경영자들과 충돌을 일으켰고, 이때 관리·경영자들은 "공리의 유지"와 "학풍 정돈"을 내세워 통제를 하면서 그 근거를 중국문화의 '고유의 도덕'에 두었다.[47] 나아가 학풍을 정돈하고 교육 질서의 안정을 위해 1925년 11월 2일 교육부는 "경서 읽기(讀經)"[48]를 의결하여 소학교에서 실시하고, "경서 읽기로 나라를 구한다(讀經救國)"는 이상을 내걸었다.

1925년 한 해 동안 일어난 각종 소요는 루쉰이 중국 책이 과연 "실제의 삶"에 다가갈 수 있는 텍스트인가라며 의문을 품었던 중국문화장에서 벌어지는 일이기도 하다. 중국 고전을 통해 중국의 각성과 부흥의 공몽을 실현할 '학인'이 실제 겪는 현실이기도 하다. 종종 사회질서의 안정성을 빌미로 '그물이미지'의 촘촘한 억압과 통제가 구축될 때, 또한 그 통제가 무엇을 위한 것이고 누구를 위한 것인지 그 공적 명분이 모호할 때, 이러한 상황에서 중국 고유의 도덕과 문화는 종종 관리통제자에 의해 그때마다 불려 나온다. 중국 고전은 자유의지와 고전주의의 빛나는 역량을 갖춘 '학(學)'에 의해서만 소환되는 것이 아니다. 현실의 사사로운 권력의 생존 욕망이 기생하는 습속의 세계에도 소환된다. 이런 상황에서 '민족문화의 각성과 부흥'의 꿈에 자신의 사회적 리비도를 기투하는 학인은 어떤 포지션을 취해야 하는가. 각성과 개조의 공몽이 부서지면서도 끊임없이 새로운 꿈과 고양의 정서가 생성되는 중국 문화장에서, 루쉰의 적막한 고전 읽기는 과연 "실제의

---

47 루쉰, 「학계의 삼혼」, 「'공리'의 속임수」, 「내가 본 베이징 대학」, 「"벽에 부딪힌" 나머지」 등, 『화개집』, 『루쉰전집』 4, 그린비, 2015 참조.
48 루쉰, 「민국 14년의 '경서를 읽자」, 『화개집』, 『루쉰전집』 4, 175~182쪽.

삶"을 직면하는 고전학이 가능한가를 탐색하고 질문하고 있다.

3. 오래된 일루지오와 낡은 습속이 소환하는 고전

1) '기괴한 환몽'과 고전 상품

꿈이나 각성 모두 부서지기 쉬운 환상일 수 있다. 환상이 부서진
뒤(滅) 생기는 환멸(幻滅)의 비애는 '환(幻)'이 거짓이기 때문에 일어나
는 게 아니라 "그것을 진실로 여기는 데서" 생겨난다.[49] 함께 부르짖은
각성이나 공몽도 사실은 부서지기 쉬운 환상이라는 것을 있는 그대
로 받아들일 때 루쉰의 적막은 생겨나고 있다. '환'에 취하지도 않지
만 그렇다고 환상 자체를 거부하는 것도 아니다. 공몽에 취해 고양되
어 있기만 하는 것이 아니라, 적막을 자처하고 거리를 두어야만 한다.
『외침』의 서문에서처럼 "분노로 속을 끓이지 않고" 자기 자신을 오히
려 찬찬히 살피는 것은 중요하다. 환상이 부서진 뒤 환멸감과 분노가
자신을 잠식하여 냉소에 빠지거나, 혹은 벗어나려고 분명하지 않은
상대에게 혐오를 배설하거나, 혹은 또 다른 공몽을 실재로 받아들여
현실을 잊어버리는 식으로, 즉 상황에서 도망치지 않기 위해서라도
적막은 더욱 필요하다.

1925년 무렵 근대 학술기구로 '국학'이 자리 잡기 시작할 때, 루쉰은
국수·국학의 열망이 고양되고 있는 문화장을 이렇게 정리했다. "진짜
국학자들이 고고한 서재에 조용히 앉아 고서를 읽으며" 중서회통(中西

---

49 루쉰, 「어떻게 쓸 것인가」, 『삼한집』, 『루쉰전집』 5, 277쪽.

會通)의 정전(canon)이 될 만한 고전의 정수를 탐색할 때, 상하이의 독서 시장은 "가짜 국학자들이 마작과 술"을 하며 비단 표지의 골동품 같은 고전 책을 팔아 양장문인들의 손에 쥐어 주고 있다. 이때 "어빙 배비트의 제자"로 하버드에서 온 우미가 찬양했던 셰익스피어, 그의 고향에서는 "스타인 박사"를 보내 "간쑤·신장 등지의 사막에서 한·진 시대의 간독을 발굴"하고 "책을 출판"하는 상황이다.[50] 셰익스피어 번역의 최고권위자로 광고되고 있었던 우미가 서양 고전과 중국 고전의 회통을 부르짖으면서 "평정한 마음으로" 학술의 세계를 저울질(學衡)하고 있을 때, 영국의 스타인은 고고학이란 이름으로 중국의 '국고'를 가지고 영국의 아카이브를 만들고 동양학의 기초가 되는 책을 내고 있다. 고전으로 중서회통을 한다는 이 세계는 사실 학술의 영역에서도 이미 '식민지적 권력기하학'이 작동하는 불평등한 공간이지만, 그러나 이 세계의 속성은 어느 곳에서도 인지되거나 드러나지 않고 있다. 오히려 다수의 근대 출판 기구가 운집한 상하이와 같은 곳에서는 가짜 국학자들이 국수와 국학의 꿈을 빌어 세상에 벌어지는 일들을 망각하게 하는 "기괴한 환몽"[51] 같은 고전 상품을 만들어 낸다.

　1920년대 상하이의 출판 공간의 고서에 대한 루쉰의 비판은 날이 서 있다. 고서 상품은 근대적 출판 공간에 유행처럼 번지면서 이른바 "국학"이라는 이름으로 판매되는데, 국학처럼 보이지만 사실 이 책들은 "유로"들의 "자기위안" 용이고 또한 "기회 삼아 이익을 얻으려는" "상인"들의 욕구와 욕망이 합작한 "골동품"과 같은 것이다. 민국의 연

---

50 루쉰, 「이해할 수 없는 음역」, 『열풍』, 『루쉰전집』 1, 559쪽.
51 루쉰, 「소품문의 위기」, 『남강북조집』, 『루쉰전집』 6, 489쪽.

월도 없고 원대 판본인지 청대 판본인지 문헌을 구분할 수 없는데다
가, 책은 골동품처럼 연사지에 비단 표지의 고색창연한 고서의 장정
을 하고, 고서의 구두점을 흉내 낸 엉망으로 된 구두점이 찍혀 있다.[52]
그럼에도 불구하고 이러한 책들은 상하이의 양장문인들에게 중국의
고유의 것이란 미명아래 골동품처럼 향유되는 것이다.

　이러한 출판-독서 공간에서, 예를 들면 새로운 "국학"을 열망하는
"진짜 국학자"들의 문헌학이나 깊이 있는 연구는 출판자본의 관심 대
상이었을까. 혹은 학인의 정체성을 추구하지 않더라도 청년 마오쩌둥
처럼 고전을 독자적으로 읽고 자기화하는 상호텍스트성의 독서 행위
는 출판 시장의 타겟이었을까. 세계의 각종 모던한 것이 도시의 소비
공간을 구성하는 상하이에 "국학"의 열망이 솟아오를 때, 사실 "차나
소금을 팔던 상인"과 같은 출판자본은 골동품처럼 책을 소비·향유하
려는 독자들을 시장의 타겟으로 삼는다. 20년대 출판-독서 공간은
생계를 구걸하기 위해 글을 쓰는 "문인거지"가 출판자본과 영합하여
출판문화를 형성하고 있음은 종종 지적되었다.[53] 하지만 "글로 돈을
사는" 문인이나 비평가, 그리고 자기 위안용이나 속물 교양용의 책을
향유(소비)하는 유로(遺老)와 양장문인 독자들의 욕구, 이를 타겟으로
삼는 출판 자본, 이들이 영합한 이 문화 공간에 이른바 '민족문화의
정수'가 사용되면서 중국의 오래된 텍스트들은 자기 위안이나 생존에

52 루쉰, 「이른바 '국학'」, 『열풍』, 『루쉰전집』 1, 545~546쪽.
53 루쉰, 「문인 침상의 가을 꿈」, 『풍월이야기』, 『루쉰전집』 7, 385쪽; 루쉰, 「문호를 '협정
　　하다'」, 『풍월이야기』, 『루쉰전집』 7; 이 문제에 관해서는 이보경, 「근대적 저자, 검열,
　　그리고 루쉰-『신보』 「자유담」을 중심으로」, 『중국어문논역총간』 29, 중국어문논역학
　　회, 2011, 58~59쪽 참조.

골몰한 사람들에게 몽롱한 꿈처럼 느껴지는 '기괴한 환몽'을 생산한다.

고전은 출판자본과 이러한 욕망들이 접속하는 곳에서 하나의 상품으로 유통된다. 이것은 1930년대에 이르면 남경국민정부가 "훈정(訓政)"의 이름 아래 실시한 문화정책에서 보다 정교하게 변용되고 있다. 국민당의 "훈정"은 출판문화 공간에 마치 "문망(文網)"[54]과 같은 검열의 그물을 정교하게 얽어 놓는다. 1930년 12월 『출판법』과 『신문법』으로 인해 국민당의 심사와 허가가 없으면 출판과 인쇄가 불가했으며, 이듬해 '민국 위해에 대한 긴급조치법(危害民國緊急治罪法)' '출판법시행세칙'과 32년 「선전품심사표준(宣傳品審查標準)」의 규정을 통해 공산주의 문제뿐만 아니라 국민당 정부에 대한 불만이나 민주와 항일의 요구 등이 모두 금지되었다. 34년 '도서잡지검열방법(圖書雜誌審查辦法)'은 등은 사전 검열과 수정지시를 엄격히 적용 하는 등[55], 루쉰의 말처럼 "중국문망사"의 정교한 그물망이 가동되었다.

검열의 그물망이 정교해지고 있음에도 불구하고, 이러한 상황에서도 출판시장은 어떤 의미에서 한몫을 잡는 형국이다. 관방 출판기구 '정중서국(正中書局)'은 국방교육총서 10종, 시대총서 10종을 출판했고, 이러한 관방 출판기구와 결합하여 상무인서관, 중화서국, 세계서국, 대동서국, 개명서국 등 중요한 6대 서국이 출판업 트러스터를 형성하고 전국의 교과서와 도서 출판의 명맥을 장악했다.[56] 각종 '총서'와 '앤솔로지'들은 30년대 출판업의 주요 사업의 하나이기도 하다. 이

---

54 루쉰, 「서문」, 『풍월이야기』, 『루쉰전집』 7, 263쪽.

55 이보경, 앞의 논문, 63쪽; 周艷, 『南京國民政府文化建設研究(1927~1949)』, 湖南師範大學 博士學位論文, 2008, 61~75쪽 참조.

56 周艷, 앞의 논문, 71쪽.

런 상황에서 『선바오(申報)』 부간 「자유담」의 편집인이 1933년 5월 25일에 낸 광고에는, "올해는 말하기가 어려워졌고 붓대는 놀리기 더욱 어려워졌으므로", "국내의 문호들은 이제부터 풍월을 더 많이 이야기하고 근심은 덜 풀어 주기를 호소"하는 메시지가 실렸다.[57] 나랏일에 대한 '근심' '우려' '비판' '풍자'와 같은 것은 어려우나, "소소한 풍월"과 같은 부류는 말할 수 있다는 이 상황에서, '풍월'과 '소품문'의 논의들은 종종 풍월과 소품문의 문장 수양을 위한 각종 '진본' '선본' '총서'류의 고전 문장 규범들을 출판하게 된다.

　『장자』와 『문선』을 청년들에게 읽히자고 했던 스저춘은 『문선』과 같은 '선본'을 강조했을 뿐만 아니라, 소품문의 성행을 위해 '珍本'이라는 이름을 걸고 "『중국문학진본총서』와 『국학진본문고』를 복각했다.[58] 또한 33년 국민당정부 교육부는 문연각이 소장한 『사고전서』 미간행본 선장본을 영인할 것을 결정하여 231종을 선별한 『사고전서 진본초집(四庫全書珍本初集)』을 간행했다. 국사를 논하고 발표하는 것이 '문망'의 그물에 걸릴 때, 각종 '선집' '총서'와 '진본' '정본' '선본'류의 고전 복각은 검열의 망을 유연하게 빗겨나가며 출판문화 시장의 중요한 사업의 하나가 된다. 이러한 상황에 대한 루쉰의 불만은 만만치 않다. 선집과 총서가 출판시장의 핫한 아이템이 되는 것은 종종 독자들의 요구에 맞춘 것일 수도 있을 것임을 인정은 한다. "권수가 많지 않아도 여러 작품이 망라되어 있고" 뽑은 사람이 유명하고 또한 유명한 옛 사람이라면 독자는 "선본을 읽으면" "옛 사람의 문장의 정

---

57 루쉰, 「서문」, 『풍월이야기』, 『루쉰전집』 7, 264쪽 주1) 참조.
58 루쉰, 「소품문 이야기」, 『차개정잡문2집』, 『루쉰전집』 8, 547쪽.

수를 얻을 수 있다"고 여기기 때문이다. [59] 또한 무엇이 필요한지 스스로가 잘 모르는 독자들은 '총서'에 "수록된 것들이 중요한 것"일거라고 간주하며 또한 "가격도 단행본에 비해 낮고" 무엇보다 "크기가 일률적으로 가지런하여" 장서용으로도 좋기에 독자들의 구미에 맞을 수도 있다. [60]

하지만 루쉰은 이른바 '선집'이나 '총서'라는 텍스트의 조직방식에는 독자의 바람과는 달리 문제적인 의도가 숨어 있다고 지적한다. "선본을 읽는 독자는 옛 사람의 문장의 정수를 얻었다 여기겠지만", "사실은 가려 뽑은 이에 의해 시야가 좁아"지게 된다. [61]

> "선집이 드러내는 것은 종종 작가의 특색이 아니라, 오히려 편자의 안목이다. 안목이 예리하면 예리할수록 견식이 깊으면 깊을수록 선집은 분명히 보다 정확하게 되지만, 애석하게 대부분은 시야가 콩알만하고 작가의 진상을 말살하는 경우가 많다. 이것이 바로 '문인의 재앙'이다." [62]

혜강이나 도연명, 굴원, 이백, 두보 등 이들의 글을 온전히 이해하고 읽기 위해서는, "진정한 독서인은 첫째 선집에 의거해서는 안되며, 둘째 표점을 믿어서도 안 된다." [63] 가려 뽑는 사람의 시선이 투영된 장치에 사로잡혀 버리게 되면 대상이 온전히 이해되지 않게 된다. 도연명, 혜강, 굴원 등 중국 시인들의 남겨진 글들 가운데 "울분에

---

59 루쉰, 「선본」, 『집외집』, 『루쉰전집』 9, 195쪽.
60 루쉰, 「책의 부활과 급조」, 『차개정잡문2집』, 『루쉰전집』 8, 314쪽.
61 루쉰, 「선본」, 『집외집』, 『루쉰전집』 9, 195쪽.
62 루쉰, 「제목을 짓지 못하고 초고(6-9)」, 『차개정잡문2집』, 『루쉰전집』 8, 549쪽.
63 위의 글, 554쪽.

가득 차" 있거나 "비분강개"한 정동이 드러나는 글은 종종 선본에서 빠져버리는 텍스트 편집의 역사를 이해하면서 봐야 한다는 것이다.[64] '진본(珍本)'·'정본(定本)'·'선본(選本)'처럼 글들을 모으거나 선별하는 이 작업은 이것을 기획하고 운용하는 사람(들)·사회의 인식 혹은 의도가 투영된 보이지 않는 알고리즘이 숨어 있다. 그러한 알고리즘을 감안하지 않고 '정본'이나 '진본'으로 믿어버리거나, 혹은 그것을 발행하는 권위, 유명한 작가, 기관 등에 의지하여 버리게 되면, 은폐·배제되는 사건을 알지 못해 텍스트를 온전히 알 수 없게 된다. 이른바 "문인의 재앙"이 되어 버린다. 검열의 그물망이 정교해지는 가운데 쏟아지기 시작하는 고전의 복각…… 각종 '정본' '진본' '선본'이나 '총서' '선집'의 출판물들은 텍스트의 조직방식이나 유통방식 등을 비판적으로 교감하고 살피지 않으면 "기괴한 환몽" 속에서 사태의 진상을 알 수 없게 되어 버린다는 것, 그것은 문인에게도 고서에게도 "재앙"이 된다.

2) '독경(讀經)'과 통치의 몽의 결합

(1) 1930년대 국민당이 "먼저 안을 안정시키고 외세를 치자(先安內後外攘)"를 내걸고 민족주의 문화 건설의 기치를 높이 올렸을 때, 중국 고전들은 '민국에 위해를 가하는 것'을 검열하는 그물망에 걸리지 않고 출판 시장을 달군다. 옛 사람의 글이라도 비분강개하며 울분을 토로하는 것은 '선본'에서 빠지고, 소소한 풍월에 적합한 옛 문장들이 문장 규범처럼 선별되어 '선본(選本)'이나 '진본(珍本)'이 되었다. 또한 교육부가 진행하는 『사고전서』 간행 사업은 다른 '선본(善本)' 및 텍스트들

---

64 위의 글, 같은 쪽.

과의 비교·정밀한 교감을 거쳐 간행해야 함을 학자들이 지속적으로 제시했음에도 불구하고, 텍스트 교감이 무시된 채 '정본' '진본'의 이름을 달고 출판 시장에 나와 민족문화의 정수를 드러내는 문화 사업이 되기도 했다. 루쉰에게 『사고전서』는 그것이 편찬될 당시 이미 "멋대로 옛 격식을 바꾸어" 청나라가 '도리에 벗어나고' '통치에 저촉되는 자구'들을 "원문을 고치고 삭제"하는 작업을 거친 문헌이기 때문에 철저한 교감이 필요한 텍스트다.[65] 하지만 1930년대 중국 고전의 출판 과정에는 청나라 『사고전서』 간행처럼 비판적인 문헌학 작업과 고전 비평을 의도적으로 배제한 채, 유명한 작가·학자·정부기관의 이름을 빌어 '정본' '진본'의 간판을 내건다. 더욱이 그것은 민족의 분열을 막는 (先安內) 민족문화 건설의 "영광스런 문화사업"이란 이름으로, "전쟁의 폐해, 전염병, 수해, 가뭄, 태풍, 메뚜기 떼"가 지나가 박살이 난 농촌과 도시의 삶의 터전에 내걸렸다.[66] 이렇게 되면 중국의 고전 텍스트는 타인의 재난 상황은 인지할 수 없고, 생존했으나 환몽에 취해 움직이지 못하는 사람들의 자기 위안을 위한 수집품이 되어 버린다.

이는 1930년대 중국의 고서들에만 적용되는 사태가 아니다. 영광스런 민족의 문화 사업은 '공자 대제전'과 같은 '존공(尊孔)' 사업에서도 진행되었기 때문이다. 공자는 민국 이래 두 차례에 걸쳐 정부에 의해 성전(聖典)에 모셔졌다. 1914년 2월 베이양 정부시기 위안스카이가 공자제사령을 반포하고 9월 베이징에서 공자 대제전을 거행한 이래로, 1934년 7월 국민당 정부는 국민당 중앙집행위원회 상무회의

65 루쉰, 「아프고 난 뒤 잡담의 남은 이야기」, 『차개정잡문』, 『루쉰전집』 8, 257쪽.
66 루쉰, 「결산」, 『꽃테문학』, 『루쉰전집』 7, 683쪽.

를 거쳐 공자의 탄신일을 국정기념일로 삼고 성대한 공자 대제전을 치룬다. 민국 이래 두 번째로 정부가 치르는 공자 대제전에서는 태평성대의 '예악'을 알리기 위해 대동악회가 「소악(韶樂)」을 "음량을 크게 하여" 연주하고 "3대 이전의 태평성대의 아름다운 노래"를 통해 "우리 민족이 평화를 열렬히 사랑한다는 것을 드러내는" 대규모의 문화 사업을 진행한다. 하지만 이때도 루쉰이 꼬집었던 것처럼, 국민정부의 훈정 아래에는 일본의 침략에도 '선안내후외양(先安內後外攘)'을 내건 정부 덕에 각종 "전쟁의 폐해"와 "수해, 가뭄, 태풍" 등에 피폐해진 농촌들이 존재했고, 이러한 농촌에서는 공자 대제전이 치러진 같은 날 "닝보의 위야오"처럼 "가뭄에 시달리는" 가운데 물싸움이 나서 서로 때려 죽여 사상자가 발생하는 사태가 벌어진다.[67] 공자를 빌려와 울렸던 "영광스런" 민족문화와 태평성대와 평화 사랑에 취한 '예악'의 소리는, 농촌의 실제 삶의 상태에는 닿지도 못했고 또한 그들의 생존을 갈망하는 외침을 듣지도 못했다.

중국 고전을 소환하는 작업을 통해 과연 실제의 삶·실재를 만날 수 있을까. 과거 관리가 되기 위한 사람들의 입신출세의 도구 "문을 두드리는 벽돌(敲門磚)"이었던 '공자'는 20세기에는 권력자들에 의해 불려나온다.[68] 예를 들면 황제가 되려는 위안스카이는 공자 제전을 거행하고 '공맹사상'을 통해 공민도덕 교육을 실시하려 했고,[69] 민국 이래 두 번째 공자 제전을 거행한 국민당은 중국 고유의 덕에 근거한

---

67 루쉰, 「고기 맛을 모르다와 물맛을 모르다」, 『차개정잡문』, 『루쉰전집』 8, 160~163쪽.
68 루쉰, 「현대중국의 공자」, 『차개정잡문2집』, 『루쉰전집』 8, 419쪽.
69 루쉰, 「「교육강요」 폐지에 관한 참고사항」, 『집외집습유보편』, 『루쉰전집』 10, 115쪽.

"충효인애신의화평(忠孝仁愛信義和平)"의 팔덕(八德)을 당화교육의 기반으로 삼아 "국민도덕"을 함양하고 통치성을 강화하여 "훈정"의 위업을 달성하고자 했다.[70] 하지만 "국민도덕"을 함양하기 위해 공자에 기반 하여 끌어온 중국 고유의 덕은 그다지 민중에게는 친근한 것이 아닐 수도 있다. 국민도덕으로 개조되어야 할 대상으로 삼은 "중국의 일반 민중", "특히 우민들"은 공자를 "공경하지만 친밀하게 느끼지 않기" 때문이다.[71]

이런 민중들의 삶의 터전에 예를 들어 난창(南昌)과 같은 농촌에, 연대의 이상을 꿈꾸는 공산주의자들이 '강서소비에트'-'중화소비에트 공화국'을 건설하고 농민들과 공몽을 들어 올리려 하면 어떤 일이 벌어질까. 1934년 장제스는 "강서에서 공비(共匪)를 토벌하고" "강서를 민족부흥의 기초"로 삼기 위해, 공산주의자에 의해 "불결하고 무질서하고 게으르고 퇴폐적"이 되어 무질서해진 공간을 "예의염치(禮義廉恥)"에 부합하는 "신생활 운동"을 통해 정화해야 한다고 이 상징적 공간에서 신생활운동 연설을 시작했다.[72] 이 '신생활운동'은 "예의염치"와 같은 고유의 도덕을 소환했고, 또한 1934년 같은 해 삼대 이전 태평성대의 과거의 '예악'을 울리며 성대한 제전을 통해 공자를 소환한다. 소환된 공자는 "국민도덕"의 함양이란 당화교육의 근거였지만, 공

70 黨化敎育과 관련하여서는 이병인, 「국민당의 '국민' 양성」, 『중국근현대사연구』 30, 중국근현대사학회, 2006; 周艶, 「南京國民政府文化建設硏究(1927~1949)」, 湖南師範大學 博士學位論文, 2008, 48~54쪽 참조.
71 루쉰, 「현대중국의 공자」, 앞의 책, 421쪽.
72 천성림, 「신생활운동의 성격-전통사상을 중심으로」, 『中國史硏究』 9, 중국사학회, 2000, 157~159쪽.

자를 공경은 해도 친밀하게 느끼지 않는 일반 민중에게 그것은 "민중을 다스리기 위해" "권력자들을 위해 고안해 낸" "치국의 방법", 통치의 방법[73]에 지나지 않았다.

(2) 한편 20세기 정부에 의해 공자가 소환될 때는, 이와 함께 '경전 읽기(讀經)'가 교육을 통해 요청되고 있다. 위안스카이가 공자에 제사를 지내고 황제가 되려 할 때, 1915년 제정된 「교육강요」에는 '공자존중, 맹자숭상(尊孔崇孟)'을 취지로 초·중학교에 모두 '독경' 과목을 부가하였고 각 성에는 '경학회(經學會)'를 설립할 것을 요청했다. 물론 위안스카이의 황제제도 복원이 실패로 돌아가고 「교육강요」는 논의를 거쳐 유명무실해졌지만, 루쉰이 지적했던 것처럼 시골까지 폐지 사항이 문서로 전달되지 않으면 "은연중에 그림자가 남아" 이 오래된 일루지오는 사람들 사이에서 솟아오를 수 있다. 이 일루지오는 어떤 사람들에게 그림자처럼 남아 있는가. 불나방처럼 "부와 권력만을 좇으며" 생계를 구걸하는 사람들, "보존하는 일에만 즐거움을 느끼는" 사람들, 과거제가 폐지된 뒤 민국에 들어서 "직업 없는 건달"처럼 되어 버린 사람들, 이들은 여전히 향촌과 도시에 문화 유랑자처럼 산포해 있었고, 또한 그들은 '경학회'와 같은 모임으로 모여들어 당동벌이 식으로 자신의 생존을 도모한다.[74]

루쉰이 우려하는 이 사태는 1925년에도 마찬가지로 벌어진다. 「청년필독서」에 국학연구자들이 중국의 고전들을 목록으로 나열할 때,

---

73 루쉰, 「현대중국의 공자」, 『차개정잡문2집』, 『루쉰전집』 8 참조.
74 루쉰, 「「교육강요」 폐지에 관한 참고사항」, 『집외집습유보편』, 『루쉰전집』 10, 115쪽.

1925년 교육부의 장스자오는 '학풍정돈령'을 내려 여사대 사태를 강제로 봉합해 버리려 했고 또한 아울러 "독경구국(讀經救國)"의 구호를 내걸었다. 1925년 9월 12일 『갑인(甲寅)』 주간에는 장스자오와 쑨스정이 서로 글을 주고받으며 '독경구국'을 내걸었고, 11월 2일에는 교육부 부무회의에서 소학교에서 매주 한 시간씩 경서 읽기를 실시하도록 의결했다. "13경을 다 읽은" 루쉰은 1915년 위안스카이가 독경(讀經)을 거론할 때의 상황이 1925년 재현될까 깊은 우려를 표시한다. 도시와 향촌의 문화유랑자들처럼, "어떻게 하면 얼렁뚱땅 넘어가서 구차하게 생명을 부지할지" "알랑거리고 권세를 부리며 사리사욕을 채울지", "그러면서도 대의를 빌려 미명(美名)을 도둑질 할 수 있을지", 1915년 때 공화의 간판이 내걸렸으나 고전을 소환하며 오래된 일루지오를 통해 공명과 사적이익에만 골몰하는 사람들의 욕망이 결집되었던 것은 1925년의 '독경구국(讀經救國)'에도 마찬가지로 어른거린다는 점, 루쉰의 깊은 우려인 셈이다.[75]

'독경(讀經)'은 1934년 11월 공자 기념이 국민당중앙상무위원회를 통과될 때 국민정부에서도 마찬가지로 함께 제창되었다. 국민정부의 지원 아래 실시된 전국 독서대회에서는 "민족의 강약성쇠는 문화 창성의 여부"를 내걸고, 고서를 읽고 민족부흥을 달성하자며 학생들을 독려했다.[76] 이제 정부의 "독경"은 "13경을 다 읽고" 중국문화의 상징계의 질서를 잘 알며 텍스트를 비판적으로 연구하는 사람들을 향하는 것이 아니다. 그것은 아직 중국문화의 상징계의 질서에 진입하지 않은 "아

---

75 루쉰, 「민국 14년의 '경서를 읽자'」, 『화개집』, 위의 책, 178쪽.
76 천성림, 앞의 논문, 172~185쪽 참조.

이들"을 본격적으로 타겟으로 삼아 그들을 향한다. "고유의 도덕" "충효인애신의화평(忠孝仁愛信義和平)"을 중심으로 한 "국민도덕"의 덕성은 "아동을 훈련시켜" "건전한 공민"을 양성하는 데 집중된다(「小學公民訓練標準」, 1933). 또한 국민도덕은 이러한 '당의(黨意)'를 담당하는 당의 교사와 훈육교사가 엄격한 훈육제로 관리하는 학교에서 이루어진다. 학생들은 어떠한 집회·결사 및 정치 행위도 할 수 없으며, 대학생은 정당 참여가 가능하나 참여 동기의 순수성을 허락받아야만 했다.[77] 교육 및 생활 전반에 내려앉은 국민정부의 '국민도덕'의 훈령은 공자와 충효의 윤리에 뿌리를 둔 고유의 덕성이자 "중국본위의 문화건설"을 가능하게 하는 "민족심리 건설"의 선결조건처럼 여겨진다.[78] 하지만 훈육 장치를 통해 소환되는 중국 고유의 덕성과 텍스트는 학생들의 자치나 커뮤니티를 통한 토론 행위들을 제한했다. '개인이 꿈을 꾸는 것'은 괜찮으나 꿈을 발설하고 더불어 이야기해서는 안 되며, 또한 "중국본위 민족문화건설"과 조금이라도 어긋나는 공몽(共夢)을 꾸려 하면 봉쇄되어 버리는 상황이다. 공자(孔子)와 경(經)이 결합한 오래된 중국문화의 이 일루지오는 신해혁명 그 이후에도 꾸준히 소환되었으며, 이 오래된 일루지오를 이용한 문화 기획은 사회적인 것, 정치적인 것을 탐색하고자 하는 모든 행위, 즉 상징계 질서에 질문하고 개조를 꿈꾸며 꿈틀거리는 아버지들과 아이들의 모든 관계와 행위들을 봉쇄하려 했다.

---

77 「各級學校黨敎員與訓育工作大綱」, 『敎育雜志』 23, 1930.1. (周艶, 『南京國民政府文化建設研究(1927~1949)』, 湖南師範大學博士學位論文, 2008, 48~54쪽.

78 陳立夫, 「文化運動與民族復興」, 『申報』, 1935.5.30. (천성림, 앞의 논문, 177쪽 재인용)

4. 나가며

루쉰은 자신의 정서 상태를 숨기지 않고, 자신이 관계하는 세계(그것이 적이든 사랑이든)에 대한 정서적 반응, 그 정동을 곱씹어 찬찬히 드러내는 경우가 많다. 적막은 이러한 자신의 정동을 찬찬히 살피는 시공간을 형성하며, 아울러 그것은 자신이 관계하는 세계 전체를 찬찬히 살피는 시공간이 된다. 밤의 적막에서 고전 문헌을 뒤적이는 것은 때로는 고통을 달래려 마취제를 사용하는 것일 수 있으나 사실은 습속의 층위에까지 깊이 뿌리 내려 유령처럼 작동하는 '중국 고전'의 운용 상황을 살피는 것이기도 하다. 이러한 태도는 중화의 오래된 일루지오, 즉 '독경(讀經)'과 '존공(尊孔)'이 결합하여 질서가 유지될 때 중국 고유의 문화가 보존되고 내부의 안정성(통치성)이 생겨난다는 이 오래된 일루지오를 성찰하는 루쉰의 일관된 태도이기도 하다. 고전 문헌들을 완정한 텍스트로 보지 않고 텍스트가 은폐하고 배제한 역사의 파편들을 찾아다녔던 루쉰의 비판적 문헌의 성찰은 어떤 의미에서 「광인일기」의 광인의 작업과 비슷하다. 광인은 "인의도덕"의 일루지오를 조직한 중국문화의 강력한 집합적인 믿음, 즉 기존 중국문화를 매끄럽고 자연스러운 텍스트처럼 보이도록 잇고 있는 "글자들의 솔기"를 뜯어내고 "식인"이라는 중국의 속성을 파악한다. 광인은 아직 상징계의 질서에 들어가지 않은 "아이"를 구하고 싶지만, 현실에서 이 일은 사실 그렇게 녹록하지 않다.

물론, 1910년대 신문화장의 열기는 신성한 "고(古)"와 "경(經)"에서 벗어나 새로운 각성과 부흥의 "국학"의 공몽(共夢)을 통해 갱신되면서, 광인이 시도했던 중국문화의 성찰은 발판이 마련되는 듯했다. 중국문화는 이제 신성성을 탈각하고 "과학적 방법"에 기반한 "정밀한 연구"를 통해 성찰된다. "국고(國故)는 본받는 것이 아니라" "과거 중국의 학술과 정치, 사회 등을 체계적인 사물로 연구"하며 과학적 방법 비판적 태도로 성찰해야 한다는 5·4 무렵 베이징대 문과대에 퍼진 성찰과 개조의 열망이 그러했으며, "중서 회통(中西會通)"을 통해 문화의 상호 융합을 추구하여 민족문화의 정수를 탐색하는(昌明國粹, 融合新知) 칭화국학연구원의 모색 또한 이러한 각성과 부흥을 도모한 "국학(國學)"의 풍경을 구성한다.

하지만 중국문화를 성찰하려는 이러한 신문화장의 노력과 달리, 오래된 일루지오는 습속의 세계에 달라붙어 개조의 열망과 달리 퇴행을 구성하기도 했다. 효와 충과 같은 도덕 감정을 비롯해 예악(禮樂)과 같은 오래된 중국문화의 핵심 코드는 중국문화의 성찰이 아니라 종종 대낮의 광기와 같은 통치의 몽과 결합한다. 민국의 통치자, 교육 관리들이 '존공'과 '독경'의 구호를 내걸거나 만지작거릴 때. 관료와 통치 거버넌스는 공자와 경전이란 오래된 중국문화의 일루지오를 불러와 보통 사람들의 삶과 습속의 세계에 견고하게 들러붙었다. 충과 효, 예악은 그것이 도모했던 이상적 윤리가 증발된 채, 윤리적인 것을 추구하며 고투하는 행위가 증발한 채, 오로지 권력의지만이 껍데기에 붙은 예교의 모습을 띤다. 통치의 몽은 중국문화의 성찰을 휘발시킨 채 중국문화를 소환한다.

위안스카이, 장스자오, 장제스의 존공(尊孔)과 독경(讀經)의 결합에서 보이는 것처럼, 존공과 독경이 결합하여 통치/질서의 안정성과 민족의 자신감, 그리고 여기에 자본의 맛까지 제시해 준다면, 그것은 '유로'를 자처한 사람뿐만 아니라 모던을 자처하고 한때 각성의 공몽

(共夢)을 꾸었던 사람들에게도 매력적인 유혹이 될 수 있다. 나의 생계와 생존의 안정은 기본적으로 중요하다. 하지만 어느 날 생존 그것만이 삶의 유일한 목표가 될 때, 자신들의 세계의 안정을 통어하는 믿음의 체계를 매끄럽고 안정된 것으로 보지 말고 성찰하고 그 믿음을 파상(破像)해 보라는 것, 그것은 '유로'를 자처한 사람들에게는 있을 수 없으며 혹은 모던을 자처하는 사람들에게도 너무나 피곤한 일이 되어 버린다.

생존이 최상위 관념이 된 상황에서, 사람들에게 "꿈"은 어떤 것이 될까. 각성과 부흥과 같은 더불어 꾸는 공몽은 가능할까. 1933년 『동방잡지』에 '신년의 몽상'을 기획했던 기자는 프로이트를 인용해서 "꿈이란 각자 마음 속 비밀을 드러내면서도 사회적 작용을 동반하지 않는다"고 했다. 즉 '꿈'을 꾸는 것은 개체 심리 안에서만 정교하고 복잡한 것으로만 이해된다. 하지만 루쉰은 이 기자의 견해를 다시 프로이트를 가지고 반박한다. "프로이트는 억압을 꿈의 토대로 삼고 있으며" 그렇기 때문에 꿈의 문제를 다룬다는 것은 사회제도나 관습 모든 것과 연결되어 있는 상황을 다루는 것이라 보았다. 따라서 만약 사람들이 꿈만 꾸는 것이 아니라 꿈을 말하고 함께 해석하다 보면 억압 기제를 "질문하고 분석하게 되어" "불온한 것"이 될 수도 있다고 주장한다.[79] 하지만 루쉰의 생각과 달리 1933년 무렵 사람들은 기괴한 환몽에 젖어 소소한 풍월을 읊고, 적당히 안전한 지대에서 동정의 눈물을 흘린다. 자신의 안전이 흔들리지 않는 상황에서 자신만의 공간에서 향유할 수 있는 고전이 필요할 뿐이다. 이때의 꿈은 억압 기제를 질문하고

---

79 루쉰, 「꿈 이야기를 듣고」, 『남강북조집』, 『루쉰전집』 7, 362쪽.

분석하지도 않으며, 오히려 실재의 직면을 피하고 적당한 환몽에만
젖어 있다.

이런 가운데에 광인이 찾는 '아이들', 즉 식인의 상징계 질서에 아
직 들어오지 않은 아이들은 찾기도 힘들지만 찾아도 더불어 생존하
기가 쉽지 않다. 각성의 꿈이나 부흥의 꿈은 사실 『외침』의 서문처럼
모두 부서지기 쉬운 것이다. 그럼에도 불구하고 "절망은 허망하다,
희망이 그러하듯", 환멸 그 뒤에도 여전히 꿈을 길어 올릴 수 있다.
하지만 '유로(遺老)'만 오래된 일루지오를 소환하고 기대는 것이 아니
라, '유소(遺小)', 즉 유로처럼 사는 청년들이 나날이 늘어가고 있음을
루쉰이 알았을 때, 상황은 그렇게 녹록하지 않았다. 존공과 독경을
결합하는 관리들, 예를 들면 국민정부의 '당화교육'은 불온한 청소년
을 감화하고자 학생들의 자치 조직을 감시했다. 당화교육의 일환이
라며 일종의 프락치들을 학내에 넣어 학생조직을 만들고, "의지가 박
약한 학생들"을 찾아 프락치 조직에 넣고 이들을 독려하면서 자치
활동을 하는 동료를 감시하는 임무를 맡겼다. 통치의 몽이 이런 식으
로 개체와 사회를 제어할 때, 더불어 수평적으로 연대하며 함께 밀어
올리는 각성이나 부흥의 공몽은 생기기도 어렵지만 생긴다 해도 쉽
게 부서지기 쉽다.

오래된 일루지오로 소환된 중국의 고전과 문화가 이렇게 통치의
몽과 결합해 버리면, 1920년대 중국문화를 "과학적 방법"으로 "하나
의 사물처럼" 거리를 두고 성찰하는 학자들, 즉 자유롭고 독립적인
개체가 되어 좋은 정부의 이상(후스의 호인정부(好人政府))을 기획한다
하더라도 이러한 상황 아래에서는 이상을 실현시키기가 쉽지 않다.
또한 량치차오가 주장한 학인의 훈련, 즉 자신을 잘 간수하는 "도덕수

양'도 이러한 오래된 일루지오와 낡은 습속이 결합하는 사태와 적절한 거리를 유지하기가 쉽지 않다. 빛나는 '학(學)'의 열정으로 중국 고전과 중국의 문화를 성찰하는 것, 이것은 어떻게 '실제의 삶'과 만날 수 있는가. 1925년 「청년필독서」를 빈칸으로 두었던 루쉰이 "마음이 차분해지는" 적막의 상태에서 던지는 질문이었다. 중국의 고전과 문화는 빛나는 學의 열정에만 존재하는 것이 아니라, 습속에 퍼져있는 "나약한 왕과 나약한 노예"[80]의 국수(國粹)에도 존재한다. 이러한 세계에서 중국의 고전을 읽고 그것을 현재에 소환할 때 그것은 '실제의 삶'과 만날 수 있는 사유를 생산하는가. 고전을 읽고 현재로 소환하는 과정에서 "감각을 예민하게 하여 자신의 고통을 잘 느끼고" 나아가 "타인의 고통"을 알고 다가갈 수 있는 윤리적인 것(the ethical)의 탐색이 가능한가.[81] 1925년 『징바오부간』의 「청년필독서」의 중국책 논쟁의 문제는 지금도 벌어지는 일일 수 있다.

---

80 루쉰, 「거울을 보고 느낀 생각」, 『무덤』, 『루쉰전집』 1, 296쪽.
81 루쉰, 「노라는 떠난 후 어떻게 되었는가」, 『무덤』, 『루쉰전집』 1, 245쪽; 「등하만필」, 『무덤』, 『루쉰전집』 1, 320~323쪽.

20세기 역사 지식 '실학'의 지식사

노관범

1. 머리말

이 글은 20세기 한국 사회에서 조선후기 '실학'이라는 역사 지식이 한국사 통사 체계 안에서 어떻게 조직되어 왔고 어떻게 배치되어 왔는지 그 위치를 검토하는 시론이다. '실학'이 한국사 목차 구조에서 특정한 위치를 부여받고 해당 위치 안에서 특정한 텍스트로 기능하는 양상을 관찰하고 분석함으로써 20세기 한국 사회에서 형성된 '실학'에 관한 역사 지식의 특성을 살펴보고 이를 통해 학술 개념으로서 '실학'에 관한 역사의미론에 도달하고자 하는 것이다. 한국사 통사의 '실학'에 관한 역사 지식으로부터 '실학'에 관한 역사의미론에 도달하고자 하는 이 글의 관심사는 따라서 '실학'의 연구 현황과 연구 논점을 점검하는 일반적인 연구사 정리 작업에 있지 않다.[1] 그 보다는 지식과 개념의

---

[1] 조선후기 '실학' 연구사 정리 작업으로 다음과 같은 연구가 주목된다. 김현영, 「실학

관계에 유념하여 오늘날 자명하게 국민 지식으로 통용되고 있는 '실학'
이 한국사 저작 안에서 역사 지식과 역사 개념으로서 어떻게 발현하고
있었는지 그 복잡한 실태를 드러내고자 하는 데 있다.

사실 '실학'이 조선후기 지성사에 관한 특정한 역사 지식을 내장한
역사 용어로 쓰이기 시작한 지는 얼마 되지 않는다. 본래 '실학'이란
진실한 학문을 뜻하는 일반 명사에 지나지 않았고 과거의 학문을 논할
때 사용하는 말이 아니라 현실의 학문을 논할 때 사용하는 말이었다.
다만 시대의 변화에 따라 '실학'과 연결되는 학문에 차이가 발생할
수 있었는데, 전근대에 통용된 '실학'이 경학, 이학, 경세학 등 유학
내부에 머물렀다면 근대의 '실학'은 자연과학과 실업학을 중심으로 하
는 다양한 분과 학문들, 곧 유학의 외부를 지칭하는 변화를 보였다.[2]
이렇게 근대에 들어와 현실의 '실학'이 지칭하는 학문이 달라졌을 뿐만
아니라 이와 상응하는 역사의 '실학'을 소환하는 사태가 발생했다는
것도 주목할 지점이다. 대한제국기 박은식과 장지연은 근대 '실학' 개
념을 수용하여 이 개념에 비추어 조선후기 유형원, 박지원, 정약용

연구의 반성과 전망」, 『중세사회 해체기의 제문제: 조선후기사 연구의 현황과 과제』,
도서출판 한울, 1987; 조광, 「개항기 및 식민지시대 실학연구의 특성」, 『한국실학연구』
7, 한국실학학회, 2004; 한영우, 「실학 연구의 어제와 오늘」, 『다시, 실학이란 무엇인가』,
푸른역사, 2007; 정호훈, 「한국 근·현대 실학 연구의 추이와 그 문제의식」, 『다산과현
대』 2, 연세대 강진다산실학연구원, 2009; 백민정, 「조선후기 기호지역 실학에 관한
연구동향과 과제」, 『유학연구』 24, 충남대 유학연구소, 2011; 정호훈, 「조선후기 실학
연구의 추이와 성과」, 『한국사연구』 184, 한국사연구회, 2019. 또한 한국 사회에서
'실학'에 관한 연구가 1960·1970년대 근대화론과 결합하여 전개되었음을 지식사회학
의 시각에서 논구한 논문이 출현하여 이채롭다. 이태훈, 「실학 담론에 대한 지식사회학
적 고찰-근대성 담론을 중심으로」, 전남대학교 박사학위논문, 2004.
2 노관범, 「대한제국기 '실학' 개념의 역사적 이해」, 『한국실학연구』 25, 한국실학학회,
2013.

등의 학자들에게 '정치학' 또는 '경제학'의 동류성을 입히고 높이 평가했다. 특히 박은식은 전통 도학의 '허'와 대립하는 근대 분과 학문의 '실'이라는 의미에서 조선시대 도학의 폐해를 '숭허유실(崇虛遺實)' 네 글자로 요약하는 투철한 실학의식을 보였다.[3] 이는 근대 실학 개념의 변화와 이에 따른 역사 지식의 새로운 편제를 의미하는데 이에 관해 상론할 방법은 없을까.

이런 견지에서 이 글에서는 20세기에 출현한 한국사 교과서 내지 한국사 개설서를 대상으로 그 안에 들어 있는 '실학' 관련 장절을 집중적으로 검토하려고 한다. 구체적으로 장절의 제목을 갖춘 신사체 한국사 교과서의 효시로서 1900년대 현채의『동국사략』부터 해방 후 한국 역사학계의 한국사 연구를 반영한 한국사 개설서의 시작으로서 1960년대 이기백의『국사신론』까지 30종의 한국사에서 해당 장절을 고찰하고자 한다. 종래 '실학'에 관한 역사지식이 주로 '실학'에 관한 연구 논저의 관점과 입론을 정리하는 방식으로 만들어졌던 데서 탈피하여 '실학'에 관한 역사 지식을 담고 있는 교과서와 개설서에서 실제 그 지식의 현장을 답파하자는 생각에서 이와 같은 방법을 취했다.

그러면 이해를 돕기 위해 이 글에서 검토할 30종의 한국사와 그 안에 들어있는 '실학' 관련 장의 제목을 제시하면 다음과 같다.

---

3 노관범, 「근대 초기 실학의 존재론」, 『역사비평』 122, 역사비평사, 2018.

〈표 1〉 현채(玄采)의 『동국사략(東國史略)』(1906)에서
이기백(李基白)의 『국사신론(國史新論)』(1961)까지 30종의 한국사 일람

#	저자	사서	연도	'실학' 관련 장 제목
1	玄采	東國史略	1906	文化及黨爭
2		幼年必讀	1907	本朝歷代 十四/ 丁若鏞
3	朴晶東	初等本國略史	1909	英祖의 德政/ 正祖時代의 文學/ 丁若鏞의 不遇
4	黃義敦	大東靑史	1909	英祖及正祖의 政治와 權臣의 勢道/ 宗敎及文學
5		新編朝鮮歷史	1923	英正兩朝의 文治/ 李朝의 文化(一)/ 李朝의 文化(二)
6	權悳奎	朝鮮留記	1926	英正의 治와 學者의 輩出/ 朝鮮의 文化
7		朝鮮留記略	1929	文運의 隆昌/ 朝鮮의 文化
8	張道斌	國史	1916	淸國의 入寇, 黨爭의 弊害/ 朝鮮의 文明과 政治制度
9		朝鮮歷史要領	1923	季世의 治亂/ 制度 및 文化
10		朝鮮歷史大全	1928	季世의 治亂/ 制度 및 文化
11		國史講義	1952	活亂과 淸寇, 黨爭의 弊害/ 朝鮮의 政治制度와 文明
12		國史槪論	1959	朝鮮時代의 八賢/ 國學의 不振
13	崔南善	朝鮮歷史講話	1930	文化의 振興
14		故事通	1943	文化의 振興
15		國民朝鮮歷史	1947	文化의 振興
16	申明均	朝鮮歷史	1931	英正兩朝의 治世
17	中等學校 敎育硏究會	普通朝鮮歷史	1932	영정조의 문화진보
18	李昌煥	朝鮮歷史	1934	文運의 隆昌
19	咸錫憲	聖書的 立場에서 본 朝鮮歷史	1950	新生의 微光

20	김성칠	조선역사	1946	이조의 중흥
21		국사통론	1951	문화의 새 움직임
22	孫晉泰	國史大要	1949	李朝의 文化
23	李仁榮	國史要論	1950	學風의 變遷
24	서울大學 國史硏究室	朝鮮史槪說	1949	亂後의 社會와 文化/ 天主敎의 傳來
25	李丙燾	國史大觀	1948	새 施設과 새 文化의 發芽/ 英·正時代의 文運
26	李弘稙 外	國史新講	1958	學問의인 反省과 文運의 隆興
27	李基白	國史新論	1961	文化의 革新的 氣運
28	유홍렬	한국문화사	1950	실학의 흥기
29	金得榥	韓國思想의 展開	1950	朝鮮我意識의 擡頭
30	玄相允	朝鮮儒學史	1949	經濟學派의 出現과 風動

　위 표는 대략 20세기 초반·중반의 한국사 책들을 본문에서 검토할 주제별로 6개의 범주로 나누어 소개했는데, '실학' 관련 장 제목을 일별해 보면 현채의 『동국사략』에서 이기백 『국사신론』까지 장 제목에서 거의 '실학'을 발견할 수 없음을 보게 된다. '실학'은 오직 #28『한국문화사』(1950)의 장 제목에서 확인될 뿐 오히려 '실학' 관련 장 제목에 빈번히 출현하는 어휘는 '실학'이 아니라 '문화'이다. 그 밖에 '문운'이나 '영정'도 비교적 눈에 띄는 어휘들이다. 아래의 표에서 보듯 '실학' 관련 장 제목에서 추출한 주요 어휘들을 빈도수에 따라 열거하면 대체로 문화(15), 영정(5), 문운(4), 문학(2), 문명(2), 정조(2), 정약용(2) 등의 순서이다. 이는 '실학'이라는 한국사 지식의 타이틀이 '실학'으로 표상되지 못했고, 주로 '영정' 시대의 '문화'나 '문운'의 일부로서 '실학'에 관한 지식이 꾸며져 왔음을 의미한다.

〈표 2〉 30종 한국사의 '실학' 관련 장 제목에서 추출한 주요 어휘 일람

#	대표	단어
1	實學	實學(1)/ 國學(1)/ 學風(1)/ 經濟學派(1)/ 朝鮮我(1)/ 天主教(1)
2	文化	文化(15)/ 文運(4)/ 文學(2)/ 文明(2)/ 微光(1)
3	政治	政治(1)/ 治(1)/ 文治(1)/ 治世(1)/ 中興(1)
4	英正	英正(5)/ 英祖(2)/ 正祖(2)/ 丁若鏞(2)/ 八賢(1)/ 學者(1)

위의 표에서 보듯 한국사 교과서 내지 한국사 개설서에서 추출한 '실학' 관련 장 제목은 '영정'과 '문화'에 집중해 있는데, 이는 '실학'이라는 역사 지식이 기본적으로 영정조시대 문화라는 관념 위에서 구축되어 왔음을 의미한다. 이러한 사실에 유념하며 한국사 교과서 내지 한국사 개설서에서 발현되는 '실학'의 역사의미론을 추구하기 위해 다음과 같은 몇 가지 물음이 가능하다.

첫째, 한국 근대 역사학에서 '영정'과 '문화', 그리고 '실학'에 관한 초기적인 지식은 어떻게 형성되었는가? 이 글의 제1장 제1절 「문화(文化), 영정조(英正祖), 정약용(丁若鏞)」은 이에 관한 서술이며 〈표 1〉 #1~#3의 역사책을 대상으로 한다.

둘째, 영정조의 '문화'에 관한 지식으로서 '실학'은 어떻게 확장되고 있었는가? 이 글의 제1장 제2절 「문화(文化)와 유교(儒教)」는 이에 관한 서술이며 〈표 1〉 #4~12의 역사책을 대상으로 한다.

셋째, 처음으로 '실학'이라는 어휘를 사용하여 '실학'에 관한 체계적 지식을 창출한 문헌은 무엇이었으며 이후 어떤 영향을 미쳤는가? 이 글의 제1장 제3절 「조선학(朝鮮學)으로서의 실학(實學)」은 이에 관한 서술이며 〈표 1〉 #13~#19의 역사책을 대상으로 한다.

넷째, 해방 이전 형성된 '실학'이 해방 이후 겪었던 지식의 변화와 개념의 혼란은 무엇인가? 이 글의 제2장 제1절 「서학(西學)과 청학(淸學)」, 제2장 제2절 「실사구시(實事求是), 이용후생(利用厚生), 경세치용(經世致用)」은 이에 관한 서술이며 각각 〈표 1〉 #20~#23의 역사책, 그리고 〈표 1〉 #24~#27의 역사책을 대상으로 한다.

다섯째, 일반 한국사와 다른 특정한 분야사 저술에서는 '실학' 지식을 어떤 개념 위에서 구축하고 있었는가? 이 글의 제2장 제3절 「신문화(新文化), 조선아(朝鮮我), 경국제민(經國濟民)」은 이에 관한 서술이며, 〈표 1〉 #28~#30의 역사책을 대상으로 한다.

이 글의 관심은 일차적으로 20세기 한국 사회에 출현한 한국사 교과서와 한국사 개설서를 통해 조선후기 '실학'이라는 역사 지식의 형태를 분석하고 이를 통해 학술 개념으로서 '실학'의 정합성을 살피고자 하는 데 있다. 1960년대 이래 한국사학계에서 본격적인 '실학' 연구가 활발하게 일어나기 앞서 이미 '실학'에 관한 다양한 역사 지식이 한국사 통사 저작에서 선행하고 있었음을 돌아봄으로써 '실학' 연구사와 구별되는 '실학' 지식사의 영역이 개척되기를 기대한다.

2. 해방 이전 '실학' 지식의 형성

1) 문화(文化), 영정조(英正祖), 정약용(丁若鏞)

갑오개혁 이후 근대 학제에 따른 신교육의 실시를 배경으로 정부와 민간에서 다양한 종류의 한국사 교과서가 출현하였다. 이것들은 전통적인 편년체에 따라 한국 통사를 기술하기도 했지만 점차 신사체에

따라 주제별로 장절을 마련하여 한국사 지식을 체계화하고 있었다.[4]
이 가운데 현채(玄采)의 『동국사략(東國史略)』[5]과 『유년필독(幼年必讀)』,[6]
그리고 박정동(朴晶東)의 『초등본국약사(初等本國略史)』[7]는 주제별로
장절이 갖추어진 신사체 역사책 중에서 특정한 장 제목이 '실학' 지식
을 구성하는 키워드를 갖추고 있어 주목된다. 즉, 『동국사략』 권3 「문
화급당쟁(文化及黨爭)」, 『유년필독』 권4 「제19과 본조역대 십사(本朝歷
代 十四)」·「제20과 정약용(丁若鏞)」, 그리고 『초등본국약사』 권2 「제15

---

4 갑오개혁 이후 신사체 한국사 도서 중에서 통사의 형태를 취한 것으로는 玄采의 『東國
   史略』(1906)과 사립학교 교수용 각종 초등 역사책(鄭寅琥·朴晶東·安鍾和·柳瑾 등의
   책), 그리고 黃義敦의 『(中等敎科) 大東靑史』 등이 있는데, 이 중에서 근대사학의 시작
   으로 평가받는 것은 황의돈의 『(중등 교과) 대동청사』이다. (조동걸, 「근대 초기의
   역사인식」, 『한국의 역사가와 역사학 하』, 창작과비평사, 1994.)

5 현채의 『동국사략』은 초판(1906년)의 서명은 '東國史略'이었으나 재판(1907년)과 삼판
   (1908년)에 들어 '中等敎科 東國史略'으로 변화했다. 특정한 판을 가리키지 않을 경
   우 '동국사략'이라 통칭하기로 한다(이신철, 「대한제국기 역사교과서 편찬과 근대역사
   학-『동국사략』(현채)의 당대사 서술을 통한 '국민 만들기'를 중심으로」, 『역사교육』
   126, 역사교육연구회, 2013, 124쪽). 다만 이 글에서는 직접적으로 삼판을 참조했기에
   각주에서 '중등교과 동국사략'이라는 제목을 취하기로 한다.

6 『유년필독』은 순연한 한국사 도서는 아니고 『幼年必讀釋義』에서 밝혔듯 한국의 역사
   와 지리 및 세계 사정을 중심으로 엮은 초학서이다. 현채의 초학서의 책으로서는 『初等
   小學』과 『新纂初等小學』의 중간 단계에 위치해 있고, 국권 회복의 목적과 자국의식의
   함양에 투철한 성격이 있어서, 미주 지역에서 『國民讀本』의 이름으로 재간되었다.
   (최기영, 「교과서 『유년필독』과 국민계몽」, 『한국근대계몽운동연구』, 일조각, 1997.)
   다학문적 내용을 시대의 흐름에 따라 기술한 복합적인 한국 통사의 일부로 간주할
   수 있다.

7 『초등본국약사』의 명목상 편찬자는 興士團이나 실질적 편찬자는 박정동으로 알려져
   있다. 박정동의 『초등본국약사』와 鄭寅琥의 『初等大韓歷史』는 대한제국기 '近代史學
   的 敎科書'로 일찍부터 주목받았는데 조선 말기 당대사에 대해 전자는 일본 지배 권력
   에 대한 순응적 관점, 후자는 저항적 관점의 상반된 관계에 있었음이 지적된다. (김여
   칠, 「개화후기의 국사교과서연구(중)」, 『논문집』 18, 서울교육대학교, 1985; 김여칠,
   「개화후기의 국사교과서연구(하)」, 『논문집』 18, 서울교육대학교, 1986.)

영조의 덕정(英祖의 德政)」·「제16 정조시대의 문학(正祖時代의 文學)」·
「제17 정약용의 불우(丁若鏞의 不遇)」가 그것이다. 이것들은 장 제목에
직접적으로 '문화', '정조시대', '정약용' 등을 기입했는데, 이와 같은
요소들에 기반하여 영정조시대 문화로서의 실학이라는 의미가 성립
할 가능성을 예단한다.[8] 논의의 편의를 위해 현채와 박정동의 한국사
저술에서 조선시대 및 '실학' 관련 목차를 표로 나타내면 아래와 같다.

〈표 3〉 현채와 박정동의 한국사 저술에서 조선시대 목차 및 '실학' 관련 목차

玄采, 東國史略	玄采, 幼年必讀	朴晶東, 初等本國略史
권3 近世史	권3	권2
朝鮮記 上	제1과 本朝歷代 一	제1 太祖高皇帝의 創業
四祖世譜	제2과 本朝歷代 二	제2 太宗大王의 活字新鑄
世宗治蹟	제3과 政體 一	제3 世宗大王의 國文親製
世祖靖難	제4과 政體 二	제4 音樂과 簡儀臺
大全의制定	제5과 政體 三	제5 金宗瑞의 北坊開拓
士林의禍及外交	제6과 三角山	제6 南怡의 怨死
壬辰亂	제7과 漢江	제7 李滉의 道學
권4 近世史	제8과 本朝歷代 三	제8 李珥의 先覺
朝鮮記 下	제9과 黃喜	제9 光國三臣의 外交
滿洲入寇及講和	제10과 本朝歷代 四	제10 壬辰의 亂
文化及黨爭	제11과 本朝歷代 五	제11 鄭忠信의 討逆
(※ 黨爭起於書院, 禁書院疊設毁	제12과 孫舜孝	제12 丙子의 亂
祠院, 許浚醫術, 韓濩書法, 曆法,	제13과 九港口三開市場	제13 孝宗大王의 北伐經營
鄭斗源進西洋書籍及器械, 始行	제14과 島嶼	제14 李麟佐의 亂
時憲曆, 貨幣, 常平通寶, 人民知	제15과 本朝歷代 六	제15 英祖의 德政

8 현채의『유년필독』과 박정동의『초등본국역사』는 '실학에 대한 개항기의 관심'이라는
   관점에서 이미 선행 연구에서 주목한 바 있으나 단지 정약용에 대한 관심을 지적하는
   선에서 그쳤다. (조광, 앞의 논문)『유년필독』은 정조의 시대와 정약용을 한 묶음으로
   이해하고 있고『초등본국역사』는 영조의 치세, 정조의 치세, 정약용을 한 묶음으로
   이해하고 있으며 이 두 문헌에서 간취되는 '실학' 지식과 관련해서는 사실 이 점이
   중요하다.

錢之便利, 禁採掘鑛山, 黨派之始 東人西人, 南人北人, 大北小北, 中北骨北肉北, 淸西功西老西少 西, 淸南濁南, 庚申大黜陟, 老論 少論, 南人大用, 殺金壽恒, 殺朴 泰輔, 殺宋時烈, 南九萬爲領相, 改南人政, 東宮代理, 肅宗崩景宗 立, 延礽君封東宮, 東宮聽政, 壬 寅獄, 景宗崩英祖立, 用老論, 李 麟佐擧兵, 禁士人論朝廷及上疏, 英祖政治, 法典纂輯, 大全通編, 英祖正祖時纂輯書籍, 朝鮮第二回 振興, 英祖封東宮, 東宮聽政, 正 祖皇帝立, 洪國榮拜大將世道始初, 洪國榮廢黜, 政治實權常在吏胥, 大院君用人不拘黨派) 外戚及宗親의秉權 歐米及淸日의關係 附甲午後十年記事 乙巳新條約 海牙事件及禪讓 隆熙時事	제16과 本朝歷代 七 제17과 本朝歷代 八 제18과 壬辰亂 제19과 尹斗壽 一 제20과 尹斗壽 二 제21과 李舜臣 제22과 人蔘 제23과 뽕나무 제24과 我國我身 제25과 血竹歌 一 제26과 血竹歌 二 제27과 金德齡 一 제28과 金德齡 二 제29과 關東八景 제30과 젹은 일을 賤ᄒ다 말 일 一 제31과 젹은 일을 賤ᄒ다 말 일 二 제32과 鄭起龍 제33과 愛本國 **권4** 제1과 學問 一 제2과 學問 二 제3과 本朝歷代 九 제4과 李元翼 一 제5과 李元翼 二 제6과 本朝歷代 十 제7과 本朝歷代 十一 제8과 鄭忠信 제9과 悔改ᄒ올일 一 제10과 悔改ᄒ올일 二 제11과 學問을 自修ᄒ올 일 一 제12과 學問을 自修ᄒ올 일 二 제13과 林慶業 一 제14과 林慶業 二 제15과 本朝歷代 十二 제16과 本朝歷代 十三 제17과 人類 一 제18과 人類 二	제16 正祖時代의 文學 제17 丁若鏞의 不遇 제18 洪景來의 亂 제19 大院王의 執政 제20 丙寅의 亂 제21 辛未의 擾 제22 外國의 通商 제23 壬午의 變 제24 甲申改革의 未遂 제25 甲午改革의 發端 제26 改革의 中止 제27 國號의 改稱 제28 日本과의 新協約 제29 今上陛下의 登極 제30 皇太子의 日本留學 제31 地方巡狩 제32 東籍田의 親耕

	제19과 本朝歷代 十四	
	제20과 丁若鏞	
	제21과 淸國	
	제22과 露國	
	제23과 日本	
	제24과 美國	
	제25과 獨立歌 一	
	제26과 獨立歌 二	
	제27과 獨立歌 三	
	제28과 本朝歷代 十五	
	제29과 本朝歷代 十六	
	제30과 本朝歷代 十七	
	제31과 本朝歷代 十八	
	제32과 猶太와 波蘭 國民	
	제33과 臥薪嘗膽	
文化及黨爭	제19과 本朝歷代 十四 제20과 丁若鏞	제15 英祖의 德政 제16 正祖時代의 文學 제17 丁若鏞의 不遇

　먼저 현채의 『동국사략』 「문화급당쟁」은 조선후기의 '문화'와 '당쟁'을 서술했는데, 이 책이 여기서 조선후기 '문화'를 바라보는 기본 시각은 영조와 정조가 호학의 군주로 문헌 편찬에 힘써 조선의 문헌이 이 시기에 가장 성대했다는 것이고, 조선전기 성종 때에 매우 발달했다가 양난으로 침체한 조선의 문화가 숙종 때의 회복기를 거쳐 영조와 정조의 이 시기에 이르러 다시 융성해져 조선의 두 번째 진흥이 이루어졌다는 것이다.[9] 이것은 조선시대 문화의 융성이라는 관점에서 조선

9　〈朝鮮第二回振興〉, 「文化及黨爭」, 『(中等敎科) 東國史略』 권4.
　　… 朝鮮의 文化는 成宗時에 至ᄒ야 極히 發達ᄒ고 其後衰運에 趨ᄒ다가 日本入寇及滿洲入寇ᄒ믈 被ᄒᆫ後로 더욱 萎靡不振ᄒ더니 肅宗時에 漸漸回復ᄒ고 英祖, 正祖時에 至ᄒ야 다시 隆盛ᄒᆫ 域에 致ᄒ니 此ᄂᆫ 實로 第二回振興이오이다 …

전기 성종의 치세와 상응하는 조선후기 영정조의 치세를 상정한 것이다. 그럼에도 '文化가 蔚然ᄒ야 洋洋히 太平氣象이 隆盛ᄒᆫ'[10] 성종의 치세와 비교하면 영정조의 치세는 '一面에ᄂᆞᆫ 黨派의 軋轢이 甚ᄒ고 一面에ᄂᆞᆫ 文化의 進步가 日盛'[11]한 특수성이 있음을 분명히 하고 있다. '문화급당쟁'이라는 제목은 한편으로 영정조의 치세가 당쟁에서 문화로 전환하는 시기인 동시에 다른 한편으로 당쟁과 문화가 병존하는 이중적인 시기였음을 표현하는 것이었다.[12]

문화 융성의 시각에서 영정조의 중흥을 부각하는 『동국사략』의 사안은 박정동의 『초등본국약사』에서도 별반 다름 없이 이어지고 있다. 이 책은 조선후기 「이인좌의 난」과 「홍경래의 난」 사이에 「영조의 덕정」·「정조시대의 문학」·「정약용의 불우」를 차례로 배치하여 역시 영정조시대에 역사적 동질성을 부여하고 있는데, 영조의 치세에 대해서는 '나라이 다사리고 百姓이 便安ᄒ야 太平時代이라 일컷나니라'고 기술하였고,[13] 정조의 치세에 대해서는 '國中에 學士와 詩人이 輩出ᄒ야 우리나라의 文化가 이쎄에 가쟝 盛ᄒ니라'고 기술하였다.[14] 이것은

---

10 「大全의 制定」, 『(中等敎科) 東國史略』 권3.

11 〈英祖封東宮〉, 「文化及黨爭」, 『(中等敎科) 東國史略』 권4.

12 현채의 『동국사략』은 林泰輔의 『朝鮮史』와 『朝鮮近世史』를 참조해 기본 골격을 구성했기 때문에 종래 일본 식민사학의 영향을 혐의받아 한국 근대 역사학의 개척자로서 적극적인 평가를 받지 못했다. 『동국사략』의 「文化及黨爭」이라는 제목이나 그 내부 구성은 『조선근세사』를 따르고 있지만, 조선의 영정조시대에 대하여 '朝鮮第二回振興'이라 평가하여 소제목을 붙여준 것은 임태보의 저작에 보이지 않는 현채 스스로의 표현이었다. 현채의 『동국사략』과 임태보의 『조선근세사』의 차이에 대해서는 이신철, 앞의 논문 참조.

13 「英祖의 德政」, 『初等本國略史』 권2 제15.

14 「正祖時代의 文學」, 『初等本國略史』 권2 제16.

영조의 치국과 안민을 거쳐 정조의 문화 발달이 이루어졌음을 말한 것인데 조선시대 문화 극성기를 정조의 치세에서 구한다는 것이 이채롭다. 정조의 치세에 이어 다시 '正祖皇帝 썩 사람' 정약용을 소개했는데, 정약용이 경제, 법률, 지리 등 온갖 학술에 정통한 저술가로 정치의 '改良一新'에 뜻이 있었으나 때를 만나지 못해 실행하지 못했음을 기술하였다.[15] 이는 정조 치세의 문화 극성기를 배경으로 정약용이 학술을 연구해 조선의 정치 개혁까지 지향했음을 뜻한다. 『초등본국약사』는 이처럼 영정조의 시대를 순차적으로 '영조-정조-정약용', 그리고 '치국안민-문화극성-정치개량'으로 서술함으로써 영정조시대의 '실학' 지식을 구성하는 뼈대를 제공하였다.

박정동의 『초등본국약사』와 달리 현채는 『동국사략』에서 정약용에 관한 별도의 단원을 두지는 않았지만 조선의 천주교 역사를 약술하는 자리에서 정약용이 '九流百家에 無所不通'이고 '經濟學에 尤甚'하여 '本朝五百年來에 第一名儒'라고 칭송하였다.[16] 나아가 그의 다른 저술 『유년필독』에는 정약용에 대한 별도의 단원을 마련했는데, 이 책은 정약용에 앞서 정조의 치세에 있었던 법전의 정비와 천주교 전래를 간략히 언급했고,[17] 이어 '正祖時人' 정약용에 대해 제자백가에 정통하고 세상 사리를 꿰뚫는 '我東五百年來 第一經濟大家'라 칭송하였으며 정약용이 '國民을 開導코자' 저술에 힘썼는데 그 저술이 '近來 文明호 學問家'와 거의 같다고 평가하였다.[18] 이는 대한제국기 정약용

---

15 「丁若鏞의 不遇」, 『初等本國略史』 권2 제17.
16 「外戚及宗親秉權」, 『(中等敎科) 東國史略』 권4.
17 「本朝歷代 十四」, 『幼年必讀』 권4 제19과.
18 「丁若鏞」, 『幼年必讀』 권4 제20과.

을 '我國 經濟學 大先生', '一代 經濟 大方家', '大韓 經濟 先生'이라 칭
했던 대한제국기의 사회적인 관점[19]을 이어받되 '국민 개도'와 '문명
학문'의 빛깔을 부각한 것이다.

이 밖에 안종화(安鍾和)의 『초등본국역사(初等本國歷史)』는 한국사
의 시대마다 맨마지막에 각각 '상고의 문화', '중고의 문화', '근고의
문화', '근세의 문화'를 편장하여 시대별 문화사를 편리하게 일람하는
형식을 도입했는데, 이것은 후술하겠지만 이후 한국 통사에서 정치사
중심의 시대사를 기술한 다음 부록으로 문화사를 덧붙이는 한국사
서술 방식의 효시가 되었다.[20]

전체적으로 이 시기는 문화, 영정조, 정약용 등 후일 '실학' 지식을
구성하는 특정한 요소가 대두해서 영정조시대 문화 현상으로서의 '실
학'을 이해하는 계제가 들어섰다고 평할 수 있겠다.

2) 문화(文化)와 유교(儒敎)

현채와 박정동을 중심으로 1900년대 한국사 교과서가 만들어낸 영
정조의 문화 발전과 학문가의 출현이라는 기본 구도는 1920년대 한국
사 교과서에도 그대로 계승되었다. 1920년대의 대표적인 한국사 교과
서 집필자로 손꼽히는 황의돈(黃義敦)[21]과 권덕규(權悳奎)[22]의 한국사

---

19 「論說」, 『皇城新聞』, 1899.4.17.; 「論說」, 『皇城新聞』, 1899.5.18.; 『皇城新聞』, 1899.8.3.
20 안종화의 『초등본국역사』에는 제1장 제6절 「상고의 문화」, 제2장 제11절 「중고의 문화」,
   제3장 제6절 「근고의 문화」, 제4장 제26절 「근세의 문화」가 있는데 이 가운데 제3장
   제6절 「근고의 문화」는 고려 문화가 매우 진보했고 공예도 발달했음을 특기하였다.
21 황의돈의 한국 통사 저술로는 해방 이전 (중등교과) 대동청사·『신편조선역사』(1923)·
   『중등조선역사』(1926), 그리고 해방 이후 『초등국사』(1945)·『중등국사』(1945) 등이
   있다. 이 가운데 『(중등교과) 대동청사』는 한국 민족주의 역사학 계열의 책 중에서는

서술에서 이러한 점을 확인할 수 있다. 아래의 표는 황의돈의 역사책 『(중등교과) 대동청사(大東靑史)』(1909)(이하 『대동청사(大東靑史)』)와 『신편조선역사(新編朝鮮歷史)』(1923), 권덕규의 역사책 『조선유기(朝鮮留記)』(1926)와 『조선유기략(朝鮮留記略)』(1929)의 조선시대 및 '실학' 관련 목차를 나타낸 것이다.

〈표 4〉 황의돈과 권덕규의 한국사 저술에서 조선시대 목차 및 '실학' 관련 목차

黃義敦, 大東靑史	黃義敦, 新編朝鮮歷史
近古史	제4편 近世史
제3편 文興武衰時代	제1장 李氏朝鮮의 建國과 王位繼承의 戰亂
제1장 蒙古의 壓制 及 裵仲孫의 奮起	제2장 太世兩宗의 文治
제2장 征討日本 及 哈丹의 入寇	제3장 太世兩宗의 武功
제3장 元賊의 虐焰	제4장 世祖의 革命
제4장 征討元賊 及 國權의 復舊	제5장 世祖의 文治와 武功
제5장 辛氏의 亂	제6장 成宗의 文治와 武功
제6장 外敵의 關係	제7장 燕山主의 亂政과 中宗의 革命
제1절 崔瑩의 雄略	제8장 三勳의 專勸과 三浦의 亂
제2절 日本의 入寇	제9장 士禍의 屢起와 奸臣의 專橫 (上)
제7장 高麗의 衰亡	제10장 士禍의 屢起와 奸臣의 專橫 (下)
제8장 太祖의創業及世宗의政治	제11장 日兵의 侵入과 權奸의 屛逐
제9장 野人及日本의 征伐	제12장 宣祖의 初政과 黨爭의 分裂

────

최초의 한국 통사이고, 『신편조선역사』는 황의돈의 가장 대표적인 한국사 개설서이며, 『중등조선역사』는 대중 친화적인 방향에서 『신편조선역사』를 보완한 책이었다. 『신편조선역사』와 『중등조선역사』에 대해서는, 박종린, 「조선사'의 서술과 역사지식 대중화」, 『역사문제연구』 31, 역사문제연구소, 2014 참조. 『초등국사』와 『중등국사』에 대해서는, 민성희, 「해방 직후(1945~1948) 황의돈의 국사교육 재건 활동」, 『역사교육연구』 21, 한국역사교육학회, 2015 참조.

22 권덕규의 한국 통사 저술로는 해방 이전 『조선유기(상)』(1924)·『조선유기(중)』(1926)·그리고 이를 요약한 『조선유기략』(1929)이 있으며 해방 이후 다시 이를 재간한 『조선사』(1945) 등이 있다. 권덕규의 이와 같은 한국 통사 저술들의 조선시대사 인식에 대해서는, 박걸순, 「애류 권덕규의 '조선생각'과 근세사 인식론」, 『애산학보』 42, 애산학회, 2016 참조.

---

23 『大東靑史』에는 '제16장'으로 표기되어 있으나 오류이다.

24 『大東靑史』에는 '제17장'으로 표기되어 있으나 오류이다.

　먼저 황의돈은 조선시대를 문무(文武)의 흥쇠로 보는 의식이 강했는데, 『대동청사』에서 조선시대를 근고사 곧 '문흥무쇠시대(文興武衰時代)'라고 이름붙인 것이나 『신편조선역사』에서 조선 전기 태종·세종과 세조와 성종의 치세에는 '문치'와 '무공'을 기술했음과 달리 영정조의 치세에 대해서는 단지 '문치'를 기술했던 데에서 이를 알 수 있다.

황의돈은 현채의『동국사략』의 영향을 받아『대동청사』에서는 조선
전기 성종의 문화와 정치가 '五百年來의 第一隆盛흔 時代'라 기술했
고,[25] 영조를 이은 정조의 치세에 정치와 문화가 찬란하여 세종과 성종
의 문화 수준을 거의 회복해서 '本朝의 第二回 振興ᄒᄂ 時代'라고
기술했다.[26] 그런데『신편조선역사』에 들어와서는 세종의 문화와 승
평('李朝史上에 第一期 黃金時代')[27], 성종의 치화와 문풍('李朝史上에 第二
期 黃金時代')[28], 정조 때 조선 문화의 절정('李朝史上에 第三期 黃金時代')[29]
으로 조선시대 문화 진보의 세 국면을 말했는데, 이는 정조의 치세를
조선 문화의 극성기로 보는 박정동의『초등본국약사』의 관점을 취한
것이었다.

  권덕규 역시 조선 세종, 세조, 성종의 '문치'와 영정조의 '치'를 서술
했는데, 성종의 '문치'에 대해서는 근세의 지치(至治)가 극도에 이르렀
다고 평가했고,[30] 영정조의 '치'에 대해서는 임진왜란 이후 위축된 문화
가 숙종 때부터 회복되기 시작해 영정조에 이르러 융성해졌음을 기술
했는데[31] 이는 현채의『동국사략』과 동일한 서술 방식이었다. 그러나
특기할 점은『조선유기』에서 「영정의 치와 학자의 배출」이라는 장절
을 통해 영정조의 문화 융성 결과 배출된 학자들, 곧 이익을 필두로
오늘날 조선후기 '실학자'로 분류하는 학자들을 처음으로 상세히 소개

---

25 「世祖의革命及成宗의政治」,『大東青史』 제3편 제10장.
26 「英祖及正祖의 政治와 權臣의 世道」,『大東青史』 제3편 제16장.
27 「太世兩宗의 文治」,『新編朝鮮歷史』 제4편 제2장.
28 「成宗의 文治와 武功」,『新編朝鮮歷史』 제4편 제6장.
29 「英正兩祖의 文治」,『新編朝鮮歷史』 제4편 제26장.
30 「成宗의 文治」,『朝鮮留記』 제3편 제7절.
31 「英, 正의 治와 學者의 輩出」,『朝鮮留記』 제3편 제28절.

했다는 사실이다.[32] 단지 '실학'이라는 어휘가 없을 뿐 영정조의 학자라
는 개념으로 오늘날의 '실학자'의 역사상을 처음으로 만들었다고 해도
과언이 아니다. 여기에 유형원이 제외되고 이익부터 소개된 것은 영정
조의 문화라는 기준에 충실한 선별이었음을 가리키는 것이다.

앞서 안종화의『초등본국역사』가 한국 통사로서 처음으로 시대사
끝에 문화사를 첨부하는 형식을 도입했음을 언급했지만, 황의돈의『신
편조선역사』와 권덕규의『조선유기』도 이 형식을 준용하여 조선시대
편의 맨마지막에 문화사 항목을 배치하였음이 확인된다.[33]『신편조선
역사』는「이조의 문화」에서 조선의 한문학, 국문학, 철학, 사학, 천문
역상학, 경학, 예학, 의학, 지리학, 백과학 등의 저명한 학자를 소개했
는데, 오늘날의 '실학' 지식과 관련해 주목되는 것은 한문학 분야에서
영정조에 문치가 행해져 박지원·홍양호·홍석주·김매순 등 '문호'가
배출되었고 '동국적 특종문학'과 '열열자유의 동국적 자가시'가 쏟아져
나와 '조선문학의 황금시대'를 열었음을 서술한 것, 그리고 이익·유형
원·정약용 등 '백과학자'가 제반 분야에서 다방면의 연구를 통해 '동양
학술상 백과전서'를 산출했음을 서술한 것이다.[34] 이는 황의돈의 경우
권덕규와 달리 영정조의 문인학자를 군이 따로 선별해 별도의 장절로

32 「英, 正의 治와 學者의 輩出」,『朝鮮留記』제3편 제28절: 이익의 博學純正, 이상정의
   禮說, 신경준·정약용의 考證學, 안정복 및 이희령·이긍익·한치윤의 史學, 홍대용의
   泰西地震說, 박지원의 조선적 문체, 이덕무 등의 漢詩 四家, 홍계희와 박성원의 韻學,
   황윤석의 語源學, 이광사의 筆과 김홍도의 畵, 강명길의 醫學, 이언진과 윤행임의 才藝
   를 거례하였다.
33 「李朝의 文化(一)」,『新編朝鮮歷史』제4편 제29장;「李朝의 文化(二)」,『新編朝鮮歷史』
   제4편 제30장;「朝鮮의 文化」,『朝鮮留記』제3편 제43절.
34 「李朝의 文化(二)」,『新編朝鮮歷史』제4편 제30장.

독립시켜 소개할 생각은 없었으나 그런 가운데 '조선문학의 황금시대'의 '문호'들, 그리고 '동양학술상 백과전서'를 만든 '백과학자'들에게 관심이 있었음을 의미한다. 『조선유기』 역시 「조선의 문화」에서 국문학자, 국시가, 한문학, 저술, 역상학, 지도학, 의학, 농학, 수학, 감여, 복서, 예학 등 다양한 분야의 명인과 명저를 소개했는데, 여기서 사찬 저술의 명작으로 제시된 것들은 상당수 오늘날 '실학자'로 손꼽히는 인물들의 작품이다.[35]

황의돈과 권덕규는 영정조의 문화라는 관점에서 선별되는 특정한 문인학자들을 의식하고 있었지만 이들에게 아직 '실학' 또는 이와 상응하는 뚜렷한 범주적 개념을 부여하지는 않았다. 다만 이들은 이들이 중시하는 '문화'의 대척점에 '유교'라는 대립자를 상정하고 있었는데 '문화'와 '유교'의 이러한 대립 관계는 훗날 '실학'과 '유교'의 대립 관계를 예비하는 위치에 있다고 생각된다. 이를테면 황의돈은 『대동청사』에서 유교에 당쟁의 에토스가 내재해 있고 유교가 실(實)을 상실했으며 유교가 국민에게 노예 근성을 주입시켰다고 신랄하게 비판했다.[36] 그런데 『신편조선역사』에서는 똑같이 유교의 폐해를 말해도 이를테면 학문적인 천재가 유학자의 공격을 당하면 '自由活潑흔 新理想 新學 說이 寂然無聞'케 되는 상황, 곧 유교의 엄숙주의 때문에 학문의 자유로운 발전이 좌절되는 상황을 문제시하고 있어 주목된다.[37] 예를 들어

---

35 「朝鮮의 文化」, 『朝鮮留記』 제3편 제43절: 사찬 저술의 명작으로 소개된 것들은 유계의 『여사제강』, 오운의 『동사찬요』, 임상덕의 『동사회강』, 이희령의 『약파만록』, 신경준의 『강계지』, 안정복의 『동사강목』, 정약용의 『여유당집』, 권문해의 『대동운부군옥』, 유형원의 『반계수록』, 이익의 『성호사설』, 이규경의 『오주연문장전산고』, 서유계의 『산림경제』, 김정호의 『대동지지』, 최한기의 『추측록』 등이다.

36 「宗教及文學」, 『大東靑史』 제3편 제17장.

그는 17세기 송시열의 윤휴 비판을 유학자가 대천재를 공척하는 상황으로 간주했다. 이것은 정확히 '유교'-'문화'의 이항 대립을 전제로 유교의 본질적인 문제를 비판한 것이다. 그가 조선 시인 박은(朴誾)을 영국 시인 밀턴에 비유하고 조선 유학자 기정진(奇正鎭)을 그리스 철학자 플라톤에 비한 것도[38] 조선의 문예나 학술에서 '유교'로 굴절되지 않고 '문화'의 정수를 유지하고 있다고 판단되는 대상에 대한 애정어린 표현이었을 것이다. 그러나 전체적으로 보면 조선시대의 문화적 황금시대라는 것은 유교적 심리가 사회를 지배했기 때문에 조선 학술에는 참신한 성격의 자유롭고 개척적인 '이상(理想)'이 결핍되었고 조선 예술에는 삼국시대에 보이는 '활발미려(活潑美麗)'한 작품이 부재했다는 비관적인 결론에 이르고 만다.[39] 여기에는 조선 말기의 말폐적인 유교에 대한 치열한 비판의식이 개재해 있었을 것이다. 『신편조선역사』는 영정조의 문치로 문화의 극성이 야기되고 그것이 문약의 폐풍으로 이어져 유교가 '허례위식(虛禮僞飾), 존상억하(尊上抑下), 침어양탈(侵漁攘奪)'의 수단으로 형해화되어 국정의 부패로 귀결했음을 지적하고 있다.[40] 한편 권덕규의 경우 조선중기 유교의 융성을 말하면서 정주학 중심의 조선 유교가 노장(老莊)과 육왕(陸王)을 배척하여 협애한 학풍이 발생했음을 지적하였고,[41] 역시 조선 유교에 언론자유가 없어서 주로 성리학이 융성했지만 일면으로는 윤휴(尹鑴)·심대윤(心大允)의

---

37 「李朝의 文化 (一)」, 『新編朝鮮歷史』 제4편 제29장.
38 「李朝의 文化 (二)」, 『新編朝鮮歷史』 제4편 제30장.
39 위의 책, 같은 부분.
40 「國政의 腐敗와 洪景來의 革命亂」, 『新編朝鮮歷史』 제4편 제27장.
41 「儒敎의 隆盛과 佛敎排斥」, 『朝鮮留記』 제3편 제10장 제12절.

'자유학파(自由學派)'와 노수신(盧守愼)·최명길(崔鳴吉)·정제두(鄭齊斗)
의 '양명학파(陽明學派)'도 존재했음을 잊지 않았다.[42]

황의돈의『신편조선역사』, 권덕규의『조선유기』와 더불어 장도빈
의『조선역사요령(朝鮮歷史要領)』(1923)도 1920년대의 주요 한국사 저작
이었다. 지은이 장도빈은『조선역사요령』이외에도『국사(國史)』(1916),
『조선역사대전(朝鮮歷史大全)』(1928),『국사강의(國史講義)』(1946),『국사
개론(國史槪論)』(1954) 등의 한국 통사를 남겼다.[43] 이들 저작의 조선시
대 및 '실학' 관련 목차를 표로 나타내면 아래와 같다.

〈표 5〉 장도빈의 한국사 저술에서 조선시대 목차 및 '실학' 관련 목차

國史	朝鮮歷史要領	朝鮮歷史大全
近世 朝鮮時代 제37장 朝鮮 太祖의 創業 제38장 太宗의 政治, 世宗의 盛德 제39장 世祖와 成宗, 中宗과 明宗 제40장 日本의 入寇, 李舜臣의 大功 제41장 淸國 入寇, 黨爭의 弊害 제42장 朝鮮의 末世, 日本의 侵略 제43장 韓國滅亡 제44장 朝鮮의 文明과 政治制度	近世 제1기 朝鮮의 全盛 제36장 朝鮮의 創業 제37장 世宗의 功德 제38장 治蹟의 繼續 제39장 士禍時代 제40장 外交槪要 제2기 朝鮮의 衰弱 제41장 黨爭과 外寇 제42장 季世의 治亂 제43장 制度 및 文化 제44장 朝鮮末葉의 史要	近世 제1기 朝鮮의 全盛 제36장 朝鮮의 創業 제37장 世宗의 功德 제38장 治蹟의 繼續 제39장 士禍時代 제40장 外交槪要 제2기 朝鮮의 衰弱 제41장 黨爭과 外寇 제42장 季世의 治亂 제43장 制度 및 文化

---

42 「朝鮮의 文化」,『朝鮮留記』제3편 제10장 제43절.
43 장도빈의 한국 통사 저술로는 해방 이전『국사』(1916)·『조선역사요령』(1923)·『조선
역사대전』(1928) 등이 있고, 해방 이후『국사강의』(1946)·『국사요령』(1950)·『국사개
요』(1952)·『국사개론』(1954) 등이 있다. 해방 이후 한국 통사 저술은 그가 설립한 국
사원에서 출판되었다. 장도빈의 저작과 논설에 대해서는, 김희태, 「산운 장도빈 연구」,
동국대 박사학위논문, 2012 별표 참조. 이 글에서 이용한 장도빈의 한국 통사 저술들은
『산운장도빈전집』(산운기념사업회, 1982)에 모두 수록되어 있다.

제44장 朝鮮의 文明과 政治制度	제43장 制度 및 文化 10. 학술	제43장 制度 및 文化 10. 학술

國史講義	國史槪論
제4편 近世史 제49장 朝鮮 太祖의 創業 제50장 太宗의 政治와 世宗大王의 盛德 제51장 世祖·成宗時代, 中宗·明宗時代 제52장 黨爭과 外寇, 李舜臣의 偉功 제53장 适亂과 淸寇, 黨爭의 弊害 제54장 朝鮮의 政治制度와 文明	近世史 **朝鮮史硏究의 大要** 91. 朝鮮 太祖·太宗의 事大主義 92. 太祖·太宗·世宗의 對中外交의 內容, 朝鮮은 自主獨立國 93. 慕華思想의 亡國 94. 事大主義, 慕華思想의 亡國罪人 95. 文弱亡國의 極度狀態 96. 正義 없는 社會 97. 儒敎의 失敗 98. 土地 自由 99. 形式倫理의 發達은 世界 第一 100. 朝鮮時代 서울 戶口 101. 世宗大王의 國文 만든 淵源 102. 李舜臣의 肖像과 龜船 103. 朝鮮時代의 八賢 104. 國學의 不振 105. 우리나라 故事 106. 滿洲와 日本 西部는 朝鮮 屬藩 107. 世界가 朝鮮의 自主獨立을 公認함 108. 朝鮮의 自主獨立은 馬關條約으로 因하여 破 壞되었다 109. 三國史記 批評
제54장 朝鮮의 政治制度와 文明 제2 조선의 문명 학술	103. 朝鮮時代의 八賢 104. 國學의 不振

위의 표에서 보듯 장도빈 역시 시대사의 끝에 문화사를 편장하는 형식을 준용하여 조선의 제도와 문명 또는 문화에 관해 서술하였다. 앞서 황의돈이나 권덕규와 마찬가지로 장도빈의 『국사』는 현채의 『동국사략』의 관점을 수용해 조선이 중기에 당쟁과 외침 때문에 문화가

쇠퇴했으나 영정조시대에 문화가 부흥했다고 인식하였고, 이 시대의 문화로 문학(박지원·유득공)·사학(안정복)·정치경제학(정약용) 등을 열거하였다.[44] 정약용이 '정치경제학'으로 유명했다고 소개된 것은 앞서 현채의 『유년필독』에서 정약용이 '제일경제대가'로 표현된 1900년대의 관념이 지속된 결과로 보인다. 장도빈은 『국사』에 이어 『조선역사요령』에서도 정조시대의 조선 학술로 박지원(문)·유득공(시)·정약용(법률·경제학)·안정복(조선사학)을 소개했고, 이 범위는 『조선역사대전』에서 부분적으로 확대되었다.

이렇게만 보면 장도빈도 조선후기 영정조의 문화 부흥에 주목하고 정조시대 문예와 학술의 대표자를 선별했다는 인상을 받을지 모른다. 그러나 그가 『조선역사요령』과 『조선역사대전』에서 공통적으로 주장한 것은 조선의 학술은 예외적인 일부를 제외한 기타 각종 학술이 모두 퇴보했다는 것이었다. 『국사』(1916)를 수정한 『국사강의』(1952)는 나아가 조선 문명이 '발전(태조)-극성(세종)-쇠퇴(연산군 이래)-더욱 퇴보(당쟁과 외침)-부흥(영정조시대)-아주 퇴보(말세)'의 단계를 거쳤음을 명시하여 조선 문명의 최종 상태를 '아주 퇴보'로 못박기까지 하였다.[45] 물론 『국사강의』는 조선시대 문학과 유학이 대발달했고 산수학, 천문학, 법률학, 음악학, 의학 및 국사학, 정치경제학, 나아가 서양학술도 존재했음을 서술하였다. 영정조시대에 천주교가 수입되어 '서양학술연구사상이 많이 진보'했음을 인정했다. 그러나 중국 문화를 숭배하는 조선 유학의 모화사상(慕華思想) 때문에 조선의 고유문

---

44 「朝鮮의 文明과 政治制度」, 『國史』 제44장.
45 「朝鮮의 政治制度와 文明」第二「朝鮮의 文明」, 『國史講義』 제54장.

화와 독립사상이 대타격을 받아 조선의 국망에 이르렀다는 점이 그에게는 가장 중요한 문제였다.[46] 그는 모화사상에 반항한 이채로운 인물로 허목(許穆)을 지목했다.[47] 물론 『국사강의』에 앞서 『조선역사요령』과 『조선역사대전』에서 유교의 고질병으로 중국 숭배·실업 천시·미신·문약 등이 이미 거론된 터였다.[48]

장도빈은 『국사개론』에서 다시 한번 조선 문화의 퇴보 원인을 조선 유교의 모화사상에서 구했고 이 모화사상에 대한 치열한 반동으로 조선의 '국학(國學)'을 상정했는데 조선 '국학'의 주요 인물들은 오늘날 '실학'의 범주에 속한다.[49] 그가 '실학' 대신 굳이 '국학'을 상정한 것은 조선에도 일본과 같은 국학이 존재했으나 일본의 국학이 『대일본사(大日本史)』의 정신을 발휘해 유신(維新)과 부강(富强)을 견인했음과 달리 조선의 국학은 고전 연구에 안주하며 국가 변혁을 이룩하지 못했음을 애석하게 여기는 마음에서였다.[50] 조선 유교의 모화사상 때문에 위대한 국학자의 배출과 이들의 성공이 어려웠다는 것이다. 따라서 조선 사회에서 국학 연구보다 중요한 것이 국학을 좌절시키는 유교와의 사상적 투쟁이 될 것임은 논리의 필연이다. 이러한 투쟁의 주체로 그가 고안한 조선시대의 '팔현(八賢)'은 유교(趙憲)·불교(休靜)·동학(崔濟愚)·대종교

---

46 유교망국론이 장도빈의 가장 대표적인 한국사 인식임은 이미 선행 연구에서 지적된 바 있다. (조병로, 「산운 장도빈의 근세사 인식」, 『산운사학』 3, 산운학술문화재단, 1989)
47 「朝鮮의 政治制度와 文明」 第二 「朝鮮의 文明」, 『國史講義』 제54장.
48 「制度 및 文化」 十. 「學術」, 『朝鮮歷史要綱』 제43장; 「制度 및 文化」 十. 「學術」, 『조선역사대전』 제43장.
49 장도빈은 조선 '국학'의 주요 인물로 이수광·유형원·한백겸·이익·정약용·유득공·한치윤·안정복·이긍익 등을 거론했다.
50 「國學의 不振」, 『國史槪論』 104.

(羅喆)와 같은 서로 다른 종교, 문학(朴趾源)·백과학(丁若鏞)·지도(金正浩)·국어학(周時經)과 같은 서로 다른 학문을 배경으로 하면서도 조선 유교의 에토스에 맞섰던 '사상가'였다. 장도빈의 '팔현'에서 박지원과 정약용은 각각 유자의 허위와 양반의 횡포를 비판한 대사상가, 구사상을 반대하고 신지식을 주창한 대사상가라고 소개되었다.[51]

3) 조선학(朝鮮學)으로서의 실학(實學)

최남선(崔南善)의 『조선역사강화(朝鮮歷史講話)』(1930)의 출현은 한국 통사 저작들의 '실학' 지식 만들기의 흐름에서 볼 때 분수령이 되는 사건이었다. 전술했듯이 한국사에서 조선후기 영정조의 문치와 이에 따른 문화 발전, 그리고 이를 배경으로 배출된 다양한 학문 분야의 명인들은 이전부터 소개되었지만, 이 시대의 학문 풍조에 대해 '실학'이나 '북학'과 같이 명확하게 개념을 부여해서 역사적 지식의 체계화를 시도한 최초의 인물은 최남선이었다. 최남선이 『조선역사강화』에서 처음 체계화한 '실학' 지식이 이후 어떻게 전개되는지 살펴보기 위해 『고사통』(1943)과 『국민조선역사』(1947)까지 아울러 조선시대 및 '실학' 관련 목차를 표로 나타내면 아래와 같다.[52]

---

51 「朝鮮時代의 八賢」, 『國史槪論』 103.
52 최남선의 한국 통사 저술로서 『조선역사강화』(1930), 『고사통』(1942), 『국민조선역사』(1947)는 '최남선의 3대 통사'라 불리는 특별한 위치에 있다. 그는 「조선역사통속강화개제」(1922) 이후 한국 통사 쓰기를 지속했는데, 『조선역사강화』는 1928년 완성된 후 1930년 『동아일보』에 연재된 것으로 1931년 단행본으로도 출판되었으나 반포 금지되었다. 좁게는 1920년대 한국 문화사학 넓게는 현채의 『동국사략』 이후 신사체 근대사학의 중요한 결실로 평가된다. 해방 전 전시체제기에 간행된 『고사통』과 해방 후 민족국가 건설기에 간행된 『국민조선역사』는 달라진 시대 분위기를 반영한 한국사 해석이 돋보인다.(이영화, 「최남선의 통사 서술에 나타난 역사인식의 변천」, 『한국사학사학보』,

〈표 6〉 최남선의 한국사 저술에서 조선시대 목차 및 '실학' 관련 목차

朝鮮歷史講話	故事通	國民朝鮮歷史
제3편 近世	제3편 近世	제3편 近世
제20장 李氏朝鮮의 創業	제49장 李氏朝鮮의 創業	제67장 漢陽으로 遷都함
제21장 世宗의 制作	제50장 都市施設	제68장 太宗의 內治
제22장 世祖와 成宗의 繼述	제51장 世宗의 制作	제69장 對馬島征討
제23장 士禍	제52장 世祖와 成宗의 繼述	제70장 建州女眞征討
제24장 敎學의 隆盛	제53장 測驗의 學術	제71장 世宗의 制作
제25장 黨論	제54장 編纂事業	제72장 訓民正音
제26장 壬辰의 亂	제55장 厚生政策의 勵行	제73장 世祖의 繼跡
제27장 丁酉再亂	제56장 厚生機關	제74장 庚辰北征
제28장 仁祖의 反正	제57장 南蠻의 來航	제75장 李施愛의 亂
제29장 丙子胡亂	제58장 士禍	제76장 丁亥西征
제30장 老少論의 다툼	제59장 敎學의 隆盛	제77장 編纂事業
제31장 經濟의 新策	제60장 黨論	제78장 經國大典
제32장 蕩平의 機運	제61장 壬辰·丁酉의 戰亂	제79장 棉花奬勵
제33장 文化의 振興	제62장 新武器	제80장 南蠻과의 交通
제34장 戚里政治	제63장 藝業의 弘通	제81장 士禍
제35장 西學의 流行	제64장 活字의 傳播	제82장 三浦倭亂
제36장 民衆의 覺醒	제65장 人口의 流出	제83장 儒學의 隆盛
	제66장 南蠻物種	제84장 黨論
	제67장 仁祖의 代立	제85장 壬辰倭亂
	제68장 丙子亂	제86장 丁酉再亂
	제69장 羅禪擊攘	제87장 武器의 新發明
	제70장 淸朝에 잇는 朝鮮人	제88장 倭亂의 影響
	제71장 老少論의 다툼	제89장 西力東侵의 餘派
	제72장 經濟의 新策	제90장 朝鮮前期의 學術
	제73장 外國貿易	제91장 朝鮮前期의 工藝
	제74장 蕩平의 機運	제92장 佛敎의 推移
	제75장 文化의 振興	제93장 光海主와 仁祖
	제76장 戚里政治	제94장 丁卯·丙子의 胡亂
	제77장 西學의 流行	제95장 羅禪을 물리치다
	제78장 民衆의 起動	제96장 大同法과 常平通寶

한국사학사학회, 2001), 『국사신강』(1958)에 따르면 한국인이 지은 한국사 개설서가 해방 이전 거의 산출되지 못했는데 최남선의 『고사통』이 그나마 예외적인 존재로 언급되고 있다.

	제79장 舊社會의 階級 제80장 婦女生活 제81장 감자와 鴉片 제82장 李氏朝鮮의 名日	제97장 蕩平 제98장 英祖와 正祖 제99장 文化의 振興 제100장 人蔘의 發達 제101장 金氏勢道 제102장 世界의 消息 제103장 天主學이 퍼짐 제104장 新學術 제105장 民衆의 覺醒
제33장 文化의 振興 97. 學風이 變함 98. 朝廷의 編纂사업 99. 北學論	제75장 文化의 振興 223. 學風이 變함 224. 朝廷의 編纂事業 225. 北學論	제99장 文化의 振興

표에서 보듯 최남선은『조선역사강화』에서「탕평의 기운」을 편장하여 영정조의 정치를 서술한 데 이어 다시「문화의 진흥」을 편장하여 영정조의 문화를 서술했는데, 이 점은 영정조의 문화를 부각해 왔던 선행 한국 통사 저술들과 별다른 차이가 없는 것이었다. 그러나 영정조의 문화와 관련된 새로운 인물과 문헌의 출현을 산만하게 나열하는 데서 그치지 않고 그것의 문화사적 의미를 반추하여 마침내 '조선후기 실학'이라는 새로운 학술 개념의 단초를 여는 데 성공하였다. 그는 우선 영정조의 시기에 조선에 관한 연구가 집중적으로 산출되었으며 조정에서도 이 대세에 따라 조선에 관한 문헌을 다수 편찬했다는 점에 주목하여 이러한 현상을 사상과 학풍의 차원에서 적극적으로 해석하였다. 즉, 양난 이후 '자아라는 사상'이 나타나 '조선의 본질을 알고 실제를 밝히려는' 경향이 깊어져 마침내 영정조시대에 학풍이 일변하여 조선 연구가 대세를 이루게 되었다는 것이다. 이것은 '자아의 사상 → 조선의 본질 → 조선의 실제 연구'의 논리에서 도출되는 조선학이

다. 그러나 그는 동시에 '자기 성찰 → 조선의 결함 → 외국의 실제 연구'의 논리에서 북학론의 출현을 서술하였다. 요컨대 최남선에게 영정조 문화의 핵심은 조선을 연구하는 학문, 곧 조선학의 흥왕이었고, 이것은 조선의 '실제'를 밝히려 한다는 점에서 '실학'의 학풍을 함축한 것이었으며, 오랜 기간 중국의 경술과 문학을 연구해 왔던 조선의 전통적인 학풍과 비교하면 참으로 '일변'을 말할 만한 가치가 있는 큰 사건이었다. 이제 유형원과 정약용은 단지 '정치경제학'의 학자에서 그치는 것이 아니라 조선을 연구하는 실학풍의 학자로 새로운 위치를 부여받았으며[53] 이익 역시 단지 '백과학자'에서 그치는 것이 아니라 '실증실용의 학'을 창도해 실학풍에 기여한 학자라는 새로운 위치를 부여받았다.[54] 그럼에도 주의할 점은 최남선은 조선학을 중심 내용으로 하는 실학의 학풍을 명시적으로 서술했지만 이 내용이 들어가는 절 제목의 키워드가 '학풍', 장 제목의 키워드가 '문화'임에서 보듯 실학이라는 용어는 책의 목차 구조에서 영향력이 미미했다는 사실이다.

한편 최남선이 영정조시대의 문화를 조선학의 흥왕으로 보고 있음은 『조선역사강화』에 반영된 학술사·사상사의 편장 방식에 비추어 보아도 합리적으로 전달된다. 조선전기 유교와 불교의 동향에 대해 「교학의 융성」, 조선후기 조선학의 흥왕과 북학론의 대두에 대해서는 「문화의 진흥」, 조선후기 서양의 학술과 종교의 유입에 대해서는 「서학의 유행」을 배치하여 조선시대 학술사·사상사의 전반적 흐름을 '교학(유

---

53 유형원은 '조선의 실지'를 연구해 '조선경제의 개조책'을 제시한 인물로 소개되었고 정약용은 조선학 연구라는 실학의 풍이 최고조에 도달한 인물로 소개되었다.
54 「文化의 振興」, 「朝鮮歷史講話」 제33장.

교·불교) → 문화(조선학·북학론) → 서학(서양학술·천주학)'으로 제시했기 때문이다. 여기서 중요한 것은 최남선이 유학, 조선학(=실학), 서학을 명백히 서로 다른 존재로 구별하고 있다는 사실이다. 『조선역사강화』의 이러한 구분은 『고사통』에도 그대로 계승되지만 『국민조선역사』에 이르면 「교학의 융성」 대신 「유학의 형성」을 배치하고 「서학의 유행」에 없던 「신학술」을 추가하는 변화를 보이게 된다. 여기서 「신학술」은 조선에 유입된 서양의 신학과 신서의 영향으로 19세기 순조대 이후 형성된 조선의 새로운 학문을 가리키는데, 구체적으로 최남선은 이규경·최한기·김정호 등을 소개했다.[55] 그러나 서양 학술의 영향으로 형성된 19세기 조선의 학술은 조선 자아의 사상을 배경으로 하는 18세기 조선의 학문과는 여전히 다른 범주에 속하는 것이었기에 '유학-조선학(=실학)-서학'이라는 조선시대 학문의 3분법은 그대로 유지되었다.

최남선의 『조선역사강화』에서 이루어진 '실학' 지식의 체계는 이후 한국 통사 저작물에 상당한 영향을 미쳤다. 『조선역사(朝鮮歷史)』(申明均, 1931), 『보통조선역사(普通朝鮮歷史)』(中等學校敎育硏究會, 1932), 『조선역사(朝鮮歷史)』(李昌煥, 1934), 『성서적(聖書的) 입장(立場)에서 본 조선역사(朝鮮歷史)』(咸錫憲, 1950) 등의 저작물에서 그러한 사실을 발견할 수 있다. 논의의 편의를 위해 이들 역사책에서 조선시대 및 '실학' 관련 목차를 표로 나타내면 아래와 같다.

---

55 「新學術」, 『國民朝鮮歷史』 제104장.

〈표 7〉 崔南善 이후 한국사 저술에서 조선시대 목차 및 '실학' 관련 목차

申明均, 朝鮮歷史	中等學校敎育硏究會, 普通朝鮮歷史
제3편 近世史 제1장 李朝初期 제2장 世宗의 至治 제3장 世祖와 成宗의 治蹟 제4장 士禍와 儒學 제5장 日本의 入寇 제6장 日本의 再寇 제7장 仁祖反正 제8장 滿洲의 入寇 제9장 黨禍의 慘酷 제10장 英正兩朝의 治世 제11장 勢道와 民亂	제4편 근세사 제28과 이씨조선의 창업 제29과 세종대왕의 위업 제30과 세조의 치적 제31과 사화의 시작 제32과 유학의 융성 제33과 당론의 시작 제34과 임진란 제35과 인조의 반정과 이괄란 제36과 만주의 입구 제37과 당론의 격렬 제38과 영정조의 문화진보 제39과 홍경래란과 외척의 전권
제10장 英正兩朝의 治世 [英祖] [正祖] [思悼世子] [實學의 倡道] [西學의 輸入]	제38과 영정조의 문화진보

李昌煥, 朝鮮歷史	咸錫憲, 聖書的 立場에서 본 朝鮮歷史
제3편 近世史 제1장 近朝鮮의 初期 　제1절 太祖의 建國 제2절 皇子의 爭位亂 (…) 　제22절 儒敎의 蔚興 제23절 佛敎의 萎靡 제2장 近朝鮮의 中期 　제1절 宣祖의 承統 제2절 黨爭의 起源 (…) 　제47절 正祖의 繼述 제48절 文運의 隆昌 제3장 近朝鮮의 末期 　제1절 金氏의 勢道 제2절 洪景來의 亂 (…) 　제43절 乙未事變 제44절 親日黨의 失敗	十二. 受難의 五百年 受難時代 2. 中軸이 부러진 歷史 3. 虛에 돌아간 世宗의 治 4. 무너진 土臺 5. 義人의 피 6. 灰칠 한 무덤 7. 殺人의 歷史 8. 痼疾 9. 栗谷의 徒勞 10. 第一次 患難 11. 第二次 患難 12. 林慶業 13. 新生의 微光

	14. 福音 傳來
	15. 再顚落
제48절 文運의 隆昌	13. 新生의 微光

　신명균(申明均)의 『조선역사』는 영정조의 치세를 별도로 편장하여
영조와 정조의 정치를 간략히 기술한 다음, '실학의 창도'라는 항목을
세워 유형원이 조선의 실지를 연구하여 '실제적 학문'의 선구자가 되었
고 이익과 정약용이 '실증실용의 학문'을 창도했음을 서술하였다.[56] 최
남선의 『조선역사강화』에서 해당 내용을 발췌했지만 '문화'와 '학풍'을
내세운 최남선과 달리 '실학'을 항목에 직접 노출시켰다는 점이 특징적
이다. 『보통조선역사』는 영정조시대의 문장가(박지원·홍석주·김매순),
시인(이언진·박제가·신위), 학자(이익·안정복·신경준·정약용)를 간단히
소개하고 이들에 의해 이 시대의 문화가 크게 진보했음을 서술하였
다.[57] 이창환(李昌煥)의 『조선역사』의 경우 양난 이후 '자아라는 정신',
'조선의 본질을 알고 실제를 밟으려는 경향이 있어서 경제 개조책과
민족성 연구를 중심으로 새로운 학풍으로 들어섰다고 서술한 것은
최남선의 영향이 크지만, 조선이 유교의 모화사상 때문에 자주 정신이
없었고 사대존주주의(事大尊朱主義) 때문에 노예성이 양성되고 활발한
자유정신이 쇠모했다고 서술한 것은 황의돈의 영향이 감지된다.[58] 함

---

56 「英正兩朝의 治世」, 『朝鮮歷史』 제3편 제10장.
57 「영정조의 문화진보」, 『普通朝鮮歷史』 제4편 제38과.
58 「文運의 隆昌」. 『朝鮮歷史』 제3편 「近世史」 제2편 「近朝鮮의 中期」 제48장: 이창환의
　　『조선역사』를 조선후기 '실학' 지식과 관련하여 최남선이 제시한 실학 개념에 후속하
　　는 것으로 주목한 선행 연구가 있다. (조광, 앞의 논문)

석헌의『성서적 입장에서 본 조선역사』는 양난 후 조선에서 자아가 솟구치는 '신생운동(新生運動)'의 전개 과정을 첫째, 배청과 북벌(정치적 해방운동) 둘째, 당론의 탕평(도덕적 민심확청운동), 셋째, 조선 연구(적극적 자기확충운동)로 구분했는데, 여기서 셋째 단계인 조선 연구와 관련해서는 최남선이 조선 연구의 새로운 학풍으로서 실학을 제시했던 구절을 직접 인용했고 특히 '조선 고유의 것을 찾으며 실제적 견지에서 국가 부흥의 도를 찾는 일'이 '이른바 실학'임을 명시하였다.[59]

3. 해방 이후 '실학' 지식의 변화

1) 서학(西學)과 청학(淸學)

전술했듯이 한국 통사에서 '실학' 지식의 체계화는 최남선에 의해 이루어졌고 이후의 조선시대사 서술에 지대한 영향을 미쳤다. '실학'이란 양난 이후 싹튼 자아라는 사상을 배경으로 하는 영정조시대의 변화된 학풍으로 조선의 실제를 연구하는 조선학을 의미하였다. 처음 박정동의『초등본국약사』(1909)에서 정조시대의 문화 극성기에 정

---

59 「新生의 微光」, 『聖書的 立場에서 본 朝鮮歷史』十二 13. 성광문화사, 1950, 222~223쪽: 함석헌의 이 책은 1934~1935년 『성서조선』에 연재된 연재물을 기본으로 해방 후의 상황을 추가하여 출간된 것이다. 따라서 조선후기 '실학'에 관한 기술에서 최남선의『조선역사강화』를 직접 인용하고 그 실학론을 수용한 이 책은 1930년대 한국사 저술에서 검출되는 최남선의 실학론의 영향을 논하기에 적합한 텍스트의 하나이다. 1930년대 함석헌의 한국사 인식에 대해서는, 조광, 「1930년대 함석헌의 역사인식과 한국사 이해」, 『한국사상사학』21, 한국사상사학회, 2003; 박걸순, 「咸錫憲의 역사서술과 역사인식─『聖書的 立場에서 본 朝鮮歷史』를 중심으로」, 『한국사학사학보』22, 한국사학사학회, 2010 참조.

치 개량을 꿈꾸었던 정약용 같은 학자로 제시된 막연한 역사상이, 권
덕규의『조선유기』(1926)에서는 영정조시대의 문화 중흥을 배경으로
배출된 다양한 학자들이라는 역사상으로 변화했다가 이제 최남선의
『조선역사강화』(1930)에 이르러 '실학'의 학풍으로 조선을 연구하는
영정조시대의 학자들이라는 명확한 역사상에 도달하게 되었다. 최남
선은 조선학(=실학)을 유학 및 서학과 서로 구별하였고, 그 형성 배경
에 대해 자아 사상의 출현이라는 내재적 설명을 제공하였다. 이런
의미에서 조선시대 '실학'이란 학술사의 사건인 동시에 사상사의 사
건이 되는 것이었다.

해방 이후 간행된 한국 통사 저술들의 '실학' 지식은 최남선의 입론
체계에서 출발하면서도 다기한 변화를 보여주고 있는데 아래에서 이
문제를 상론하기로 한다. 먼저 김성칠의『조선역사』(1946)와『국사통
론』(1951), 그리고 손진태(孫晉泰)의『국사대요(國史大要)』(1949)와 이인
영(李仁榮)의『국사요론(國史要論)』(1950)의 조선시대 및 '실학' 관련 목
차를 표로 나타내면 다음과 같다.

〈표 8〉 김성칠·손진태·이인영 등의 한국사 저술에서 조선시대 목차 및 '실학' 관련 목차

김성칠, 조선역사	김성칠, 국사통론
41. 이조의 건국	제22장 이씨조선(李朝)의 건국
42. 세종대왕	제23장 근세초기의 발전
43. 사육신의 충성	제24장 근세초기의 사회와 제도
44. 이조의 발전(1)	제25장 근세 초기의 대외관계
45. 이조의 발전(2)	제26장 지배계급의 알륵
46. 이조의 발전(3)	제27장 임진왜란
47. 붕당의 시초	제28장 인조반정과 병자호란
48. 임진왜란 (1)	제29장 난후의 형세
49. 임진왜란 (2)	제30장 근세중기 이후의 정치와 경제

50. 임진왜란 (3)	제31장 문화의 새 움직임
51. 정유재란	제32장 근세 말기의 형세
52. 인조반정	제33장 수구당과 개화당의 대립
53. 병자호란 (1)	제34장 일본과 아라사의 야망
54. 병자호란 (2)	제35장 나라를 잃어버리기까지
55. 병자호란 (3)	제36장 최근세의 사회와 문화
56. 당파싸움	제37장 독립에의 길
57. 이조의 중흥	
58. 당쟁과 탕평책	
59. 천주교의 들어옴	
60. 이조의 쇠망 (1)	
61. 대원군 정치	
62. 이조의 쇠망 (2)	
63. 이조의 쇠망 (3)	
64. 보호조약	
65. 나라를 일허버림	
66. 망국의 서름	
67. 독립에의 길	
57. 이조의 중흥	제31장 문화의 새 움직임 서양문물의 전하여 옴 천주교의 들어옴 학풍(學風)의 변천

孫晉泰, 國史大要	李仁榮, 國史要論
제5편 李氏朝鮮時代(近世史) 및 現代史	제13장 李氏王朝 建國의 基盤
一. 建國 初期의 建設事業	제14장 民族文化의 確立
1.民心 收拾·私兵 撤廢·學術 獎勵·編纂	제15장 事大와 交隣
事業·訓民正音 制定	제16장 土地制度의 變遷과 社會階級
2.清白吏와 學者의 輩出	제17장 士禍와 東西 分黨
3.異民族에 대한 政策과 領土의 擴張	제18장 倭亂과 胡亂
二. 貴族들의 政權 爭奪	제19장 四色싸옴과 勢道政治
1.王位 爭奪	제20장 學風의 變遷
2.士禍(1498~1547)	제21장 鎖國과 開國
3.黨爭(1575~1910)	제22장 壬午軍亂에서 甲午更張까지
三. 日本 및 清과의 戰爭	제23장 日本 帝國主義의 魔手
1.日本과의 七年戰爭(1592~98)	제24장 民族主義 獨立運動의 展開
2.清과의 戰爭(1627~1636~37)	제25장 國史와 世界史
四. 貴族政治의 紊亂과 民衆의 貧困	

五. 民衆의 叛亂 六. 李氏朝鮮의 마지막 　1.西洋과의 交涉 開始 　2.國內 事情과 國際 情勢 　3.日本의 毒牙 七. 民族의 受難 時期 　1.民族의 受難 　2.獨立運動과 民族解放 八. 獨立國家 大韓民國 政府 樹立 九. 李朝의 文化	
九. 李朝의 文化 학문	제20장 學風의 變遷

　김성칠은 『조선역사』의 「이조의 중흥」과 『국사통론』의 「문화의 새
움직임」에서 임진왜란 이후 아주 쇠퇴했던 문화사업이 숙종 시대에
소생하고 영정조시대에 크게 회복되었음을 말했고, 영정조시대에 가
장 주목할 사실로 학문 경향이 달라진 것을 꼽았다. 여기서 학문 경향
의 변화란 무비판적인 중국 학문의 수용에서 벗어나 조선이라는 자아
에 개안했다는 것, 공리공론의 학풍에서 벗어나 사회경제의 실제를
밝히는 방향으로 이동했다는 것, 이 두 가지인데, 여기까지는 최남선
의 입론을 조술한 것이다. 그런데 그는 이 새로운 학풍의 주체로 유형
원·이익·정약용 등을 꼽고 이들을 '실사구시학파'라 명명했으며 이
'실사구시학파'가 청나라 고증학을 수용하고 서양 학술과 천주교를 연
구했음을 거론했다.[60] 나아가 조선의 북학론이 청나라의 실지를 보고

60　김성칠이 말한 '실사구시학파'는 문일평이 말한 '실사구시파'를 지칭하는 것으로 생각
　된다. 문일평은 최남선이 『조선역사강화』에서 수립한 입론을 수용하여 조선후기에 '실
　사구시파의 학풍'이 있었음을 거론했다. 이 학풍은 실사구시의 근본정신으로 자아를

조선의 생활을 고치고자 했음도 부기하였다. 이것은 최남선의 입론과
는 다른데, 최남선은 학풍을 말했지 학파를 말한 적이 없으며 자아
사상과 조선 연구를 말했지 청학과 서학은 말한 적이 없으며 북학론은
실학풍과 더불어 영정조시대 문화 진흥을 구성하는 것으로 설정했지
북학론 그 자체를 실학풍 안에 포함한 적이 없었다. 최남선에게 '실학'
이란 어디까지나 조선 연구를 의미하는 것으로 여기에 청학, 서학,
북학이 포함되지 않는 것은 논리적 필연이었다. 또한 '실학'이라는 학
풍을 공유하면 되었기에 '실학'의 주체가 특정한 학파로 명칭될 필요도
없었다. 김성칠은 최남선의 '실학'을 수용하면서도 여기에 '실사구시학
파'를 덧붙이고 다시 최남선의 '실학'을 넘어서는 청학, 서학, 북학도
모두 '실사구시학파'의 학문에 포함시켰다.[61]

특히 『국사통론』은 '실학' 지식의 체계화에 있어서 『조선역사』와도
구별되는 면모를 보였다. 『조선역사』 「이조의 중흥」이 최남선의 『조
선역사강화』 제31장 「경제의 신책」과 제33장 「문화의 진흥」을 합쳐
요약한 수준이었다면, 『국사통론』 「문화의 새 움직임」의 기본적인 틀
은 차례대로 최남선의 『조선역사강화』 제35장 「서학의 유행」·제33장

중시하고 조선이라는 자아의 근본 문제로서 경제 연구에 착수했다는 것이다. (문일평,
「이조문화사의 별항」, 『조선일보』, 1938.1.3.~1.5. ; 『호암전집』 제2권, 민속원, 1982,
59~65쪽.) 문일평의 실학 인식에 대해서는, 류시현, 「1930년대 문일평의 조선학 연구
와 실학의 재조명」, 『한국인물사연구』 23, 한국인물사연구회, 2015 참조.
61 김성칠은 조선시대 일반적인 문화 상황을 '문화의 쇄국주의'라고 규정하고 그런 속에
서도 '천주교의 유입은 사회문화에 온 파문을 던졌고 청조 고증학의 유입은 실사구
시학파에 심대한 영향을 끼쳤다.'고 진술하였다. 특히, '청년학자들 사이에 제창된
北學議 주장'은 '근세시민사상의 맹아'이며 '이루어지지 못한 문화혁명의 봉화'라고 중
시하였다. 이것은 조선후기 서학, 청학, 북학을 바라보는 김성칠의 관점을 단적으로
드러낸다. (김성칠, 「연행소고」, 『역사학보』 12, 역사학회, 1960, 1~7쪽.)

「문화의 진흥」·제36장「민중의 각성」에서 취해진 것으로, 전자와 달리 후자에서는 '서학-실학'의 연속성이 강조된다. 이처럼 '실학' 이해의 맥락으로 서학이 중시되면서 '실사구시학파'의 구성에서도 이수광이 부각되는데,『국사통론』은 이수광이 조선에 처음 서양사상을 소개했고 이수광의『지봉유설』이 조선의 학풍 변천에 첫 길을 열었다고 기술하였다. 최남선이 자아의 발견과 유형원의 조선 연구를 '실학'의 기원으로 보고 있음과 달리 김성칠은 서학의 발견과 이수광의 서양사상 소개를 '실학'의 개척이라 본 것이다.

손진태의『국사대요』는 시대사 서술에서 별도로 조선후기 '실학'에 관한 내용을 편장하지 않고 시대사의 마지막에「이조의 문화」를 배치하여 이곳에서 '실학'을 논하였다. 그는 조선 유학이 너무나 '정치적·이론적·형식적·중국적'이고 정치 수단으로 활용되기나 할 뿐 민중의 일상생활과는 거리가 멀었는데 이에 대한 반성으로 '실용학문'이 일어났음을 말했다.[62] 이 학문의 흐름에 속한 학자들로 정약용(실제정치의 연구), 안정복(조선 자신의 역사 연구), 박지원·박제가(북학, 조선의 경제 개혁), 홍석모·유득공(조선의 풍속 찾기), 이규경·최한기(서양의 기계와 과학 소개) 등이 소개되었다. 그는 이를 '「조선을 다시 살리자」「자아를 도로 찾자」하는 운동'으로 보았고 다시 이로부터 '「서양을 배워 조선을 다시 살리자」하는 학풍'으로의 변화라는 맥락에서 이규경과 최한기의 역사적 위치를 설정하였다.[63] 이규경과 최한기는 최남선의『국민

조선역사』(1947) 「신학술」에서도 소개는 되었지만, 영정조시대 문화
현상으로서 조선 연구의 새로운 학풍을 의미하는 최남선의 '실학'에는
포함되지 못했으나 손진태의『국사대요』에 이르러 조선후기 '실학'에
포함될 수 있었다.

이인영의『국사요론』은 민족적 세계관, 세계사적 국사관의 확립을
통한 민족문화의 새로운 이해를 목적으로 집필된 것인데,[64]『국사요론』
「학문의 변천」에서 단도직입적으로 서양 문물의 전래로 실학이라는
새로운 학풍이 일어났음을 말했고, 실학이란 '실제 생활을 토대로 학
문을 연구하여 우리나라의 민족 생활을 개량하려는 것'이라고 정의하
였다. 그는 이수광 이래 17세기 조선에서 실학이 발전하고 영정조시대
에는 청나라 고증학의 영향을 받아 실학이 더욱 발전하여 철종·고종
초까지 많은 학자가 배출되었다고 서술했는데 이들을 통칭하여 '실학
파'라고 불렀다. 최남선의 '실학'이 양난 이후 자아의 각성과 영정조시
대의 조선 연구를 중시하는 민족사의 입장이었다면 이인영의 '실학'은
서양 문물의 전래와 영정조시대 청학의 영향을 중시하는 세계사의
입장에 가까웠다.[65] 이는 국사에서 세계의 다른 민족과의 교섭사를
중시하고 국사를 세계사의 일부로 인식하며 국사의 진면목을 세계사
적 조류에서 보고자 했던 그의 지론[66]이 그대로 반영된 현상이었다.
손진태와 이인영의 '실학'은 17세기 서학과 실학, 18세기 청학과 실학,
19세기 서학과 실학이라는 새로운 논점을 만들어냈는데, 이는 본래

---

64 「自序」,『國史要論』.
65 「學風의 變遷」,『國史要論』 제20장.
66 「國史와 世界史」,『國史要論』 제25장.

18세기 영정조시대 조선 연구의 실학풍을 지칭했던 최남선의 입론에
서 이탈한 새로운 지식의 출현을 의미하는 것이었다.

2) 실사구시(實事求是), 이용후생(利用厚生), 경세치용(經世致用)

다음으로 서울대학 국사연구실(國史研究室)의 『조선사개설(朝鮮史概
說)』(1949), 이병도(李丙燾)의 『국사대관(國史大觀)』(1948), 이홍직(李弘
稙)·신석호(申奭鎬)·한우근(韓㳓劤)·조좌호(曺佐鎬)의 『국사신강(國史
新講)』(1958), 이기백(李基白)의 『국사신론(國史新論)』(1961)을 살펴보기
로 한다. 이 책들의 저자는 대한민국 한국사학의 초기에 중심을 이루
었고 학문적 영향력도 지대했는데, 이 책들에서 취한 조선시대 및 '실
학' 관련 목차를 표로 나타내면 아래와 같다.

〈표 9〉 서울대학 국사연구실, 이병도, 이홍직·신석호·한우근·조좌호, 이기백의
한국사 저술에서 조선시대 목차 및 '실학' 관련 목차

서울大學 國史硏究室, 朝鮮史槪說	李丙燾, 國史大觀
제4편 封建的貴族國家時代 (朝鮮)	제4편 近世史(近朝鮮)
제1장 李氏王朝의 確立	近世의 前期(開國-明終末)
제2장 初期의 對外政策	제1. 李氏王權의 確立과 文化
제3장 倭亂과 胡亂	제2. 對外關係
제4장 亂後의 社會와 文化	제3. 士禍와 思想界의 動向
제5장 天主敎의 傳來	近世의 中期(宣祖元年-景宗末年)
제6장 政治의 混沌과 民亂	제4. 支配階級의 分裂과 農村社會의 崩壞
제7장 外勢의 衝突과 內部의 反應	제5. 倭人의 動態와 壬辰·丁酉의 倭亂
제8장 李氏王朝의 終焉	제6. 胡人의 動態와 丁卯·丙子의 胡亂
	제7. 黨爭의 發展
	제8. 새 施設과 새 文化의 發芽
	近世의 後期(英祖元年-純宗末)
	제9. 英·正祖時代의 文運
	제10. 天主敎의 傳來와 迫害
	제11. 勢道政治와 洪景來의 亂

	제12. 三政의 紊亂과 民衆의 動搖
	제13. 大院君의 執政과 鎖國
	제14. 나라의 開放과 새 矛盾
	제15. 複雜한 環境에 쌓임
	제16. 動亂과 改革
	제17. 露帝國의 壓力과 露日戰爭
	제18. 大韓帝國의 末路
제4장 亂後의 社會와 文化	제8. 새 施設과 새 文化의 發芽
제1절 黨爭의 激烈	새 施設
제2절 制度의 變遷	意識의 擴大
제3절 西洋文物의 傳來	學風의 變遷
제4절 學風의 變遷	제9. 英·正祖時代의 文運
제5장 天主教의 傳來	英祖·正祖의 治蹟
제1절 英祖·正祖時代	英·正時代의 學風
제2절 天主教의 傳來	社會生活
	英·正時代의 産業 及 交易
	英·正時代의 戶口

李弘稙·申奭鎬·韓㳓劤·曺佐鎬, 國史新講	李基白, 國史新論
제6편 李氏王朝	제5편 朝鮮王朝
제1장 李氏王朝의 確立	제1장 新王朝의 成立
제2장 國家體制의 整備(上)	제2장 朝鮮王朝의 政治와 社會
제3장 國家體制의 整備(下)	제3장 貴族社會의 分裂
제4장 李朝 初期의 對外政策	제4장 學問과 藝術
제5장 李朝 初期의 文化	제5장 倭亂과 胡亂
제6장 士禍와 黨爭	제6장 黨爭의 激化와 制度의 紊亂
제7장 內政의 紊亂과 邊方의 騷擾	제7장 文化의 革新的 氣運
제8장 壬辰倭亂	제8장 社會의 混亂
제9장 丙子胡亂	
제10장 黨爭의 激化와 社會의 頹廢	
제11장 學問的인 反省과 文運의 隆興	
제12장 天主教의 傳播와 그 影響	
제13장 勢道政治와 民亂의 動搖	
제11장 學問的인 反省과 文運의 隆興	제7장 文化의 革新的 氣運
西勢東漸과 朝鮮	西洋文化의 傳來
새로운 學風의 擡頭	實學의 發生
文運의 隆興	實學의 發展
國文學의 新傾向	實學의 極盛

	天主敎의 傳來 國文學 美術

먼저 이인영의 지도를 받는 경성대학(京城大學) 조선사연구회(朝鮮史研究會)(=서울대학 국사연구실)에서 집필한『조선사개설』은 이 책의 서문을 지은 손진태에 따르면 '지금까지 세상에 나온 조선사 중에서는 확실히 일보 전진하였고 또 특색이 있는 것이라'는 비평을 들었는데, 사회구성의 발전단계에 따라 시대구분을 취한 이색적인 한국사였다. 이 책은 조선후기 '실학'의 전개 과정에서 영정조시대와 그 이전을 아예 구별해서 편장했는데, 이것은 영정조시대 문화로서의 '실학'이라는 단일한 정체성을 뒤흔드는 전례 없는 태도인 바, 초기 '실학'(17세기)과 본격 '실학'(18세기)의 이원화된 사고를 열어주는 사례로서 주목된다.

이 책은「난후의 사회와 문화」라는 범주에서「학풍의 변천」을 다루었고, 다시「천주교의 전래」라는 범주에서「영·정조시대의 학문」을 다루었다. 전자의 경우 양난 이후의 격심한 사회 모순, 서양 문물과 서학의 동점(東漸)을 배경으로 자기반성과 개혁사상을 거쳐 '실사구시의 학'이라는 신학문이 일어났음을 말했다. '실사구시'의 근본정신이 개혁정신에 있었기에 이 학문에서 중요한 것은 '공리공론'에서 '실사구시'로라는 '학풍의 변천', 그리고 '사회의 개혁운동에 대한 이론'이라는 양면이었다. 이에 따라 서양문물과 서양사상을 소개한 이수광이 '학풍 변천기에 있어서 최선진의 학자'로 소개되었고, 전제개혁론을 주장한 유형원이 '실사구시의 학 즉 실학을 연구하는 실학파'의 시초로 소개되었다.[67] 후자의 경우 영정조의 문운을 배경으로 실학의 학풍이 다시 번성하는 국면인데, 서양학문과 접촉한 이익이 당대 학풍의 선구적 역할을 담당했고 청조문화의 극성기에 청국 석학과 접촉하고 청국 서적을 흡수하는 새로운 문화 조류 속에서 김정희가 '실사구시의 신학'을 주창했음을 특기했다.[68] 이는 서학과 청학을 배경으로 조선후기 '실학'의 성장과 발전을 서술하되 상대적으로 조선의 사회 모순에 대한 개혁정신으로서 '실사구시'를 부각한 점이 특징이다.

다음으로 이병도(李丙燾)의 『국사대관(國史大觀)』도 역시 영정조시대와 그 이전을 구별하여 조선후기 실학에 관한 두 가지 장절을 편장했는데, 「새 시설과 새 문화의 발아」라는 범주에서 「학풍의 변천」을 다루었고 「영정조시대의 문운」이라는 범주에서 「영·정시대의 학풍」을 다루었다. 전술한 『조선사개설』과 동일한 구조였다. 전자의 경우 서양 문물에 자극을 받아 자아에 개안하여 '실제에 이로운 산 학문, 즉 이용후생의 학문'을 연구하고 '고유한 문학과 역사'를 연구하는 학풍의 변화가 있었음을 서술했고, 이 학풍의 주요 인물로 이수광(학풍변천의 최선진), 유형원(실용의 학), 이익(경제실용의 학, 박학다채한 학풍), 이익의 문하 등을 특기했다.[69] 후자의 경우 '청조 고증학의 영향을 입어 실용실사를 주로 하고 박학다문을 기치로 하는 학풍'이 일어났음을 서술했는데, 이 학풍의 주요 인물로 박지원(북학파의 거두로 혁신적인 사상가), 정약용(청조 고증학의 영향을 받은 훌륭한 저술가), 김정희(청조 고증학의 영향을 가장 농후하게 받은 경학과 금석학의 권위자) 등을 특기하였다.

---

67 「學風의 變遷」, 『朝鮮史概說』 제4편 제4장 제4절.
68 〈英祖·正祖時代의 學問〉, 「英祖·正祖時代」, 『朝鮮史概說』 제4편 제5장 제1절.
69 〈學風의 變遷〉, 「새 施設과 새 文化의 發芽」, 『國史大觀』 제4편 제8.

조선에 관한 왕성한 연구열도 청조 고증학의 영향임을 분명히 하였다.[70] 앞서 최남선이 실학풍의 형성에서 자아의 사상을 중시하고 실학풍의 조선 연구에서 이익과 그 학파의 비중을 강조했다면, 이병도는 실학풍에서 예비적인 '학풍의 변화'와 본격적인 '영정시대의 학풍'을 구별하여 이익과 그 학파는 전자로 돌리고 정작 후자에는 북학론과 청조 고증학을 배치한 다음 실학풍의 조선 연구를 청조 고증학으로 연결시키는 변화를 보여주었다. 후일 이병도는 『국사개설(國史槪說)』(국민사상연구원(國民思想硏究院), 1955)에서 영정조시대는 조선 말기의 '문예부흥기'인데, '이 시대의 학문의 새로운 경향은 청의 고증학의 영향에서 생긴 "실학"의 발달'이었고, '여기서는 이론이나 사상 연구보다 실사 연구를 존중하였으며 백과사전적인 학자가 존경을 받았다.'고 하여[71] 다시 청학과 실학의 관계를 확인하였다.

이홍직·신석호·한우근·조좌호의 『국사신강』은 이병도의 『국사대관』을 기본 틀로 삼아 조선후기 '실학'에 관한 내용을 역시 「새로운 학풍의 대두」와 「문운의 흥륭」으로 나누어 서술하였다. 전자의 경우 새 문물의 유입과 사회 결함의 반성을 배경으로 실제 사회 가치가 있는 학문을 지향하고 자국의 역사지리와 문학을 연구하는 새로운 학풍이 일어났다고 서술한 것은 『국사대관』과 유사하지만, 『국사대관』과 다르게 이 새로운 학풍에 대해 '주자학의 원래 정신을 살리고 수기치인(修己治人)의 실(實)을 거둘 수 있는', '학문의 방법상으로는 실증적

---

70 〈英·正時代의 學風〉, 「英·正祖時代의 文運」, 『國史大觀』 제4편 제9.
71 〈英祖·正祖時代〉, 「李氏朝鮮의 第二期」, 『國史槪說』 10. : 『국사개설』을 편찬한 국민사상연구원에 대해서는, 김봉국, 「1950년대 전반기 국민사상연구원의 성립과 활동」, 전남대학교 사학과 석사학위논문, 2010 참조.

이고 고증적인 경향을 띤, '세무(世務)에 유의하고 경세치용(經世致用)을 중시하는' 학풍이라 설명했다.[72] 이 학풍의 주요 인물로 유형원(경세치용의 학파의 비조), 이익(경세치용의 학, 박학다채한 학풍) 등을 소개했다.[73] 후자의 경우 영정조의 문화사업과 청조 고증학의 영향으로 다채로운 학문·사상이 빚어졌는데 청조의 문물을 흠모하는 북학파가 형성되고 청조 고증학의 영향으로 자국에 관한 고증학적인 연구가 활기를 띠었음을 특기하였다.[74] 이것은 『국사대관』의 관점을 그대로 조술한 것이다. 『국사대관』을 해방 이후 한국사 개설서 중에서 '한국사의 체계를 세운' '현재 국사학계의 대본(大本)'으로 존중한 『국사신강』의 태도[75]가 잘 드러난 사례라 생각된다. 이상의 『조선사개설』, 『국사대관』, 『국사신강』은 조선후기의 새로운 학풍에 관한 키워드로 각각 실사구시, 이용후생, 경세치용이라는 상이한 용어를 구사하여 다소 혼란스런 인상을 준다.

이기백의 『국사신론(國史新論)』은 제7장 「문화의 혁신적 기운」 안에 「실학의 발생」, 「실학의 발전」, 「실학의 극성」이라는 소절을 두어

---

72 『國史新講』의 '실학' 관련 기술은 韓㳓劤의 '실학' 개념 연구와 밀접한 관계가 있다. 한우근은 조선중기의 '실학'이 사장학에서 벗어나 경학을 지향하여 유교 원래의 정신대로 수기치인의 실을 거두는 의론이었다고 보았다. 또한 명말청초 중국 학자의 '실학'이 명대 심학에서 청대 고증학으로 이행하는 과도기의 '경세치용'을 보였음에 주목하고, 조선후기의 '실학' 역시 이 흐름 속에서 '경세의 실학'의 성격을 지닌 것으로 보았다. 즉, 전통 주자학 및 청대 고증학과 구별되는 제3지대로서 '경세의 실학'이다. (한우근, 「조선시대 실학의 개념에 대하여」, 『한우근전집3: 조선시대사상사연구논고』, 한국학술정보(주), 2001)
73 〈새로운 學風의 擡頭〉, 「學問的인 反省과 文運의 隆興」, 『國史新講』 제6편 제11장.
74 〈文運의 隆興〉, 「學問的인 反省과 文運의 隆興」, 『國史新講』 제6편 제11장.
75 「序」, 『國史新講』.

조선후기 '실학' 지식의 체계화를 시도하였다. 「실학의 발생」은 실학 개념을 정리한 것인데, '이조 국가가 당면한 사회적인 위기'를 배경으로 '국가제도의 철저한 개혁을 부르짖는 새로운 학문'을 실학이라 부른다고 하면서, 실학의 연구 대상이 다양하지만 '학문이 현실에서 출발한다는', '허(虛)에 대한 실(實)의 학문'이라는 공통적인 지반이 있으며, '실사구시의 학문, 경세치용의 학문, 이용후생의 학문이 곧 실학'임을 말했다. 이 학문의 중점이 '사회과학과 자연과학'에 있으며 학문의 연구방법이 '실증적'임을 부기하였다.[76] 여기서 주목되는 것은 '실학'의 학문적 정의에 직접적으로 허와 실의 이분법을 구사하고 있으며 '실학'의 학문적 내용을 사회과학과 자연과학에 집중해 현대성을 강조하고 있으며, '실학'의 학문적 키워드로 상기한 『조선사개설』의 '실사구시', 『국사대관』의 '이용후생', 『국사신강』의 '경세치용'을 모두 포함시켜 학문적 정체성의 분열을 막고자 했다는 사실이다. 그러나 『국사신론』의 이와 같은 노력을 통해 역으로 당대 '실학' 지식의 혼란스런 각립을 추론할 수 있다.

이어서 「실학의 발전」은 이수광(실학의 선구자), 유형원(실학을 체계 있는 학문으로), 이익(실학을 학계의 주도적인 학문으로) 등을 서술하였고,[77] 「실학의 극성」은 영정조시대의 문화사업과 청조 고증학의 영향으로 '셀 수 없이 많은 실학의 대가들'이 출현해 영조·정조·순조의 시기에 다방면에서 학문적 업적을 쌓았음을 서술했는데, 정약용과 북학론자의 사례를 들어 '현실사회의 개혁에 대한 강한 의욕을 학문적인 면에

---

76 〈實學의 發生〉, 「文化의 革新的 氣運」, 『國史新論』 제5편 제7장.
77 〈實學의 發展〉, 「文化의 革新的 氣運」, 『國史新論』 제5편 제7장.

반영시켰다'는 점에서 실학의 학문적 진보성을 평가했다. 특히 북학론자의 실학으로서의 중요성이 청 문화의 예찬이 아니라 조선 현실의 개혁에 있음을 분명히 함으로써 영·정시대의 실학에 대한 청조 고증학의 영향을 절대적으로 강조하는『국사대관』과 태도를 달리하였고 오히려 개혁 이론의 측면을 부각한『조선사개설』의 관점에 동조하였다.『국사신론』에게 실학이란 무엇보다 현실 개혁을 위한 학문 프로젝트였던 것이다.[78]

3) 신문화(新文化), 조선아(朝鮮我), 경국제민(經國濟民)

해방 후 한국 통사 저술 작업은 일반사 뿐만 아니라 분야사에서도 진행되고 있었다. 분야사의 한국 통사로서 조선후기 '실학'에 관한 장절을 갖춘 대표적인 저술로는 문화사 분야에서 유홍렬의『한국문화사』(1950), 사상사 분야에서 김득황(金得榥)의『한국사상(韓國思想)의 전개(展開)』(1950), 유학사 분야에서 현상윤(玄相允)의『조선유학사(朝鮮儒學史)』(1949) 등이 있다. 유홍렬의 문화사, 김득황의 사상사, 현상윤의 유학사는 일반 한국사 개설서에서 구축한 '실학' 지식을 공유하면서도 분야사 특유의 시각에서 이를 서술하고 있었는데, 각각의 저술에서 조선시대 및 '실학' 관련 목차를 표로 나타내면 아래와 같다.

---

78 〈實學의 極盛〉,「文化의 革新的 氣運」,『國史新論』제5편 제7장.

〈표 10〉 문화사, 사상사, 유학사 저술에서 조선시대 목차 및 '실학' 관련 목차

유흥렬, 한국문화사	金得榥, 韓國思想의 展開	玄相允, 朝鮮儒學史
제3편 근세 조선 문화 제7장 근세 조선 전기의 문화 사대 정치의 문화에 끼친 영향 사회 계급의 분렬 유교적 정치 제도 경제 생활 주자학의 발달과 그 영향 국문의 제정과 국학의 발달 불교의 쇠퇴 건축과 예술 제8장 근세 조선 중기의 문화 당쟁정치의 문화에 끼친 영향 사회 상태 제도의 개편 국학의 발달 실학의 흥기 천주교의 전래와 동학 예술 제9장 근세 조선 후기의 문화 국제 무대에의 진출과 문화의 특색 계급사회의 무너짐 개화된 정치 제도 경제와 산업 개발 통신과 교통 시설 교육과 후생 시설 사상과 문예	제10장 儒敎의 傳來와 其影響 제11장 讖緯風水說의 流行 제12장 陰陽五行說의 流行 제13장 朝鮮我意識의 擡頭 제14장 兩班노름과 其反動思想 제15장 新興宗敎의 簇生 제16장 開化思想과 守舊思想 제17장 國家思想의 沸騰 제18장 基督敎의 傳來와 其影響	제1부 제3장 李朝 初期의 儒學 제4장 至治主義의 儒學 제5장 性理學 제6장 退栗 前後의 一般 名儒 제2부 제7장 禮學 中心의 儒學 제8장 慕華思想의 鼓吹 제9장 黨爭時代의 儒學 제10장 陽明學의 流入과 排斥 제11장 湖洛學派의 分裂 제12장 經濟學派의 出現과 風動 제3부 제13장 性理學의 再燃 제14장 西學 感染의 騷動 제15장 斥邪衛正의 運動 제16장 近世 以後의 一般儒學界
제8장 근세 조선 중기의 문화 5. 실학의 흥기	제13장 朝鮮我意識의 擡頭 世宗大王의 한글 創製 2. 自我意識의 昂揚 3. 朝鮮學의 擡頭 4. 朝鮮美의 創造	제12장 經濟學派의 出現과 風動 제1절 經濟學派의 擡頭와 그 原因 제2절 經濟學派의 學風 제3절 經濟學派의 勢力과 그 代 表者

　유홍렬의『한국문화사』는 제목 그대로 문화의 관점에서 한국사의
변화를 서술한 책이다. 이 책은 한국 문화에 세계적 발명품과 예술적
걸작이 있었음을 들어 한국 민족의 문화 창조 능력을 신뢰하면서도
삼국(가장 찬란한 문화), 통일신라와 고려(조금 볼만한 문화), 조선(가장
활기가 없는 문화)으로 시대가 내려올수록 문화가 퇴보했다고 생각했
다.[79] 조선시대의 경우 주자학을 지도 이념으로 삼아 불교문화가 파괴
되고 국학의 배척과 서학의 탄압이 자행되었음이 문제로 지적되었는
데, 그렇기에 이 책의 관심사는 조선전기 유교적 문물제도가 정비된
후 조선후기와 조선말기에 일어나는 '신문화 건설운동'에 있다.[80] 곧
실학이란 '실학 운동', 즉 임진왜란을 계기로 조선에서 사상적인 변화
가 일어나 형식적인 주자학을 떠나 실사구시를 추구하는 '실학파'의
'신문화 건설운동'을 의미한다. 실학의 배경은 명말 이래 서양의 천주
교 신부가 중국에 와서 전파한 서양 문물의 조선 유입과 그것이 초래
한 인생관과 세계관의 확대에 있고, 영정조시대의 실학이 조선의 문화
융성과 청의 고증학의 영향으로 더욱 발달하지만 이 과정에서 연행에
참여한 조선 학자가 북경 현지에서 서양 신부와 접촉한 사실을 놓치지
않는다.[81]

　그런데 이 책은 조선시대 학술사의 변화를 조선 전기의 주자학과
국학에서 조선 후기의 국학과 실학으로 기술하고 있는데, 주자학 및
실학과 구별되는 제3의 지대로서 국학을 설정하고 있음이 독특하다.

---

79 「현대 문화와 우리의 사명」 2. 「우리의 사명」,『한국문화사』제10장.
80 「근세 조선 문화」,『한국문화사』제3편, 144쪽.
81 「근세 조선 중기의 문화」 5. 「실학(實學)의 흥기」,『한국문화사』제3편 제8장.

이것은 '실학파'의 학술에 직접 연결되지 않지만 조선의 문화 창달에 기여한 것들, 이를테면 『실록』, 『동국통감』, 『동국여지승람』, 『동국문헌비고』, 『국조악장』, 『무예도보통지』 등 다양한 국고 문헌과 기타 국문학 분야의 다양한 작품들이다. 그 결과 규장각의 설립이나 영정조의 문헌 편찬 사업이 '실학'과는 별개로 '국학'의 범주로 진입했는데, 이것은 국학과 실학을 구별하여 최초 최남선이 제안한 조선학으로서의 실학에 개념적 혼란을 초래한 면도 있지만, 그 결과 '실학'은 국가와 분리된 또는 국가에 맞서는 민간의 문화운동으로 더욱 선명한 색채를 띠게 되었다.[82] 유홍렬은 후일 『한국근대화의 여명』(1971)에서 '이씨 왕조의 봉건적 암흑시대에 있어서 우리나라를 근대화하려고 북경을 거쳐 전래된 서양학술사상관계의 서적을 연구한 끝에 실학, 서학이라는 새로운 학풍을 일으킨 학자들[83]의 업적을 소개했는데, 이로 보아 그가 말한 '실학파'의 '신문화 건설운동'이 달리 말해 '근대화운동'이고 실학풍이 다름 아닌 서학 연구이며 따라서 그가 말한 '신문화'가 영정조시대의 '문화' 일반과는 구별되는 근대 지향의 의미를 함축하고 있음을 알 수 있다.[84]

김득황의 『한국사상의 전개』는 한국 사상사 저작물인데[85] 직접적인

---

82 위의 책, 같은 부분.

83 유홍렬, 「머리말」, 『한국근대화의 여명』, 탐구당, 1971.

84 『한국문화사』 발간 당시 유홍렬은 이미 한국 천주교회사 연구에 매진해서 『한국천주교회사연구』 상권을 완성해 놓은 상태였다. 한국 천주교회사 연구를 바라보는 그의 기본적인 시각은 '호교론'과 '근대화론'이었고, 조선 사회에 대한 부정적 인식을 기반으로 하였다. (김수태, 「유홍렬의 한국천주교회사 연구」, 『교회사연구』 21, 한국교회사연구소, 2003; 박광용, 「유홍렬의 한국 천주교회사 연구와 그 특성」, 『교회사연구』 43, 한국교회사연구소, 2014.)

85 김득황의 한국사상사 저작물은 『한국사상의 전개』(1950)를 위시하여 『한국사상사』

집필 목적을 당대 '한국아의식(韓國我意識)'을 높이기 위한 반성 자료의
제공에 두고 있다.[86] 이 책은 한국 사상의 변천에 따라 '고유사상시대',
'불교사상시대', '유교사상시대', '사상적 혼란시대'를 설정하고 유교사
상시대의 중요한 논제로 '조선아의식(朝鮮我意識)'을 제시했는데, '한국
아의식'이라는 현재적 관심의 역사적 투여가 명백한 이 용어는 조선후
기 '자아의식'이 고양됨에 따라 '조선학의 대두'와 '조선미의 창조'가
이루어졌음에 주목한다. 여기서 조선의 자아의식이란 해방 후 대부분
의 한국 통사가 서술했듯이 서양 문물의 전래에 따른 자기 각성을
뜻하지 않는다. 그 보다는 두 차례 호란으로 만주족의 침략을 받은
조선에서 민족 감정이 격앙되었고 다시 만주족에게 명나라가 멸망하
자 중국을 상대화하는 인식이 일어나면서 형성된 '조선아의식'이 중요
하다.[87]

  그런데 그 위에 동시기 만주족의 청나라에서 강희제의 문화진흥책
으로 청조학(淸朝學)이 발달하자 조선에서 이를 경이롭게 여기게 되었
고 결국 '자아반성'을 통해 조선 주자학이 국가와 인민을 위한 실용적
학문이 아니라 이기론 중심의 공리공론이었음을 깨달았다는 설명이
다시 도입된다. 청조학의 특색은 '실사구시의 학'이며 '과학적 연구의
학'인데 중요한 것은 청조의 실학이 태동할 무렵 이미 조선에서는 조
선 자체를 밝히려는 조선학이 태동하여 '조선의 실지 연구(유형원)'가

(1958), 『증보 한국사상사』(1973)가 있다. 세 책의 간단한 소개와 목차 비교에 관해서
    는, 노관범, 「한국사상사학의 성찰」, 『한국사상사학』 52, 한국사상사학회, 2016, 128~
    130쪽, 151~154쪽.
86 「跋文」, 『韓國思想의 展開』.
87 「朝鮮我意識의 擡頭」 2. 「自我意識의 昂揚」, 『韓國思想의 展開』 제13장.

이루어지고 있었고 여기에 청조의 학풍이 들어와 조선에서 실사구시의 신학풍이 학문 조류가 되었다는 것이다. 조선학에 청조학의 실학풍이 결합된 대표적 사례가 이익의 '조선에 대한 실용실증(實用實証)의 학'이며 영정조시대에 이러한 '실학실증(實學實證)의 학풍'이 널리 퍼져 조선학이 다방면에서 발전하였고 정조 말기 정약용이 출현하여 '실학의 황금시대'에 도달했다고 본다. 동시에 '자아 반성-실학 왕성-조선교구(矯抹)'의 흐름에서 실제생활상의 진보를 추구하는 경제흥국책(經濟興國策)으로 북학론이 출현하는데, 따라서 북학론 역시 조선학의 범주에 포함된다.[88] 이것은 최남선이 입론한 조선학으로서의 실학에 충실한 관점이지만 학문 내용으로는 조선학, 학문 특색으로는 청학의 실학, 이런 식으로 조선학과 실학의 개념적 변별을 분명히 했다는 특징이 있다. 이 책에서 제기한 조선학은 실학의 형성 배경으로서 서양 문물의 전래와 실학의 선구자로서 이수광의 지위를 곧잘 언급했던 동시기 한국사 저작들과는 완전히 다른 논법이며, 특히 전술한 유홍렬의 『한국문화사』에서 '실학운동'='신문화운동'의 기본 관점이 서학과 천주교를 향했음과는 대극의 위치에 있다.

이 책은 학문 세계에서 중국학으로부터 조선학으로의 전환과 더불어 예술 세계에서 중국풍으로부터 조선풍으로의 전환을 통찰하고 이를 '조선미의 창조'라고 표현하였다. 즉, 불교 수입 이래 조선 중기까지의 조선 미술이 단지 중국 미술을 조술했을 뿐이라면 호란을 겪은 이후 민족감정이 돌출하면서 조선 고유의 민족감각이 있는 미술을 추구하는 변화가 일어났는데, 특히 정선의 산수화에서 '조선적 경관

---

88 「朝鮮我意識의 擡頭」 3. 「朝鮮學의 擡頭」, 『韓國思想의 展開』 제13장.

과 조선애(朝鮮愛)에 대한 자각'을 볼 수 있고 김홍도와 신윤복의 풍속
화에서 '조선아(朝鮮我) 발견'을 볼 수 있다는 것이다.[89] 이것은 오늘날
의 미술사 연구에서 조선후기를 독해하는 이른바 '진경시대론'[90]과 소
통될 수 있는 관점이다.

현상윤의『조선유학사』는 한국 유학사를 이론유학과 실천유학의
반복으로 보면서 시대별로 출현한 실천유학의 대표적인 사례로 지치
주의(至治主義) 운동, 경제학파(經濟學派) 운동, 척사위정(斥邪衛正) 운동
을 제시한 책이다.[91] 이 가운데 조선후기 '실학'과 관련된 것이 경제학
파 운동인데, 이 책은 경제학파의 출현을 공리공론 위주의 이학(理學)
에 대한 반동으로 '경국제민(經國濟民)의 실학'이 등장한다는 관점에서
읽고, 경제학파의 주장을 공맹의 왕도정신, 조선의 실정 연구, 이용후
생과 경국제민의 실현으로 요약한다.[92] 경제학파의 학풍에 대해서는
이학파(理學派)의 송학(宋學)과 대비되는 한학(漢學)으로 보면서도 그
렇다고 한학 일반으로 환원되는 것이 아니라 '조선의 실정 연구'라는
특수성이 있음을 지적한다. 구체적으로 ① 경제학파의 학문적 정체성
을 이루는 바 공맹의 정치로서의 경국제민, ② 낙토조선을 만들기 위
한 조선의 실정 연구, 곧 '조선학풍', ③ 서양 신문명을 수입해 진보해
있던 청조의 문화를 배우자는 북학론 ④ 청조 학문의 영향에 따른
고증학 연구 등을 열거하였다.[93] 이것은 조선후기의 새로운 학풍에서

89 「朝鮮我意識의 擡頭」 4.「朝鮮美의 創造」,『韓國思想의 展開』제13장.

90 최완수 외,『진경시대』, 돌베개, 1998.

91 노관범,「근대 한국유학사의 형성」,『한국문화』74, 서울대학교 규장각한국학연구원,
2016, 423~425쪽.

92 「經濟學派의 出現과 運動」제1절 「經濟學派의 擡頭와 그 原因」,『朝鮮儒學史』제12장.

주로 조선학, 서학, 청학 등을 언급했던 기존의 한국사 저술들과는 달리 공맹의 왕도정신을 발현하는 '경국제민'의 학문, 곧 '경제학'이 가장 중요한 본질적인 측면임을 강조한 것인데, 전술한 『국사신강』(1958)에서 '주자학의 원래 정신을 살리고 수기치인의 실(實)을 거둘 수 있는', '경세치용(經世致用)을 중시하는 학풍'이라고 서술했던 방식과 상통하는 면이 있다. 『조선유학사』에서 조선후기 '실학'에 접근하는 기본적인 논점은 무엇보다 유학의 정치사상에 내재한 '경국제민'이었고, 다같은 조선의 실천유학이지만 조선전기 지치주의 운동과 비교해 드러나는 조선후기 경제학파 운동의 특성도 '경국제민'임을 강조하였다. 현상윤은 『조선유학사』에 이어 미완의 『조선사상사』를 남겼는데 『조선사상사』는 『조선유학사』와 달리 목차에서 경제학파를 모두 실학파라고 고쳤고 학자의 범위도 다소 조정하는 변화를 보였다.[94]

이상 유홍렬의 『한국문화사』, 김득황의 『한국사상의 전개』, 현상윤의 『조선유학사』를 통해 문화사, 사상사, 유학사의 서로 다른 분야에서 조선후기 '실학'이라는 새로운 학풍을 이해하는 중심적인 관점으로 '신문화', '조선아', '경국제민'이라는 서로 다른 키워드를 제안했음을 확인하였다. 이것은 실학의 개념을 둘러싸고 각각 서학, 조선학, 유학의 경합을 의미하는 것이다.

---

93 「經濟學派의 出現과 運動」 제2절 「經濟學派의 學風」, 『朝鮮儒學史』 제12장.

94 『朝鮮思想史』는 제13장 「實學派의 勃興」 제1절 「實學派의 出現과 그 原因」, 제2절 「實學派의 學風」, 제3절 「實學派의 勢力과 그 代表者」의 목차를 만들었고 제3절에 들어갈 인물을 유형원, 이익, 정약용, 박지원, 홍대용, 박제가, 김정희 등으로 제시했다. 경제학파를 실학파로 고쳤을 뿐 본래 『조선유학사』와 거의 동일한 목차를 유지하면서 다만 『조선유학사』에 넣었던 김육, 안정복, 이덕무, 위백규 등을 삭제한 것이다.

4. 맺음말

이상으로 20세기 한국 사회에서 발간된 한국 통사를 통해 조선후기 '실학'이라는 역사 지식의 형성과 전개를 살펴보았다. 구체적으로 근대적 장절 체제를 갖춘 최초의 한국사로 현채의 『동국사략』(1906)에서 시작해서 해방 후 한국사 연구 성과를 반영한 최초의 한국사로 이기백의 『국사신론』(1961)에 이르기까지 30종의 한국 통사를 검토하였다. 그 결과 다음과 같은 사실을 발견할 수 있었다.

첫째, '실학'이라는 역사 지식은 조선후기 영정조시대 문화의 융성이라는 기본 관점 위에서 구축되었다. 현채의 『동국사략』(1906)과 황의돈의 『대동청사』(1909)는 영정조시대에 조선 문화가 두 번째로 '진흥'했음을 말했고 박정동의 『초등본국약사』(1909)는 정조 시대에 한국 문화가 극성했다고 서술했다. 황의돈의 『신편조선역사』(1923)는 정조 시대에 조선 문화가 절정에 달하여 세 번째 황금시대를 이루었다고 평가했다. '영정'과 '문화'는 조선후기를 독해하는 핵심 키워드로 부상했고, 30종의 한국 통사에서 '실학'에 관한 장 제목을 구성하는 주요 키워드 역시 '영정'과 '문화'이다.

둘째, '실학'이라는 역사 지식은 조선시대 유교와 문화의 대립이라는 관념 위에서 구축되었다. 현채의 『동국사략』은 선구적으로 조선시대에서 당쟁과 문화의 이원적 독법을 제공했고, 황의돈의 『신편조선역사』는 조선 유교의 폐해와 이에 따른 조선 문화 발달의 제약을 강조했다. 장도빈은 조선 유교의 모화사상에 따른 문화의 극단적인 퇴보와 국학의 결핍을 부각했다. 손진태의 『국사대요』(1949)는 '정치적·이론적·형식적·중국적'인 조선 유교와 민중의 일상 생활을 위한 실용학문으로서 조선 실학을 대비시켰다. 이기백의『국사신론』(1961)이 허와 실의 대립이라는 역사철학에서 '실학'을 규정한 것은 유교망국론의 기조 위에서 수립된 유교와 문화의 대립이라는 관념의 자기 확장이었다.

셋째, '실학'이라는 역사 지식은 최남선의 기념비적인 저작『조선역사강화』(1930)에서 처음으로 체계화되었다. 그는 조선후기 '자아라는 사상'을 통해 조선의 실제와 본질을 연구했던 새로운 학풍, 곧 '실학풍'이라는 개념을 창안했다. 따라서 그가 말하는 '실학'이란 본질적으로 조선학을 의미하는 것이었고, 유학 및 서학과 서로 구별되는 존재였다. 동시에 그는 '실학풍'과 더불어 '북학론'을 조선후기 문화 진흥을 설명하는 핵심 키워드로 설정했는데, 이것은 그가 '실학'과 '북학'을 서로 구별하면서 동시에 '실학'의 내발성과 '북학'의 외향성이라는 양면성을 결합시켜 조선후기 '문화'를 설명하고자 노력했음을 뜻한다. 최남선은 '자아'에 착안함으로써 유교와 대립하는 조선학으로서의 '실학'을 탄생시켰다.

넷째, '실학'이라는 역사 지식의 중심점은 해방 이후 조선학에서 서학과 청학으로 이동하였다. 서양 문물과 서학의 영향으로 제1단계 실학이 형성되고 다시 청조 문화와 청학의 영향으로 제2단계 실학이 형성된다는 관점을 공유하면서 경성대학 조선사연구실의『조선사개설』, 이병도의『국사대관』, 이홍직 외『국사신강』, 이기백의『국사신론』모두 조선후기 '실학'을 제1단계와 제2단계로 구별하여 서로 다른 두 개의 장 또는 두 개의 절로 나누어 '이원화'시켜 서술했다. 조선학으로서의 '실학'을 부각한 최남선이 '실학'의 출발점을 유형원에서 구했다면 제1단계 '실학'에서 서양 문물에 주목하는 해방 이후의 여러 한국통사는 이수광을 '실학'의 선구자로 강조했다. 조선학으로서의 '실학'

을 부각한 최남선이 '실학'의 주안점을 조선 연구에 두었다면 제2단계 '실학'에서 청조 문화에 주목하는 해방 이후의 여러 한국 통사는 청학에 의한 문화 융성을 부각했다. 특히 이병도는 '실학'이 청조 고증학의 영향으로 일어난 조선의 문예부흥이라고 단언했다. 최남선의 '실학'이 양난 이후 자아의 각성과 영정조시대의 조선 연구를 중시하는 민족사의 입장이었다면 이인영의 '실학'은 서양 문물의 전래와 영정조시대 청학의 영향을 중시하는 세계사의 입장에 가까웠다.

다섯째, '실학'이라는 역사 지식의 실제적 구현을 위해 '실학'이라는 새로운 학풍의 개념적 이해를 돕는 다양한 키워드가 분출되었다. '실학'에 관한 기본적인 착상을 제공하는 '실사구시'는 물론 이병도의 '이용후생', 한우근의 '경세치용'이 경합했으며, 이기백의 『국사신론』은 '실사구시', '이용후생', '경세치용'을 모두 포함시켜 '실학'의 특징으로 명시하였다. 이와 함께 문화사, 사상사, 유학사 분야의 저술에서도 각각 유홍렬의 '신문화', 김득황의 '조선아', 현상윤의 '경국제민' 등이 '실학'의 본질적인 개념으로 제시되었다. 이와 같은 키워드의 난립은 실상 조선후기 '실학'이라는 역사 지식의 내적 정합성에 상당한 취약점이 있음을 보여준다. 실학이 서학인지, 조선학인지, 유학인지 개념 규정에 있어서 합의점이 없음을 뜻하기 때문이다. 허학과 실학의 이분법으로 이렇듯 다양한 키워드에 '실학'의 동류성이 입혀졌음은 상당히 문제적이었다고 하겠다.

이 글은 20세기 한국 통사 저작물에서 만든 한국사 지식에 내재한 조선후기 '실학' 지식의 흐름을 시론적으로 검토한 것이다. 개별 주제를 다룬 연구서가 아니라 한국사 전체를 다룬 통사물에서 바라보는 '실학'의 지식사는 통상 반복되어 왔던 연구사 정리에서 그려내는 '실학'의 학설사와는 동일하지 않았다. 1960년대 이후 본격적인 '실학' 연구로 '실학'의 학설사가 구축되기 앞서 이미 한국 통사 저작물에서 '실학'의 지식사가 진행된 오랜 전통이 있었다면 그러한 '실학'의 지식사와 학설사 사이의 상호 관계를 탐구함으로써 20세기 한국 학계에서 만든 '실학'이라는 역사 지식의 학술사적 이해를 심화할 수 있을 것이다.

이 글은 '실학'의 학설사에 앞서 '실학'의 지식사가 선행하고 있었음에 주목하여 한국 통사라는 형식의 한국사 지식에 산재한 '실학'의 지식을 '실학'의 지식사로 엮어낸 최초의 시도라고 할 수 있다. 현채의 『동국사략』부터 이기백의『국사신론』까지 '실학' 지식의 형성과 변화에 관한 장기적인 이해를 제시함으로써 특정한 학설사 위주의 제한된 시야에서 벗어나 '실학' 지식의 형태론을 시론적으로 새롭게 구성해보았다. 향후 20세기 한국 실학의 형성과 전개를 읽어낼 수 있는 긴요한 지식으로 참조되기를 기대한다. 아울러 역사 지식의 역사를 탐구하는 방법으로서 한국 통사 저작들을 어떻게 이용할 것인가에 대한 방법론적인 논의가 심도 있게 논의되기를 희망한다.

군산과 목포의 장소성 기반
'근대역사문화공간 재생 활성화 사업'에
대한 고찰

최아름

1. 들어가는 말

그동안 근현대 역사문화유산은 급격한 도시 개발의 논리와 얽히고 설킨 이해관계 속에서 빠르게 훼손 및 소멸되거나, 때론 제대로 된 장소적 의미 및 맥락화가 이루어지지 못한 채 대중들에게 소비되곤 했다. 근 몇 년간 유행처럼 번지고 있는 뉴트로나 레트로 등과 같은 문화트렌드만 보더라도 근대문화유산에 내재된 역사·문화적 의미와 가치가 제대로 가시화되고 있지 못한 것을 알 수 있다. "각종 문물이 들어와 혼돈을 겪은 개화기 시절로의 시간여행이 즐겁고", "전통과 이질적인 문화가 공존하던 특이한 시공간이라 요즘 젊은이들 눈에 매력적으로 비칠 것" 이라는 기사 내용[1]처럼, 이 시기의 역사문화유산을 둘러싼 키워드는 개화기 감성, 이국적인 건축물, 이질적인 문화와 전통의 공존 등과 같이 소비되고 있는 대중의 인식에서 크게 벗어나지 못하고 있는 듯하다.

그럼에도 불구하고 최근 국가, 지자체, 언론, 시민단체 등이 근현대 시대의 역사문화유산을 발굴하고, 이를 어떻게 보존 및 재생하고 활용할 것인지에 대한 목소리를 지속적으로 내고 있고, 시민 및 젊은 층의 관심도 높아지고 있는 만큼 근현대 문화유산의 보존 및 활용에 대한 논의들이 활발해질 것이라는 기대감이 높아지는 것도 사실이다. 하지만 여전히 '어떻게'에 대한 구체적인 방법론이 명확하지 않다[2]는 점에서 앞으로 논의되어야 할 사항들, 진전되어야 할 담론들이 많다는 것은 분명하다. 무엇보다 근현대 역사문화유산은 국가와 국가, 국가와 지자체, 지역과 개인, 사업 시행자와 소유자 등 다양한 이해관계 속에서 그 누구도 자유롭지 못하다는 한계를 안고 있다. 근현대 시대의 역사문화유산은 역사적으로나 문화재로서 (재)해석 및 평가를 하는 과정에 놓여있고 현재진행형적인 연구들이 많다는 점에서 논란의 여지가 많다. 그렇기에 다른 시기의 역사문화유산과 달리 이를 발굴하고 보존 및 활용하는 방안 마련에 있어서 신중한 접근이 필요하며, 구체적인 방법론이 더 명확하게 제시될 필요가 있다. 그리고 지역에

---

1 백수진, 「모던 보이·경성 아가씨…개화기에 푹 빠진 1020」, 『조선일보』, 2018.10.08. (검색일자: 2020.04.10.)

2 신민식, 「도시재생을 위한 구도심의 역사문화공간 활용에 관한 연구-대구의 경상감영을 중심으로」, 『한국지적학회지』 32:3, 2016, 164쪽. 신민식에 따르면, "역사환경에 관한 연구들이 본격적으로 시작된 것은 1960년대 말부터이고 1990년대 말을 기점으로 근대역사환경에 관한 연구가 확장되었다. 연구 초기에는 주로 근대건축물의 가치규명과 활용 방안에 관한 연구에 초점이 맞추어져 있었지만, 최근에는 근대역사환경(산업유산 포함)으로 확대되어 연구"되고 있다.

서는 왜 이 유산에 주목하고 있으며, 이들을 통해 근대에서 현대로 이어지는 시공간의 흐름과 변화 속에서 어떻게 장소적 의미를 찾고 맥락화해야 하는지에 대해 진중한 고민이 지속적으로 이어져야 한다.

본 논문에서는 이러한 문제 의식을 토대로 2018년부터 문화재청에서 시행 중인 '근대역사문화공간 재생 활성화 사업'을 살펴보고 있다. 이 사업은 근대문화유산의 "입체적·맥락적 보존과 활용을 통한 도시 재생 활성화를 촉진하여 그 제도적 장점과 효용성을 극대화"[3]하기 위해 마련된 사업이다. 2018년 문화재청이 "지역 주민의 직접 참여 속에 지자체의 문화재 보호 의지를 기반으로 점 단위 보호제도를 넘어 새롭게 선·면 단위 보호제도를 도입하고 제도를 활성화"[4]시키기 위해 추진했으며, 2020년 5월 기준으로 6개의 지역에서 본 사업이 시행 중이다. 이 사업의 근간이 되는 '선·면 단위 등록문화재 제도'는 2001년 등록문화재[5] 제도 도입 이래 개발로 철거되어 사라져 가는 근현대 문화유산의 보호를 위해 추진했던 기존의 '점(點)' 단위 개별 문화재 중심의 단선적·평면적 보존관리에 따른 정책의 연계성·통합성 결여, 가치 활용도 제약 등의 한계를 극복하기 위해 마련됐다.[6] 아래의 인용구는 김학용·김근성(2019)의 연구내용으로, 점·면적인 보존관리의

---

3 문화재청 홈페이지: http://www.cha.go.kr/newsBbz/selectNewsBbzView.do?newsItemId=155700927&sectionId=b_sec_1&mn=NS_01_02. (검색일: 2020.02.02.)
4 김용희, 「선·면 단위 등록문화재 제도의 도입과 기대 효과」, 『건축과 도시공간』 31, 건축공간연구원, 2018, 84쪽.
5 문화재보호법 제16057호(2018.12.24., 일부개정/ 2019.12.25.시행)에 따르면, '등록문화재'는 지정문화재가 아닌 문화재 중에서 다음 각 호의 것을 말한다. 1. 국가등록문화재: 문화재청장이 제53조에 따라 등록한 문화재, 2. 시·도등록문화재: 시·도지사가 제70조 제3항에 따라 등록한 문화재.
6 김용희, 앞의 논문, 83~84쪽.

한계를 언급하고 있다.

문화재 주변지역의 사유지에 대한 사유재산권 제한과 점(點)적인 보존
관리의 한계로 인하여 도심의 주요 역사문화자산이 이질적인 현대적 고
층 건축물에 둘러싸이는 등 효과적 역사문화경관 조성에 그 한계를 드러
내었다. 1980년 이후 낙안읍성, 하회마을, 양동마을, 성읍마을 등을 시작
으로 면(面)적인 보존과 지역 활성화를 연계하려는 노력이 부분적으로
시도되었으나 문화재를 개발 및 재생의 걸림돌로 바라보는 우리 사회 전
반의 시각을 돌려놓기에는 역부족이었다.[7]

이러한 한계를 극복하기 위해 마련된 선·면 단위 등록문화재는
「문화재보호법」에 규정한 등록 기준을 아우르는 면적(공간) 개념의
등록문화재 유형 가운데 하나로서, 지정·등록문화재와 건축문화자산
등 역사문화자원이 집적된 역사문화공간을 보존 및 활용하기 위해
등록 구역으로 등록하는 제도이다. 이 제도에 대한 구체적인 내용은
〈표 1〉에 정리한 내용과 같다.

〈표 1〉 선·면 단위 등록문화재 제도

항목별	내용
목적	·선·면 단위의 다양한 등록 유형을 발굴하여 역사문화자원을 입체적·맥락적으로 보존하고 활용 가치를 극대화
주요 유형	·역사문화자원이 집적된 지역의 핵심 상징 공간으로서 지역의 역사·문화 배경이 되고 당대의 모습을 잘 간직하고 있는 역사거리 ·당대의 경관 또는 생활 전통 등을 잘 간직하고 있는 역사마을

---

7 김학용·김근성, 「역사·건축문화자원을 활용한 도시재생 방안: 진주시를 중심으로」,
『인문콘텐츠』 55, 인문콘텐츠학회, 2019, 72쪽.

	• 지정·등록문화재, 향토유산 등 역사문화자원이 집중·분포하고 있는 역사문화지구 • 근대산업사 측면에서 중요한 가치가 있는 산업유산지역 등
등록 기준 (중요 사항)	• 지정·등록문화재, 향토유산, 건축문화자산 등 근현대 역사문화자원이 집적된 지역의 핵심공간으로서 보존과 활용 가치가 높은 곳 • 면적으로 보호하는 문화재이기 때문에 등록하고자 하는 구역 내 건물과 토지 소유자의 동의 등 지역 공동체 참여와 지방자치단체 추진 의지가 가장 중요 • 등록 구역 내 근대 건축물 가운데 원형 보존 상태가 양호하여 개별 등록문화재로 등록이 가능하여야 함. 개별 등록문화재를 거점으로 주변의 역사문화자원을 긴밀하게 연계하고 보호할 수 있어야 함
지원 과정	• 지방자치단체장이 등록 구역 내 개인 소유의 건축물과 토지에 대한 집단 동의를 얻어 신청 • 지역 공동체의 동의가 완료되면 지방자치단체장은 문화재 등록신청서를 작성해서 문화재청장에게 제출 • 문화재청장은 문화재 관계 전문가 3인 이상에게 등록 조사를 의뢰하여 조사보고서가 제출되면 문화재위원회 등록 타당성 심의를 거쳐 관보에 30일 이상 예고(공고)를 함 • 문화재위원회 등록 심의를 거쳐 등록 여부가 결정되면 관보에 등록문화재로 고시 • 최종 등록된 선·면 등록문화재는 문화재 보수 정비에 필요한 예산을 지원받을 수 있음
선정 과정	• 서면심사(조사 대상 선정) → 현장조사(등록 조사 및 자문) → 종합심사(최종선정)

김용희, 「선·면 단위 등록문화재 제도의 도입과 기대 효과」, 『건축과 도시공간』 31, 건축공간연구원, 2018, 85~86쪽. 참고 정리

국정사업인 도시재생 뉴딜사업과 맞물려 전국의 많은 지자체들의 관심을 받고 있는 이 사업은 현재진행형이다. 각 선정지는 5년간 구역 내 문화재 보수정비, 역사경관 회복 등을 위한 종합정비계획 수립 등에 대해 단계별 지원[8]을 받으면서 문화재를 통한 지역재생활성화를 이끌 예정이다. 2018년부터 2020년 5월까지 목포, 군산, 영주, 익산, 영덕, 통영이 본 사업 대상지로 선정되었으며, 선정이유는 다음 〈표

---

8 본 사업에 대한 지원예산은 500억으로 연간 50~100억에 이르는 예산이 소요될 예정이다.

2) 와 같다.

<표 2> 선정지역 및 선정이유

선정년도	지역명	선정구역 및 선정이유
2018 (08.06)	목포	• 1897년 개항 이후 목포가 격자형 도로망에 의해 근대적 계획도시로 변모해 가는 과정과 당시의 생활상 등을 엿볼 수 있는 중심지역인 만호동·유달동 일원으로, 일제강점기와 해방 이후까지를 아우르는 다양한 근대건축유산 등이 자리 잡고 있어 보존·활용 가치가 높은 곳
2018 (08.06)	군산	• 1899년 개항 이후 초기 군산항의 모습에서부터 일제강점기 경제 수탈의 아픈 역사와 근대산업화 시기를 총체적으로 살펴볼 수 있는 장미동 일대로, 이와 관련된 여러 시설과 흔적들이 잘 남아 있어 보존·활용 가치가 높은 지역
2018 (08.06)	영주	• 근대 시기 영주의 형성과 발전과정을 살펴볼 수 있는 핵심 공간인 두서길, 광복로 일원으로, 영주역의 생성과 더불어 그 배후에 만들어진 철도관사를 비롯해 정미소, 이발관, 근대한옥, 교회 등 지역의 근대생활사 요소를 잘 간직하고 있어 역사 거리로서 보존·활용 가치가 높은 곳
2019 (10.22)	익산	• 1899년 군산항 개항, 1914년 동이리역 건립 등을 거쳐 변화하였던 솜리시장 일대로, 광복 이후 형성된 주단과 바느질거리 등 당시 생활사를 엿볼 수 있는 건축물이 모여 있음
2019 (10.22)	영덕	• 영덕 영해장터거리(성내리 일대) 일대로, 근대기 한국인의 장터거리이자 1919년 3월 18일 지역 주민 3,000여 명이 만세운동에 참여했던 곳으로서 당시 생활상을 잘 보여주는 곳
2020 (03.09)	통영	• 조선시대 통제영 거리의 흔적들이 남아 있는 중앙동과 항남동 일대로, 대한 제국 시기부터 지속적으로 조성된 매립사업 등 해방 이후까지 변화한 근대 도시의 형성과정 및 건축 유산이 집중적으로 보존되어 있음[9]

출처: 문화재청 홈페이지(www.cha.go.kr) 내용을 참고하여 간략하게 정리

　　이들 지역은 상대적으로 주목받지 못했던 근현대 시대의 역사문화 유산과 관계가 있는 곳이다. 본 논문에서는 이들 지역 중 '군산'과 '목

9　하청일, 「통영 근대역사문화공간 등록문화재 지정」, 『경남도민일보』, 2020.03.10. (검색일자: 2020.03.10.)

포'에 주목하고 있는데, 이 두 도시는 이 사업의 첫 선정 지역이면서 근대 개항도시라는 공통점이 있다. 또한 현재까지도 개항기 당시부터 일제강점기까지의 근대역사문화유산이 다수 남아있기 때문에 전라남북도에 위치한 개항도시[10]가 어떻게 근대도시로 변화했는지, 어떠한 사회문화적 맥락 속에서 근대전환공간의 메타모포시스[11]가 발생하고, 이것이 도시에 어떤 영향을 미쳤는지 등을 살펴볼 수 있다는 이점이 있다. 더불어 일제강점기 일제수탈의 역사가 남아있는 지역적 특성으로 인해 일제의 잔재가 남아있다 보니 이러한 흔적들이 이 지역에서 다른 근대역사문화유산들과 어떻게 공존하고 있는지 들여다볼 수 있음과 동시에 '개항도시'로서의 유사점 및 차이점을 비교해 볼 수도 있다.

그래서 본 논문은 2018년 첫 선정 지역인 '군산'과 '목포'를 대상 도시로 선정하여 답사[12]를 진행한 후, 각각의 근대역사문화공간 내에

---

10 박성신, 「「한국안내(韓國案內)」를 통해서 본 개항기 도시계획과 생활상: 1902년 군산을 중심으로」, 『한국지리학회지』 7:2, 한국지리학회, 2018, 183쪽. 개항은 시기적으로 5개로 구분할 수 있다(김용욱, 1976:13~17). 제1기는 조일수호조약에 의한 1877년 부산의 개항, 제2기는 미국과 수호조약 체결 후 서양 각 나라 및 일본, 청 등 공동조계 등이 설치된 조계의 난립기로 1882년 원산과 1883년 인천이 개항했고, 제3기는 청일전쟁 이후 표면적으로 자발적 개항방식을 취한 시기로 1897년 목포와 진남포가 개항했다. 제4기인 1899년에 군산·성진·마산이, 제5기인 1904년에 용암포의 개항이 이루어졌다.

11 이 용어는 변화의 의미를 갖는 '메타(Meta)'와 '형(Shape)', '형태(Form)'의 의미를 지닌 그리스어의 '모포에(Morphe)'의 합성어에서 유래하고 있다. 19세기 말 이후 외래 문명의 수용과 변용, 단절 및 확산의 과정 속에서 일어난 '변형'의 특성을 시공간 차원에서 연구하고자 한다. 본 용어에 대한 내용은 '숭실대학교 한국기독교문화연구원, 『근대전환공간의 인문학, 문화의 메타모포시스』 내부자료, 2018, 16쪽'을 참조하였다.

12 현장답사 일정은 다음과 같다. 군산은 2020.04.11.에 방문한 답사 내용을 토대로 작성하되, 연구자가 2017, 2018년에 개인답사 및 '군산시간여행축제' 방문을 통해 수집한 자료를 활용하고자 한다. 목포는 2020.05.02.에 답사를 진행하였다.

서 이들 도시가 근대 개항도시로서 변화해 온 과정과 결과, 장소적
의미를 살펴보고, 각각의 등록문화재들을 어떻게 맥락화해야 하는지
에 대해 논하고자 한다. 그리고 이를 기반으로 두 지역에서 행해지고
있는 사업을 비교해보고 이 두 도시가 고유한 장소성을 가지고 앞으로
의 사업을 이끌어나가는 전략을 세우는데 있어서 시사점을 제공하고
자 한다.

2. 근대역사문화공간의 '장소적 의미'와 '맥락화'의 필요성

앞서 살펴본 바와 같이 문화재청은 그동안 각각의 문화재를 점 단
위로 보호하고자 했던 과거의 제도에서 벗어나 역사·문화적 장소성
을 포괄하는 '선·면 단위 보호제도'를 도입했다. 역사문화자원을 입체
적·맥락적으로 보존하고 활용 가치를 극대화하기 위해 시작한 이 사
업은 "역사적으로 의미가 있는 건축물 하나하나의 보존가치도 중요하
지만, 이제는 역사적인 건축물을 포함하는 지역 전체로서의 역사문화
환경에 대한 의미로 역사문화유산의 의미를 되짚어 볼 때"[13]인만큼
의미가 있다고 볼 수 있다. 그동안의 사업이나 문화재의 지정이 점단
위로 시행되면서 지역 내에서 역사문화자원이 어떤 맥락에서 의미가
있고 각각의 자원들이 어떻게 연결이 되는지 등을 파악하기 어려웠다.
그리고 흩어져 있는 자원들을 스토리텔링하여 지역의 정체성을 구축

---

13 김철영, 「대구시 읍성지역 역사문화유산의 보전과 활용을 위한 기본방향」, 『한국도시
   설계학회지』 15:3, 한국도시설계학회, 2014, 48쪽.

하고 그 지역만이 내세울 수 있는 특정한 장소적 성격을 확보하는데도
어려움이 많았다. 그에 반해 선·면 단위 보호제도의 도입과 본 사업의
시행은 점 단위의 역사문화자원을 지역의 역사·문화적 맥락 속에서
살펴볼 수 있는 기회를 제공해줌으로써 유기적이고 통일성 있는 보존
및 활용전략을 세울 수 있기 때문에 다른 지역과 차별화되는 정체성을
확보해나가는데 유리할 수 있다.

심승구(2012)는 "도시의 정체성은 시공간 속에 새겨진 지역의 나이
테를 얼마나 잘 간직하고 있는가에 달려" 있으며, "한 도시의 역사와
문화는 공간의 내부구조와 흔적을 통해 그 성쇠를 읽어낼 수 있을
때만이 진정한 가치를 지닌다."고 말했다.[14] 근대역사문화공간은 선·
면 단위 등록문화재 제도의 기준에 따라 당시의 시대상을 잘 간직하고
있고 역사적 가치가 있다고 판단되는 지역을 중심으로 선정되었다.
이 공간이 진정한 가치를 지니기 위해서는 이곳이 간직하고 있는 역사
와 문화를 남아있는 경관과 등록문화재 등을 통해 그 의미를 어떻게
가시화하여 이곳에 방문하는 사람들에게 전달할 것인가가 중요하다.
단순히 지정되었다고 해서 끝나는 사업이 아니라 지역에 산재되어
있는 이러한 역사문화유산을 다른 도시와 차별화되는 도시의 정체성
을 구성하는 하나의 시공간적 흔적으로서, 도시 내에 충적되어 아직
발굴되지 않은 당시의 역사적, 사회문화적 해석을 이끌어내는 견인차
로서 어떻게 보존 및 활용할 것인가에 대한 고민이 계속되어야 하는
사업이다.

---

[14] 심승구, 「역사 공간의 복원과 재현을 통한 도시 재생의 의미-수원 화성을 중심으로」,
『인문콘텐츠』 25, 인문콘텐츠학회, 2012, 39쪽.

이를 위해서는 각각의 자원들이 지역적 차원에서 혹은 이를 포괄하고 있는 공간 내에서 '장소'로서 그 의미를 부여받을 수 있도록 추상적인 공간이 아닌 '구체적'이고 '맥락적'이며 가치 있는 경험이 이루어질 수 있는 '기억을 체험하는 장'이 되어야 한다. 이푸투안(Yi-Fu Tuan)은 "공간이 장소에 비해 추상적이며 우리가 공간에 대해 잘 알게 되어 공간에 가치를 부여하게 되면 공간은 장소"가 될 수 있다고 주장한다.[15] 크레스웰(Tim Cresswell)은 "장소는 우리가 세계를 의미 있게 만드는 방식이자 세계를 경험하는 방식"[16]이라고 이야기 하며, 에드워드 렐프(Edward Relph)는 "의도적으로 정의된 사물 또는 사물이나 사건들의 집합에 대한 맥락이나 배경을 장소"[17]라고 하면서, "공간이 장소에 맥락을 주는 것처럼 보이지만, 공간은 그 의미를 특정한 장소들로부터 얻는다."[18] 라고 말한다. 알라이다 아스만(Aleida Assmann)은 "장소는 기억의 기반을 확고히 하면서 동시에 기억을 명확하게 증명한다는 것 이상의 의미가 있는 것"[19]이라고 언급하며 문화적 기억 공간들을 구성하는데 있어서 장소가 매우 중요한 의미가 있음을 강조한다. 즉 근대역사문화공간을 단순히 물리적 공간으로서만 여겨지게 하는 것이 아니라면, 이 공간을 점과 점을 연결해 근대라는 특정 시기의 역사·문화가 축적되어 있는 기억의 층위를 맥락화하고 경험하게

---

15 이-푸 투안, 구동회·심승희 옮김, 『공간과 장소』, 도서출판 대윤, 2011, 7~19쪽.
16 팀 크레스웰, 심승희 옮김, 『장소』, 시그마프레스, 2012, 18쪽.
17 에드워드 렐프, 김덕현·김현주·심승희 옮김, 『장소와 장소상실』, 논형, 2005, 103쪽.
18 위의 책, 39쪽.
19 알라이다 아스만, 변학수·채연숙 옮김, 『기억의 공간, 문화적 기억의 형식과 변천』, 그린비, 2014, 411쪽.

하는 '구체적 장소'이자 지역의 고유한 정체성을 구축해나갈 수 있는 '기억의 매개물'로 만들어나가야 한다.

　지역 내에 산재해있는 건축물을 비롯한 역사문화자원들이 홀로 있을 때는 그 의미와 가치를 부여받기 어려울 수 있으나, 이들이 역사·문화적 특성을 지닌 특정 지역을 아우르는 선과 면 단위에 포함되게 되면 개별적으로 부여받은 의미 및 가치가 더욱 확장될 수 있다. 그리고 이렇게 확장된 의미와 가치를 부여받은 개별 자원들은 지역의 역사·문화적 맥락에서 이해되고 이야기되어 지역의 정체성을 형성하는 하나의 요소로서 작용할 수 있다. "물리적 환경, 인간활동, 의미 등이 유기체적으로 연결되면서 장소와 장소경험의 주체인 사람 사이의 상호관계를 통해 장소의 고유한 특성이 형성"[20]되기 위해서는 공간을 설정하고, 등록문화재를 지정하는데 그쳐서는 안 된다. 이들을 "전통과 현대, 미래를 이어 주는 역사문화의 산물로서 삶의 흔적을 오롯이 담고 있는 역사의 거울"[21]로 바라보고, 근대에서 현대로 이어지는 시공간의 흐름과 변화 속에서 장소적 의미를 찾아 맥락화하는 작업이 지속적으로 이루어져야 한다. 이를 위해 본 논문에서는 각 도시의 공간 내 등록문화재들(점)을 선과 면의 연결을 통해 그들이 지니고 있는 장소적 의미를 맥락화하는 작업을 시도해보고자 한다.

20　최아름, 「영화 〈카프카〉에 나타나는 '카프카의 프라하'에 대한 장소성 연구」, 『인문콘텐츠』 53, 인문콘텐츠학회, 2019, 225쪽.
21　김용희, 앞의 논문, 83쪽.

3. 군산의 근대역사문화공간과 장소의 맥락화

군산의 근대역사문화공간은 2018년 등록문화재 제719호로 지정되었다. 이 공간은 〈그림 1〉과 같이 장미동 일대 15만 2,476㎡로, 59개 필지를 포함하고 있다. 이곳은 다른 지역과 달리 육상(96,476.3㎡) 및 해역(56,000㎡)을 모두 아우르고 있으며, 개항도시의 상징인 '항만'을 근대역사문화공간의 중심축으로 바라보고 있다.[22]

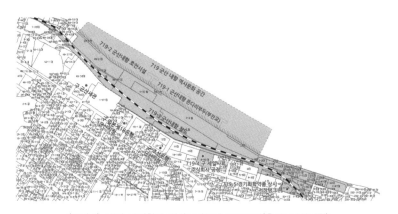

〈그림 1〉 군산 근대항만 역사문화공간 등록구역(출처: 문화재청)

---

22 군산은 2018년 8월 공모사업에 선정되고, 9월에 근대역사문화공간 재생 활성화 시범 사업이 확정됨에 따라 내항 일원을 중심으로 문화재를 보수하고, 역사문화공간을 재조성할 수 있게 되었다. 이에 따라 군산은 2019년 6월 문화재청 업무협의, 7월 자문회의를 거쳐 9월에 학술조사 및 종합정비계획에 대한 문화재청의 승인을 받고 12월에 관련 용역의 제안서 평가를 마쳤다. 군산시는 본 사업 수행에 있어서 "내항을 중심으로 문화재 역사문화공간 재조성을 통해 문화재와 지역이 상생하는 지속가능한 특화된 명품 공간 조성"을 목표로 삼고 있다. 2020년 군산시의 '군산내항 역사문화공간 조성사업'에 관한 업무계획을 살펴보면, 2020년에는 사업비 50억(국비 25억, 도비 12억 5천, 시비 12억 5천)을 들여 군산내항 역사문화공간 학술조사 및 종합정비계획을 수립할 예정이다. (군산시, 『2020년 주요 업무계획』, 2020; 군산시, 『2020~2024 중기지방재정계획』, 2020. 참조)

이 공간의 핵심 배경지라 볼 수 있는 군산내항은 '군산에서 조선 3대 시장의 하나였던 강경까지 금강을 왕래하던 상인들의 기류지이자 개항지'로서 중요한 근대역사문화적 의미를 담고 있는 산물이다. 이 곳에 위치한 5개의 시설은 〈표 3〉과 같이 개별 등록문화재로도 지정되어 있다. 문화재청은 이러한 시설 및 흔적들의 보전 및 활용가치를 높이 평가하였으며, 다음과 같이 선정이유를 밝혔다.

> 1899년 대한제국 개항 이후 「구 군산세관 본관」을 중심으로 각국 거류 지가 설정되면서 초기 군산항의 모습에서부터 일제강점기 경제 수탈항으 로서 근대항만의 역사와 근대산업화시기의 어업 및 산업생활사를 보여주 는 보존과 활용가치가 우수한 지역으로 평가된다.[23]

군산은 금강 하구의 수로와 육로 교통의 요충지로서 쌀 수송을 위한 군함의 입항이 잦았고, 일찍부터 개항후보지로 지목되어 왔다.[24] 특히 군산의 배후지에는 '삼남의 보고'라 칭하는 전라북도에 펼쳐진 최대의 곡창지대와 조선 3대 시장이라 불리는 강경시장이 있어 일본 은 이 일대를 개척하고자 하였고, 이를 통해 상권을 장악하고 쌀과 농산물을 이출하여 일본 상품의 소비시장을 확대하고자 하였다.[25] 이 때문에 일본은 개항할 것을 계속해서 요구했으나, 결과적으로 군산의

---

23 문화재청 국가문화유산포털 홈페이지: www.heritage.go.kr/heri/cul/culSelectDetail.do? VdkVgwKey=79,07190000,35. (검색일자: 2020.02.12.)

24 박성신, 「「한국안내(韓國案內)」를 통해서 본 개항기 도시계획과 생활상－1902년 군산 을 중심으로」, 『한국지리학회지』 7:2, 한국지리학회, 2018, 188쪽.

25 김영정·소순열·이정덕·이성호, 『근대 항구도시 군산의 형성과 변화: 공간, 경제, 문 화』, 한울아카데미, 2006, 44~45쪽.

개항은 대한제국의 자주적인 결정에 의해 이루어졌다.

군산은 1899년 5월 1일 마산, 성진과 함께 개항을 맞이하였다. 당시 대한제국은 제국주의 열강간의 세력 균형 정책의 일환으로 국가의 독립을 유지하기 위하여 개항을 결정하였다. 또한 독립협회 계열 인사들의 자유무역주의 주장 및 해관 총세무사 브라운의 개항에 대한 권고에 따라 정부는 어려운 재정 문제를 해결하고 국가의 경제를 발달시키기 위해 개항을 결정하게 되었다.[26] 개항이 된 군산은 한 달여 후(6월 2일)에 각국조계장정에 의해 거류지가 설정되면서 근대도시로의 전환을 맞이하게 되었다. 금강하구의 주변 평지를 중심으로 조계지가 형성되기 시작했고, 일본인이 거주하는 곳을 중심으로 '시가지'라는 새로운 공간이 출현하였다. 군산의 거류지는 각국공동거류지였으나, 실제로는 일본인이 실질적인 영향력을 미치며 독점하고 있었기 때문에 일본인 전관거류지와 다를 바 없었다. 이후 일제강점기를 거치며 군산은 빠르게 변화하기 시작했고, 1914년 조선총독부에 의해 '군산부'로 지정됨으로써 기존의 '옥구·임피군'과 함께 오늘날 '군산'의 주요한 도시계획구역이 탄생했다.[27] 이와 더불어 항만시설 및 철도, 도로 등의 인프라가 구축되면서 군산의 공간은 빠르게 확장되었다.

군산의 근대역사문화공간은 이러한 군산의 개항의 역사와 항만인근에 위치한 산업시설에 주목한다. 이 공간 내 5개의 등록문화재 중 3개(뜬다리 부두, 호안시설, 철도)는 군산항의 성격과 기능, 공간 구조의

---

26 감종수·김민영 외, 『해륙의 도시, 군산의 과거와 미래』, 선인, 2009, 46~48쪽.
27 김미영, 「일제강점기 군산의 사회와 경제」, 『제8회 한국사회복지역사학회 춘계학술대회』, 2019, 3쪽.

형성을 보여주는 상징적인 시설물이다. 그리고 나머지 2개(구 제일사
료 주식회사 공장, 경기화학약품상사 저장탱크)는 해방 후 건립되어 근대
에서 현대로의 변화상 속에서 군산내항의 성격과 기능도 산업적 측
면에서 변화해왔음을 보여주는 시설물이다. 이들은 근대와 현대의
시공간 속에서 군산이 개항부터 해방, 그리고 그 이후부터 현대까지
어떠한 변화를 겪어왔는지를 짐작하게 한다. 특히 이들 문화재에는
'개항'과 '항만 중심의 근대산업화'의 이면에 숨겨져 있는 일제강점기
경제 수탈항으로서의 역사와 군산에 이식되었던 일본 문화의 영향력
에 대한 이야기가 담겨있다.

〈표 3〉 군산내항 근대역사문화공간의 개별 등록문화재 5곳

명칭	번호	건립연도	등록사유
군산내항 뜬다리 부두 (부잔교)	제719−1	1926년~ 1938년	• 일제강점기 쌀 수탈항으로서 군산항의 성격과 기능을 보여주는 상징적인 시설물 • 보존상태가 양호하고 역사적 가치가 우수
군산내항 호안시설	제719−2	1938년	• 개항 초기에 형성된 행정시설이 군산 원도심의 중심부로 이전하여 1920년대 후반 근대도시 군산의 공간 구조 변화에 영향을 줬으며, 근대항만으로서 군산내항의 공간 구조를 형성하는데 기반이 되었음 • 석축 구조물로서 보존상태가 양호하고 역사적 가치가 우수
군산내항 철도[28]	제719−3	1921년~ 1931년	• 근대항만으로서 군산내항의 공간 구조를 형성하는데 기반이 되었고, 1920년대 후반 근대도시 군산의 공간 구조 변화에 영향을 준 시설로서 그 역사적 가치가 우수

---

28 군산항의 축항 공사 과정에서 1921년 군산선 철도가 군산항의 동쪽으로 연장되었고, 이후 축항공사와 함께 서쪽까지 연장되었다. 1931년 군산세관의 북쪽으로 군산항역이 개설되어 군산내항 전체에 철도가 부설되었다.

군산 구 제일사료 주식회사 공장	제719-4	1973년	• 1973년 당시 소유주인 제일사료 주식회사에서 산업시설(공장) 용도로 신축한 건축물 • 일제강점기 시절 군산항의 주된 경관을 형성하였던 근대기 창고의 흔적이 잘 남아있음
군산 경기화학약품 상사 저장탱크	제719-5	1972년	• 1972년에 철판으로 제작된 지름 약 23m 크기의 원통형 구조물로, 현재 당밀저장탱크로 사용되고 있음 • 군산내항의 성격과 기능 변화를 보여주는 해방 후에 건립된 산업시설로서 역사적 가치가 있음

참고 재구성: 문화재청 홈페이지(https://www.cha.go.kr)

일본은 러일전쟁 이후 본격적으로 군산에 진출하기 시작했다. 그로 인해 군산에는 일본에 의해 조계지가 형성되었고, 일본 문화도 이식되기 시작했다. 일본인들은 상업, 은행, 우체국, 학교, 병원, 임노동 등 근대적인 제도를 조계지에 도입했으며, 잡화상, 과자상, 무역상, 미곡상, 음식점, 의복상, 약국, 떡집, 하숙집 등 근대적 상업시설과 상거래 관계가 형성되기 시작했다.[29] 일본 사람들이 경제사회적 주도권을 장악하면서 군산은 일본인 중심의 도시가 되었다. 이 때문에 '군산의 근대화'라는 말에는 '양면적인 성격을 지닌 군산'이라는 의미가 내포되어 있다. 군산은 "근대도시화되는 과정에 있어서 일본이 주도적인 역할을 했고, 일제강점기에는 일본의 식민도시로서 수탈의 현장"[30]이었으며, "전라도 쌀의 집결지이자 일제 자본의 유입으로 물화가 풍부한 곳이었다는 점에서 군산이라는 장소는 개화와 근대화의 도정에 위치한 공간"[31]이 되었다. 이는 근대역사문화공간과 인접한 곳에 일본사찰

29 김영정·소순열·이정덕·이성호, 앞의 책, 225쪽.
30 박성신, 앞의 논문, 181~182쪽. 본 저자에 따르면 "한국과 중국의 경우, 개항은 주권을 침해하는 식민지화와 근대화를 동시에 의미"한다.
31 전영의, 「한 중 근대도시의 타자공간과 욕망의 표상−채만식의 탁류와 왕안이의 장한

일본사찰인 동국사

일본식 목조가옥 히로쓰 가옥

물자 반출을 위해 내항과 시내를 연결하고자 만든 해망굴

〈그림 2〉 군산에 남아있는 일제의 흔적들(출처: 직접 촬영)

인 동국사를 비롯하여 일본식 목조가옥 히로쓰 가옥, 물자 반출을 위해 내항과 시내를 연결하고자 만든 해망굴, 적산가옥 등을 통해서도 그 흔적을 살펴볼 수 있다.

이러한 군산과 군산 근대역사문화공간의 역사·문화적 특성을 토대로 공간 내에 있는 점적인 등록문화재를 면으로 분류해보면 크게 3개의 장소적 의미를 찾아볼 수 있다. 첫 번째는 일제강점기에 행해진 수탈의 역사를 증빙하는 군산내항 철도와 군산내항 뜬다리 부두(부잔교)이다. 두 번째는 1905년부터 4차례에 걸쳐 진행된 군산항 축항공사의 결과물로서 근대항만의 공간 구조를 형성하는 기반이 되었고, 이로 인해 군산의 공간 구조 변화에 영향을 줬음을 보여주는 군산내항 호안시설, 세 번째는 근대 항구의 경관과 광복 이후 산업화의 흔적을 살펴볼 수 있는 군산 구 제일사료 주식회사 공장 및 군산 경기화학약품상사 저장탱크 등을 볼 수 있는 곳이다.

하지만 위와 같은 분류는 개항부터 근현대의 산업화까지의 내항의 의미를 전적으로 포괄하고 있지 못하다. 그렇기 때문에 군산의 근대

가를 중심으로」, 『현대소설연구』 63, 한국현대소설학회, 2016, 297~298쪽.

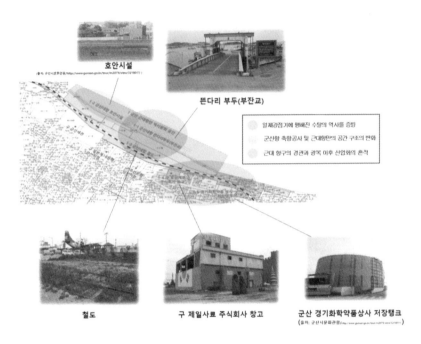

〈그림 3〉 군산내항 근대역사문화공간의 유형별 분류
(출처 기입 2개 항목 제외 직접 촬영)

역사문화공간은 내항 주변에 위치하고 있는 다른 역사문화유산들을 연계하여 이 공간이 가시화하고 있지 못한 장소적 의미를 〈표 4〉와 같이 맥락화 할 필요가 있다.

〈표 4〉 외부 공간과의 연계를 통한 근대역사문화공간의 장소적 의미의 맥락화

구분	공간 외부	근대역사문화공간 내(내향)	공간 외부		근대역사문화공간 내(내향)
장소적 의미	개항의지와 시작	해안시설 구축 및 수탈의 역사	일제강점기 수탈의 역사	군산에 이식되었던 일본 문화	근대항구의 경관과 산업화의 흔적
관련 문화재	구 군산세관	호안시설, 뜬다리 부두, 철도	구 일본 제18은행 군산지점, 구 조선은행 군산지점, 군산 발산리 구 일본인 농장창고 등	동국사, 적산가옥, 히로쓰 가옥, 이영춘 가옥 등	구 제일사료 주식회사 창고, 경기화학약품 상사 저장탱크
시기	개항 - - - - - - - - - 일제강점기				해방 - - 산업화

4. 목포의 근대역사문화공간과 장소의 맥락화

2018년 등록문화재 제718호로 지정된 목포의 근대역사문화공간은 〈그림 4〉와 같이 만호·유달동 일대 114,038㎡(602필지)에 이르는 구역이다.[32]

---

32 목포는 군산과 마찬가지로 2018년 8월 공모사업에 선정되고, 9월에 근대역사문화공간 재생 활성화 시범사업이 확정됨에 따라 위 공간 일대의 문화재를 보수하고, 역사문화 공간을 재조성할 수 있게 되었다. 목포는 본 사업 추진을 위해 2019년 4월 근대역사문 화공간 보전 및 활용을 위한 조례를 제정하고, 2019년 8월 근대건축자산 신규매입을 위해 문화재청에 건의하였다. 또한 같은 달 종합정비계획, 정밀·실측, 아카이브 용역 의 과업 승인을 요청하였으며, 10월에 과업 승인이 남에 따라 12월에 구 호남은행 목포지점 등 매입대상 변경을 승인받고 종합정비계획 계약 및 착수보고를 시행하였 다. 이에 따라 목포는 500억 예산 중 2019년 110억 2천 만 원을 사용했으며, 나머지 예산은 종합정비계획 수립 후 '20~'23년 세부 재정지원 사업비를 확정할 예정이다. (목포시, 『2020년도 주요업무 시행계획』, 2020. 참조)

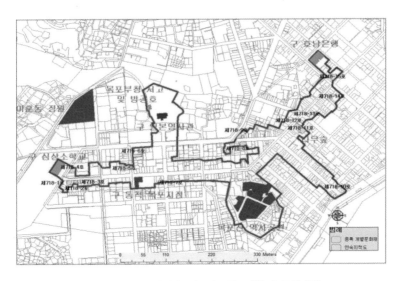

〈그림 4〉 목포 근대역사문화공간 등록구역(출처: 문화재청)

    만호·유달동 일대는 일제시대부터 1980년대까지 목포의 중심지였으나, 1990년대에 신도심이 생기면서 구도심으로 전락한 동네이다. 수군 목포진이 있었던 군사적 요충지였던 만호동[33]과 유달산 밑에 있다고 하여 유달동[34]이라 불리는 두 지역은 주로 일본인들이 거주한 지역이다. 이 일대는 개항 후 일제강점기 시대의 정치, 상업, 경제의 중심지로서, 목포에서 가장 빨리 상수도와 하수도 설비가 갖춰지고

---

33 1909년에 매립을 통해 조성된 만호동은 목포의 태동을 알리는 목포진영의 소재지다. 만호진이 위치했던 지역이며, 항만과 상업지역이 어우러진 해상교통 및 교역의 중심지이다. (목포시청 홈페이지: http://www.mokpo.go.kr/www/introduce/mokpodong/udal/current_state, 검색일자: 2020.02.12., 참조)

34 목포개항과 함께 일제시대부터 조성된 동이다. 일제식 고택의 자취가 남아있고 바닷가 주변과 고지대의 노후된 주택 등 주거 형태가 다양하며, 다양한 계층이 거주하고 있다. (전라남도·국립민속박물관, 『유달동, 만호동』, 2011, 15쪽 참조)

가로수 등 전기시설이 정비된 근대화된 도시의 면모를 볼 수 있는 곳이다.[35] 또한 문화재청에 따르면, "1897년 개항 이후 목포가 격자형 도로망에 의해 근대적 계획도시로 변모해 가는 과정과 당시의 생활상 등을 엿볼 수 있는 중심지역"[36]이다. 현재 이 일대에는 일제강점기 토지구획 형태를 알 수 있는 흔적 및 건축물들이 남아있으며, 그 중 근대건축물 15개가 등록문화재로 지정되어 있다.

〈표 5〉 목포 근대역사문화공간 내에 있는 개별 등록문화재 15곳

명칭	번호	건립연도	등록사유
목포 번화로 일본식가옥-1	제718-1	1935년	• 일제강점기 농업 및 임업, 개간 및 정지의 임대차 업무를 취급하였던 후쿠다농업주식회사(福田農業株式會社)의 사택으로, 1935년 건축된 지상 2층 일식주택
목포 번화로 일본식가옥-2	제718-2	1935년	• 일제강점기 목포 심상소학교와 동양척식주식회사 주변에 형성되었던 일본인 주거지의 흔적을 보여주는 공간 요소와 광복 후 한국인이 거주하며 온돌설치 및 내부를 변경한 내용은 한국 주거건축사에서 중요한 사료로 활용 가치가 있음
목포 번화로 일본식가옥-3	제718-3	1935년	
목포 영산로 일본식 가옥	제718-4	1937년	• 목포 심상소학고 전면도로에 면해서 1937년 건축된 2층 일본식 주택으로 일본인 주거지의 흔적을 보여줌 • 도로에 면한 부분이 사선방향인 부정형 대지의 형태에 맞춰 1층을 부정형 평면 형태로 구성한 특이한 일본식 주택
구 목포부립병원 관사	제718-5	1920년대	• 구 목포부립병원의 원장 관사로 사용되었던 것으로 추정되는 대규모 저택

---

35 전라남도·국립민속박물관, 위의 책, 15쪽. 특히 유달동 일대에는 목포문화원건축물 (국가사적 제289호), 오포대(지방문화재 자료 제138호), 이훈동집 정원(지방문화재 자료 제165호), 구동양척식회사목포지점(기념물 174호) 등을 비롯하여 국도 1, 2호선 도로 기점, 소영 박화성 선생의 문학 기념관 등 각종 문화 유적이 산재해있다.
36 문화재청 홈페이지: http://www.cha.go.kr/newsBbz/selectNewsBbzView.do?newsItemId =155700927&sectionId=b_sec_1&mn=NS_01_02 (검색일자: 2020.02.12.)

			• 근대기 동양척식주식회사 주변 시가지 및 구 목포부립병원의 흔적과 기억, 당시 상류층 일식주택의 건축형식을 보여주는 건축물
구 목포 일본 기독교회	제718-6	1922년 (1927년 6월 한차례 증축)	• 동양척식주식회사와 구 목포부립병원 인근에 위치한 목포 일본기독교회로, 일본인이 예배를 드린 기독교회 • 과거에는 전면부가 종탑형식의 2층 구조로 되어 있었으나 현재는 상부가 없이 1층만 남아있는 상태로, 근대기 동양척식주식회사 주변 시가지의 흔적과 기억을 담고 있어 당시 일본교회의 건축형식을 보여주는 드문 사례
목포 번화로 일본식 상가주택-1	제718-7	1935년	• 근대기 목포의 대표적 번화가이자 중심거리였던 본정(현재의 번화로)의 사거리 모퉁이에 위치한 점포주택 건물 • 근대기 동양척식주식회사 주변 시가지의 흔적과 기억을 담고 있으면서 해방 이후 상업 및 경제 공간 요소를 보여주는 건축물
목포 해안로 일본식 상가주택	제718-8	1935년	• 근대기 목포 지역의 대표적 번화가이자 상업중심거리였던 구 목포경찰서 앞 교차로 모퉁이에 건축된 대규모 상가 건물 • 일본 마찌야(町家) 형식으로 된 2층 규모의 목조건물이며, 1층은 여러 개의 상업용 점포들의 형성을, 2층은 주거 기능을 형성한 상업거리의 역사와 흔적을 보여주는 상가건물
목포 해안로 교차로 상가주택	제718-9	1962년	• 근대기 목포의 대표적 번화가이자 중심지였던 구 목포경찰서 앞 교차로에 면해 건축된 가장 상징적인 상가 건물로, 주거 기능을 형성한 상업거리의 흔적, 역사성, 장소성을 보여주는 보존상태가 양호한 상가건물 • 교차로에 면한 부정형의 다각형 대지에서 대지 형태에 맞춰 부정형의 다각형 평면과 독특한 외관을 구성하고 있는 일본 마찌야(町家) 형식의 2층 규모의 목조상가주택
목포 부두 근대상가주택	제718-10	1949년	• 1949년 해방 이후 목포 부두 인근에 위치하여 어선에 필요한 물품들을 판매하던 점포가 집중되었는데, 현재까지 그 기능이 유지되고 있는 가장 대표적인 상가 • 사거리 교차로의 독특한 장소성과 가로경관 요소를 보여주는 근대기 목포 부두의 상업거리의 흔적, 역사성, 장소성을 보여주는 벽돌 구조체(2층 규모)의 상가건물

구 동아부인상회 목포지점	제718-11	1935년	• 일제강점기 당시 조선인 부인들이 필요한 가정용품과 생활용품 판매를 목적으로 1920년 서울 종로에 설립 • 이후 목포, 광주, 대구, 평양, 함흥 등지에도 개업했던 '동아부인상회' 건물 • 근대기 목포의 대표적 번화가이자 상업중심거리였던 번화로 일대에서 구 화신백화점과 함께 당시의 대표적 상가건물로 꼽혔던만큼, 당시의 생활상을 알 수 있는 장소적 가치가 있는 공간
목포 번화로 일본식 상가주택-2	제718-12	1927년	• 구 동아부인상회 목포지점 건너편에 위치한 상가건물로 일제강점기 과자점이 있었던 것으로 추정 • 근대기 목포 지역의 대표적 상업거리의 흔적, 역사성, 장소성을 보여주는 상가건물
목포 번화로 일본식 상가주택-3	제718-13	1949년	• 근대기 목포 지역의 대표적 번화가이자 상업중심거리였던 번화로 일대 사거리 교차로 모퉁이에 건축된 상가건물 • 기본적인 건축형식을 유지하고 있으며, 5.18 민주화운동 당시 목포지역 지도자 안철 장로가 운영하던 동아약국 건물로도 널리 알려진 곳
목포 해화로 붉은 벽돌창고	제718-14	일제강점기 (1964년 소유자 등록)	• 일제강점기에 건축된 창고로 추정되며, 근대기 목포 부두와 연계된 창고 지역의 흔적을 보여주는 붉은 벽돌창고 • 당시 창고로서는 특이하게 붉은 벽돌을 주재료로 건축되었으며, 벽돌 조적조 벽체를 통 칸의 장방형 평면으로 구축하고 상부에 목조트러스와 박공지붕의 형식을 갖춘 현존 사례가 적은 창고 건축물로서 건축원형의 보존상태가 양호
구 목포 화신연쇄점	제718-15	1935년	• 구 화신백화점 건물로 널리 알려져 있으며, 일제강점기 당시 목포 지역에서 동아부인상회와 함께 대표적인 판매시설이었음 • 모더니즘 건축기법을 선구적으로 적용한 근대기 목포 지역의 백화점 건물로서 당시의 생활상, 장소성을 보여주는 상가 건물

참조 재구성: 문화재청 홈페이지(https://www.cha.go.kr)

목포는 1439년 만호진의 설치 이후부터 사람들이 본격적으로 살기 시작했다.[37] "나주평야를 끼고 도는 영산강이 서해안과 만나며, 서해안의 여러 섬들을 아우르는 위치에 있어 교통의 요충지"[38]이자 "항구도시로서 성장가능성"[39]이 있었던 목포는 부산과 원산, 인천에 이어 1897년 10월 1일에 개항하였다. 목포는 조선정부가 스스로 문을 연 최초의 자개항으로, 당시 정부는 일본의 전관거류지 설치 요구에도 불구하고 각국 거류지를 설치하였다. 하지만 각국공동거류지의 형태를 갖추고 있었음에도 "실제로는 일본인 전관거류지와 같이 유지 및 관리되었다"[40]는 점에서, 목포의 도시는 일본의 영향을 받아 형성되었다.

목포의 근대역사문화공간으로 지정된 만호동과 유달동 일대는 조선인 주거지인 북촌과 대비되는 근대도시형성의 중심지로서 일본인이 조성한 목포의 근대도시의 면모를 보여주고 있다.[41] 목포의 도시형성 유래를 살펴보면, 크게 일본인 마을인 '구 각국공동거류지' 구역과 조선인 마을인 '구 목포부 부내면' 구역으로 구분된다. 이 두 구역은 처음 만들어질 때부터 달랐는데, 두 구역이 시가지화 하는 과정에서 나타나는 차이는 곧 목포의 도시 특성으로 발전했다.[42] 개항 당시

37 고석규, 『근대도시 목포의 역사, 공간, 문화』, 서울대학교 출판부, 2004, 44쪽.
38 위의 책, 37쪽.
39 최성환, 「목포의 海港性과 개항장 형성과정의 특징」, 『한국민족문화』 39, 부산대학교 한국민족문화연구소, 2011, 165쪽.
40 조준범, 「목포 구시가지 도시조직의 형성과 변화에 관한 연구」, 『대한건축학회 논문집: 계획계』 21:15, 2005, 238쪽.
41 오장근, 「목포시 '남촌'의 공간적 기억과 서사 읽기-일제의 핍박과 민중의 상처가 기억되는 마을, 목포시 '남촌'이야기」, 『지역과 문화』 4:3, 한국지역문화학회, 2017, 20쪽.
42 고석규, 앞의 책, 53쪽.

만 해도 목포의 토지는 간석지나 바위, 경사지, 논과 밭 등으로 이루어져 있었기 때문에 시가지를 조성하기 위해서는 매립을 해야 했다. 개항 초기에 계획되었던 서산동-목포진-송도-목포역 예정지 부근까지의 매립은 1899년 착공되어 몇 번의 붕괴를 거쳐 1909년에 완공된다.[43] 하지만 "해벽축조와 간석지 매립을 통한 물리적 공간의 확장은 점차 일본인거주지와 조선인거주지를 분리하게 되는 토대를 제공"하였고, "목포의 도시공간은 일본인거주지와 조선인거주지라는 구분 속에서 전 방면에 걸쳐 현격한 차별성을 나타내면서 목포 도시공간의 이중성, 일상생활의 재편"[44]을 가져왔다. 일본인의 거주지에는 일본식 주택이나, 서구적인 건축양식을 반영한 건축물들이 지어졌고, 관청, 은행, 교육시설 및 근대적인 기능을 수행하는 주요시설 및 기관, 다양한 업종의 상가들이 들어섰다. 또한 도로, 상하수도 등의 인프라도 갖춰지면서 편리한 생활을 할 수 있는 도시의 기반이 갖춰져 갔다. 반면 조선인은 무덤이 있는 곳이나 외곽지역에 정착해 거주지를 형성하면서 난개발과 무질서함이 난무했다. 이 때문에 목포의 일본거주지는 근대적인 공간으로 여겨진데 반해, 조선인거주지는 전근대적인 공간으로 인식되었다.

목포의 근대역사문화공간은 이러한 조선인거주지와 대비되는 일본인들의 거주지로서, "목포시의 태동부터 오늘날에 이르기까지 다양한 역사의 기억들을 온전히 담고 있어 목포시의 시대적 변화상을

43 김주관, 「개항장 공간의 조직과 근대성의 표상」, 『지방사와지방문화』 9:1, 역사문화학회, 2006, 141쪽.
44 엄미경, 「개항장의 형성과 목포의 식민도시화, 그리고 일상생활의 재편」, 『호남문화연구』 42, 전남대학교 호남학연구원, 2008, 50~51쪽.

읽기에 가장 적절한 장소"[45]이다. 개항 이전에는 만호진이 설치되고 폐진이 되기 이전까지 군사거점지로서 그 역할을 해나갔다면, 개항 이후에는 이 지역을 중심으로 일본인 거류지가 형성되면서 근대도시의 형태를 갖추기 시작했다. 해방 후에는 일본인이 자국으로 돌아갔으나 여전히 항구도시로서 해운, 어업, 상업, 교역 등 그 기능을 유지하고 있었기 때문에 많은 이들이 이 지역으로 이주해왔다. 이로 인해 유달동과 만호동은 1960~80년대 초까지 황금기를 이루며 목포의 정치와 상권의 중심지로서 목포에서 가장 번화한 곳이 되었다. 하지만 1970년대 오일 쇼크를 비롯해 90년대에 진행된 신도심의 건설로 인해 행정기관들이 이전하고, 더불어 육로교통이 발달하면서 이주민들이 증가하기 시작했고, 빈집도 많아졌다. 그 때문에 이 동네는 빠르게 쇠퇴하며 구도심으로 전락했고, 이제는 근대역사문화공간으로서 새로운 장소적 의미를 획득하며 목포가 근대적 계획도시로 변모해 가는 과정과 당시의 생활상, 개항부터 지금까지의 도시 경관의 변화를 살필 수 있는 곳으로 변화해나가고 있다.

이러한 도시의 변화상은 〈그림 5〉와 같이 이 공간 내에 있는 15개의 등록문화재와 주변 경관 및 거리, 건축물 등을 통해 살펴볼 수 있다. 이곳의 등록문화재는 모두 건축물이다. 이 건축물이 지니고 있는 장소적 의미에 따라 근대역사문화공간을 분류해보면, 크게 3가지로 나누어 볼 수 있다. 첫 번째는 일본식 가옥이 남아있는 곳이다. 일본인 주거지의 흔적을 보여줌과 동시에 일식주택의 양식이 한국의 주거문화와 결합하면서 변화해온 모습을 살필 수 있는 곳이다. 두 번째는

---

45 오장근, 앞의 논문, 20쪽.

〈그림 5〉 목포 근대역사문화공간의 유형별 분류(사진 출처: 직접 촬영)

근대식 상가주택 또는 판매시설이 남아있는 곳이다. 근대기 목포 지역의 대표적 번화가이자 상업중심거리의 경관 및 주거와 상업 기능이 공존하고 있는 주택의 특성을 보여주고 있다. 세 번째는 근대시기에 도시가 형성되면서 들어선 교회, 병원 관사, 은행 등과 같은 기관 및 시설 등이 남아있는 곳이다. 이들은 개항부터 일제강점기, 해방 이후, 황금기, 구도심으로의 쇠퇴, 그리고 현재에 이르기까지의 시간의 흐름 속에서 역사·문화적 특성들이 결합하고 변모하며 형성해온 그들의 도시구조 및 생활상을 담고 있다.

하지만 그럼에도 불구하고 근대역사문화공간 내의 문화재는 일본의 영향이 많이 남아있는 것들이 대다수라는 점에서 근대도시의 형성과 생활상에 대한 양면성을 보여주고 있지는 못하다. 그렇기 때문에 외부에 위치하고 있는 조선인 마을의 장소적 의미를 보다 발굴하여 이 공간과 대비되는 역사문화유산으로서 목포의 도시형성의 양면

성을 맥락화하여 보여주는 것이 필요하다. 또한 일본식 가옥 및 상가
주택, 일본식 건축물 등과 같은 의미 부여를 넘어 그곳에서 삶을 살아
온 사람들에 대한 이해와 변화 과정에 대한 이야기가 덧붙여져 이
공간에 대해 입체적이고 맥락적으로 접근할 수 있도록 해야 한다.

〈표 6〉 근대역사문화공간과 외부공간의 대비를 통한 장소적 의미의 맥락화

구분	근대역사문화공간 내				외부
	공간의 분류	관련 문화재	장소적 의미		장소적 의미
개항 ㅣ 일제 강점기 ㅣ 해방 이후 ㅣ 황금기 ㅣ 구도심 ㅣ 현재	일본식 가옥이 남아있는 곳	번화로 일본식가옥 1-3, 영산로 일본식 가옥 등	• 일본인 주거지의 흔적과 일 식주택의 양식이 한국의 주 거문화와 결합하면서 변화 해온 모습을 살필 수 있음	대 비	남촌과 대비되는 북촌지역으로, 조선인들이 거주할 곳이 없어 유달산 북쪽 무덤자리에 형성한 조선인 마을/ 일본인 거주지와 대비되는 주거지역으로서 아픈 우리의 역사 및 생활상을 보여줌
	근대식 상가주택 또는 판매시설이 남아있는 곳	번화로 일본식 상가주택 1-3, 해안로 교차로 상가주택 등	• 근대기 목포 지역의 대표적 번화가이자 상업중심거리의 경관 및 주거와 상업 기능 이 공존하고 있는 주택의 특성을 보여줌		
	근대도시가 형성되면서 들어선 기관 및 시설 등이 남아있는 곳	구 목포부립병원 관사, 구 목포일본 기독교회 등	• 교회, 병원 관사, 은행 등과 같은 기관 및 시설 등이 남 아있는 곳으로 당시의 생활 상을 보여줌		

5. 나가는 말

본 논문에서 살펴 본 군산과 목포는 전라북도와 전라남도에 위치
하며 서해에 맞닿아있는 근대 개항도시로서, 두 도시 모두 스스로 문
을 연 자개항이라는 공통점을 지니고 있다. 그리고 두 도시의 각국공

동거류지가 일본인 전관거류지와 같이 유지 및 관리되었다는 점에서 일본의 영향 하에 도시가 형성되었고, 그 흔적들이 지금도 남아있다는데서 유사점을 찾을 수 있을 것이다. 하지만 〈표 7〉과 같이 군산과 목포의 근대역사문화공간이 가시화하고자 하는 장소적 의미는 다르게 나타난다.

군산은 내항을 배경지로 내세워 근대역사문화공간을 조성해나가고 있다. '군산'과 '개항', 그리고 '항구'가 가지는 장소성과 '개항 관련 시설' 및 '산업시설'에 주목하는 문화재의 가치를 토대로 다른 개항지와의 차별성을 찾기 위한 전략모색에 중점을 두고 있다. 그래서 군산은 근대항만의 역사와 개항이 가져온 이중적 함의를 비롯해 내항의 장소성을 뒷받침해줄만한 자료(혹은 유산)의 발굴이 필요하며, 개항에서 일제강점기, 그리고 해방 이후 산업화에 이르는 그 시공간의 흔적 중 비어있는 부분을 주변 문화재와의 연계를 통해 장소적 의미를 맥락화하는 작업이 이루어져야 한다. 반면 목포는 항구가 아닌 당시에 조성된 시가지를 배경으로 내세우고 있다. 목포의 근대역사문화공간은 개항 이후 근대도시가 어떻게 형성되었고, 당시의 생활상이 어떠했는지를 살필 수 있는 주택, 상점, 기관 및 시설 등을 포괄하는 건축자산과 거리에 주목하고 있다. 그래서 목포는 사람이 살지 않고 비어있는 시설물이 등록문화재로 지정되어있는 군산과 달리 사람이 실제로 거주하거나 생업을 이어가고 있는 등록문화재들이 존재하기 때문에, 과거부터 현재로 이어지는 시공간과 사람이 이 공간 내에서 공존할 수 있는 장소적 의미 발굴 및 맥락화가 이루어져야 한다.

〈표 7〉 군산과 목포의 장소성을 기반으로 한 사업 전략 비교

분류	군산	목포
개항일	1899년	1897년
지리적 위치	전라북도 군산시(군산내항 일대)	전라남도 목포시(만호·유달동 일대)
등록구역 및 범위	• 내항 및 장미동 일대 15만 2,476㎡, 59개 필지	• 만호·유달동 일대 11만 4,038㎡, 602개 필지
포괄지역	• 개항 및 산업화와 관련된 항구지역 및 기타 근대시설이 위치한 주변지역	• 일본인 거주지 및 상업지역
등록 문화재 수	• 군산내항 뜬다리 부두(부잔교), 군산내항 호안시설, 군산내항 철도, 군산 옛 제일사료 주식회사 공장, 군산 경기화학약품상사 저장탱크, 5개소	• 일본식 가옥 4개소, 일본식 상가주택 5개소, 옛 목포부립병원 관사, 옛 목포 일본기독교회, 근대상가주택, 옛 동아부인상회 목포지점, 붉은 벽돌창고, 옛 목포화신 연쇄점, 15개소
장소적 의미	• '항만'을 중심으로 근대와 현대의 시공간 속에서 군산이 개항부터 해방, 그리고 그 이후부터 현대까지 어떠한 변화를 겪어 왔는지를 짐작하게 함 • 특히 이들 문화재에는 '개항'과 '항만 중심의 근대산업화'의 이면에 숨겨져 있는 일제강점기 경제 수탈항으로서의 역사와 군산에 이식되었던 일본 문화의 영향력을 살펴볼 수 있음	• 자개항으로 각국거류지였음에도 불구하고 일본인 전관거류지처럼 일본의 영향 하에 근대적 계획도시로 변모해 가는 과정과 당시의 생활상, 개항부터 지금까지의 도시 경관의 변화를 살필 수 있음 • 특히 개항부터 일제강점기, 해방 이후 변화가였다가 구도심으로 쇠퇴했으며, 이제는 근대역사문화공간으로서 장소적 의미가 변화해가는 과정과 흔적을 살필 수 있음
장소적 의미의 맥락화	• 개항도시로서 '항구'가 가지는 의미에 대한 맥락화가 필요하며, '항만시설'의 구축에 따른 도시의 경관 및 산업의 변화에 대한 의미 발굴 및 맥락화 작업이 필요 • 내항 주변에 위치하고 있는 다른 역사문화유산들을 연계하여 이 공간이 가시화하고 있지 못한 장소적 의미를 맥락화 하는 것 필요	• 근대역사문화공간의 일본인 거주지와 대비되는 조선인 마을의 장소적 의미를 보다 발굴하여 목포의 근대도시형성의 양면성을 맥락화하여 보여주는 것이 필요 • 개항부터 지금까지 변화해온 근대역사문화공간의 거리와 건축물, 경관, 사람들 등에 대한 이야기가 덧붙여져 이 공간에 대해 입체적이고 맥락적으로 접근할 수 있도록 해야 함

두 도시는 이를 위해 관련 유산들을 등록문화재로 지정하고, 보존 및 활용을 위한 '종합정비계획' 용역을 수행하고 있다. 각 도시에서 수립된 종합정비계획에 따라 앞으로 진행될 두 도시의 사업내용과 결과물이 유사하거나 혹은 다르게 나타나겠지만, 분명한 건 각각의 도시가 강조하는 장소성에 기반한 차별성 있는 근대역사문화공간이 조성되어야 한다는 것이다. 그러기 위해서는 유행에 따른 보존 및 활용보다는 표상하고자 하는 장소성에 기반한 학술조사나 실측조사에 충실하되, 각각의 문화재에 내재된 가치와 의미를 안내판만이 아닌 관련 콘텐츠개발을 통해 체험할 수 있도록 해야 한다. 또한 각 지자체에서 '근대도시', '근대시기의 역사문화유산' 등과 관련해 수행하고 있는 개별적인 많은 사업들을 최대한 연계하여 지정된 근대역사공간 내에서 보여주지 못한 장소적 의미를 지역적 차원에서 발굴하고 맥락화 하는 작업도 함께 이루어져야 한다. 더불어 건물소유자 및 거주민, 또는 이를 활용하고 콘텐츠화 할 수 있는 지역민들의 참여를 어떻게 이끌어 낼 것이며, 외지인들이 모여들어 지정된 공간과 장소성을 훼손시키는 일을 어떻게 방지할 것인지에 대한 방안 모색에도 심혈을 기울여야 할 것이다.

이제는 기존에 역사문화유산을 다뤘던 방식이 아닌 '근현대 시대'라는 시대적 특수성을 고려한 역사문화유산의 보존 및 재생, 활용방안에 대한 진지한 고민이 필요한 시점이다. 그런 점에서 앞서 살펴본 선·면 단위 등록문화재 제도는 이를 위한 한 단계 나아간 시도 중 하나라고 볼 수 있다.[46] 또한 실측조사 및 DB작업과 더불어 도시재생

---

46 문화재의 보존·활용 측면에서 완화된 규제로 공간에 대한 활용성과 효용성을 높이고,

이나 다른 유사 프로그램 혹은 사업과의 연계 방안, 콘텐츠 활용 방안 등에 대해서도 고민하고 연구를 진행한다는 점에서 근현대 시대의 역사문화유산의 보존과 활용의 경계선상에서 발생하는 갈등이 일정 부분 상쇄될 수 있지 않을까 기대하게 한다. 물론 아직은 사업 초기 단계이기 때문에 보완해나가야 할 것들이 많다. 그러나 지금까지 선정된 지역들의 근대역사문화공간을 근현대 시대의 역사문화유산을 보존 및 활용하는 다양한 모델 중 선진적인 하나의 사례로서 구축해나간다면 사업의 의미가 지금보다 확장될 수 있을 것이다.

구역 내 건물 및 토지 소유자들의 동의를 요하기 위해 '지역공동체 참여'와 '지방자치단체 추진 의지'를 중시하는 것은 근대역사문화유산의 특성을 고려한 것이기도 하다.

제1부 근대전환기 문화의 메타모포시스: 이론과 관점

【근대전환기 문화(고유문화/외래문화)의 메타모포시스와 식민지 근대】_ 윤영실

가라타니 고진, 박유하 옮김,『일본 근대문학의 기원』, 민음사, 1997.

김태준, 이주영 교주,『조선소설사』, 필맥, 2017.

김현주,『문화: 한국개념사총사 13』, 소화, 2019.

라인하르트 코젤렉 외 편, 안삼환 옮김,『코젤렉의 개념사 사선 1: 문명과 문화』, 푸른역사, 2010.

루쉰, 조관희 역주,『중국소설사』, 소명출판, 2004.

방민호,「「문학이란 하오」와『무정』, 그 논리구조와 한국 문학의 근대 이행」, 『춘원연구학보』 5, 춘원학회, 2012.

방민호,「임화와 학예사」,『상허학보』 26, 상허학회, 2009.

서영채,「국학 이후의 한국문학 연구」,『문학사를 다시 생각한다』, 소명출판, 2018.

송인재,「근대 중국에서 중학, 서학의 위상변화와 중체서용－장즈둥의『권학편』 을 중심으로」,『개념과 소통』 6, 한림과학원, 2010.12.

신동준,「중국의 근현대화 방략과 체용 논쟁」,『문화와 정치』 5:1, 한양대학교 평화연구소, 2018.

야나부 아키라, 김옥희 옮김,『번역어의 성립』, 마음산책, 2011.

_____, 박양신 옮김,『한 단어 사전, 문화』, 푸른역사, 2013.

오비드, 이윤기 옮김,『변신이야기』, 민음사, 1998.

월터 D. 미뇰로, 김영주 외 옮김,『서구 근대성의 어두운 이면: 전지구적 미래들

과 탈식민적 선택들』, 현암사, 2018.

이명수, 『소통과 평등을 사유한 사상가 담사동』, 성균관대학교출판부, 2010.

임화, 『임화문학예술전집 3: 문학의 논리』, 소명출판, 2009.

장문석, 「출판기획자 임화와 학예사라는 문제틀」, 『민족문학사연구』 41, 민족문학사학회, 2009.

찰스 테일러, 이상길 옮김, 『근대의 사회적 상상: 경제, 공론장, 인민주권』, 이음, 2016.

최남선, 『육당최남선전집』 5권, 현암사, 1973.

프래신짓트 두아라, 문명기·손승희 옮김, 『민족으로부터 역사를 구출하기』, 삼인, 2006.

_____, 한석정 옮김, 『주권과 순수성: 만주국과 동아시아적 근대』, 나남, 2008.

헤이든 화이트, 천형균 옮김, 『메타역사: 19세기 유럽의 역사적 상상력』, 문학과지성사, 1991.

황호덕, 「이론 디스/카운트, 아시아에서 이론하기」, 『문학과 사회』 30:3, 문학과지성사, 2017.8.

Beck, Ulrich, *The Metamorphosis of the World*, Cambridge: Polity Press, 2016.

Benjamin, Walter, "Franz Kafka: On the Tenth Anniversary of His Death", "On the Some Reflections on Kafka", *Illuminations*, trans. Harry Zohn, N.Y.: Schocken Books, 1969.

Levine, Michael G., "The Sense of an Unding: Kafka, Ovid, and the Misfits of Metamorphosis", *Franz Kafka's The Metamorphosis*(new edition), ed. Herold Bloom, N.Y.: Infobase Publishing, 2008.

Schlaeger, Jürgen et als., *Metamorphosis: Structures of Cultural Transformations*, Tübingen: Gunter Narr Verlag, 2005.

Sweeney, Kevin W., "Competing Theories of Identity in Kafka's The Metamorphosis", *Franz Kafka's The Metamorphosis*(new edition), ed. Herold Bloom, N.Y.: Infobase Publishing, 2008.

【근대전환기 헝가리와 주변국의 문화적 메타모포시스의 한 양상】_ 김지영

Bowe, Nicola Gordon ed., *Art and the National Dream: The Search for Vernacular Expression in Turn-of-the-Century Design*, Dublin: Irish Academic Press, 2013.

Éri, Gyöngyi·Jobbágyi Zsuzsa, *Magyar századforduló, 1896-1914.* Budapest: Corvina, 1997.

Gabriela, Fahr-Becker, *Szecesszió,* Budapest: Vince Kiadó, 2004.

Gerle, János·Kovács Attila·Makovecz Imre, *A Századforduló Magyar Építészete,* Budapest: Szépirodalmi Könyvkiadó-Bonex, 1990.

Hopkin, David, "Folklore Beyond Nationalism: Identity Politics and Scientific Cultures in a New Discipline", *Folklore and Nationalism in Europe During the Long Nineteenth Century,* eds. Timothy Baycroft·David Hopkin, Leiden: Brill, 2012.

Keseru, Katalin, "Vernacularism and Its Special Characteristics in Hungarian Art", *Art and the National Dream: The Search for Vernacular Expression in Turn-of-the-Century Design, ed.* Nicola Gordon Bowe, Dublin: Irish Academic Press, 1993.

Kos, Karoly, "Nemzeti műveszet", *Magyar Iparműveszet* 13:4, 1910.

Lajtai, L. Laszlo, "Trendek és elmeletek a nemzet: es nacionalizmus kutatásban. Vázlatos kutatástörténeti áttekintes", *Pro Minoritate* 24:3. 2015.

Moravánszky, Ákos, *Versengő látomások: Esztétikai újítás és társadalmi program az Osztrák-Magyar Monarchia építészetében 1867-1918,* Budapest: Vince Kiadó, 1998.

Papp, Gabor Gyorgy, "Vezessuk be minel előbb nemzeti hagyomanyainkat a modern vilagba, A nemzeti epiteszet fogalmanak valtozasai az epiteszeti szakirodalomban", *Korall* 16:62, 2015.

Rampley, Matthew, *The Vienna School of Art History, Empire and the Politics of Scholarship: 1847~1918,* Pennsylvania: Pennsylvania State University Press. 2013.

Romsics, Ignác, *Magyarország történelme a XX. században.* Budapest: Osiris,

2005.

Sisa, József and Dora Wiebenson, *Architecture of Historic Hungary*, Cambridge: MIT Press, 1998.

Sisa, Jozsef, *Lechner, az alkoto geniusz,* Budapest: MTA BTK mûvészettörténeti Intézet, 2014.

Szívós, Erika, *A magyar képzőművészet társadalomtörténete 1867-1918,* Budapest: Ú-M-K, 2009.

Veress, Dániel, "A premodern epiteszet mint vilag- es anyanyelv. Programszovegek a szazadfordulo Osztrak-Magyar Monarchiajabol", *Strike* 2:1, 2014.

_____, "Architecture as Nation-Building: The Search for National Styles in Habsburg Central Europe Before and After World War I", *Empires, Nations and Private Lives: Essays on the Social and Cultural History of the Great War, eds.* Nari Shelekpayev et al., Cambridge: Cambridge Scholars Publishing, 2016.

_____, "Az építészet mint nemzetépítés. Nemzeti stílustörekvések a magyar, lengyel, cseh és osztrák építészetben 1925 előtt", *Korall* 68. 2017.

Wagner, Otto, "Korunk epitőműveszete", *Irasok, tervek, epuletek,* Budapest, 2012.

Whaley, Joachim, "Austria, Germany, and the Dissolution of the Holy Roman Empire", *The Habsburg Legacy: National Identity in Historical Perspective* (Austrian Studies 5.), eds. Ritchie Robertsoná·Edward Timms, Edinburgh: Edinburgh University Press, 1994.

【변통과 메타모포시스】_ 심의용

李珥, 『栗谷全書』.
李瀷, 『星湖僿說』.
朱熹, 『孟子集註』.
程伊川, 『易傳』.
程伊川, 『二程遺書』.
程伊川, 『二程粹言』.
崔漢綺, 『神氣通』.

김현우, 「구한말 개혁적 유교지식인들의 변통론적 근대인식」, 『인문학연구』 24, 경희대학교 인문학연구소, 2013.

김도형, 『근대한국의 문명전환과 개혁론: 유교비판과 변통』, 지식산업사, 2014.

문우일, 「변신(變身)에 대한 바울의 이해 – 낮은 몸에서 영광의 몸으로」, 『신학과사회』 29:2, 21세기기독교사회문화아카데미, 2015.

박성규, 「『논어』의 '권(權)' 개념 – 「자한편」 '미가여권(未可與權)'장을 중심으로」, 『철학사상』 61, 서울대학교 철학사상연구소, 2016.

이선경, 「『주역』의 변통론과 율곡의 개혁사상」, 『사회사상과 문화』 29, 동양사회사상학회, 2014.

이정우, 『개념-뿌리들』, 철학아카데미, 2004.

정종모, 「정이천의 권도(權道) 개념과 유학의 시대 적응」, 『유학연구』 43, 충남대학교 유학연구소, 2018.

조대호, 「아리스토텔레스 실체론의 지형도」, 『화이트헤드연구』 14, 한국화이트헤드학회, 2007.

프랑수아 줄리앙(Francois Julien), 박석 옮김, 『불가능한 누드』, 들녘, 2019.

훌리안 마리아스(Julian Marias), 강유원 옮김, 『철학으로서 철학사』, 유유, 2016.

Smith, Kidder, *Sung Dynasty Uses of the I Ching*, Princeton, NJ: Princeton University Press, 1990.

제2부 이문화들의 접경: 문화횡단과 타자의 시선/응시

【횡단과 여행, 그리고 자기-식민화】_ 신승엽

『독립신문』, 1896; 1899.

『한성순보』, 고종 21년.

강 선, 이종묵 옮김, 『국역 연행록』(국립중앙도서관 한국고전적국역총서 5), 국립중앙도서관, 2009.

김경일, 「문명론과 인종주의, 아시아 연대론 – 유길준과 윤치호의 비교를 중심으로」, 『사회와역사』 78, 한국학중앙연구원, 2008.

김기수, 『일동기유』(한국사료총서 제9권), 국사편찬위원회, 1958.

김득련, 허경진 옮김, 『환구음초』, 평민사, 2011.

민경준, 「명청 교체기와 한중 관계」, 『한중 외교관계와 조공책봉』, 고구려연구
　　재단, 2005.

민영환, 조재곤 옮김, 『해천추범』, 책과함께, 2007.

박영효, 이효정 옮김, 『사화기략』, 보고사, 2018.

박정양, 한철호 옮김, 『미행일기』, 푸른역사, 2015.

왕현종, 『한국 근대국가의 형성과 갑오개혁』, 역사비평사, 2003.

유길준, 허경진 옮김, 『서유견문』, 서해문집, 2010.

윤영실, 「'미국'과 식민지 근대 주체 형성의 한 경로-『윤치호 일기』를 중심으로」,
　　『우리 학문 속의 미국: 미국적 학문 패러다임 이식에 대한 비판적 성찰』, 한울
　　아카데미, 2003.

윤치호, 『국역 윤치호 영문 일기 1』, 국사편찬위원회, 1968.

_____, 『국역 윤치호 영문 일기 2』, 국사편찬위원회, 2014.

_____, 『윤치호 일기(1916-1943)』, 역사비평사, 2007.

이민식, 『근대사의 한 장면: 콜럼비아 세계박람회와 한국』, 백산자료원, 2006.

이재석, 「한청통상조약 연구」, 『대한정치학회보』 19, 대한정치학회, 2011.

전우용, 『서울은 깊다: 서울의 시공간에 대한 인문학적 탐사』, 돌베개, 2008.

조현범, 「한말 태양력과 요일 주기의 도입에 관한 연구」, 『종교연구』 17, 한국종
　　교학회, 1999.

Anderson, Benedict, *Imagined Communities: Reflections on the Origin and
　　Spread of Nationalism*, London: Verso, 1983.

Chakrabarty, Dipesh, *Provincializing Europe: Postcolonial Thought and Historical
　　Difference*, Princeton: Princeton University Press, 2009.

Dohrn-van Rossum, Gerhard, *History of the Hour: Clocks and Modern Temporal
　　Orders*, trans. Thomas Dunlap, Chicago·London: University of Chicago Press,
　　1996.

Foucault, Michel, *Discipline and Punish: The Birth of the Prison*, trans. Alan
　　Sheridan, New York: Pantheon, 1977.

Freeman, Michael J., "Time and Space under Modernism: The Railway in D.
　　H. Lawrence's Sons and Lovers", *The Railway and Modernity: Time, Space,*

and the Machine Ensemble, Bern: Peter Lang AG, 2007.

Hamashita, Takeshi, "The Tribute Trade System and Modern Asia", *Japanese Industrialization and the Asian Economy*, eds. Kawakatsu Heita and John Latham, London & New York: Routledge, 1994.

Jung, Jae-hoon, "Meeting the World through Eighteenth century Yŏnhaeng", *Seoul Journal of Korean Studies* 23:1, 2010.

Lew, Young Ick, "Yüan Shih-k'ai's Residency and the Korean Enlightenment Movement(1885~94)", *Journal of Korean Studies* 5, 1984.

Schivelbusch, Wolfgang, *The Railway Journey: The Industrialization of Time and Space in the Nineteenth Century*, Berkeley: University of California Press, 1987.

Tanaka, Stefan, *New Times in Modern Japan*, Princeton: Princeton University Press, 2009.

Thompson, Edward P., "Time, Work-Discipline, and Industrial Capitalism", *Past and Present* 38, 1967.

【세계를 만나는 창】_목수현

『各國旗圖』(규장각 한국학연구원, 古 4635)
『各國旗圖』(한국학중앙연구원 장서각, K3 0544)
『독립신문』
『(小學)萬國地誌』
『ᄉᆞ민필지』
『士民必知』
『西遊見聞』
〈世界全圖〉(규장각 한국학연구원, 古軸4909-44)
『通商約章類纂』(규장각 한국학연구원, 奎中 3975)
『通商章程成案彙編』(규장각 한국학연구원, 奎中 3595)
『學部來去文』(규장각 한국학연구원, 奎 17798)
『皇城新聞』
張志淵 編, 『萬國事物起源歷史』, 皇城新聞社(1978, 아세아문화사 영인본), 1909.

『萬國旗章圖譜』, 江戶: 山城屋优兵衛, 嘉永五年(1852).

道本揚聲·御園生萬吉, 『各國旗章明鑑』, 橫須賀: 軍港堂, 1897.

石川榮司 編纂, 『國旗』, 東京: 育成會, 1900.

Flags of Maritime Nations(1882, 1899).

강창숙, 「근대계몽기 세계지리 교과서 『소학만국지지』의 내용체계와 서술 방식」, 『한국지역지리학회지』 19:4, 한국지역지리학회, 2013.

_____, 「근대계몽기 세계지리 교과서 『중등만국지지』의 내용체계와 근대 지식의 수용과 변용」, 『문화역사지리』 28:2, 한국문화역사지리학회, 2016.

김영훈, 「개화기 교과서 속의 세계와 역사」, 『비교문화연구』 16:2, 서울대학교 비교문화연구소, 2010.

김원모, 「조미조약 체결연구」, 『동양학』 22, 단국대학교 동양학연구소, 1992.

남영우, 『일제의 한반도 측량침략사 조선말~일제강점기』, 법문사, 2011.

盧禎埴, 「古地圖에 나타난 外國地名을 통해서 본 視野의 擴大」, 『大邱敎育大學 논문집』 22, 大邱敎大論文編輯委員會, 1987.

목수현, 「근대국가의 '국기(國旗)'라는 시각문화—개항과 대한제국기 태극기를 중심으로」, 『美術史學報』 27, 서울대학교, 2006.

민현식, 「개화기 한글본 '스민필지'에 대하여」, 『국어교육』 100, 한국어교육학회, 1999.

서울역사박물관 편, 『(이찬 기증) 우리 옛지도』, 서울역사박물관, 2006.

元載淵, 「조선후기 西洋認識의 변천과 對外開放論」, 서울大學校 博士學位論文, 2000.

이지영, 「개화기의 외국 지명 수용 과정」, 『국어국문학』 150, 국어국문학회, 2008.

李 燦, 『韓國의 古地圖』, 범우사, 1991.

이태진, 「대한제국의 皇帝政과 '民國' 정치이념—태극기의 제작 보급을 중심으로」, 『한국문화』 22, 규장각한국학연구소, 1998.

장보웅, 「개화기의 지리교육」, 『대한지리학회지』 5:1, 대한지리학회, 1970.

張保雄, 「利瑪竇의 世界地圖에 關한 硏究」, 『東國史學』 13, 동국대학교 사학회, 1976.

장지연, 황재문 옮김, 『만국사물기원역사: 전통과 근대의 지식을 아우른 세계 만물 백과사전』, 한겨레출판, 2014.

鄭英淑, 「『西遊見聞』에 나타난 外國 國名의 漢字 表記에 대하여」, 『日本學報』 41:1, 경상대학교 일본문화연구소, 1998.

朝鮮總督府遞信局 編, 『朝鮮遞信事業沿革史』, 京城: 朝鮮總督府遞信局, 1938.

하원호 외, 『개항기의 재한 외국공관 연구』, 동북아역사재단, 2008.

韓哲昊, 「俞吉濬의 개화사상서 『西遊見聞』과 그 영향」, 『진단학보』 89, 진단학회, 2000.

_____, 「우리나라 최초의 국기('박영효 태극기' 1882)와 통리교섭통상사무아문 제작 국기(1884)의 원형 발견과 그 역사적 의의」, 『한국독립운동사연구』 31, 문화체육관광부, 2008.

홍인근, 『대한제국의 해외공관』, 나남, 2012.

황재문, 「『萬國事物紀原歷史』의 성립 과정과 지식 체계의 특성」, 『한국문화』 59, 규장각한국학연구소, 2012.

_____, 「『만국사물기원역사(萬國事物紀原歷史)』의 성립 과정에 대한 재검토」, 『대동문화연구』 104, 성균관대학교 동아시아학술원, 2018.

苅安 望(Nozomi Kariyasu), 『世界 「海事旗章」 圖鑑』, 東京: 彩流社, 2008.

苅安 望, 『列強 「植民帝国」旗章図鑑』, 東京: 彩流社, 2009.

【페티시즘 개념을 통해서 본 개신교와 무속의 만남】 _ 방원일

W. J. T. 미첼, 임산 옮김, 『아이코놀로지 이미지, 텍스트, 이데올로기』, 시지락, 2005.

반 델 레에우, 손봉호·길희성 옮김, 『종교현상학 입문』, 분도출판사, 1995.

방원일, 「초기 개신교 선교사의 한국 종교 이해」, 서울대학교대학원 박사학위논문, 2011.

에드워드 버넷 타일러, 유기쁨 옮김, 『원시문화: 신화, 철학, 종교, 언어, 기술, 그리고 관습의 발달에 관한 연구』, 아카넷, 2019[1871].

윌리엄 길모어, 이복기 옮김, 『서양인 교사 윌리엄 길모어, 서울을 걷다 1894』, 살림, 2009[1894].

지그문트 프로이트, 김정일 옮김, 『성욕에 관한 세 편의 에세이』, 열린책들, 2003.

지그프리트 겐테, 권영경 옮김, 『독일인 겐테가 본 신선한 나라 조선, 1901』, 책과함께, 2007.

칼 마르크스, 김영민 옮김, 『자본 I-1』, 이론과 실천, 1987.

Allen, Horace N., "Some Korean Customs: Mootang", *The Korean Repository* 3, 1896.

Anonymous [attributed to George Heber Jones], "Obstacles Encountered by Korean Christians", *The Korean Repository* 2:4, April, 1895.

Baird, Annie Laurie Adams, *Daybreak in Korea: A Tale of Transformation in the Far East*, New York: Young People's Missionary Movement of the United States and Canada, 1909.

Cram, W. G., "Rescued after Years of Bondage", *The Korea Methodist* 1:11, Sept., 1905.

Hulbert, Homer B., "Korean Survivals", *Transactions of the Korean Branch of the Royal Asiatic Society* 1, 1900.

_____, *The Passing of Korea*, London: Page & Company, 1906.

Jones, George Heber, "The Spirit Worship of the Korea", *Transactions of the Korean Branch of the Royal Asiatic Society* 2, 1901.

_____, *Korea: The Land, People, and Customs*, New York: Eaton & Mains, 1907.

Keane, Webb, *Christian Moderns: Freedom and Fetish in the Mission Encounter*, Berkeley: University of California Press, 2007.

Kendall, Laurel, *Shamans, Nostalgias, and the IMF: South Korean Popular Religion in Motion*, Honolulu: University of Hawai'i Press, 2009.

Lewis, E. A., "A Holocaust of Fetishes", *The Korea Mission Field* 2:7, May, 1906.

Logan, Peter Melville, *Victorian Fetishism: Intellectuals and Primitives*, Albany: State University of New York Press, 2009.

Masuzawa, Tomoko, "Troubles with Materiality: The Ghost of Fetishism in the Nineteenth Century", *Religion: Beyond a Concept*, ed. Hent de Vries, N.Y.: Fordham University Press, 2008.

McLennan, John Ferguson, "The Worship of Plants and Animals", *Fortnightly Review* 6, 1869,

Moose, J. Robert, *Village Life in Korea*, Nashville, Tenn.: Publishing House of the M. E. Church, South, Smith & Lamar, agents, 1911.

Noble, Wilcox Mattie, *The Journals of Mattie Wilcox Noble 1892-1934*, Seoul: Institute for Korean Church history, 1993. (매티 윌콕스 노블, 강선민·이양준 옮김, 『노블일지: 미 여선교사가 목격한 한국근대사 42년간의 기록』, 이마고, 2010.)

Oak Sung-Deuk, "Healing and Exorcism: Christian Encounters with Shamanism in Early Modern Korea", *Asian Ethnology* 69:1, 2010.

Pietz, William, "Fetishism and Materialism", *Fetishism as Cultural Discourse,* Ithaca, N.Y.: Cornell University Press, 1993.

＿＿＿＿＿, "The Problem of the Fetish, I," *RES: Anthropology and Aesthetics* 9, 1985.

＿＿＿＿＿, "The Problem of the Fetish, IIIa: Bosman's Guinea and the Enlightenment Theory of Fetishism", *RES: Anthropology and Aesthetics* 16, 1988.

Sebeok, Thomas A., "Fetish", *A Sign Is Just a Sign,* Bloomington: Indiana University Press, 1991.

Smith, W. Robertson, *Lectures on the Religion of the Semites*(2nd ed.), London: Adam & Charles Black, 1894[1889].

【제국의 시선들 사이에서】_ 이영진

『독립신문』, 『每日新聞』, 『대한크리스트교회보』.

A. H. 새비지 랜도어, 신복룡·장우영 역주, 『고요한 아침의 나라 조선』, 집문당, 1999[1895].
W. G. 제발트, 이재영 옮김, 『토성의 고리』, 창비, 2011.
金璟載, 「朝鮮은 迷信의 나라」, 『朝鮮農民』 2:3, 1926.
김성례, 「근대성과 폭력－제주 4.3의 담론정치」, 『제주 4.3연구』, 역사비평사, 1999.
김열규, 『메멘토 모리, 죽음을 기억하라』, 궁리, 2001.

김옥균, 「治道略論」, 김옥균 외, 『한국의 근대사상』, 삼성출판사, 1990[1882].

김윤성, 「개항기 개신교 의료선교와 몸에 대한 인식틀의 '근대적' 전환」, 서울대
학교 대학원 종교학과 석사학위논문, 1994.

김종학, 『개화당의 기원과 비밀외교』, 일조각, 2017.

나쓰메 소세키, 황지헌 옮김, 「『문학론』 서」(1906), 『나츠메 소세키 문학예술론』,
소명출판, 2004.

다케우치 요시미, 서광덕 옮김, 『루쉰』, 문학과지성사, 2003.

_____, 서광덕·백지운 옮김, 『다케우치 요시미 평론선: 일본과 아시
아』, 소명출판, 2004.

루쉰, 김시준 옮김, 『루쉰소설전집』, 서울대학교 출판부, 1996.

____, 김하림 옮김, 「후지노선생」, 『아침꽃 저녁에 줍다』, 그린비, 2011[1926].

릴리아스 H. 언더우드, 김철 옮김, 『언더우드 부인의 조선견문록』, 이숲, 2008
[1904].

메리 루이스 프랫, 김남혁 옮김, 『제국의 시선: 여행기와 문화횡단』, 현실문화연
구, 2015.

민경배, 『알렌의 선교와 근대 한미외교』, 연세대학교 출판부, 1991.

민두기, 『시간과의 경쟁: 동아시아 근현대사 논집』, 연세대학교 출판부, 2001.

福沢諭吉, 松沢弘陽 校注, 『文明論之槪略』, 東京: 岩波書店, 1995[1875].

小態英二, 『日本人の境界: 沖繩·アイヌ·臺灣·朝鮮植民地支配から復歸運動ま
で』, 東京: 新曜社, 1998.

손정숙, 「구한말 헐버트에 대한 인식과 그 활동」, 『이화사학연구』 22, 이화사학
연구소, 1995.

신문수, 「동방의 타자―이사벨라 버드 비숍의 『한국과 그 이웃나라들』」, 『한국
문화』 46, 규장각한국학연구소, 2009.

신형식, 「日帝初期 美國 宣敎師의 韓國觀―Griffis의 「Corea, The Hermit Nation」
을 中心으로」, 『주제연구』 14, 1987.

에드워드 W. 사이드, 박홍규 옮김, 『오리엔탈리즘』, 교보, 2000.

_____, 『문화와 제국주의』, 문예출판사, 2005.

에밀 부르다레, 정진국 옮김, 『대한제국 최후의 숨결』, 글항아리, 2009[1904].

왕후이, 송인재 옮김, 『절망에 반항하라: 왕후이의 루쉰 읽기』, 글항아리, 2014.

윌리엄 E. 그리피스, 신복룡 역주, 『은자의 나라 한국』, 1999[1894], 집문당.

이광수, 김철 편, 『무정』, 문학과지성사, 2005[1918].

이사벨라 B. 비숍, 이인화 옮김, 『한국과 그 이웃나라들』, 살림, 1994[1897].

──────, 김태성·박종숙 옮김, 『양자강을 가로질러 중국을 보다』, 효형출판, 2005[1899].

이영진, 「'제국'의 그림자와 마주한다는 것─竹內好와 동아시아」, 『일본연구』 59, 한국외국어대학교 일본연구소, 2014, 38쪽.

────, 「근대적 자아의 탐색과 사랑의 의미─나쓰메 소세키(夏目漱石) 초기작을 중심으로」, 『감성연구』 11, 전남대학교 호남학연구원, 2015.

이용범, 「근현대 한국무속의 역사적 변화」, 한국종교문화연구소 춘계 학술포럼 발표문, 2003.

이용재, 「이사벨라 버드 비숍(Isabella Bird Bishop)의 중국 여행과 제국주의적 글쓰기」, 『中國語文論譯叢刊』 30, 중국어문논역학회, 2012.

이종찬, 『동아시아 의학의 전통과 근대』, 문학과지성사, 2004.

이철호, 「사라진 귀신들─이해조의 『화의 혈』과 김동리의 「무녀도」 재론」, 『상허학보』 40, 상허학회, 2014.

이해조, 권영민 편, 『구마검』, 뿔(웅진), 2008[1908].

이효덕, 박성관 옮김, 『표상공간의 근대』, 소명출판사, 2002.

장석만, 「開港期 韓國社會의 '宗敎' 槪念 形成에 관한 硏究」, 서울대학교 대학원 종교학과 박사학위논문, 1992.

조지 W. 길모어, 신복룡 역주, 『서울풍물지』, 집문당, 1999[1892].

조현범, 『문명과 야만: 타자의 시선으로 본 19세기 조선』, 책세상, 2003.

川村湊, 『「大東亜民俗学」の虚実』, 東京: 講談社, 1996.

호머 B. 헐버트, 신복룡 역주, 『대한제국멸망사』, 집문당, 1999[1906].

홍순애, 「근대계몽기 여행서사의 환상과 제국주의 사이─이사벨라 버드 비숍의 『한국과 그 이웃나라들』을 중심으로」, 『대중서사연구』 23, 대중서사학회, 2010.

Anderson, Benedict, *Imagined Communities: Reflections on the Origin and Spread of Nationalism*(revised edition), London: Verso, 1991.

Bhabha, Homi, *The Location of Culture*, London, New York: Routledge, 1994.

Jean Comaroff·John L. Comaroff, *Of Revelation and Revolution: Christianity, Colonialism and Consciousness in South Africa*, 1, Chicago: University of Chicago Press, 1991.

Memmi, Albert, *The Colonizer and the Colonized*, N.Y.: The Orion Press, 1965.

Rabinow, Paul, *Reflections on Fieldwork in Morocco*, Berkeley: University of California Press, 1977.

Spurr, David, *The Rhetoric of Empire: Colonial Discourse in Journalism, Travel Writing and Imperial Administration*, Durham: Duke University Press, 1993.

Stoler, Ann, *Carnal Knowledge and Imperial Power: Race and the Intimate in Colonial Rule*, Berkeley: University of California Press, 2003.

Young, T. K-H, "A Conflict of Professions: the Medical Missionary in China 1835~1890", *Bulletin of the History of Medicine* 47, 1973.

【서구 문명의 유입과 한국사회의 갈등】_ 성주현

『동경대전』, 『용담유사』, 『해월신사법설』, 『신인간』.

『뮈텔 주교 일지』(1), 한국교회사연구소, 1986.
『일본외교문서』 5(한국편), 태동문화사, 1981.
『천주교 왕림(갓등이)교회 본당설립 100주년 기념집』(1), 천주교 왕림교회, 1990.
『한국민중운동사대계』 1, 여강출판사, 1986.

고건호, 「개항기 천주교와 동학-천도교」, 『교회사연구』 17, 한국교회사연구소, 2001.
김신재, 「동학사상에서의 대외인식과 그 성격」, 『동학연구』 1, 한국동학학회, 1997.
김용덕, 「동학에서 본 서학」, 『동아문화』 4, 서울대학교 동아문화연구소, 1965.
김진소, 『천주교 전주교구사』(1), 천주교 전주교구, 1998.
김평원, 「정약용이 설계한 거중기(擧重機)와 녹로(轆轤)의 용도」, 『다산학』 30, 다산학술문화재단, 2017.
박대길, 「동학농민혁명 이전 천주교와 동학의 상호인식」, 『인문과학연구』 19, 강원대학교 인문과학연구소, 2008.
박맹수, 「해월 최시형 연구」, 한국학중앙연구원 박사학위논문, 1990.
배항섭, 「동학농민군의 대외인식-대일관·대청관을 중심으로」, 『태동고전연구』 20, 태동고전연구소, 2004.

신영우, 「1893년 보은 장내리의 동학집회와 그 성격」, 『충북학』 5, 충북개발연구원 부설 충북학연구소, 2003.

신영우, 「1893년 보은집회와 동학 교단의 역할」, 『실학사상연구』 10 · 11합집(홍이섭 선생 25주기 기념호), 무악실학회, 1999.

오지영, 『동학사』, 대광문화사, 1997.

원재연, 「서세동점과 동학의 창도」, 『중원문화연구』 21, 충북대학교 중원문화연구소, 2013.

윤석산, 「용담유사에 나타난 수운의 대외인식」, 『한양어문연구』 3, 한양대학교 한양어문연구회, 1985.

윤선자, 「동학농민전쟁과 종교」, 『한국학논총』 34, 한국학연구소, 2010.

이돈화, 『천도교창건사』 제1편, 천도교중앙종리원, 1933.

이영호, 『동학 · 천도교와 기독교의 갈등과 연대, 1893~1919』, 푸른역사, 2020.

조 광, 「19세기 후반 서학과 동학의 상호관계에 관한 연구」, 『동학학보』 46, 동학학회, 2003.

조지형, 「동학의 서학 · 서양에 대한 인식의 변화 양상」, 『교회사연구』 34, 한국교회사연구소, 2010.

최성우, 「서학에서 본 동학」, 『교회사연구』 1, 한국교회사연구소, 1977.

제3부 시간성들의 중첩: 전통과 근대의 상호침투

【몸으로서의 국가】_ 김태진

가노우 요시미츠, 동의과학연구소 옮김, 『몸으로 본 중국 사상』, 소나무, 1999.

김경희, 『근대 국가 개념의 탄생: 레스 푸블리카에서 스타토로』, 까치글방, 2018.

김영민, 「근대성과 한국학―한국 사상사를 중심으로」, 『오늘의 동양사상』 13, 예문동양사상연구원, 2005.

김영식, 「중국과학에서의 Why not 질문―과학혁명과 중국 전통과학」, 박민아, 김영식 편, 『프리즘: 역사로 과학 읽기』, 서울대학교 출판부, 2007.

김중기, 「국가와 인체―John of Saliusbury의 유기체론」, 『서양중세사연구』 2,

한국서양중세사학회, 1997.

김태진, 「근대 일본의 통치라는 신체성 – 메이지 헌법의 구성과 바디폴리틱(Body Politic)」, 『한국동양정치사상사연구』 16:1, 한국동양정치사상사학회, 2017.

동중서, 신정근 옮김, 『춘추: 역사해석학』 태학사, 2006

마루야마 마사오, 김석근 옮김, 『일본의 사상』, 한길사, 2012.

미타니 히로시, 「메이지유신의 해부 – 비교사적 관점에서」, 『일본역사연구』 43, 일본사학회, 2016.

여불위, 정하현 옮김, 『여씨춘추』, 소명출판, 2011.

이노우에 노부타카 외, 박규태 옮김, 『신도, 일본 태생의 종교 시스템』, 제이앤 씨, 2010.

이종찬, 「메이지 일본에서 근대적 위생의 형성 과정 1868~1905」, 『의사학』 12:1, 대한의사학회, 2003.

이희만, 「존 솔즈베리의 국가유기체론 – 제도화를 중심으로」, 『서양사론』 106, 한국서양사학회, 2010.

폴 코헨, 이남희 옮김, 『학문의 제국주의: 오리엔탈리즘과 중국사』, 순천향대학 교출판부, 2013.

W. G 비즐리, 장인성 옮김, 『일본근현대사』, 을유문화사, 1996.

嘉戸一将, 「身体としての国家 – 明治憲法体制と国家有機体説」, 『相愛大学人 文科学研究所研究年報』 4, 2010.

渡辺昌道, 「海江田信義の洋行 – シュタイン・クルメッキとの交流を中心に」, 『千 葉史学』 50, 千葉歴史学会, 2007.

東郷尚武, 『海江田信義の幕末維新』, 文藝春秋, 1999.

瀧井一博, 『ドイツ国家学と明治国制 – シュタイン国家学の軌跡』, ミネルヴァ 書房, 1999.

瀧井一博, 『文明史のなかの明治憲法 – この国のかたちと西洋体験』, 講談社, 2003.

瀧井一博, 「獨逸学再考」, 瀧井一博 編, 『シュタイン国家学ノート』, 信山社出 版, 2005.

石田雄, 「日本における国家有機體說」, 『日本近代思想史における法と政治』, 岩波書店, 1976.

水田洋, 『知の風景 – 続・近代 ヨーロッパ思想史の周辺』, 筑摩書房, 1994.

柴田隆行 編集・判読, 『ローレンツ・フォン・シュタインと日本人との往復書翰集』, 東洋大学社会学部社会文化システム学科, 2011.

市村由喜子, 「ローレンツ・フォン・シュタイン日本関係文書について」, 山住正己 編, 『文化と教育をつなぐ』, 国土社, 1994.

『樞密院議會議事錄』第1卷, 東京大學出版會, 1984.

春畝公追頌會 編, 『伊藤博文傳』中卷, 春畝公追頌會, 1940.

平野武, 『明治憲法制定とその周辺』, 晃洋書房, 2004.

海江田信義, 「須多因氏講義筆記」(1889), 明治文化研究会 編, 『明治文化全集』4券 憲政篇, 日本評論社, 1992.

Daiwei, Fu, "Why Did Lui Hui Fail to Derive the Volume of a Sphere?", *Historia Mathematica* 18, 1991.

Gierke, Otto, *Political Theories of the Middle Age*, trans. Frederic William Maitland, Boston: Beacon, 1959.

Graham, A. C., "China, Europe, and the Origins of Modern Science", *Chinese Science: Explorations of an Ancient Tradition*, eds. Nakayama Shigeru・Nathan Sivin, Cambridge, MA: MIT Press, 1973.

Henderson, John B., *The Development and Decline of Chinese Cosmology*, New York: Columbia University Press, 1984.

Howland, Douglas, *Translating the West: Language and Political Reason in Nineteenth Century Japan*, Honolulu: University of Hawaii Press, 2002.

John of Salisbury, *Policraticus*, ed. Cary J. Nederman, Cambridge: Cambridge University Press, 1990.

Kantorowicz, Ernst H., *The King's Two Bodies: A Study in Mediaeval Political Theology*, Princeton: Princeton University Press, 1957.

Kim Yung-Sik, "The 'Why-Not' Question of Chinese Science: Scientific Revolution and Traditional Chinese Science", *East Asian Science, Technology and Medicine* 22, 2004.

Lefort, Claude, "The Permanence of the Theologico-political?", *Democracy and Political Theory*, trans. David Macey, Cambridge: Polity Press, 1988.

Lloyd, Geoffrey・N. Sivin, *The Way and the Word: Science and Medicine in Early China and Greece*, New Haven: Yale University Press, 2003.

Musolff, Andreas, "Metaphor in Discourse History", *Historical Cognitive Linguistics*, eds. Margaret E. Winters·Heli Tissari·Kathryn Allan, Berlin·New York: De Gruyter Mouton, 2010.

Needham, Joseph, *Science and Civilisation in China* Vol. Ⅱ Cambridge: Cambridge University Press, 1954.

_____, *Science and Civilisation in China* Vol. III, Cambridge: Cambridge University Press, 1959.

Shogimen, Takashi, "Treating the Body Politic: The Medical Metaphor of Political Rule in Late Medieval Europe and Tokugawa Japan", *The Review of Politics* 70:1, 2008.

Sivin, N., "Why the Scientific Revolution Did Not Take Place in China or Didn't It?", *Chinese Science* 5, 1982.

Temkin, Owsei, *The Double Face of Janus and Other Essays in the History of Medicine*, Baltimore: The Johns Hopkins Univ Press, 1977.

Zavadil, Jeffery, *Anatomy of the Body Politic: Organic Metaphors in Ancient and Medieval Political Thought*, Phoenix: Arizona State University, 2006.

【근대 중국 신문화장의 고전의 변용】_ 천진

『新青年』,『東方雜誌』,『學衡』,『每週評論』全國報刊索引(www.cnbksy.com)
『淸華週刊』(http://qhzk.lib.tsinghua.edu.cn:8080/Tsinghua_Journal/index.html)
魯迅,『魯迅全集』, 北京: 人民文學出版社, 1985.
魯迅, 루쉰전집번역위원회 옮김,『루쉰전집』1~20, 서울: 그린비, 2018.
孫希旦,『禮記集解』, 北京: 中華書局, 1995.
荀子, 이근우 옮김,『순자』1·2, 파주: 한길사, 2006.
梁啓超,『飮氷室合集』, 中華書局, 1989.
章太炎,『章太炎全集』(三), 上海人民出版社, 1984.
陳寅恪,『金明館叢稿初編』, 三聯書店, 2009.
胡適,『胡適文集』, 長春出版社, 2013.

거자오광, 오만종·심규호·이등연·양창렬 옮김,『중국사상사』, 서울: 일빛, 2013.

김명석, 「중국 고대유가의 음악을 통한 도덕감정 계발모형 연구-서곡: 『순자』 와 『예기』 「악기」의 감정관 분석을 중심으로」, 『동양철학』 38, 한국동양철학 회, 2012.

김홍중, 『사회학적 파상력』, 파주: 문학동네, 2016.

류미나, 「일본 '국민도덕론'의 유입과 재생산-1910년대~1920년대 경학원 활동 을 중심으로」, 『인문연구』 52, 영남대학교 인문과학연구소, 2007.

리쩌허우, 이유진 옮김, 『미의 역정』, 파주: 글항아리, 2014.

부르디외·바캉 지음, 이상길 옮김, 『성찰적 사회학으로의 초대』, 서울: 그린비, 2015.

박영미, 「경학원에 보이는 근대 일본 유학의 경향-동경사문회의 관계를 중심 으로」, 『일본학연구』 27, 단국대학교 일본연구소, 2009.

박한제, 「後漢末·魏晉時代 士大夫의 政治的 志向과 人物評論-'魏晉人'의 형성 과정과 관련하여」, 『歷史學報』 143, 역사학회, 1994.

부르디외, 하태환 옮김, 『예술의 규칙』, 서울: 동문선, 1998.

서복관·권덕주 외 옮김, 『중국예술정신』, 서울: 동문선, 1990.

이성원, 「古代 中國의 樂과 社會 統合性」, 서울대학교 박사학위논문, 2007.

이강범, 「淸議에서 淸淡으로」, 『中國語文學論集』 60, 중국어문학연구회, 2010.

이보경, 「근대적 저자, 검열, 그리고 루쉰-『신보』의 「자유담」을 중심으로」, 『중 국어문논역총간』 29, 중국어문논역학회, 2011.

이재령, 「남경국민정부시기 유교교육의 지향과 한계-1930년대 독경논쟁을 중 심으로」, 『중국학보』 61, 한국중국학회, 2010.

장순휘, 오항녕 옮김, 『역사문헌교독법』, 한국고전번역원, 2004.

차태근, 「수면-각성론-현대중국의 민족우언」, 『중국학보』 83, 한국중국학회, 2018.

천성림, 「신생활운동의 성격」, 『중국사연구』 9, 중국사학회, 2000.

천이아이, 박영순 옮김, 『현대중국의 학술과 사상』, 서울: 길, 2013.

천   진, 「魯迅의 '詩人之作'의 의미연구」, 연세대학교 석사학위논문, 1998.

_____, 「1921년 『소설월보』의 변신과 개조의 상상력-『소설월보』의 세계문학 번역을 중심으로」, 『중국현대문학』 85, 한국중국현대문학학회, 2018.

테리 이글턴, 김준환 옮김, 『낯선 사람들과의 불화: 윤리학 연구』, 서울: 길, 2017.

페이샤오퉁, 장영석 옮김, 『중국사회문화의 원형: 향토중국』, 서울: 비봉출판사,

2011.

홍석표, 「魯迅의 중국 고전 집록과 문학사 기술에 관한 연구」, 『중국현대문학』 28, 한국중국현대문학학회, 2004.

耿雲志·歐陽哲生, 『胡適書信集』, 北京: 北京大學出版社, 1996.

顧農, 「關於魯迅校本『嵇康集』手稿」, 『魯迅研究月刊』, 1994.8.

高俊林, 『現代文人與「魏晉風度-以章太炎與周氏兄弟爲价案之研究』, 北京師範大學博士學位論文, 2004.

羅志田, 『國家與學術: 清初民初關於"國學"的思想論爭』, 三聯書店, 2003.

徐雁平, 「20世紀20年代的國學推薦書目及其文化解讀」, 『學術研究』, 2000.10.

楊義, 「魯迅的文化哲學與文化血脈」, 『魯迅研究月刊』, 2012.10.

葉當前, 「魯迅輯校 『嵇康集』 的整理與校勘」, 『魯迅研究月刊』, 2012.9.

王世家 輯錄, 「『京報副刊』 '青年愛讀書十部' '青年必讀書十部'資料匯編」, 『魯迅研究月刊』, 2002.7.

劉超, 「讀中國書-『京報副刊』"青年必讀書十部"證求書目分析」, 『安徽大學學報』, 2004.11.

曹振華, 「我從「青年必讀書」讀到了什麼」, 『魯迅研究月刊』, 1999.4.

周艷, 『南京國民政府文化建設研究(1927~1949)』, 湖南師範大學 博士學位論文, 2008.

朱洪斌, 「淸華國學研究院的學術建制及治學精神」, 『史學史研究』, 2012.3.

陳來, 「近代"国学"的发生与演变-以老清华国学研究院的典范意义为视角」, 『清華大學學報』, 2011.3.

【20세기 역사 지식 '실학'의 지식사】_ 노관범

勸悳奎, 『朝鮮留記略』 (국회도서관 소장본)

權悳奎, 『朝鮮留記』 (국회도서관 소장본)

金得榥, 『韓國思想史』 (국회도서관 소장본)

金得榥, 『韓國思想의 展開』 (국회도서관 소장본)

김성칠, 『국사통론』 (국회도서관 소장본)

김성칠, 『조선역사』 (국회도서관 소장본)

李基白, 『國史新論』 (국회도서관 소장본)

李丙燾, 『國史槪說』 (국회도서관 소장본)

李丙燾, 『國史大觀』 (국회도서관 소장본)

李仁榮, 『國史要論』 (국회도서관 소장본)

李昌煥, 『朝鮮歷史』 (국회도서관 소장본)

李弘稙 외, 『國史新講』 (국회도서관 소장본)

朴晶東, 『初等本國略史』 (『韓國開化期敎科書叢書』 20, 아세아문화사, 1977)

서울大學 國史硏究室, 『朝鮮史槪說』 (국회도서관 소장본)

孫晉泰, 『國史大要』 (국회도서관 소장본)

申命均, 『朝鮮歷史』 (국회도서관 소장본)

유홍렬, 『한국문화사』 (국회도서관 소장본)

張道斌, 『國史講義』 (『汕耘張道斌全集』 1, 1981)

張道斌, 『國史槪論』 (『汕耘張道斌全集』 2, 1982)

張道斌, 『國史』 (『汕耘張道斌全集』 1, 1981)

張道斌, 『朝鮮歷史大系』 (『汕耘張道斌全集』 1, 1981)

張道斌, 『朝鮮歷史要領』 (『汕耘張道斌全集』 1, 1981)

中等學校敎育硏究會, 『普通朝鮮歷史』 (국회도서관 소장본)

崔南善, 「朝鮮歷史講話」 (『六堂崔南善全集』 6, 도서출판 역락, 2003)

崔南善, 『古史通』 (『六堂崔南善全集』 7, 도서출판 역락, 2003)

崔南善, 『國民朝鮮史』 (『六堂崔南善全集』 9, 도서출판 역락, 2003)

咸錫憲, 『聖書的 立場에서 본 朝鮮歷史』 (국회도서관 소장본)

玄采, 『東國史略』 (『韓國開化期敎科書叢書』 16, 아세아문화사, 1977)

玄采, 『幼年必讀』 (『韓國開化期敎科書叢書』 2, 아세아문화사, 1977)

黃義敦, 『大東靑史』 (동국대학교 중앙도서관 소장본)

黃義敦, 『新編朝鮮歷史』 (국립중앙도서관 소장본)

黃義敦, 『中等朝鮮歷史』 (국립중앙도서관 소장본)

근대사연구회, 『중세사회 해체기의 제문제: 조선후기사 연구의 현황과 과제』, 도서출판 한울, 1987.

김봉국, 「1950년대 전반기 국민사상연구원의 성립과 활동」, 전남대학교 석사학위논문, 2010.

김성칠, 「연행소고」, 『역사학보』 12, 역사학회, 1960.

김수태, 「유홍렬의 한국천주교회사 연구」, 『교회사연구』 21, 한국교회사연구소, 2003.

김여칠, 「개화후기의 국사교과서연구(중)」, 『논문집』 18, 서울교육대학교, 1985.

_____, 「개화후기의 국사교과서연구(하)」, 『논문집』 18, 서울교육대학교, 1986.

김희태, 「산운 장도빈 연구」, 동국대학교 박사학위논문, 2012.

노관범, 「근대 초기 실학의 존재론」, 『역사비평』 122, 역사비평사, 2018.

_____, 「근대 한국유학사의 형성」, 『한국문화』 74, 서울대학교 규장각한국학연구원, 2016.

_____, 「대한제국기 '실학' 개념의 역사적 이해」, 『한국실학연구』 25, 한국실학학회, 2013.

_____, 「한국사상사학의 성찰」, 『한국사상사학』 52, 한국사상사학회, 2016.

류시현, 「1930년대 문일평의 조선학 연구와 실학의 재조명」, 『한국인물사연구』 23, 한국인물사연구회, 201.

문일평, 『호암전집』, 민속원, 1982.

민성희, 「해방 직후(1945~1948) 황의돈의 국사교육 재건 활동」, 『역사교육연구』 21, 한국역사교육학회, 2015.

박걸순, 「애류 권덕규의 '조선생각'과 근세사 인식론」, 『애산학보』 42, 애산학회, 2016.

박걸순, 「咸錫憲의 역사서술과 역사인식-『聖書的 立場에서 본 朝鮮歷史』를 중심으로」, 『한국사학사학보』 22, 한국사학사학회, 2010.

박광용, 「유홍렬의 한국 천주교회사 연구와 그 특성」, 『교회사연구』 43, 한국교회사연구소, 2014.

박종린, 「'조선사'의 서술과 역사지식 대중화」, 『역사문제연구』 31, 역사문제연구소, 2014.

백민정, 「조선후기 기호지역 실학에 관한 연구동향과 과제」, 『유학연구』 24, 충남대 유학연구소, 2011.

유홍렬, 『한국근대화의 여명』, 탐구당, 1971.

이신철, 「대한제국기 역사교과서 편찬과 근대역사학-『동국사략』(현채)의 당대사 서술을 통한 '국민 만들기'를 중심으로」, 『역사교육』 126, 역사교육연구회, 2013.

이영화, 「최남선의 통사 서술에 나타난 역사인식의 변천」, 『한국사학사학보』,

한국사학사학회, 2001.

이태훈, 「실학 담론에 대한 지식사회학적 고찰 - 근대성 담론을 중심으로」, 전남
　　대학교 박사학위논문, 2004.

정호훈, 「조선후기 실학 연구의 추이와 성과」, 『한국사연구』 184, 한국사연구회,
　　2019.

_____, 「한국 근·현대 실학 연구의 추이와 그 문제의식」, 『다산과현대』 2, 연
　　세대 강진다산실학연구원, 2009

조　광, 「1930년대 함석헌의 역사인식과 한국사 이해」, 『한국사상사학』 21, 한
　　국사상사학회, 2003.

_____, 「개항기 및 식민지시대 실학연구의 특성」, 『한국실학연구』 7, 한국실학
　　학회, 2004.

조동걸·한영우·박찬승, 『한국의 역사가와 역사학 하』, 창작과비평사, 1994.

조병로, 「산운 장도빈의 근세사 인식」, 『산운사학』 3, 산운학술문화재단, 1989.

최기영, 『한국근대계몽운동연구』, 일조각, 1997.

최완수 외, 『진경시대』, 돌베개, 1998.

한영우, 『한국민족주의역사학』, 일조각, 1994.

한영우 외, 『다시, 실학이란 무엇인가』, 푸른역사, 2007.

한우근전집간행위원회, 『한우근전집3: 조선시대사상사연구논고』, 한국학술정
　　보(주), 2001.

【군산과 목포의 장소성 기반
　'근대역사문화공간 재생 활성화 사업'에 대한 고찰】_ 최아름

군산시, 『2020년 주요 업무계획』, 2020.

군산시, 『2020~2024 중기지방재정계획』, 2020.

목포시, 『2020년도 주요업무 시행계획』, 2020.

감종수·김민영 외, 『해륙의 도시, 군산의 과거와 미래』, 선인, 2009.

고석규, 『근대도시 목포의 역사, 공간, 문화』, 서울대학교출판부, 2004.

김미영, 「일제강점기 군산의 사회와 경제」, 『제8회 한국사회복지역사학회 춘계
　　학술대회』, 한국사회복지역사학회, 2019.

김영정·소순열·이정덕·이성호, 『근대 항구도시 군산의 형성과 변화: 공간, 경제, 문화』, 한울아카데미, 2006.

김용희, 「선·면 단위 등록문화재 제도의 도입과 기대 효과」, 『건축과 도시공간』 31, 건축도시공간연구소, 2018.

김주관, 「개항장 공간의 조직과 근대성의 표상」, 『지방사와지방문화』 9:1, 역사문화학회, 2006.

김철영, 「대구시 읍성지역 역사문화유산의 보전과 활용을 위한 기본방향」, 『한국도시설계학회지』 15:3, 한국도시설계학회, 2014.

김학용·김근성, 「역사·건축문화자원을 활용한 도시재생 방안－진주시를 중심으로」, 『인문콘텐츠』 55, 인문콘텐츠학회, 2019.

박성신, 「「한국안내(韓國案內)」를 통해서 본 개항기 도시계획과 생활상－1902년 군산을 중심으로」, 『한국지리학회지』 7:2, 한국지리학회, 2018.

박철희, 「역사문화유산을 활용한 중소도시의 가로 재생방안 논산 강경 중앙로의 근대건축물을 중심으로」, 『한국도시설계학회지 도시설계』 14:6, 한국도시설계학회, 2013.

신민식, 「도시재생을 위한 구도심의 역사문화공간 활용에 관한 연구－대구의 경상감영을 중심으로」, 『한국지적학회지』 32:3, 한국지적학회, 2016.

심승구, 「역사 공간의 복원과 재현을 통한 도시 재생의 의미－수원 화성을 중심으로」, 『인문콘텐츠』 25, 인문콘텐츠학회, 2012.

알라이다 아스만, 변학수·채연숙 옮김, 『기억의 공간, 문화적 기억의 형식과 변천』, 그린비, 2014.

엄미경, 「개항장의 형성과 목포의 식민도시화, 그리고 일상생활의 재편」, 『호남문화연구』 42, 전남대학교 호남학연구원, 2008.

에드워드 렐프, 김덕현·김현주·심승희 옮김, 『장소와 장소상실』, 논형, 2005.

오장근, 「목포시 '남촌'의 공간적 기억과 서사 읽기－일제의 핍박과 민중의 상처가 기억되는 마을, 목포시 '남촌'이야기」, 『지역과 문화』 4:3, 한국지역문화학회, 2017.

이근택·이정진·이상화, 「건축역사문화유산의 보전형태에 따른 활용방식에 관한 연구－유럽지역 사례를 중심으로」, 『주거환경』 12:3, 한국주거환경학회, 2014.

이성곤·박진영, 『유달동, 만호동』, 전라남도·국립민속박물관, 2011.

이-푸 투안, 구동회·심승희 옮김, 『공간과 장소』, 도서출판 대윤, 2011.

장민영, 박성현, 이명훈, 「지역주체 참여에 의한 사적 소유 역사문화유산의 보전관리체계」, 『한국도시행정학회 학술발표대회 논문집』, 한국도시행정학회, 2015.

전영의, 「한·중 근대도시의 타자공간과 욕망의 표상－채만식의 탁류와 왕안이의 장한가를 중심으로」, 『현대소설연구』 63, 한국현대소설학회, 2016.

조준범, 「목포 구시가지 도시조직의 형성과 변화에 관한 연구」, 『대한건축학회 논문집(계획계)』 21:10, 대한건축학회, 2005.

최성환, 「목포의 海港性과 개항장 형성과정의 특징」, 『한국민족문화』 39, 부산대학교 한국민족문화연구소, 2011.

최아름, 「영화 〈카프카〉에 나타나는 '카프카의 프라하'에 대한 장소성 연구」, 『인문콘텐츠』 53, 인문콘텐츠학회, 2019.

팀 크레스웰, 심승희 옮김, 『장소』, 시그마프레스, 2012.

경남도민일보: www.idomin.com

군산시청 홈페이지: www.gunsan.go.kr

나라장터 홈페이지: www.g2b.go.kr

문화재청 홈페이지: www.cha.go.kr

문화재청 국가문화유산포털 홈페이지: www.heritage.go.kr

목포시청 홈페이지: www.mokpo.go.kr

백수진, 「모던 보이·경성 아가씨...개화기에 푹 빠진 1020」, 『조선일보』, 2018. 10.08. (검색일자: 2020.04.10.)

하청일, 「통영 근대역사문화공간 등록문화재 지정」, 『경남도민일보』, 2020.03.10. (검색일자: 2020.03.10.)

제1부
근대전환기 문화의 메타모포시스: 이론과 관점

윤영실 — 「임화의 『개설신문학사』와 근대전환기 문화의 '메타모포시스'」, 『동방학지』 192, 연세대 국학연구원, 2020.

김지영 — 「접변과 수용, 재해석의 문화 현상으로서의 헝가리 세체씨오(Szecessió) 연구」, 『역사문화연구』 71, 역사문화연구소, 2019.

심의용 — 「변통과 메타모포시스」, 『인문사회21』 10:5, 아세아문화학술원, 2019.

제2부
이문화들의 접경: 문화횡단과 타자의 시선/응시

신승엽 — 「새로운 시간적 질서로의 여행−19세기 말 조선 외교 사절단 및 지식인들의 근대적 시간 경험에 관한 연구」, *Journal of Korean Culture* 36, 한국어문학국제학술포럼, 2017.

목수현 — 「『各國旗圖』의 해제적 연구」, 『奎章閣』 42, 서울대학교 규장각한국학연구원, 2013.

방원일 — 「페티시즘−개념의 역사와 선교지 한국에서의 의미」, 『종교와 문화』 21, 서울대학교 종교문제연구소, 2011.

이영진 — 「제국의 시선들 사이에서−19세기 말 조선의 문명 담론과 근대성 문제에 대한 일고찰」, 『비교문화연구』 22:1, 서울대학교 비교문화연구소, 2016.

제3부
시간성들의 중첩: 전통과 근대의 상호침투

김태진 ― 「국가라는 신체에서 전통과 근대는 어떻게 만나는가-가이에다 노부요시의 인체 그림을 중심으로」, 『일본비평』 19, 서울대학교 일본연구소, 2018.

천 진 ― 「중국 고전, 신문화장에 어떻게 소환 되는가」, 『中國現代文學』 89, 한국중국현대문학학회, 2019.

노관범 ― 「한국 통사로 보는 '실학'의 지식사 시론」, 『한국문화』 88, 서울대 규장각한국학연구원, 2019.

최아름 ― 「군산과 목포의 장소성 기반 '근대역사문화공간 재생 활성화 사업' 전략 비교」, 『인문콘텐츠』 57, 인문콘텐츠학회, 2020.

저자 소개(원고 수록순)

윤영실(尹寧實, Youn, Young-shil)

연세대 영문과, 서울대 국문과 석박사.
전) University of Toronto의 Postdoctoral Researcher, 京都大學校 人文科學研究所 外國人共同研究員, 연세대 근대한국학연구소 HK연구교수.
현) 숭실대 한국기독교문화연구원 HK교수.
논문 및 저서) 『육당 최남선과 식민지의 민족사상』, 『20세기 전환기 동아시아 지식장과 근대한국학 탄생의 계보』(공저) 외.

김지영(金志寧 KIM, Ji-young)

한국외대 철학과/정치학과, 한국외대 러시아-동유럽지역학과 석사,
헝가리 부다페스트대(ELTE) 박사.
전) 한국외대, 서강대, 고려대, 진실화해를위한과거사정리위원회, 대한민국역사박물관.
현) 숭실대 한국기독교문화연구원 HK교수.
논문 및 저서) *A nagy hatalmi politika az erdély jevőjéről a II. Világháború alatt és után, Trianon és a magyar politikai gondolkodás 1920-1953*, 『헝가리 전통문화연구』, 『한눈에 보는 헝가리』 외.

심의용(沈義用, Sim, Eui-yong)

숭실대 철학과, 숭실대 철학과 석박사.
전) 충북대 인문연구원, 성신여대 연구교수.
현) 숭실대 한국기독교문화연구원 HK연구교수.
논문 및 저서) 『마흔의 단어들』, 『서사적 상상력으로 주역을 읽다』, 『중국 지식인들과 정체성』, 『케임브리지 중국철학 입문』, 『장자 교양강의』, 『근대 사상의 수용과 변용Ⅰ』(공저) 외.

신승엽(申承燁, Shin, Seung-yop)

성균관대 영문과, 미국 컬럼비아대 동아시아학과 석사, 미국 위스콘신대 역사학과 박사.
전) 서울대 규장각한국학연구원 특별연구원.
현) 미국 Haverford Collage 역사학과 방문조교수.
논문 및 저서) "Text beyond Context: Power, Discourse, and the Chŏng Kam nok in Colonial Korea", "Temporalities of Tonghak: Eschatology, Rebellion, and Civilization", "Resembling the Opponent: Korean Nationalist and Japanese Colonialist Historiography in Modern Korea" 외.

목수현(睦秀炫, Mok Soo-hyun)

서울대 미학과, 서울대 고고미술사학과 석박사.
전) 서울대 규장각 한국학연구원 객원연구원, 서울대 일본연구소 객원연구원.
현) 서울대 디자인학부 강사.
논문 및 저서)「근대국가의 '국기'라는 시각문화-개항과 대한제국기 '태극기'를 중심으로」,
「일제강점기 국가 상징 시각물의 위상 변천-애국의 아이콘에서 상표까지」,『근대와 만난 미술과 도시』(공저),『대한제국 : 잊혀진 100년 전의 황제국』(공저) 외.

방원일(房元一, Bhang, Won-il)

서울대 종교학과, 서울대 종교학과 석박사.
전) 서울대 치의학대학원 강사, 서울대 종교학과 강사.
현) 숭실대 한국기독교문화연구원 HK연구교수
논문 및 저서)『메리 더글러스』,『한국의 과학과 종교』(공저),『한국의 종교학: 종교, 종교들, 종교문화』(공저) 외.『자리 잡기: 의례 내의 이론을 찾아서』(번역),『자연 상징: 우주론 탐구』(번역).

이영진(李榮眞, Lee, Yung-jin)

서울대 인류학과, 서울대 인류학과 석박사.
전) 서강대 트랜스내셔널인문학연구소 HK연구교수.
현) 강원대 문화인류학과 교수.
논문 및 저서)『죽음과 내셔널리즘: 전후 일본의 특공위령과 애도의 정치학』,『오키나와 이미지의 탄생』(번역),『애도의 정치학』(공저),『세월호 이후의 사회과학』(공저) 외.

성주현(成周鉉 Sung Joo-hyun)

한양대 사학과 박사.
전) 청암대 연구교수.
현) 숭실대 한국기독교문화연구원 HK연구교수, 제노사이드 연구소 부소장.
논문 및 저서)『식민지시기 종교와 민족운동』,『일제하 민족운동 시선의 확대』,『재일코리안 운동의 저항적 정체성』,『근대 신청년과 신문화운동』,『관동대지진과 식민지 조선』 외.

김태진(金泰鎭, Kim, Tae-jin)

서울대 외교학과, 서울대 외교학과 석박사.
전) 이화여대 정치외교학과 BK박사후연구원, 서울대 일본연구소 HK연구교수, 東京大學校 總合文化硏究科 外國人硏究員, 경희대 글로벌거버넌스연구소 연구교수.
현) 동국대 일본학과 교수.
논문 및 저서)『전후의 탈각과 민주주의의 탈주』(공저),『계몽의 기획과 신체』(공저),『근대 담론의 형성과 지식장의 전환』(공저) 외.

천진(千眞, Cheon Jln)

연세대 중어중문학과, 연세대 중어중문학과 석박사.
전) 서울시립대 학술연구교수.
현) 서울대 아시아연구소 HK연구교수.
논문 및 저서) 『중국 근대의 풍경』(공저), 『루쉰 전집』 12(공역), 『루쉰전집』 16(번역), 『이미지와 사회』(공역) 외.

노관범(盧官汎, Noh, Kwan-bum)

서울대 국사학과, 서울대 국사학과 석박사.
전) 한림대 한림과학원 HK교수.
현) 서울대 규장각한국학연구원 HK교수.
논문 및 저서) 『기억의 역전』, 『고전통변』(공저) 외.

최아름(崔아름, Choi, A-Reum)

한국외대 체코·슬로바키아어과, 한국외대 글로벌문화콘텐츠학과 석사, 건국대 문화콘텐츠학과 박사.
전) 한국문화관광연구원, 건국대학교 BK21플러스사업단, 서울연구원, 한국국가기록연구원 등 프로젝트 참여.
현) 숭실대 한국기독교문화연구원 HK연구교수.
논문 및 저서) 『슬기로운 뉴로컬생활』(공저), 『어떻게 아빠랑 단둘이 여행을 가?』, 『소곤소곤 프라하』, 『지역 문화 콘텐츠와 스토리텔링』(공저) 외.

메타모포시스 인문학총서 9

근대전환기 문화들의 조우와 메타모포시스

2021년 1월 15일 초판 1쇄 펴냄

지은이 윤영실·김지영·심의용·신승엽·목수현·방원일
　　　　이영진·성주현·김태진·천진·노관범·최아름
발행인 김흥국
발행처 보고사

책임편집 이순민
표지디자인 손정자

등록 1990년 12월 13일 제6-0429호
주소 경기도 파주시 회동길 337-15 보고사
전화 031-955-9797(대표), 02-922-5120~1(편집), 02-922-2246(영업)
팩스 02-922-6990
메일 kanapub3@naver.com / bogosabooks@naver.com
http://www.bogosabooks.co.kr

ISBN 979-11-6587-141-3 94300
　　　　979-11-6587-140-6 (세트)
ⓒ 윤영실·김지영·심의용·신승엽·목수현·방원일
　이영진·성주현·김태진·천진·노관범·최아름, 2021

정가 32,000원

이 저서는 2018년 대한민국 교육부와 한국연구재단의 지원을 받아
수행된 연구임(KRF-2018S1A6A3A01042723)